Jeux de mots et créativité

The Dynamics of Wordplay

Edited by
Esme Winter-Froemel

Editorial Board
Salvatore Attardo, Dirk Delabastita, Dirk Geeraerts, Raymond W. Gibbs,
Alain Rabatel, Monika Schmitz-Emans and Deirdre Wilson

Volume 4

Jeux de mots et créativité

Langue(s), discours et littérature

Édité par
Bettina Full et Michelle Lecolle

DE GRUYTER

This book series was established in connection with the project "The Dynamics of Wordplay" funded by the German Research Foundation (DFG). The present volume is published with funding from the German Research Foundation and the University of Trier.

Cette collection a été créée dans le cadre du projet « La dynamique du jeu de mots », financé par la Deutsche Forschungsgemeinschaft (DFG). Le présent volume est publié avec le soutien financier de la Deutsche Forschungsgemeinschaft et de l'Université de Trèves.

ISBN 978-3-11-070947-6
e-ISBN [PDF] 978-3-11-051988-4
e-ISBN [EPUB] 978-3-11-051801-6

This work is licensed under the Creative Commons Attribution-NonCommercial-NoDerivs 4.0 License. For details go to http://creativecommons.org/licenses/by-nc-nd/4.0/.

Library of Congress Control Number: 2018947207

Bibliographic information published by the Deutsche Nationalbibliothek
The Deutsche Nationalbibliothek lists this publication in the Deutsche Nationalbibliografie; detailed bibliographic data are available on the Internet at http://dnb.dnb.de.

© 2020 Bettina Full and Michelle Lecolle, published by Walter de Gruyter GmbH, Berlin/Boston
This volume is text- and page-identical with the hardback published in 2018.
Printing: CPI books GmbH, Leck

www.degruyter.com

Table des matières

Bettina Full et Michelle Lecolle
Jeux de mots et créativité – Introduction —— 1

Jeux de mots, jeux de signes

Bettina Full
Jeu de mots et forme dans la poésie médiévale – Guillaume IX d'Aquitaine et les *Fatrasies d'Arras* **—— 13**

Marc Bonhomme
Entre créativité et motivation. Les jeux de mots chez Rabelais —— 43

Pierre-Yves Testenoire
Jeu de mots, jeu phonique et anagramme dans la réflexion linguistique de Saussure —— 69

Jeux de mots et littérature contemporaine

Jean-François Jeandillou
Gangue maternelle et tangage châtié : une littérature de jeunesse au risque ludique de la dyslexie —— 97

Vanessa Loubet-Poëtte
Règles de l'orthographe et contraintes de l'Oulipo : jeux de dupes ? —— 109

Astrid Poier-Bernhard
Créativité et potentialités du jeu de mots. Pratiques et concepts oulipiens —— 135

Camille Vorger
***Méli-mélodit* des mots dans le slam. Une étude multilingue —— 163**

Pratiques quotidiennes du jeu de mots

Esme Winter-Froemel
Traditions discursives et variantes du jeu : la dynamique des blagues en comble dans les langues romanes —— 189

Alain Rabatel
La créativité verbale dans les devinettes : points de vue cumulatifs, assertions non sérieuses et sous-énonciation —— 227

Françoise Hammer
La créativité verbale dans l'espace urbain : l'exemple de l'enseigne commerciale —— 251

Résumés et mots clés en anglais —— 271

Liste des contributeurs/contributrices et éditrices —— 279

Index —— 283

Bettina Full et Michelle Lecolle
Jeux de mots et créativité – Introduction

Le jeu de mots peut être vu comme la manifestation d'une dynamique linguistique. Si, comme toute pratique langagière, il se fonde sur les structures de la langue ou des langues, il crée aussi des relations inattendues entre composants linguistiques, et porte intrinsèquement un potentiel de transgression et de dépassement de ses frontières : innovations linguistiques, réadaptation, emprunts, voire, dans le cas de jeux de mots plurilingues, mélange de langues. En ceci, il constitue une expression de la créativité des sujets parlants. Au moins provisoirement, l'on concevra la créativité, de manière classique, comme « la capacité, le pouvoir qu'a un individu de créer, c'est-à-dire d'imaginer et de réaliser quelque chose de nouveau[1] ». À cette conception classique basée sur la « nouveauté », il convient d'ajouter celle d'« adaptation » (au contexte).

À première vue, l'association entre jeu de mots et créativité semble aller de soi. Mais ni l'un ni l'autre des deux termes ne se résume à cette association. Même envisagée dans le seul cadre du langage, la créativité est une notion plurielle et polyvalente, qui sous-tend différentes activités humaines ou y trouve place[2] : du domaine des arts à la vie domestique en passant par la recherche et la science, les activités professionnelles, les pratiques pédagogiques, de prévenance et de soin, les relations familiales, communautaires, professionnelles, et plus généralement la socialité, la créativité langagière intéresse l'ensemble de la vie sociale et culturelle. Elle s'y manifeste, souvent avec des implications contre-discursives[3], dans les œuvres littéraires, et en particulier celles qui travaillent, dans une perspective historiquement spécifiée, la théorie du signe et les prémisses de la philosophie du langage, sondant ainsi le potentiel de l'homme créatif[4]. Elle prend place dans les productions écrites ou orales destinées à convaincre (discours politique, éditoriaux journalistiques, essais), mais aussi dans des pratiques plus quotidiennes – jeux et blagues, récits, comptines, ou encore dans la conduite et la régulation des échanges, la gestion voire la

---

1 Trésor de la langue française (TLFi).
2 Pour un panorama de la manifestation de la créativité dans le langage, envisagée dans ses multiples facettes, voir Jones (2015a).
3 Pour la littérature, définie, avec Michel Foucault, comme un « contre-discours », voir Warning (1999 : 313–345).
4 Pour cette perspective et le modèle spécifiquement poétique du signe conçu par Dante, voir Full (2017).

mise en scène des conflits[5], dans les échanges multimodaux des réseaux sociaux[6]. Mais c'est bien aussi la vie sociale qui favorise, voire provoque les stéréotypes et le conformisme – donc son envers. Dans certains champs professionnels, la notion se spécialise pour correspondre à l'essence même du métier : ainsi, dans les métiers de la communication et de la publicité, parler de créativité relève du slogan. Dans ce cadre, « être créatif », c'est-à-dire innovant, personnel, transgressif, ressemble alors à une injonction paradoxale puisque la transgression – supposée personnelle – correspond en réalité à une contrainte[7].

Le langage lui-même relève fondamentalement d'une activité créative. On en trouve cependant plusieurs conceptions distinctes en linguistique : chez Noam Chomsky (1964), p. ex., la créativité est un attribut humain inné, correspondant au fait remarquable que la réalisation langagière accomplit à chaque occurrence quelque chose qui n'avait pas été mis en œuvre auparavant, mais que le récepteur interprète néanmoins. Conçue ainsi, la créativité est la manifestation de la compétence linguistique :

> The central fact to which any significant linguistic theory must address itself is this: a mature speaker can produce a new sentence of his language on the appropriate occasion, and other speakers can understand it immediately, though it is equally new to them. Most of our linguistic experience, both as speakers and hearers, is with new sentences; once we have mastered a language, the class of sentences with which we can operate fluently and without difficulty or hesitation is so vast that for all practical purposes [...] we may regard it as infinite. (Chomsky 1964 : 7)

Rapporté à cette conception, le jeu de mots relève lui-même d'un paradoxe, celui d'être à la fois *dans* les contraintes linguistiques et sociales pour être compris et peut-être efficace, et *à côté*, *hors* de ces contraintes pour justement être un jeu. C'est de fait cette même dialectique « contrainte/liberté ou, si l'on préfère, créativité/système » dans laquelle « chacun des deux termes présuppose l'autre » que signalent Haroche, Henry & Pêcheux (1971 : 98) : « La créativité suppose en effet l'existence d'un système qu'elle puisse faire éclater, et tout système n'est que l'effet d'une créativité antérieure ».

---

[5] Voir l'exemple marquant des insultes rituelles décrites dans Labov (1978, chapitre III, section 8).
[6] Pour un panorama de différentes situations mettant en œuvre la créativité langagière et de différentes études de cette question, voir Maybin (2015).
[7] Voir Reckwitz (2012) pour ce tournant, et le développement d'un modèle culturel qui force l'idée de créativité jusqu'à en faire une productivité basée sur l'efficacité – des débuts de ce discours dans les avant-gardes historiques et la postmodernité jusqu'à la 'Innovationsökonomie' contemporaine.

Mais c'est aussi à la langue elle-même que peut être rapportée la créativité : selon Eugenio Coseriu, la créativité est une des caractéristiques intrinsèques de la langue comme devenir ; elle se manifeste en particulier dans le changement linguistique, qui « n'est que la manifestation de la créativité du langage dans l'histoire des langues[8] ». Et ailleurs : « La créativité est [...] la propriété des activités humaines qui, non seulement appliquent des règles de production, mais en même temps changent ces règles » (Coseriu 2001 : 414) – conception qu'on peut finalement rapprocher du *rule-changing creativity*, que Chomsky rapporte à la performance. Centralement, la néologie lexicale et sémantique[9], mais aussi le changement phonétique ou syntaxique illustrent parfaitement ces positions.

Si l'on adopte une perspective intégrant le rapport des sujets au langage et à la langue et le rapport entre eux des sujets – une perspective discursive, interactionnelle, dialogique (au sens général du terme, repris des travaux de Bakhtine[10]) –, on peut également voir la créativité du côté de la réception (perception, compréhension, interprétation[11]). L'interaction elle-même, dans différentes situations, peut être vue comme le lieu où s'exerce, dans les deux dimensions mentionnées de l'innovation et de l'adaptation, la créativité, alors vue « moins comme l'affaire d'un individu que comme celle d'un individu agissant avec d'autres et avec des outils culturels variés[12] ». Des pratiques discursives variées témoignent de cette créativité-là : récupération de l'ancien, travail et jeu avec l'interdiscours, mixage de matériaux sémiotiques *in situ*, dialogue et échange, narration. En définitive, ces éléments convergent pour associer intimement créativité et langage.

Le jeu de mots participe de cette créativité fondamentale du langage, mais il s'y intègre de manière spécifique, tout à la fois en s'appuyant sur la norme commune et en la transgressant : manipulations basées sur l'homonymie et la polysémie, paronomases, substitutions, répétitions du (presque) même et échos, poursuite et dialogues fictifs entre signes prennent appui sur le matériau

---

8 Coseriu (1973 [1958]), cité dans Verjans (2015 : 90).
9 Voir Munat (2015) pour un panorama de questions touchant la créativité lexicale, dont les jeux de mots, et la question de l'insertion ultérieure dans le lexique. Voir aussi Sablayrolles (2015) pour les néologismes ludiques. Voir ici-même les contributions de Bonhomme, Hammer.
10 Voir p. ex. Bakhtin (1981), ainsi que la formule de Bakhtine (1990 : 105), selon laquelle la vraie vie du langage réside dans l'échange dialogique, étant donné que tous les champs – la vie quotidienne, les arts, les sciences, les affaires – sont tissés par ce dialogisme.
11 Huver & Lorilleux (2018). Voir les travaux du réseau scientifique *La dynamique du jeu de mots*, et en particulier Winter-Froemel, ainsi que Knospe dans Knospe et al. (2016).
12 Cf. Jones (2015b : 72) : « [...] creativity is less a matter of the individual, and more a matter of the individual acting together with other people and various 'cultural tools' ».

linguistique partagé pour créer du nouveau en se jouant de la logique. Outil d'interaction et sujet à interprétation, le jeu de mots doit être reconnu et interprété. À ce titre, il reste à l'intérieur d'une langue ou entre des langues. La créativité s'y développe alors à un autre niveau, explorant les possibles, et tournant autour de la frontière qui sépare le compréhensible de l'incompréhensible, le dicible de l'indicible : jeu de la parole avec la langue partagée et les lieux communs, provoquant rire partagé, jouissance intellectuelle et plaisir de spéculer, mais aussi un jeu de la parole qui jette – comme le disait Italo Calvino – « un fragile pont de fortune [...] sur le vide[13] ».

Par la rupture du contrat de communication ordinaire, qui voudrait qu'une séquence doive transporter un message voire une information, le jeu de mots se situe à la fois dans le langage et à côté : le signe est à la fois arbitraire et motivé[14] ; le signifiant s'affranchit du signifié et du référent pour s'attacher, par affinités, à d'autres signifiants, ou pour jouer sur les à-peu-près[15] : ainsi Georges Perec, p. ex., joue-t-il avec les noms propres dans une « sorte de pure réécriture où l'expression et le contenu sont successivement dissociés » (Jeandillou 2009 : 42) ; des signifiés sont reliés ou se font écho en dépit de la logique ; l'énoncé se constitue en énigme dans laquelle, avant même de comprendre, reconnaître le signe est déjà un enjeu et un parcours d'interprétation[16] : ces caractéristiques de divers jeux de mots rejoignent celles de la fonction poétique, telle que décrite par Jakobson dans *les Essais* (1963), ou, plus généralement, de l'interrelation entre grammaire et poésie[17]. Au-delà, la transgression peut même atteindre les cas limite du baragouin, de la création de signes fonctionnant en écho, ou de l'invention pure et simple d'une langue, en roue libre.

---

13 Cf. Calvino (2017) : « La parole relie la trace visible à la chose invisible, à la chose absente, à la chose désirée ou redoutée, comme un fragile pont de fortune jeté sur le vide ». Voir aussi Starobinski (1992).
14 Sur le cratylisme et son exploitation dans les jeux de mots, voir Lecolle (2015) ; voir, ici-même, Poier-Bernhard, Testenoire, Loubet-Poëtte, Vorger, Bonhomme.
15 Voir Jeandillou ici-même.
16 Voir Full, ici-même.
17 Pour une discussion des articles de Jacobson concernant cette question, p. ex. *Poetry of Grammar und Grammar of Poetry* (1968), voir Jakobson et Pomorska (1982 : 98–109).

Présentation des articles

Les articles de ce volume visent à étudier l'interdépendance entre les jeux de mots et la notion de créativité. Trois perspectives sont dégagées : *Jeux de mots, jeux de signes*, *Jeux de mots et littérature contemporaine* et *Pratiques quotidiennes du jeu de mots*.

La première section *Jeux de mots, jeux de signes* donne à voir, à travers l'expérimentation ludique et la réflexion sur les jeux de mots, une problématisation, implicite ou plus directe, de la langue et des théories du signe.

La contribution de Bettina Full « Jeu de mots et forme dans la poésie médiévale – Guillaume IX d'Aquitaine et les *Fatrasies d'Arras* » nous plonge dans une époque et un monde littéraire où la poésie remanie tout à la fois les mots, les phrases, le lien entre mots et choses, et la représentation du monde elle-même. Par des combinaisons surprenantes, par l'exploitation de l'équivoque et le recours à l'étymologie et à l'allégorie, le jeu de mots déstructure l'ordre habituel du monde, mettant à l'épreuve la compétence interprétative du lecteur en sollicitant une véritable science des mots. À l'aube de la poésie vernaculaire, Guillaume IX affirme, par l'architecture des vers, le droit propre de l'*ingenium humanum*. Dans la culture urbaine d'Arras, vers 1300, les *fatrasies* mettent en place un microcosme carnavalesque et étrange déterminé par la 'contrainte' de la forme fixe.

L'article de Marc Bonhomme « Entre créativité et motivation. Les jeux de mots chez Rabelais » étudie les principaux ressorts des jeux de mots dans les écrits de Rabelais, comme autant d'indices de l'esthétique littéraire de celui-ci. L'étude aborde plusieurs questions que posent ces jeux de mots : celle de leur interprétation et du public auquel ils s'adressent, celle de leur rôle en tant qu'expression d'une vision du monde et d'une conception dynamique de la langue. Les jeux de mots présentés font marque d'une grande virtuosité, avec la manipulation du signifiant (création d'arabesques sonores, jeux d'homophonie, virelangues) mais aussi, sur le plan sémantique, avec les calembours, la néologie ludique, la création de composés, enfin avec les jeux interlangues et la création de baragouins imaginaires. Tel que décrit dans l'article, le jeu de mot chez Rabelais est loin d'être gratuit, remplissant une fonction satirique et parodique chez un auteur engagé dans son époque.

En présentant le rôle des jeux de mots et de la conscience linguistique des sujets parlants dans le développement de la théorie saussurienne, l'article de Pierre-Yves Testenoire « Jeu de mots, jeu phonique et anagramme dans la réflexion linguistique de Saussure » aborde en quelque sorte le fondement de cette réflexion. En effet, l'activité épilinguistique des sujets parlants y joue un rôle important. On peut y associer les jeux de mots, de même qu'un phénomène tel que celui de l'étymologie populaire, que Saussure examine en détail. Entre 1906 et 1909, Saussure a développé une étude des anagrammes qu'il considérait comme des « jeux phoniques sur les mots », s'intéressant principalement à des associations fondées sur le seul signifiant. Cette réflexion est à rapprocher de celle portant sur l'homophonie, par laquelle on retrouve la conscience du sujet parlant. En définitive, l'article souligne que, si le jeu de mots n'est que peu présent directement dans l'écrit saussurien, il affleure constamment, alimentant sa construction théorique.

La deuxième section est consacrée aux pratiques de jeux de mots dans la littérature contemporaine. Certains jeux y sont créés dans une finalité spécifique, à destination d'un public particulier : public enfantin de la littérature de jeunesse, public présent pour la scène du slam. D'autres relèvent de jeux expérimentaux sophistiqués.

Dans « Gangue maternelle et tangage châtié : une littérature de jeunesse au risque ludique de la dyslexie », Jean-François Jeandillou s'intéresse aux procédés ludiques présents dans la quinzaine d'ouvrages que Pef (Pierre Élie Ferrier) a consacrés à la littérature de jeunesse. L'article livre un relevé finement analysé de ces procédés dans leur matérialité phonique, graphique, et dans les liens qui s'établissent entre ces matérialités. L'étude montre le jeu de mots se déployant dans l'à-peu-près et le calembour, toujours dans et à la marge du système, travaillant sur les frontières. Au travers des textes peuplés de ces figures tout à la fois familières et étranges, le jeune élève et l'enseignant sont en permanence convoqués pour l'apprentissage et pour le perfectionnement du rapport à la langue écrite.

Dans « Règles de l'orthographe et contraintes de l'Oulipo : jeux de dupes ? », Vanessa Loubet-Poëtte aborde le domaine de la littérature à contrainte et propose, dans ce cadre, de considérer certaines contraintes de l'Oulipo dans leur apport à l'acquisition et à la maitrise de l'orthographe. Les procédés décrits mettant en jeu l'identité phonique et graphique des mots, leur composition en éléments, leurs caractéristiques étymologiques, leur ressemblance entre eux, leur sens (synonymie), conduisent à un changement de perspective et obligent à s'interroger sur le statut du signe, sur les formes du langage, sur les mécanismes énonciatifs. Alors que l'orthographe relève d'un fonctionnement fondamentalement discipliné, et qu'il est souvent envisagé dans une conception normative, les pratiques ludiques oulipiennes invitent à le considérer comme un outil d'observation et de réunion sociale, la complexité des contraintes constituant un accès à l'intelligence de la langue. Si l'on envisage le rapport au récepteur-lecteur du texte, la créativité réside dans la stratégie d'interprétation à laquelle celui-ci doit recourir.

C'est également aux travaux de l'Oulipo que s'attache l'article d'Astrid Poier-Bernhard « Créativité et potentialités du jeu de mots. Pratiques et concepts oulipiens », en montrant l'engagement des auteurs dans l'émergence et la création d'un « quelque chose ». L'auteure revient sur le relatif désintérêt qu'ont les membres de l'Oulipo pour la notion de créativité, basée sur le développement d'un potentiel personnel de l'individu, à laquelle ils préfèrent l'idée de « structures créantes ». Pourtant, le potentiel recherché par l'Oulipo relève d'une dialectique de la règle et de la contrainte, qui rejoint par certains aspects la créativité, puisqu'il s'agit de mettre en œuvre esprit de recherche et orientation vers une solution. L'article présente et analyse plusieurs écrits qui illustrent le rapport des textes oulipiens à la création. De fait ces textes ont souvent pour thème la création elle-même, travaillant le rapport entre « texte potentiel » et Création (du monde), souvent à partir de la Genèse.

Dans « *Méli-mélodit* des mots dans le slam. Une étude multilingue », Camille Vorger aborde le slam comme performance parlée et gestuelle, intégrée dans un espace et un dispositif scénique. À partir de l'exemple de plusieurs slameurs, francophones et exolingues (espagnol et allemand), l'étude présente des procédés récurrents de jeux de mots, dans lesquels les ressemblances phoniques (homophonie, paronomase), les détournements phraséologiques, les amalgames, les jeux de rythme s'associent à la mimogestualité. Basée sur un véritable échange et une connivence avec le public, la pratique met en œuvre une créativité multimodale. La pratique, dont rythme et gestuelle sont partie prenante, apparait comme un écho ludique aux cinq « parties » de la rhétorique.

Illustrant des formes de créativité de la vie quotidienne, une troisième section est centrée sur les pratiques de jeux de mots dans les blagues et dans l'environnement des paysages urbains.

Dans « Traditions discursives et variantes du jeu : la dynamique des blagues en comble dans les langues romanes », Esme Winter-Froemel s'intéresse aux *blagues en comble* (*Le comble de [...] c'est [...]*), en les envisageant comme relevant d'une tradition discursive spécifique, soumise à la répétition, mais aussi susceptible de variation et d'évolution. Les blagues en comble représentent un sous-type de blagues bien établi dans les langues romanes. L'auteure en constitue un corpus issu de quatre langues (français, espagnol, italien, portugais) dont elle analyse, pour chaque langue, la forme et le contenu. Dans ces quatre sous-corpus, les procédés de jeux de mots internes aux blagues utilisent des procédés et des thématiques récurrents. L'article montre que les blagues en comble s'avèrent un champ productif fait tout à la fois de contraintes et de répétitions, mais aussi de bougé au travers du même. De fait, si l'observation des blagues en comble laisse apparaitre des déviations par rapport à la forme et au contenu de la tradition discursive, ces transgressions entrainent une dynamique permanente ayant pour base les structures et leurs contraintes, et la connaissance qu'en a le destinataire.

Dans « La créativité verbale dans les devinettes : points de vue cumulatifs, assertions non sérieuses et sous-énonciation », Alain Rabatel part également d'un corpus de *blagues en comble* en français, à partir duquel il développe une analyse de la confrontation de points de vue. Les blagues en comble étant, comme le montre aussi l'article d'Esme Winter-Froemel, caractérisées par diverses manifestations de double sens, l'auteur se base sur ce trait pour développer une réflexion en finesse sur les implications du phénomène de double sens sur le plan de l'interprétation, mais aussi, de manière plus générale et théorique, sur ce que représente la question de l'ambigüité en sémantique et dans la communication. Les blagues en comble présentent une autre caractéristique, celle de jouer (par le défigement et la remotivation de lexies figées) avec les attentes stéréotypiques des coénonciateurs. À l'étude, les blagues donnent à voir la confrontation de points de vue (attendu et non attendu, manifeste et implicite, sérieux et non sérieux), et le jeu avec cette confrontation. C'est ici que la créativité se déploie, à l'intérieur de structures à la forme elle-même récurrente et stéréotypée.

L'article de Françoise Hammer (« La créativité verbale dans l'espace urbain : l'exemple de l'enseigne commerciale ») se situe dans un domaine émergent des sciences du langage, celui touchant à la description de l'espace urbain dans sa dimension linguistique. L'auteure prend pour objet les jeux de mots des enseignes commerciales, principalement en France, mais aussi en Allemagne. En référence aux travaux du Groupe µ, l'auteure part de la conception du jeu de mots comme un écart, une transgression, et relève des procédés récurrents (affixation, mot-valise, codeswitching), selon différents paliers d'analyse (morphèmes, lexèmes), selon les ressources sémiotiques utilisées (rapport au dessin et à l'image, rapports et jeux entre langues). Ces réalisations témoignent de la créativité mise en œuvre au sein même de la contrainte que constitue en premier lieu la limitation de l'espace matériel attribué au texte concerné – qui fait qualifier le texte de l'enseigne de « communication *à l'étroit* ». Les paramètres situationnel et socioculturel qui composent le contexte de l'espace urbain sont déterminants pour l'interprétation.

Remerciements

Ce volume fait partie d'une collection déjà significative de plusieurs ouvrages, sous le titre général de *Dynamics of Wordplay*, dirigée par Esme Winter-Froemel et issu du réseau pluridisciplinaire et plurilingue, *The Dynamics of Wordplay – La dynamique de jeu de mots*, initié par celle-ci en collaboration avec Angelika Zirker. Nous tenons en premier lieu à exprimer notre gratitude à Esme Winter-Froemel pour sa disponibilité, ses remarques pertinentes et les nombreuses aides qu'elle nous a apportées dans la réalisation de l'ouvrage.

Nous remercions également les contributeurs de ce volume, qui ont répondu de manière toujours efficace et patiente à nos sollicitations.

Le comité scientifique de la série nous a assistées dans la relecture des articles. Qu'ils en soient remerciés. De même, nous remercions pour leur participation les autres relecteurs et relectrices – Jean-René Klein, Françoise Douay, Esme Winter-Froemel.

Merci également aux personnes qui nous ont assistées pour des travaux de traductions : Angela Oakeshott et Alexander Onysko.

Enfin, la réalisation de cet ouvrage n'aurait pas été possible sans la participation très active d'Anna Hellermann, de Lise Allirand et d'Anne Dabringhausen. Merci à elles. Merci à l'équipe éditoriale de De Gruyter – Nancy Christ et Gabrielle Cornefert –, qui nous a soutenues activement, du début de ce travail jusqu'à la parution du volume.

Finalement, nous tenons à remercier la Deutsche Forschungsgemeinschaft et l'Université de Trèves pour le soutien financier qu'elles nous ont apporté pour le financement de ce volume.

Bochum et Metz, août 2018

Références bibliographiques

ATILF, CNRS. *Le Trésor de la Langue Française Informatisé (TLFi)* [en ligne] URL : http://atilf.atilf.fr/tlf.htm (consulté le 13/08/2018).

Bakhtin, Mikhail. 1981. *The Dialogic Imagination: Four Essays by M. M. Bakhtin*. Ed. by Michael Holquist. Austin Texas : University of Texas Press.

Bakhtin, Mikhail. 1990. *Literatur und Karneval. Zur Romantheorie und Lachkultur*. Aus dem Russischen übers. und mit einem Nachwort vers. von Alexander Kaempfe. Frankfurt a.M. : Fischer.

Calvino, Italo. 2017. *Leçons américaines. Six propositions pour le prochain millénaire*. Trad. de l'italien par Christophe Mileschi. Paris : Gallimard.

Chomsky, Noam. 1964. *Current issues in Linguistic Theory*. The Hague : Mouton.
Coseriu, Eugenio. 1973 [¹1958]. *Sincronía, diachronía e historia. El problema del cambio lingüístico*. Madrid : Gredos, trad. française par Thomas Verjans à partir de la seconde édition revue et élargie par l'auteur, *Texto!* [En ligne]. URL : http://www.revue-texto.net/Parutions/Livres-E/Coseriu_SDH/Sommaire.html (consulté le 13/08/2018).
Coseriu, Eugenio. 2001 [¹1983]. « Le changement linguistique n'existe pas ». In Hiltraud Dupuy-Engelhard, Jean-Paul Durafour & François Rastier (éds.), *L'homme et son langage* (= Bibliothèque de l'information grammaticale 46), 413–430. Louvain : Éditions Peeters.
Full, Bettina. 2017. « Onde vien la letizia che mi fascia ». Zu Dantes Entwurf des schöpferischen Menschen. In Stephanie Heimgartner & Monika Schmitz-Emans (éds.), *Komparatistische Perspektiven auf Dantes 'Divina Commedia'. Lektüren, Transformationen und Visualisierungen*, 29–66. Berlin/Boston : De Gruyter.
Haroche, Claudine, Henry, Paul & Pêcheux, Michel. 1971. La sémantique et la coupure saussurienne : langue, langage, discours. *Langages* 24. 93–106.
Huver, Emmanuelle & Lorilleux, Joanna. 2018. Démarches créatives en DDdL : créativité ou poïesis ? *Lidil* 57, [En ligne]. URL : http://journals.openedition.org/lidil/4885 (consulté le 11/07/2018).
Jakobson, Roman & Krystyna Pomorska. 1982. *Poesie und Grammatik. Dialoge*. Frankfurt a.M. : Suhrkamp.
Jakobson, Roman. 1963. *Essais de linguistique générale*. Paris : Les Éditions de Minuit.
Jeandillou, Jean-François. 2009. Accepter qu'un texte puisse se porter tout seul : le prétexte onomastique dans les *Vœux* de Perec. *Poétique* 157. 41–52.
Jones, Rodney H. (éd.). 2015a. *The Routledge Handbook of Language and Creativity*. London/New York : Routledge.
Jones, Rodney H. 2015b. Creativity and discourse analysis. In Rodney H. Jones (éd.), *The Routledge Handbook of Language and Creativity*, 61–77. London/New York : Routledge.
Joseph, John E. 2011. Théories et politiques de Noam Chomsky. *Langages* 182. 55–67.
Knospe, Sebastian. 2016. Discursive Dimensions of Wordplay. In Sebastian Knospe, Alexander Onysko & Maik Goth (éds.), *Crossing Languages to Play with Words. Multidisciplinary perspectives* (= The Dynamics of Wordplay, 3), 79–94. Berlin/Boston : De Gruyter.
Labov, William. 1978. *Le parler ordinaire : la langue dans les ghettos noirs des États-Unis*. Paris : Les Éditions de Minuit.
Lecolle, Michelle. 2015. Jeux de mots et motivation : une approche du sentiment linguistique. In Esme Winter-Froemel & Angelika Zirker (éds.), *Enjeux du jeu de mots. Perspectives linguistiques et littéraires* (= The Dynamics of Wordplay, 2), 217–243. Berlin/Boston : De Gruyter.
Maybin, Janet. 2015. Every day language creativity. In Rodney H. Jones (éd.), *The Routledge Handbook of Language and Creativity*, 25–39. London/New York : Routledge.
Munat, Judith. 2015. Lexical Creativity. In Rodney H. Jones (éd.), *The Routledge Handbook of Language and Creativity*, 92–106. London/New York : Routledge.
Reckwitz, Thomas. 2012. *Die Erfindung der Kreativität. Zum Prozess gesellschaftlicher Ästhetisierung*. Frankfurt a.M. : Suhrkamp.
Sablayrolles, Jean-François. 2015. Néologismes ludiques : études morphologique et énonciativo-pragmatique. In Esme Winter-Froemel & Angelika Zirker (éds.), *Enjeux du jeu de mots. Perspectives linguistiques et littéraires* (= The Dynamics of Wordplay, 2). 189–216. Berlin/Boston : De Gruyter.
Starobinski, Jean. 1992. Ponts sur le vide (note sur Italo Calvino). *Littérature* 2, 10–17.

Verjans, Thomas. 2015. Le statut ontologique du changement linguistique dans la théorie d'E. Coseriu. In Christophe Gérard & Régis Missire (éd.), *Eugenio Coseriu aujourd'hui : linguistique et philosophie du langage*, 85–94. Limoges : Lambert-Lucas.

Warning, Rainer. 1999. *Die Phantasie der Realisten*. München : Fink.

Winter-Froemel, Esme. 2016. Approaching Wordplay. In Sebastian Knospe, Alexander Onysko & Maik Goth (éds.), *Crossing Languages to Play with Words. Multidisciplinary perspectives* (= The Dynamics of Wordplay, 3), 11–46. Berlin/Boston : de Gruyter.

Bettina Full
Jeu de mots et forme dans la poésie médiévale – Guillaume IX d'Aquitaine et les *Fatrasies d'Arras*

Résumé : La poésie médiévale émerge d'une culture qui dispose d'un savoir riche et élaboré du langage. Par un maniement artistique et réflexif des mots, les poètes contrecarrent le verdict théologique qui affirme que le pouvoir de créer n'est pas concédé à l'homme. En croisant jeu de mots et forme poétique – celle-ci étant définie comme une structure porteuse des mots et constituée par le nombre de syllabes, la rime et la syntaxe – les poètes parviennent d'une part à produire un vide, un néant, qui rend concevable une création par la langue, et ils arrivent par ailleurs à façonner un espace qu'ils emplissent de la plénitude du quotidien, celui-ci s'avérant être un matériau de premier choix pour la fantaisie. À l'aube de la poésie vernaculaire, Guillaume IX d'Aquitaine trace par l'architecture des vers une effigie de l'auteur tout en affirmant le droit propre de l'*ingenium humanum*. Les fatrasies, par contre, apparues dans la culture urbaine savante d'Arras au XIIIe siècle, emploient les règles grammaticales pour transformer des fragments du réel en microcosmes imaginaires. Par la corrélation entre jeu de mots et forme, ces poèmes invitent, tel que montré dans l'article, à des spéculations sémiotiques et anthropologiques[1].

Mots clés : allégorie, ambiguïté, architecture, chimère, fatrasie, forme fixe, grammaire, invention, le néant, le quotidien, rime, signe, trobar

1 La science des mots et les *peccata linguae*

Le Moyen Âge accorde une grande valeur au mot, au verbe, aux figurations sonores, à la matérialité et visualité des lettres et à une texture consciencieusement ouvragée. À cette époque s'établit ainsi un savoir différencié de la langue, de la fonction des mots comme signe et des modes de signifier – autant de théorèmes controversés à partir de saint Augustin via la scolastique et jusqu'à la grammaire spéculative des modistes. Parce qu'ils travaillent le langage de di-

---

[1] Cet article fait partie de mon projet « Littérature et philosophie du langage ». Pour les indications et traductions je remercie Lise Allirand et Amélie Richeux.

verses manières, notamment par la décomposition d'un mot en lettres, sons et syllabes, par néologismes ou combinaisons surprenantes, les jeux de mots constituent un lieu privilégié pour débattre les concepts de réalité et l'ordre du savoir. Le jeu de mots offre un espace *a priori* exigu, où se croisent et s'emmêlent des procédés dialectiques et des figures rhétoriques. Des façons de penser et des logiques d'images s'y reflètent. De la part de l'auditeur ou du lecteur, un jeu de mots exige une concomitance des processus cognitifs et imaginatifs. La poésie vernaculaire, en référence et en concurrence au modèle théologique de la Création, mobilise le jeu de mots pour sonder le caractère licite du langage quant à sa capacité à représenter le monde et à figurer l'invisible. Ainsi est conçue, en analogie avec Dieu, le souverain constructeur, une architecture fine liée intrinsèquement aux mots.

Les poètes sondent, par un maniement raffiné du langage, le potentiel créatif de l'homme. La question se pose donc de savoir de quelle manière ces procédés poétiques se situent par rapport au modèle d'époque conçu par le philosophe allemand Hans Blumenberg. Pour Blumenberg, la mise à distance du concept de réalité fondé sur la transcendance chrétienne est la condition nécessaire pour que la créativité humaine puisse prendre son essor. C'est seulement lorsque la réalité n'est plus soumise à un ordre et à un sens premiers, que la créativité humaine devient concevable. Le désir de savoir défini comme une curiosité illimitée est subordonné à un fondement théologique du monde dont seule la contingence rend une création de la part de l'homme possible : « La condition ontologique pour la possibilité [...] d'instaurer dans l'espace de l'irréalisé [...] le propre de l'homme, de réaliser le *nouveau* authentique », c'est « le monde considéré comme factum[2] ». C'est la corrélation entre les faits terrestres et l'ordre divin qui constitue l'épistèmè médiévale d'où l'inventivité humaine se trouve exclue. Le pouvoir de créer n'appartient, comme le postulent saint Augustin ou Thomas d'Aquin en référence à la *Genèse*, qu'à Dieu seul[3]. Il s'ensuit pour l'appréciation des arts que le peintre, le sculpteur ou le poète, tel un *artifex*, un artisan, ne peut remodeler que les choses qui lui sont préalablement données, la matrice des choses, l'*ordo rerum*, demeurant, elle, intacte. Si les auteurs médiévaux développent des stratagèmes pour remettre en cause le verdict théologique ou pour se référer – tout en visant une théorie de la fiction – au

---

[2] Blumenberg (1981 : 83). Pour les prémisses de ce modèle d'époque, voir Blumenberg ([2]1988).
[3] Cf. Cramer (1986 : 261–263) pour le rôle créateur de Dieu dans *De Trinitate* de saint Augustin et dans la *Summa theologiae* de Thomas d'Aquin, ainsi que sur la question de la *creatio ex nihilo*, de laquelle dérivera plus tard l'exigence posée à l'artiste de créer quelque chose de nouveau.

merveilleux et au mensonge, il n'en reste pas moins vrai que l'affirmation emphatique selon laquelle le poète serait un *alter creator* ne semble trouver sa confirmation qu'à partir de la Renaissance[4].

Cette argumentation accorde trop peu d'importance aux procédés dont la poésie vernaculaire se sert dès ses débuts pour sonder le potentiel innovateur propre au jeu avec les mots. La poésie s'empare de ce potentiel attribué à la langue pour former des « néologismes universaux[5] ». Les figures sonores, la matérialité signifiante des lettres et leur effet visuel, l'élégance des agencements, la conception de schémas numérologiques et les relations logico-dialectiques de la syntaxe font partie d'une pratique différenciée du langage. C'est ainsi que, avec raffinement, se trouve modifiée la fonction référentielle du langage, fondée sur le modèle théologique qui présuppose que même si les mots imitent le monde du sensible, ils renvoient allégoriquement à une réalité spirituelle, à l'invisible chrétien[6]. La poésie transforme les postulats fondamentaux de la théorie médiévale des signes et de la langue avec des conséquences aussi bien sur le plan ontologique que sur celui de la théorie de la connaissance humaine. Elle s'inscrit ainsi dans une « science des mots » qui gagne en importance à partir du XIIIe siècle dans des champs discursifs divers et pourtant étroitement liés[7]. Cette science, qui régit les processus socioculturels, est également à la base de pratiques religieuses, juridiques, politiques ou magiques.

Poussée par des transformations épistémologiques et culturelles, une réflexion linguistique avancée continue de se développer en établissant de fines distinctions non seulement dans le domaine théologique, mais également dans la philosophie averroïste et dans la rhétorique laïque de l'*ars dictaminis*. Les tensions liées à la diffusion d'une « parole nouvelle[8] » se manifestent entre autres

---

4 À propos d'une « histoire conceptuelle de l'invention poétique » censurée par le discours théologique et philosophique du XIIe et XIIIe siècle, voir Haug (2006 et 2008) ; sur la « poétique médiévale du mensonge ('das Mendakische') », voir Ernst (2004). Cristoforo Landino et J.C. Scaliger sont les premiers à mettre en avant de manière explicite le pouvoir créateur propre aux poètes (Haug 2002).
5 Cramer (1986 : 269).
6 Concernant le « geistigen Sinn des Wortes » et la « mittelalterliche Bedeutungsforschung », voir Ohly (1958/59 et 1977). Pour les formes et fonctions d'allégorie et d'allégorèse, qui n'excluent certes pas l'invention d'images et l'invention langagière, mais préservent néanmoins la corrélation entre *signa* et *sententias spirituales*, voir surtout Meier (1976).
7 L'ouvrage de Bériou, Boudet et Rosier-Catach (2014) offre un regard large et enrichissant sur les domaines de la culture médiévale dans lesquels « le pouvoir des mots » émerge. Voir également Rosier-Catach (1994).
8 Sur le statut changeant du mot dans les différents champs discursifs du XIIIe siècle, voir Le Goff et Schmitt (1979).

par le fait qu'à la même période les « péchés de la langue» gagnent en importance dans les écrits théologiques et de didactique morale. L'usage condamnable des mots est désormais problématisé avec un intérêt plus soutenu qu'aux siècles précédents dans la vie quotidienne, dans l'éthique et les pratiques religieuses. Des traités, de longs passages dans les catalogues sur les vices et les vertus, des livrets de confessions, des manuels de prédication et même des sermons entiers sont consacrés aux risques d'un mauvais usage de la langue, aux *peccata linguae*[9]. Cet usage engendre une damnation que pourtant l'homme provoque souvent intentionnellement, comme l'illustrent des images certes grossières, mais néanmoins efficaces sur le plan mnémotechnique. Une miniature, extraite de la collection des exempla *Ci nous dit*, un livre de petit format en deux tomes datant de la première moitié du XIVe siècle, en offre un exemple : sur la moitié gauche de l'image se trouvent – suspendues côte-à-côte comme sur une corde à linge – cinq langues peintes en rouge cru ; à droite, sur un fond du même rouge, apparaît un cochon. Celui-ci dévore sa propre jambe qui pend à son groin comme une langue[10]. Le danger pour l'âme – c'est le message de cette image – réside dans le mauvais usage de la langue face à son prochain ou contre Dieu : bavardage vaniteux, verbosité, diffamation, mensonge, flatterie, hypocrisie ou blasphème. L'ambiguïté des mots, c'est-à-dire la dissipation du sens dans une équivoque floue, représente par ailleurs un risque pour le salut de l'humanité. Les *peccata linguae*, preuves de la déperdition de la Langue Adamique, démontrent l'éloignement progressif de l'Eden[11]. En ce que le langage des poètes dispose des mots et les maîtrise, il modifie la position de l'homme dans l'histoire du salut divin et dans l'ordre de la Création.

En analysant deux champs poétiques différents, je voudrais montrer que certains poèmes, en raison de leur contexte, sont tout à la fois générateur, résultat et miroir de la faculté inventive de l'homme et qu'ils offrent à leur lecteur ou auditeur une expérience sensuelle et spirituelle particulière[12]. Les poètes transforment par des procédés variés cet axiome qui enferme les mots dans un système référentiel ontologique ou subordonne la langue à un sens spirituel chrétien. À l'aube de la poésie vernaculaire, Guillaume IX d'Aquitaine compose

---

9 Sur la systématisation et la classification des *peccata linguae* de la fin du XIIe siècle jusqu'au milieu du XIIIe siècle, voir Casagrande et Vecchio (1991).
10 L'exemple de la miniature 161 montre « cinq sortes de mauvaises langues », cf. Jourdan (2010 : 146 et fig. 5).
11 Sur la recherche de la signification vraie des mots, notamment à l'aide de l'étymologie, voir Bloch (1983 : 44–63).
12 Pour l'élaboration du concept d'expérience esthétique dans la poésie italienne entre le XIIIe et le XVIe siècle, voir Full (2015).

une chanson sur le thème de la *creatio ex nihilo*, chanson fondatrice pour l'art des troubadours (le *gay saber*) et dans laquelle la science des mots se présente comme un 'écrin du vide'. Le poète met en relation de manière complexe les mots, les sonorités et les rimes à travers l'architecture globale du poème, c'est-à-dire l'agencement schématique de ses strophes, le nombre de syllabes et la structure syntaxique. Par sa composition et l'impératif auquel il soumet le lecteur d'élucider ce poème obscur, Guillaume IX revalorise l'*ingenium humanum*. En insérant par un jeu de lettres une sentence sur le caractère éphémère de la vie et sur le bonheur terrestre, il fournit un démenti au verdict théologique contre le péché capital d'orgueil se manifestant dans l'*ingenium*. Dans la culture urbaine d'Arras, au XIIIe siècle, s'esquisse dans la forme fixe de la *fatrasie* au moyen des séries d'adynata, d'êtres hybrides et d'éléments scatologiques obscènes un monde fabuleux qui, constitué par son « non-sens », pousse jusqu'à l'absurde toute profondeur de sens des mots et toute possibilité de représentation cohérente pour le lecteur.

2 Les mots et le néant

L'art des troubadours a été désigné, en raison de l'union indivisible entre réflexion sur la langue et pratique poétique qui le caractérise, comme *gay saber*, comme gai savoir. Cette désignation intègre le fait que beaucoup de poèmes, les *cansos*, évoquent un espace de joie sensuelle et spirituelle (« jauzens » ou « joi »). Les poèmes réexaminent le but de la rédemption chrétienne, le *summum gaudium*, et le transposent dans le domaine terrestre. La joie, déclamée directement ou déplorée pour son absence, n'existe que grâce à la parole poétique, grâce au « novel chan »[13]. Comme le souligne le traité *Las Flors del gay saber*, compilé au XIVe siècle, le *gay saber* se fonde sur la « sciensa de trobar », la faculté donc à trouver des mots, des principes logiques de construction et l'éclat stylistique, les *colors*. Ce vaste manuel entreprend de transmettre ces connaissances poétologiques et rhétoriques. Y sont expliquées les formes de strophe, la métrique, le nombre de syllabes et leurs sonorités, les schémas de rime, les tropes et figures. L'étude aborde en outre le problème lié à la prononciation, à la graphie et à la sémantique de l'occitan qui, contrairement à leurs analogues latines, sont incertaines puisque non encore codifiées : « Car un mot que j'enten-

---

13 À propos des connotations chrétiennes mystiques et de leur réévaluation telles que, p. ex., « l'hymne à la joie » de Guillaume d'Aquitaine les met en scène, voir Warning (1997 : 69–80).

drai ne sera point entendu de vous ; ce qui tient à la diversité du langage[14] ». La science transmise dans *Las Flors del gay saber*, qui s'avère aussi enseignable qu'assimilable, est cachée dans les *cansos* des « anciens troubadours »[15]. Bien que leurs poèmes s'appuient sur une technique calculée et une science de la grammaire, bien que la signification de certains mots soit débattue avec une violence notoire dans les poèmes-débat, les *tensos*, et, enfin, bien qu'un vocabulaire poétologique soit intégré dans les textes[16], les locuteurs définissent ce qu'ils présentent à leur public comme un mensonge, une illusion, une folie, une aberration, une *foudatz*. Ils font de leur propre comportement un jeu ambigu, une tricherie ou, selon l'expression occitane, un *galiar*[17].

L'œuvre de Guillaume IX d'Aquitaine (1071-1127) se situe aux commencements de la poésie vernaculaire. Ses vers, du fait de leur conception et de leur modelage de la langue, sont extrêmement exigeants vis-à-vis du public. Leur sens est volontairement voilé, ce qui répond à l'idéal stylistique du *trobar clus*. Parce qu'elle nécessite une capacité de spéculation, la difficulté herméneutique posée au cercle d'intéressés est particulièrement stimulante[18]. Ainsi le *trobar clus* rivalise avec l'hypothèse exégétique chrétienne selon laquelle « Dieu [aurait] caché des *obscuritates* sous la surface du texte biblique[19] ». Comme le signale déjà à la fin du XIIe siècle l'évêque de Poitiers et prédicateur influent Raoul Ardent – autant en réaction à la poésie des troubadours qu'à la performance des jongleurs –, ces zones sombres de l'Écriture sainte que l'homme seul ne peut éclairer posent des limites à l'*ingenium* de l'homme. Expliquant l'une des trois raisons pour lesquelles Dieu ne révèle pas ses secrets, Raoul avance

---

[14] Cf. *Las Flors del gay saber* (éd. Gatien-Arnoult, 1841 : II, 210–211), où est expliqué que la langue vernaculaire n'est pas encore codifiée par des manuels de grammaire et de rhétorique.

[15] L'objectif du traité est fixé dès le début dans ces termes : « C'est afin que cette science de *trouver* [quels sabers de trobar], que les anciens troubadours avaient tenue cachée, ou qu'ils n'avaient traitée qu'obscurément, puisse être clairement connue de tous. » (éd. Gatien-Arnoult 1842 : I, 2–3)

[16] Sur les relations entre la poétique implicite et les traités, comme les *Razos de trobar* de Raimon Vidal ou les *Leys d'Amors*, s'intéressant également à la transmission de la terminologie latine, voir Gaunt et Marschall (2005). Comme explicité dans les *vidas* des troubadours, une maîtrise exacte de la grammaire latine est la condition *sine qua non* pour le « jongleur » (cf. Kendrick 1988 : 61–63).

[17] Pour l'étymologie et la signification de *galiar*, voir Kendrick (1988 : 53).

[18] Cf. Dragonetti (1982 : 68 *seq*.) sur la stratégie, constitutive de la poésie des troubadours, déployée pour « rendre invisibles 'les tours' que les émules, attentifs aux subtilités de la pratique de leurs compagnons, cherchent à surprendre, à attraper, soit que ceux-ci renchérissent dans l'art d'obscurcir la 'chose' soit qu'ils feignent de résoudre l'*engin* en lumière ».

[19] Mölk (1968 : 148).

l'argument suivant : « Tertia [causa] est, ut [...] revelationem Sacrae scripturae suo nomine reservaret, ne quis de humano ingenio in ea sese jactaret, sed ad eam intelligendum divinam opem flagitaret[20] ». Quelques cent ans plus tôt, Guillaume avait esquissé une thèse inverse, célébrant l'*ingenium* pour sa créativité. Il rédige un texte opaque, laissant au lecteur une énigme, un *devinalh*, dans la mesure où c'est le Je qui fait un poème sur une chose qui n'a pas d'être ou, autrement dit, qui n'est pas :

> I Farai un vers de dreyt nien :
> Non er de mi ni d'autra gen,
> Non er d'amor ni de joven,
>   Ni de ren au,
> Qu'enans fo trobatz en durmen
>   Sobre chevau. (v. 1–6)[21]

L'ouverture du poème a une dimension performative. La forme future du verbe « Farai » suggère que le lecteur peut, directement en les lisant, participer lui-même à l'élaboration progressive des vers sur le rien absolu. Ce que Guillaume nomme le « dreyt nien », se réfère à un problème souvent débattu en théologie, en ontologie, en philosophie du langage et que l'auteur soulève ici dans un esprit joueur. Guillaume IX d'Aquitaine, dans la cour duquel une culture intellectuelle exaltante se développait, et qui était en contact avec de nombreux érudits, connaissait les formes dialectiques et paradoxales de la poésie latine médiévale, mais également les techniques de la disputation, les énigmes, comprises comme *obscura sententia*, ainsi que les questions essentielles inhérentes au problème des universaux[22].

---

20 *PL* 155, 1514C. Sur le contexte de cette citation et sur les homélies de Raoul Ardent qui ont été conservées, voir Mölk (1968 : 146–148). Pour l'analyse des « mœurs de la langue » dans le *Speculum universale* de Raoul Ardent, voir Casagrande et Vecchio (1991 : 39–63).
21 Cf. Rieger 1974, 20–21. Pour la critique textuelle cf. Guglielmo IX, éd. Pasero (1973, 85–112). La traduction suit Jeanroy (1964 : 6) : 'Je ferai un vers sur le pur néant : / il n'y sera question ni de moi ni d'autres gens, / ni d'amour ni de noblesse, / ni d'autre chose ; / je viens de le composer en dormant, / sur un cheval.'
22 Cf. Lawner (1968 : 152 et passim). Parmi les nombreux textes médiévaux traitant du néant présents dans les différents champs discursifs et sous des formes variées, on peut nommer les suivants : la *Disputatio Pippini cum Albino* [« A : Quid est quod est et non est ? – P : Nihil. A : Quomodo potest esse et non esse ? – P : Nomine est et re non est. »] ; la *Epistola de nihilo et tenebris* de l'abbé Frédégise de Tours (cf. Köhler 1964 : 352–353) ; l'hymne *Oratio devotissima ad tres personas sanctissimae Trinitatis* d'Hildebert de Lavardin [« intra nusquam coartaris / extra nusquam dilataris / super nullo sustentaris / subter nullo fatigaris »] ; les sermons parodiques traitant du rien et du non-être (cf. Lawner 1968 : 151, 152 n. 11) ; la question atteint finalement

Une première approche du néant s'effectue dans le poème par la mise à distance de toute matière concevable (se dire soi-même, parler des autres gens, traiter de l'amour ou de la jeunesse ou de toute autre chose). La condition pour la fabrication des vers est un concept trouvé dans un état entre veille et sommeil (« fo trobatz en durmen »). Le Je glisse dans une 'dorveille' ou 'resverie'[23], porté par un doux rythme, comme à cheval : « sobre chevau ». Le demi-sommeil correspond, par son indétermination catégorielle et la perte de la faculté à distinguer entre le Je dormant et le Je pensant, au « trobar ». En effet, « trobar » signifie trouver quelque chose qui existe déjà, c'est-à-dire qui dans la création divine est déjà donné à l'homme, et, dans un sens autre, il signifie également inventer.

Dans le poème de Guillaume, ce n'est pas le mot qui a la fonction de créer quelque chose. Les vers renversent le dogme chrétien qui affirme que « [l]e monde résulte d'une première parole performative, reconnue comme telle : 'Dieu dit : Que la lumière soit' et la lumière fut' (*Gen.* 1,3) ». Ainsi, ils réfléchissent *ex negativo* la *locutio rerum*, la prémisse donc, soulignée p. ex. par Anselme de Canterbury, selon laquelle la Création est 'diction' des choses[24]. C'est bien plutôt la création du rien à partir de la langue qui est mise en avant par le poème. Vers après vers les strophes abolissent le monde et les choses. Les antithèses et la réitération des négations « non...ni » (quelques 33 fois) orientent le poème vers un a-sémantisme, dans lequel les mots ne renvoient plus aux choses, aux *res*. On pourrait comparer cette destruction du réel aux pratiques religieuses de la méditation et de la mystique, cette dernière pratique exprimant l'indicible de l'expérience de Dieu en termes de paradoxes et de négations. Dans ce vide, le Je se détache des catégories temporelles et d'identités sociales :

   II   No sai en qual hora·m fuy natz :
        No suy alegres ni iratz,
        No suy estrayns ni sui privatz,
           Ni no·n puesc au,
        Qu'enaissi fuy de nueitz fadatz
           Sobr' un pueg au.

   III No sai quora·m suy endurmitz,
        Ni quora·m velh, s'om no m'o ditz.

---

un haut niveau théorique au XIIe siècle notamment dans les domaines de la logique, de l'ontologie et de la mystique. Voir à ce sujet le panorama savant proposé par Kobusch (1984 : 811–819).
23 Pour ce vocabulaire correspondant à « en durmen », voir Stanesco (1984 : 56–57).
24 Cf. Rosier-Catach (2014 : 11–14, cit. 12).

> Per pauc no m'es lo cor partitz
> D'un dol corau ;
> E no m'o pretz una soritz,
> Per sanh Marsau ! (v. 7–18)[25]

Contrairement à la tradition chrétienne de la *memoria*, à la kénose des mystiques ou à l'extase prophétique[26], ici le vide et l'absence de savoir n'impliquent aucune voie d'accès à la transcendance. Ce sont bien plutôt la souffrance du cœur, la maladie et la peur de la mort (à la strophe IV) qui sont évoquées. Le Je lui-même n'en sachant rien (« e ren no·n sai », v. 20) reste à distance. On retrouve la même distance vis-à-vis de la bien-aimée, 'l'amie' : la source de joie reste invisible (« no·m prez un jau », v. 34) non à cause d'une conception spirituelle de l'amour qui ressemblerait à une expérience mystique, mais parce que le Je a connaissance d'une amie autre, « gensor er bellazor, / e que mais vau » (v. 35–36), de plus grande valeur. L'accumulation de négations, la répétition à six reprises de « no sai » et la mise à distance, rendue ainsi possible, de la caducité de l'homme, débouchent dans la dernière strophe sur une union de la poésie et du non-savoir : « Fag ai lo vers, no say de cuy » (v. 37)[27].

Les vers, éliminant au fil des strophes la prémisse que les mots sont les signes des choses, se transforment donc en un outil, lui-même générateur d'un nouveau savoir. Il n'est cependant pas dit en quoi consiste ce savoir. C'est au lecteur seul que revient la tâche de trouver le sens caché du poème. Le lecteur doit résoudre l'énigme, le *devinalh*. Comme il est expliqué à la fin du poème, le lecteur doit pour ce faire chercher une contre-clef – le deuxième fragment d'un même symbole – du coffret : il doit chercher ce qui se trouve enfoui sous la surface du texte « del sieu estuy / la contraclau » (v. 41–42). C'est apparemment à la théorie de l'*integumentum* que se réfèrent le terme et l'image « estuy », au postulat donc selon lequel « des vérités religieuses et philosophiques seraient cachées sous 'l'enveloppe' de la poésie (*poeticae figmentum*). Un *integumentum*

---

25 Cf. Jeanroy (1964 : 6-7) : 'Je ne sais sous quelle étoile [à quelle heure] je suis née : / je ne suis ni joyeux ni triste, / ni revêche ni familier, / et je n'en puis mais : / car tel je fus doué par une fée, une nuit, / sur une haute montagne. // Je ne sais si je dors / ou si je veille, / à moins qu'on ne me le dise. / Peu s'en faut que mon cœur n'éclate / d'un chagrin mortel ; / mais je n'en fais pas plus de cas que d'une souris, / par saint Martial !'. Pour la sémantique de « fadatz », voir Köhler (1964 : 356).
26 Concernant les parallèles avec la théorie de la mémoire ou avec les *Soliloquia* de saint Augustin, voir Köhler (1964 : 353). Sur la « Nichts-Werdung » de l'âme, compris dans le sens d'une kénose humaine dans les écrits de saint Augustin et de Bernhard de Clairvaux où il est question de l'auto-annihilation du Je, voir Kobusch (1984 : 816).
27 'Mon vers est fait, je ne sais sur quoi' (Jeanroy 1964 : 8).

exige du lecteur de trouver la vérité, de comprendre l'invention comme un signe[28] ». Le poème de Guillaume propose au lecteur un paradoxe : des vers sur rien comme approche du néant. Parler de 'rien', se constitue nécessairement de manière privative : par la négation. Et pourtant, la parole, en devenant asémantique et non-référentielle, crée la condition pour l'émergence d'une autre signification, de nouveaux liens entre lettres, syllabes et mots.

Ces nouveaux liens s'établissent dans les structures profondes du texte, dans son architecture secrète. Cette forme calculée, invention de la poésie troubadouresque, Dante l'a nommée « constructio », désignant par là la structure, ou plutôt la contexture qui se fait, en même temps, sein et réceptacle de l'art : « stantia, hoc est mansio capax sive receptaculum totius artis[29] ». Dans le poème « Farai un vers de dreyt nien » un espace de cette sorte, un édifice avec ses piliers et ses fondations, émerge de l'ordre des strophes, des rythmes et des sonorités syllabiques. Cependant cette architecture gagne en complexité : certaines lettres sont rangées d'après leur valeur numérique selon une méthode gématrique. Les lettres qui sont à relier à des chiffres sont mises en évidence par leur position dans le vers et par les rimes[30]. La gématrie du poème est dominée par le nombre premier 29. Suivant un calcul astrologique, le nombre 29 renvoie à l'anniversaire de Guillaume IX, c'est-à-dire au 22 octobre 1071, soit le 29e jour du signe zodiacal de la balance. Ce signe astrologique est régi par Saturne, qui est à l'origine du tempérament mélancolique des hommes nés sous cette planète[31]. Par une nouvelle sémantisation de la date, le sens caché fait réémerger ce qui avait été nié dans un premier temps ou, plus exactement, ce que la surface du texte n'avait pas mis en évidence, à savoir l'heure de la naissance du Je : « No sai en qual hora·m fuy natz » (v. 7). Ce jeu avec les chiffres dissimulé sous et par la couche superficielle du texte renvoie à l'*ingenium* de l'artisan du poème. L'*ordo rerum* est en effet remplacé par un *ordo artis* qui porte la signature de son créateur, Guillaume IX d'Aquitaine. Ce sens caché et profond prouve que l'*inge-*

---

28 Pour un aperçu informatif sur la théorie de l'*integumentum* accompagné d'abondantes ressources documentaires, voir Brinkmann (1980 : 169–198, cit. 180).
29 Dante (2000 : 62 ; II,iii,8). Dante définit la « constructio » de la manière suivante : « in solis cantionibus ars tota comprehendatur » (ibid. : 82 ; II,ix,2). Voir Full (2017).
30 Rieger (1975, 32–40) a démontré le processus gématrique du texte et élaboré les tableaux des chiffres et des lettres qui illustrent bien les structures profondes du poème en mettant, de façon impressionnante, en évidence son architecture. Sur la « poétique du chiffre » et le « savoir numérique au Moyen Âge », cf. le livre édité par Wedell (2012).
31 Sur cette interprétation astrologique et ses fondements, voir Rieger (1975, 40–51). Concernant le rapport entre mélancolie, *ingenium* et influence de Saturne, voir Klibansky, Panofsky et Saxl (1990).

nium est en mesure de créer quelque chose de nouveau à partir de la langue, ou même à partir du néant – une *creatio ex nihilo*. Le lecteur, qui part à la recherche de la « contra-clau », met son *ingenium* à l'épreuve en agençant des éléments logiques et spéculatifs, sensibles et spirituels. La science des mots a un potentiel créatif : ce postulat a été pris au pied de la lettre et mis en application de diverses manières dans les *cansos* des troubadours. Ainsi *trobar* ne signifie pas seulement trouver et inventer, le terme réunit aussi la trouvaille, *troveüre*, et le vide, *troueüre*[32].

Comme déjà mentionné plus haut, le terme « estuy » (v. 41) joue avec la dimension métaphorique de l'herméneutique médiévale, l'*integumentum* ou *velamen*. Les vers ne renvoient cependant à aucun sens allégorique chrétien, ni à aucune vérité philosophique ou intellective. Le jeu herméneutique repose sur l'ambiguïté du mot « estuy » qui, de manière métaphorique, renvoie également au sexe de la femme[33]. Le pronom possessif « sieu » (v. 41) est lui aussi ambigu dans la mesure où il peut se référer aussi bien aux strophes précédentes qu'à l'amie évoquée juste avant. Les deux niveaux de sens coïncident pourtant à nouveau si on lit « gensor et bellazor, / e que mais vau » (v. 35–36) comme une figuration de la poésie dont Guillaume IX est le représentant. L'ambiguïté est renforcée par des références intertextuelles à d'autres de ses poèmes, celles-ci prêtant – via l'allégorie du cheval monté et le demi-sommeil – une connotation érotique et sexuelle supplémentaire aux spéculations poétologiques[34]. Cette polysémie sensuelle reprend cependant une tournure abstraite. Le savoir sur la beauté fugitive de la vie humaine procède d'un jeu avec les mots et les syllabes. Car les noms propres Marsau, Norman, Frances, Anjau mentionnés dans les vers, et qui sont en plus soulignés par les initiales de chaque strophe (F (I) – N (II) – N (III) – M (IV) – A (V) – A (VI) – F (VII))[35], créent une signification sup-

---

32 Cf. Dragonetti (1982 : 8).
33 Cf. Mölk (1968, 40–49), qui, dans ce contexte, s'intéresse en particulier au poème « Companho faray un vers » de Guillaume IX.
34 Le premier vers « Farai un vers de dreyt nien » est lié au poème obscène de Guillaume « Companho, faray un vers », dans lequel l'allégorie de deux chevaux, représentant deux femmes ou encore deux conceptions de l'amour, est déployée, de même que le poème commence avec une entrée onirique : « Farai un vers, pos mi sonelh ». Cf. Lawner (1968 : 158–159) ; Mölk (1968 : 41). Rappelons sur ce point l'anecdote selon laquelle Guillaume serait parti en guerre avec l'effigie de sa dame sur son pavois, comme l'écrit Guillaume de Malmesbury, *De gestis regum* II, 510 : « dictitans se illam velle ferre in praelio, sicut illa portabat eum in triclinio » – 'il disait qu'il voulait la porter sur son pavois comme elle le portait au lit.'
35 Concernant ce jeu avec les lettres, les noms et les syllabes ainsi que sa solution, voir Rieger (1975, 21–25).

plémentaire. Les syllabes des noms, légèrement déplacées, s'associent pour constituer la phrase suivante : *Mar saus, francx e sans jaus no reman*, 'Mais la joie indemne, noble et pure ne dure pas'. Ainsi se forme une sentence qui rappelle un vers de Martial que Vincent de Beauvais cite dans son *Speculum maius* : *Gaudia non remanent, sed fugitiva volant*[36].

À la fin du XIIe siècle Raoul Ardent semble donner une réponse tardive à un tel *trobar clus*, quand il souligne que le sens obscur de l'Écriture sainte reste hors de portée du savoir ou du pouvoir de l'homme[37]. Le sens profond, c'est du moins ce qu'affirme Raoul dans un sermon, ne sera révélé que grâce à la clef de David, c'est-à-dire grâce au Christ :

> Nemo, fratres, in ingenio suo, nemo de studio suo, ut quidam faciunt, scripturas intellegere praesumat: Quoniam nisi clavis David, quae aperit et nemo claudit, claudit et nemo aperit (*Apoc.* III), nobis aperiat, clausus erit nobis sanctarum liber Scripturarum. (*PL* 155, 1897D)

David, qui est une préfiguration du Christ, a composé et chanté les psaumes qui contiennent, tout comme la Bible, un sens et une harmonie propres à la salvation. Il en va autrement des chants des jongleurs et des troubadours. Celui qui les écoute, celui qui s'en délecte, entend, signe précurseur de la damnation qui l'attend, un vacarme démoniaque venu des enfers, des cris et hurlements effroyables : « Aures quoque, quae ad sonum cythararum et luxuriosarum cantilenarum delectabantur, stridore poenarum, rugitu daemoniorum, et ululatu miserorum vexabuntur sicut in prophetas et in Apocalypsi legis ». (*PL* 155, 2097D)

3 Forger l'imaginaire

Un dessin coloré du chansonnier provençal R (Paris, BnF, fr. 22543) dans lequel les poèmes sont accompagnés de notations musicales datant du début du XIVe siècle, reflète la valeur ontologique et épistémologique de cet espace indéfini que couvrent et génèrent les vers des troubadours. Les initiales du manuscrit

---

36 La séquence des syllabes dans le poème est la suivante : *mar/sau/no/rman/franc/e/san/jau*. 'Si l'on modifie les obliqui en rectus et si l'on ajoute à *rman* un *e* – *e* du reste non-accentué et qui se prononce presque automatiquement –, on obtient alors la sentence suivante : *Mar saus no reman francx e sans jaus*' (Rieger 1975 : 24). Une modification donne la phrase ci-dessus que Rieger explique par la référence à Martial (cf. ibid. 25).
37 Concernant la critique de Raoul Ardent des agissements terrestres et de la poésie, voir Mölk (1968 : 147–148).

mettent en avant la dimension performative des chansons. Certaines d'entre elles sont garnies de visages aux allures de masques à grands nez qui portent sur leur langue tirée des petites boules dorées. Quelques-uns des feuillets sont parsemés de ces boules dorées, rouges ou vertes, aussi bien dans les initiales qu'à côté de celles-ci, « as if a word – or sound or syllable – had just left the jongleur's tongue[38] ». Un dessin retraçant la relation entre forme et fantasme se trouve sur la marge supérieure du fol. 52ᵛ : un forgeron se tient debout sur l'initiale L.

Fig. 1: Forgeron et chimère, Chansonnier provençal R, BnF, Ms. fr. 22543, fol. 52ᵛ

Dans sa main gauche, le forgeron tient un marteau, alors qu'à l'aide de tenailles il saisit avec sa main droite le nez d'une créature hybride, une chimère. L'image ne révèle pas si la chimère est le produit de l'artisan ou bien si c'est par l'art du geste de ce dernier qu'elle prendra une forme autre, plus belle et plus familière. Le savoir-faire du forgeron renvoie au poète, entendu comme *artifex*, et joue avec le nom du poète Fabre d'Uzet. La chanson de celui-ci, « Ocx es com se deu

---

[38] Cf. Kendrick (1988 : 103). Pour la description codicologique, voir Aubrey (1983).

alegrar », au-dessus de laquelle le forgeron est dessiné, met en avant la formule du *gay saber* : « Il est temps de se réjouir et bien que je ne sois pas fanfaron, je veux être chanteur et montrer mon savoir et mon talent[39] ». La chanson développe par la suite le théorème de la mesure qui correspond à la maîtrise de la folie.

En combinaison avec le programme d'illustration du manuscrit et les initiales porteuses de 'masques-nez', le nez de la chimère a une connotation sexuelle[40]. Toutefois, le forgeron et la chimère sont avant tout une représentation du poète en train de générer quelque chose de catégoriellement indéfini. Dans la logique terministe contemporaine, la chimère est une figure qui permet aussi bien de comprendre la sémantique que de saisir la fonction grammaticale du mot 'rien' ('néant'). Tel que l'explique Guillaume d'Ockham, le mot *nihil* a plusieurs fonctions. Au sens syncatégorématique, *nihil* peut être employé comme signe universel négatif, « sicut dicimus 'nihil currit', 'nihil est intelligens' ». Dans un sens catégorématique, il signifie ce que l'on qualifierait de néant, « quod dicitur esse unum nihil ». Ainsi, *nihil* indique ce qui n'a rien de réel, « non [...] habet aliquod esse reale », comme, p. ex., l'ange. Mais *nihil* désigne également ce qui se soustrait au réel : « Et isto modo dicimus quod chimaera est nihil. » Albert de Saxe applique cette distinction au sophisme 'nihil et chimaera sunt fratres'. Le terme *nihil* peut être, selon Albert, dans un sens syncatégorématique, vrai. Avec *nihil* se constitue ainsi une phrase négative qui aboutit à la conclusion 'qu'un étant et la chimère ne sont pas frères, et ceci est vrai ; de même qu'il est vrai que *nihil* et la chimère sont sœurs'[41].

La figure de la chimère évoque un espace qui n'a pas de réalité, un espace qui, dans un sens ontologique, n'est pas, mais duquel on peut pourtant parler et auquel même on peut attribuer, dans la spéculation logique, une vérité. Dans la lyrique des troubadours, cet espace est construit d'après les règles précises d'un jeu de langage, comme l'illustre le forgeron, figure complémentaire de la chimère. Cet espace, imaginaire et vide, peut par ailleurs être critiqué, comme c'est peut-être le cas dans la chanson de Fabre d'Uzet, ou il peut être affirmé de façon autoréflexive, comme dans celle de Guillaume IX. L'architecture complexe du « vers de dreyt nien » constitue un édifice pour le néant, dans lequel sont inscrites la signature de son architecte, suivant la gématrie et les théories astrolo-

---

[39] Cf. Kendrick (1988 : 104).
[40] Sur le manuscrit et les 'masques-nez', voir Kendrick (1988 : 103–106).
[41] Cf. Kobusch (1984 : 814), Albert de Saxe cit. ibid. Pour les citations de Guillaume d'Ockham voir id., *Distinctio trigesima sexta. Quaestio unica – Utrum perfectiones creaturarum in Deo distinguantur inter se realiter et a divina essentia*, éd. Etzkorn et Kelley (1979 : 547).

giques, la date de naissance de Guillaume IX, ainsi que, à travers des *nomina* décomposés et recombinés, une sentence du bonheur terrestre.

4 Fatrasies

La thèse selon laquelle la poésie est générateur, résultat et miroir de la créativité humaine – thèse qui transforme le dessin de la chimère et du forgeron tout autant en une image mémorielle qu'en une figure qui engendre une spéculation logique –, est sondée, suivant d'autres moyens, par les *fatrasies*. Les *fatrasies* sont des poèmes à forme fixe inventés à la fin du XIIIe siècle par le juriste Philippe de Rémi, sire de Beaumanoir. Ils font partie de la poésie du non-sens ou bien des 'Lügengedichte', des 'poèmes mensonge'. Leur appartenance à un genre ou encore l'existence d'un « genre fatrasique » est néanmoins controversée[42]. La strophe d'une *fatrasie* est composée de onze vers ; une séquence de onze strophes constitue une *fatrasie* toutefois sans que ces strophes ne présentent un quelconque rapport entre elles au niveau du contenu ni ne révèlent un développement narratif. Outre les poèmes de Philippe, un recueil anonyme datant de 1300 environ a été conservé dans un manuscrit sur parchemin à la Bibliothèque de l'Arsenal (Ms. 3114)[43]. Celui-ci, disposé sur deux colonnes, est arrangé en 55 strophes renfermant onze vers respectivement en cinq fois onze onzains, en cinq *fatrasies* donc[44]. Dans ce recueil, qui est, dans son *explicit*, dénommé *Fatrasies d'Arras*, les limites des onzains sont marquées par des initiales

---

[42] Pour les détails de la discussion, voir Kellermann (1968), Nies (1976), ainsi que l'introduction de Uhl (2012). Pour une présentation éclairante de la « généalogie du genre fatrasique », cf. Zumthor (1975 : 68–88). Concernant le large contexte de la « Unsinnspoesie », de la poésie du non-sens jouant avec les lois de la logique et de la langue, avec les lettres, les syllabes et les rimes, et dans une perspective couvrant plusieurs époques, cf. Liede (1992). Alors que Liede classe les *fatrasies* dans la rubrique 'genre manquant dans la littérature allemande' (ibid. 258–259), on trouve, récemment, une comparaison avec le *Wachtelmäre* dans l'article de Seebald (2017), inspiré par la belle édition et la traduction des *fatrasies* en allemand de Dutli (2010). Pour ces indications je remercie Christoph Fasbender.

[43] Le manuscrit peut être consulté à l'adresse https://gallica.bnf.fr/ark:/12148/btv1b520004 728 (13/08/2018). Quant à la datation, établie par le biais des références intertextuelles comme p. ex. les *Enfances Ogier* d'Adenet le Roi (vers 1275), le *Jeu de Robin et Marion* (avant 1276) ou bien *Renart le Nouvel* de Jakemart Gielée (1289), cf. Uhl (2012 : 13–14).

[44] La série de onze strophes explique aussi la 55e strophe du recueil des *Fatrasies d'Arras*, strophe controversée car elle double, à quelques variantes près, l'onzain 20, voir Uhl (1999 : 11–21). L'édition de Uhl (2012), qui propose également une bibliographie détaillée sur les *fatrasies*, suit cette disposition du recueil en cinq *fatrasies*.

peintes alternativement en rouge et en bleu comme on peut le voir sur le premier feuillet (fig. 2). Chacun des onzains est construit suivant le même schéma métrique : six pentasyllabes sont suivis de cinq heptasyllabes.

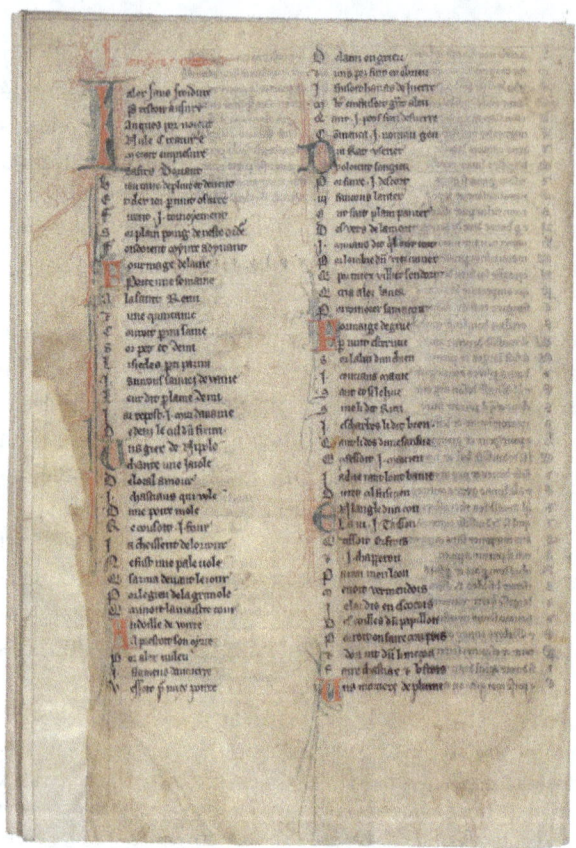

Fig. 2: *Les fatrasies d'Arras*, Bibliothèque de l'Arsenal, Ms. 311, fol. 7^v

Avec le changement du nombre des syllabes cependant, le schéma des rimes se trouve modifié (aabaab⁵babab)[7]. Limité par la gamme de variations de seulement deux rimes, le nombre fixe de syllabes constitue un cadre rigide, une 'contrainte' à l'intérieur de laquelle les mots doivent être insérés et liés syntaxiquement. Avec le choix des rimes adéquates, à la manière des « bouts-rimés », une recherche spéculative sur les mots commence[45]. Puis, au moyen d'autres mots, une combinaison métriquement correcte est formée. Le but est alors de constituer à l'aide de figures rhétoriques telles que la catachrèse, l'adynaton, l'oxymore ou encore la préposition privative, un enchaînement de contradictions sémantiques, comme c'est le cas dans le premier onzain du recueil (fig. 3)[46] :

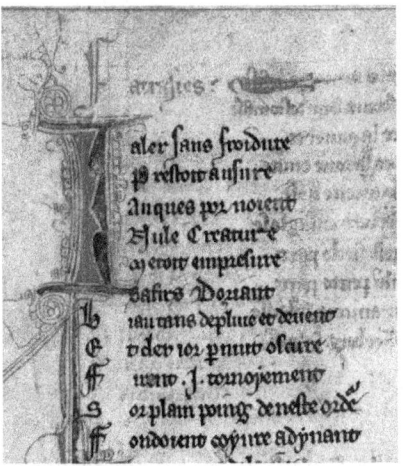

Jaler sans froidure
Prestoit a usure
Auques por noient ;
Nule creature
Metoit em presure
Safirs d'Oriant.
Biau tans de pluie et de vent
Et cler jor par nuit oscure
Firent un tournoyement ;
Sor plain poing de neste ordure
Fondoient coyvre a Dynant.

Fig. 3: Premier onzain, Bibliothèque de l'Arsenal, Ms. 311, fol. 7ᵛ

Les règles grammaticales et syntaxiques – dans cette strophe comme dans toutes les *fatrasies* – restent intactes, les liaisons entre les mots génèrent toutefois l'idée d'un monde impossible, carnavalesque, à l'envers. Les mots, resserrés dans l'exiguïté des vers, évoquent la vie quotidienne, pêle-mêle et variée[47] : des ustensiles que l'on trouve en cuisine et dans les tavernes (saucisses, fromages, oignons, ail, « blancs au », poires, œufs, beurre, sardines de Calais, petits-pois, « li pepins d'une pomme », un tonnelet, une vieille poêle, « une viez

---

[45] Concernant l'importance de la rime en tant que loi et règle de « l'enchaînement verbal », cf. Zumthor (1975 : 83).
[46] Pour les citations, voir l'édition de Porter (1960 : 121). Pour les traductions, voir Rus (2005 : 31) : 'Gelée sans froidure / Pretait à usure / Quelque peu pour rien. / Une créature / Faisant se cailer / Des saphirs d'Orient. / Beau temps de pluie et de vent / Et clair jour par nuit obscure / se livrèrent un tournoi ; / Et sur plein d'ordure propre / Fondaient du cuivre à Dinant.'
[47] On trouve les noms d'animaux, les noms géographiques, les noms de nombres etc. répertoriés sous forme de listes dans Zumthor, Hessing et Vijlbrief (1963).

paële »), des jeux (jeu d'échecs et dés, « uns des », un dé même à neuf points, « hasart de neuf poinz », et le jeu entier, « tuit li gieu de la grimole »), des chants et des danses (une chansonnette, « un descort », une ronde, « la karole »), autres ustensiles (un vieux peigne, « uns pygnes viez », une vieille chemise, deux sacs troués, « deux saz troez »), des outils pour le négoce, et outils que l'on trouve dans l'étable et dans les granges de ferme (une empan de laine de mauvaise qualité, « une espane de roont », « deux des de lin », des harnais, « lorain », quatorze vieux bridons, « une estrille », une faucille, « un corbet », une botte de paille, « une palevole »), des animaux dont le nombre est généralement précisé (une caille, « bien dix mille de singes », « trois morts taons », « une aloete », dix fourmis, « dui lymeçons, voire trois », « quatre truies », une « oie et demie », deux souris, un asticot). À cela s'ajoutent des parties du corps, des mots à signification souvent obscène ou scatologique (la tête, les pieds, une « vaine », une oreille, deux pets, « dui pet », un petit cul, « culete », les couilles, « un coillon », un « con ») ainsi que des toponymes, lieux situés pour la plupart dans le nord de la France (Arras, Paris, Saint-Quentin, Péronne, Mantes-la-Jolie, Dinant, Saint-Omer, Mailly, Auxerre, La Celle-en-Brie, c'est-à-dire une abbaye bénédictine près de Meaux).

Tous ces mots renvoient à une réalité familière. Ils deviennent éléments d'une mimesis qui cherche à attraper, à capturer le quotidien, la vie humaine, le bas corporel pour les insérer dans le cadre restreint des vers[48]. Ces fragments du réel ne représentent cependant pas le monde tel qu'il est, au contraire, ils forment un ensemble nouveau duquel émerge un monde fabuleux. Les brisures du réel sont générées par la syntaxe et la grammaire[49] – et cela même dans les plus minimes éléments de la syntaxe. La préposition 'de', souvent employée comme genitivus qualitatis, est créatrice de choses absurdes qui parfois ressemblent à des métaphores : le cœur d'un tonnerre, « le cuer d'un tonnoire », une « andoille de verre », « uns mortiers de plume ». La préposition 'sans' découpe, morcelle le corps : « uns biaus hom sans tête ». Les vers tissent alors à partir de « fragments du réel, saisi dans leur plus petite image linguistique possible »,

---

48 Sur la représentation du quotidien, voir Auerbach ([11]2015). Concernant « les très perméables frontières du savant et du populaire, de l'écrit et de l'oral, des formes fixes et des formes mouvantes » qui caractérisent la poésie et la rhétorique du non-sens, voir le livre édité par Mougin et Grossel (2004, cit. 14).
49 Concernant les processus de « l'incompossibilité » et des différentes sortes de « brisures », voir les listes dans Zumthor, Hessing et Vijlbrief (1963).

dans chacune des strophes fatrasiques, un monde petit et particulier, un « microcosme verbal[50] ».

À travers le schéma rigide des rimes et de vers impairs aussi bien qu'à travers la grammaire et la syntaxe auxquels les mots sont astreints, surgissent des images incohérentes. En ce sens, les deux étymologies du terme *fatrasies*, controversées au sein de la recherche, s'avèrent pertinentes : le mot *fatrasie*, selon une des thèses, viendrait du latin *farcire, farsura*, 'farcir', 'farce' signifiant donc, si l'on considère **farsuraceus* comme étymon, « etwas 'Wurstfüllselartiges' », quelque chose ressemblant à de la chair à saucisse[51]. La forme extérieure fixe de la fatrasie serait donc définie comme une sorte d'enveloppe qui serait farcie avec la plénitude du quotidien. Les métaphores dont se sert le discours allégorique – *integumentum, involucrum* ou encore *velamen* – seraient ainsi reprises de façon parodique, processus comparable ici au jeu de Guillaume IX avec la signification du mot « estuy ». L'autre thèse démontre que l'étymon de *fatrasie* est le mot *phantasia* qui « als alter Latinismus in den Formen *fantasie, fantaisie, fatrasie* auftrat[52] ». Selon cette étymologie, survient dans les *fatrasies* le *visum*, c'est-à-dire ce qui, de nuit, est produit par l'imagination : « Le *visum* (ou *phantasma*) est une sorte de cauchemar où apparaissent des figures fantastiques. [...] Le songe est donc assimilé à une chimère, à une fantaisie[53] ». Pour les *fatrasies*, qui émergent dans la culture savante d'Arras, est significative, en outre, la réception de la théorie aristotélicienne de la connaissance, c'est-à-dire la mise en valeur des *phantasmata*[54]. Ainsi, étymologiquement et par l'évocation d'un espace imaginaire, les *fatrasies* se lient aux formes poétiques des *Resveries* et des *Oiseuses*[55]. Celles-ci, en effet, font osciller les niveaux du réel ou bien cèdent une

---

[50] Zumthor (1975 : 83–84). Voir également Zumthor, Hessing et Vijlbrief (1963 : 170) : « Chaque strophe forme une unité : cette unité, imposée par la structure même de la versification, est parfois soulignée par le fait qu'une strophe entière semble dominée par un même motif. [...] La plupart des strophes offrent un ensemble plus complexe de motifs. Mais on ne saurait nier l'existence de 'champs d'inspirations' se déplaçant de strophe à strophe selon des alternances non tout à fait fortuites ».
[51] Cf. Wolf (1980 : 639–643). Wolf, qui répertorie les résultats de la recherche et les étymons relatifs à cette interprétation, rejette cependant cette étymologie.
[52] Voir l'interprétation de Nies (1976) ainsi que, pour une explication étymologique et d'autres preuves, Wolf (1980 : 643–657).
[53] Braet (1975 : 19 et 56), cf. Wolf (1980 : 653).
[54] Concernant l'importance des débats sur les sens internes et la *phantasia* aux XIIe et XIIIe siècles, voir Dewender (2003).
[55] Pour les procédés des *Oiseuses* de Philippe de Rémi et des *Rêsveries*, voir Angeli (1977), Uhl (2012 : 129–133).

place à la « parole oiseuse », ce *verbum otiosum* ou *vaniloquium* déprécié théologiquement et éthiquement[56].

Les *fatrasies* s'ouvrent souvent sur une formule qui oscille entre témoignage oculaire et vision prophétique, comme dans l'onzain neuf : « Je vis une tour » (*FA* 9,1). Dans le second vers, une rime homonyme rend possible l'envol d'un édifice vers le ciel, jusque dans les nuages : « Je vis une tour / Qui a un seul tour / vola duqu'a nues » (*FA* 9,1–3). Le plus souvent au début d'une strophe fatrasique, une combinaison de deux mots est présentée au lecteur, combinaison qui génère, au moyen de « certaines incompatibilités sémiques[57] », des objets, des outils et des êtres impossibles. Les actions qu'ils engendrent sont parfois bizarres mais relèvent la plupart du temps des phénomènes et activités du quotidien : « Uns mortiers de plume / But toute l'escume / Qui estoit en mer » (*FA* 8,1) – ou encore : « Uns chevax de cendre / Crioit pois a vendre » (*FA* 28,12). Suivant le même principe de création d'images par combinaisons de mots, se déploie dans l'onzain 54 toute une série d'images :

> Uns ours emplumés
> Fist semer uns blés
> De Douvre a Wissent ;
> Uns oingnons pelez
> Estoit aprestés
> De chanter devant,
> Quant sor un rouge olifant
> Vingt uns limeçons armés
> Qui lor aloit ascriant :
> « Fil a putain, sa venez ! »
> Je versefie en dormant.[58]

En l'espace de neufs vers se succèdent trois images : la première est celle d'un ours emplumé, animal étrange, ayant fait semer du blé dans la mer, puisque c'est la Manche qui sépare Douvres de Wissant. La deuxième image est celle d'un objet banal de cuisine, d'un objet du quotidien : un oignon pelé marche en chantant. Tout en marchant devant, il chante aussi du vent, c'est-à-dire de cette

---

56 Pour la condamnation de la parole oiseuse comme inutile, vaine et frivole, voir Casagrande et Vecchio (1991 : 303–312).
57 Pour les procédés variés propres aux strophes fatrasiques, voir Uhl (1999, 54–56).
58 Porter (1960 : 135). Pour la position des guillemets je suis l'argumentation de Wolf (1980 : 656–655). Cf. Rus (2005 : 92) : 'Un ours emplumé / Fit semer du blé / De Douvre' à Wissant. / Un oignon pelé / S'était apprêté / À chanter avant, / Quand sur un rouge éléphant / Vint un limaçon armé / Qui marchait en leur criant : / « Fils de putain, approchez ! » / Je versifie en dormant.'

semence vaine, jeu phonique qui fait allusion aux paraboles biblique de *vanitas*. Suivant une structure paratactique parallèle, les mots situés au début des vers 1-4 et 3-6, à savoir « uns » et « de », se répètent, le second « de » produisant un écho sonore bien que remplissant aussi une autre fonction syntaxique. À partir du vers 7, une troisième image est tissée par le biais d'une hypotaxe : un limaçon armé, à cheval sur un éléphant rouge, apparaît et avance dans l'espace imaginaire. Il insulte l'ours et l'oignon (« lor », v. 9). Le dernier vers met en perspective la valeur de ces images en leur attribuant le double statut de produit onirique et de technique poétique : « Je versifie en dormant ».

Le contresens des images est engendré par une structure grammaticale qui vise à briser « au sein de l'unité syntaxique [...] la continuité sémantique[59] ». À ce scénario, fabuleux et stimulant l'imagination, s'ajoute un autre niveau de signification : l'entrée en scène du limaçon – suggéré par la conjonction « quant » et une structure imitant le *topos* épique de l'« intervention miraculeuse[60] » – annonce une apparition surnaturelle et divine. Contre toute attente d'une intervention divine ou de quelconques forces supérieures surgit un animal qui, de par sa taille et sa forme, semble à première vue insignifiant. Celui-ci est pourtant porteur d'une réminiscence littéraire. Ainsi, dans la comédie pseudo-ovidienne *De Lombardo et lumaca*, dont est attestée au XIIIe siècle aussi une version en prose, les limaçons sont un moyen de dérision dans la parodie et la satire politique. Objets de ces parodies sont les glorieux combats des héros épiques et des chevaliers du roman courtois. À la même époque que les *fatrasies*, on trouve dans les *marginalia* de quelques manuscrits, aux bas de page de l'enluminure du nord de la France, une scène de combat représentant un chevalier reculant devant un limaçon[61]. Dans un sens allégorique, le limaçon signifie *ignavia*, couardise et faiblesse. Les vers de la *fatrasie* montrent cet animal cependant à cheval sur l'éléphant rouge en train d'insulter les autres protagonistes – le limaçon étant un héros hardi ou un lâche, c'est au lecteur d'en juger. Le dernier vers de l'onzain transforme finalement la situation initiale du Je, comme l'avait présentée le « vers de dreyt nien » de Guillaume IX, en une rétrospective. Pour le lecteur, le texte – figuration du rêve et en même temps produit du façonnage poétique – est ainsi perçu comme un jeu d'esprit intertextuel et comme un jeu avec la faculté à distinguer entre fiction et réalité.

---

59 Cf. Zumthor (1975 : 77–79, cit. 78).
60 Sur le rapport entre non-sens et parodie dans les *fatrasies*, cf. Uhl (1999 : 49–71, cit. 56–57).
61 Cf. Angeli (2000, 34–39 et fig. 7–9), qui analyse des exemples de tels *marginalia*. Pour la comédie pseudo-ovidienne *De Lombardo et lumaca*, ses implications politiques et ses références à la tradition épique, voir Lenz (1957) et Voce (2009).

Ce ne sont pas seulement les mots ancrés dans la vie quotidienne, ces fragments du réel, que capture la forme rigide des *fatrasies*. Dans les profondeurs des poèmes se déploie une toile fine, une structure génératrice qui laisse apparaître en surface ces petits mondes imaginaires aux implications poétologiques. Ce générateur peut être, par exemple, un jeu de mots qui procède des rapports métaphoriques entre des mots latins et leur homophonie. Ainsi, la combinaison de *cuniculus* (couloir souterrain) et *cunnus* (sexe de la femme) forme les premiers vers, situés en début de l'onzain sept[62] : « En l'angle d'un con / La vi un taisson / Qui tissoit orfrois » (*FA* 7,1-3). Cette image – un blaireau occupé à tisser et broder une étoffe à l'aide d'un fil d'or –, certes obscène mais aussi fascinante qu'une drôlerie en bas de pages, déploie de plus un sens poétologique : le métier artisanal du tisserand renvoie au mot *textus*, pas encore conçu comme « le tissu de signifiants[63] », mais plutôt comme « la structure ordonnée, fondatrice et intangible » de la parole divine[64]. Ce rapport au discours théologique est confirmé par le fait que l'orfrois servait alors de nappe d'autel ou d'habit liturgique. Accentué par le cadre sexualisé, la *fatrasie* tisse, telle un petit *contrafactum*, une texture dénuée de sens spirituel. L'image du « taisson qui tissoit orfrois », qui fait probablement allusion aux débats sur l'*entrebescamen* (le « tissage des mots ») – *entrebescar los motz* dans la poésie troubadouresque[65] –, prend ainsi la forme d'une mise en abyme des procédés fatrasiques. Ces procédés sont renforcés, on outre, par la matrice numérique : une *fatrasie*, 6 vers à 5 syllabes + 5 vers à 7 syllabes x 11 strophes, comporte « ensemble 715 syllabes, soit 7 x 100, chiffre du cosmos dans son émanation divine, plus 3 fois (la Trinité) 5 (les *sens* par lesquels, dans toutes les acceptions de ce mot, se perçoit l'univers)[66] ».

Les *fatrasies* évoluent dans la culture laïque d'Arras, où, au cours du XIIIe siècle, la littérature et la vie intellectuelle gagnent en importance. *La Confrérie*

---

62 Pour ces références au latin cf. Angeli (2011 : 366).
63 Selon Barthes (1978 : 16), c'est « le texte, c'est-à-dire le tissu des signifiants qui constitue l'œuvre ».
64 Concernant l'emploi du mot *textus* chez les auteurs latins du XIIe siècle, voir Guerreau (2006 : cit. 159).
65 Shapiro (1984) analyse ces procédés comme faisant partie d'une controverse épistémologique au sein de la poésie des troubadours où *entrebescar* s'oppose souvent à *razo gardar*, c'est-à-dire au discours mesuré et rationnel. Ainsi, Marcabru critique les poètes qui, tout en pensant, trouvent des mots pour en faire un tissage fracturé (« E fant los motz, per emanssa, / Entrebeschatz de fraichura »), alors que Raimbaut d'Aurenga, pensif, tisse des mots rares, foncés et teints : « Cars, bruns et tenz / motz entrebesc ; / Pensius, pensanz, enquier e serc... ».
66 Zumthor (1975 : 81–82). Sur le rôle des cinq sens dans la culture chrétienne médiévale et sur la fonction de « l'activation sensorielle » dans la liturgie, la poésie et les arts, concernant aussi la relation entre homme-microcosme et macrocosme, voir Palazzo (2016).

des Jongleurs et des Bourgeois d'Arras, p. ex., « association ouverte à l'ensemble du 'patriciat' arrageois[67] », était un espace public, espace de discussion relative à la construction d'une identité urbaine[68]. Une chanson, datée d'avant 1258, retrace ce scénario[69]. À Arras, comme le raconte la première strophe, sont composés des motets de si haute qualité que Dieu même, étant malade et ayant besoin de divertissement, se hâte de quitter le ciel pour visiter la ville :

> Arras est escole de tous biens entendre.
> Quant on veut d'Arras le plus caitif prendre
> En autre païs se puet por boin vendre.
> On voit les honors d'Arras si estendre.
> Je vi l'autre jor le ciel lasus fendre,
> Dex voloit d'Arras les motès apprendre.
> Et per li doureles vadou vadu vadourenne. (I,1–7)[70]

Ce qui est parodié ici, c'est le genre et l'expérience de l'apocalypse ainsi que le modèle d'une ascension vers le ciel jointe à la compréhension de l'ordre du monde, modèle entendu comme point de repère de l'*homo novus*, tel qu'il est représenté dans l'*Anticlaudianus* d'Alain de Lille[71]. Au lieu d'une harmonie des sphères, ce sont la musique et les sons des motets vernaculaires qui sont mis en relief. Sous un mode comique, la chanson expose ce qui jadis avait été discuté au sein de la Confrérie. Les confrères, personnages historiques[72], entrent alors en scène et présentent leurs talents : Pouchins, l'aîné, raisonne si bien sur la complexion du corps humain et sur l'astronomie que Dieu en pâlit. La petite scène renvoie en miniature à un tournant dans l'interprétation du monde comme le démontre à la même période le *Livre du Trésor* de Brunetto Latini, encyclopédie substituant à l'*ordo rerum* l'*ordo artis*[73]. Ghilebers, un autre confrère, récite un chant d'amour, qui plaît à Dieu. Finalement, Dieu, tordu de rire, est guéri : il a vu Bretiaus, le 'prince' du puy Jehan Bretal, qui baisse sa culotte, dans un geste obscène et provocateur.

---

[67] Pour l'histoire de la confrérie et la production littéraire à Arras, « abondante et variée », voir Berger (1970 : 39–55, 101–118).
[68] Cf. Symes (2007).
[69] Pour cette chanson et son contexte, voir Dane (1984 : 129–132), pour la datation Berger (1970 : 113).
[70] Jeanroy et Guy (1976 : 33), pour une introduction à ce recueil et des commentaires, voir Berger (1981).
[71] Cf. Dane (1984 : 130–131).
[72] Des dix personnages présentés, cinq sont mentionnés dans le *Nécrologe* (Berger 1970 : 113).
[73] Voir Meier (1992). Pour l'iconographie et les manuscrits du *Trésor* produits à Arras, voir Roux (2009).

Entre transcendance et sphère humaine, l'ordre hiérarchique se retrouve inversé. Ce renversement avec sa dimension condamnable se reflète également dans les *Fatrasies d'Arras* et, plus précisément, dans le cinquième onzain. Au début de ce poème, le vocabulaire du rêve ou du songe est repris et rattaché au projet de 'faire' une chansonnette : « Dui rat userier / Voloient songier / Por faire un descort » (*FA* 5,1-3)[74]. Cette image, porteuse d'une connotation poétologique, se prolonge dans les trois pentasyllabes qui suivent avec l'apparition de trois faucons laniers qui ont auparavant rempli un panier avec des 'vers de la mort' : « Ont fait plain panier / Des Vers de la Mort » (*FA* 5,5-6). Le jeu avec l'homophonie et, à proprement parler, le jeu avec les deux significations de 'vers' réunissent ainsi poésie et évanescence corporelle. Y est évoqué, en outre, un ouvrage de Hélinand de Froidmont, imité par Robert le Clerc d'Arras. Dans son sermon lyrique *Les Vers de la Mort* le poète et prédicateur Hélinand exhorte ses amis à la conversion, à quitter la vie profane pour la vie monastique. Cette allusion est en quelque sorte un jeu de miroir : la strophe hélinandienne, qui contient également une rupture au septième vers, a probablement servi de modèle pour le schéma rimique des *fatrasies*[75]. Le panier, compris comme contexture fatrasique, fait figure – conformément à l'*integumentum* – d'enceinte, de manteau, peut-être même de carcasse à la fois pour et contre la mort.

5 Conclusion

Dans le « vers de dreyt nien » de Guillaume IX, ancré dans le contexte de l'art des troubadours, la forme poétique de la *canso* est conçue comme une architecture qui alors renvoie à l'image du poète-*artifex*. Un des moyens adoptés pour faire valoir l'*ingenium humanum* est la langue et, *a fortiori*, la négation du présupposé selon lequel les mots renverraient à un sens spirituel ou bien seraient les signes des choses organisées selon un *ordo rerum*. Un vide est généré, un néant, un espace dépourvu de sens dans lequel est tracée, en référence à la *creatio ex nihilo*, une effigie de l'auteur de même qu'une sentence sur le bonheur terrestre. Les *Fatrasies d'Arras* capturent, évoluant dans une culture urbaine avancée, par leur moule rigide, par l'exiguïté du schéma rimique et mé-

---

[74] Cf. Henry (1978 : 72), indiqué par Rus (2005 : 36) : « *descort* – poésie strophique accompagnée de musique, offrant cette particularité que les schémas strophiques sont tous dissemblables et le nombre de strophes indéterminé ».
[75] Pour la discussion, sur le fait que la strophe d'Hélinand (aabaabbbabba) est ou non une des sources du schéma fatrasique, cf. Porter (1960 : 29), Uhl (1999 : 40–41).

trique, la plénitude, fugace et mortelle, de la vie humaine. Les strophes fatrasiques ressemblent à des *nugae*. Le lecteur est invité – par un jeu de mots et un jeu d'esprit – à jongler avec ces petits poèmes insensés, mais parfaitement façonnés, et à combiner lui-même les onze onzains d'une *fatrasie*. Chacun des onzains forme, un à un, un petit monde farci du quotidien rendu cohérent par les règles grammaticales et des corrélations d'images. Ainsi, les *Fatrasies d'Arras* mettent en place un microcosme déterminé par la 'contrainte' de la forme fixe et qui, complémentairement au néant construit dans les vers de Guillaume IX, s'écarte, par le biais du jeu de mots, du monde donné, créé par Dieu.

6 Références bibliographiques

Textes cités

Alighieri, Dante. 2000. *De vulgari eloquentia*. lat.-it., introd., trad. et notes par Vittorio Coletti. Milano : Garzanti.
Berger, Roger (éd.). 1981. *Littérature et société arrageoises au XIIIe siècle : Les Chansons et dits artésiens*. Arras : Mémoires de la Commission Départementale des Monuments historiques du Pas-de-Calais.
Dutli, Ralph (trad.). 2010. *Fatrasien. Absurde Poesie des Mittelalters*. Göttingen : Wallstein.
Gatien-Arnoult, Adolphe-Félix (éd.). 1841. *Las Flors del gay saber estier dichas Las Leys d'amors*. 2 t. Paris/Toulouse (repr. 1977. Genève : Slatkine).
Guglielmo IX. 1973. *Poesie*, éd. Nicolò Pasero. Modena : S.T.E.M.-Mucchi.
Guillaume IX. [2]1964. *Les Chansons*, éd. Alfred Jeanroy. Paris : Champion.
Guillaume d'Ockham. 1979. *Scriptum in librum primum sententiarum ordinatio* (= *Opera Philosophica et Theologica IV*), éd. Girard J. Etzkorn & Francis E. Kelley. St. Bonaventure, N.Y. : St. Bonaventura University.
Jeanroy, Alfred & Henri Guy (éd.). 1976 [1898]. *Chansons et dits artésiens du XIIIe siècle*. Genève : Slatkine Reprints.
Patrologia Latina. 1854. Tome 155, éd. Jacques-Paul Migne. Paris.
Rus, Martijn (éd.). 2005. *Poésies du non-sens. XIIIe – XIVe – XVe siècles I. Fatrasies*. Orléans : Éditions Paradigme.
Uhl, Patrice (éd.). 2012. *Rêveries, fatrasies, fatras, entés. Poèmes nonsensiques des XIIIe et XIVe siècles*. Louvain/Paris/Walpole : MA : Peeters.

Études citées

Angeli, Giovanna. 1977. *Il mondo rovesciato*. Roma : Bulzoni.
Angeli, Giovanna. 2000. Un monde à part. La fatrasie et les images dans les marges. In Michel Murat (éd.), *L'allusion dans la littérature. Actes du XXIVe Congrès de la Società Universita-

ria per gli Studi di Lingua e Letteratura Francese (SUSLLF), 25–40. Paris : Presses de l'Université Paris-Sorbonne.

Angeli, Giovanna. 2011. Les 'Fatrasies d'Arras'. 'Fin' et 'commencement' d'un genre. In Hélène Bellon-Méguelle et al. (éds.), *La moisson des lettres. L'invention littéraire autour de 1300*. Turnhout : Brepols.

Aubrey, Elizabeth (1983). *A Study of the Origins, History, and Notation of the Troubadour Chansonnier Paris, BnF, Ms. fr. 22543*. Diss. University of Maryland 1982. Ann Arbor.

Auerbach, Erich. [11]2015 [1946]. *Mimesis. Dargestellte Wirklichkeit in der abendländischen Literatur*. Tübingen : Narr Francke Attempto.

Barthes, Roland (1978). *Leçon. Leçon inaugurale de la chaire de sémiologie littéraire du Collège de France prononcée le 7 janvier 1977*. Paris : Éditions du Seuil.

Berger, Roger. 1963/1970. *Le Nécrologe de la confrérie des jongleurs et bourgeois d'Arras (1194-1361). I Textes et tables. II. Introduction*. Arras : Mémoires de la Commission Départementale des Monuments historiques du Pas-de-Calais.

Bériou, Nicole, Jean-Patrice Boudet & Irène Rosier Catach (éds.). 2014. *Le pouvoir des mots au Moyen Âge*. Turnhout : Brepols.

Bloch, Howard R. 1983. *Etymologies and Genealogies. A Literary Anthropology of the French Middle Ages*. Chicago : University of Chicago Press.

Blumenberg, Hans. 1981. ,Nachahmung der Natur'. Zur Vorgeschichte der Idee des schöpferischen Menschen. In id. *Wirklichkeiten, in denen wir leben. Aufsätze und eine Rede*, 55–103. Stuttgart : Reclam.

Blumenberg, Hans. [2]1988. *Die Legitimität der Neuzeit*. Frankfurt a.M. : Suhrkamp.

Braet, Herman. 1975. *Le songe dans la chanson de geste au XIIe siècle*. Gent : Romanica Gandensia.

Brinkmann, Hennig. 1980. *Mittelalterliche Hermeneutik*. Tübingen : Niemeyer.

Casagrande, Carla & Silvana Vecchio. 1991. *Les péchés de la langue. Discipline et éthique de la parole dans la culture médiévale*. Trad. de l'italien par Philippe Baillet, préface de Jacques Le Goff. Paris : Les éditions du Cerf.

Cramer, Thomas. 1986. 'Solus creator est Deus'. Der Autor auf dem Weg zum Schöpfertum. *Daphnis* 15. 261–276.

Dane, Joseph A. 1984. Parody and Satire in the Literature of Thirteenth-Century Arras, Part II. *Studies in Philology* 81. 119–144.

Dewender, Thomas. 2003. Zur Rezeption der aristotelischen Phantasialehre in der lateinischen Philosophie des Mittelalters. In id. & Thomas Welt (éds.), *Imagination – Fiktion – Kreation. Das kulturschaffende Vermögen der Phantasie*. München/Leipzig : K. G. Saur.

Dragonetti, Roger. 1982. *Le gai savoir dans la rhétorique courtoise. Flamenca et Joufroi de Poitiers*. Paris : Éditions du Seuil.

Ernst, Ulrich. 2004. Lüge, integumentum und Fiktion in der antiken und mittelalterlichen Dichtungstheorie. Umrisse einer Poetik des Mendakischen. In id., *'Homo mendax'. Lüge als kulturelles Phänomen im Mittelalter* (= Das Mittelalter 9), 73–100.

Full, Bettina. 2015. *Passio und Bild. Ästhetische Erfahrung in der italienischen Lyrik des Mittelalters und derRenaissance*. Paderborn : Fink.

Full, Bettina. 2017. 'Onde vien la letizia che mi fascia'. Zu Dantes Entwurf des schöpferischen Menschen. In Stephanie Heimgartner & Monika Schmitz-Emans (éds.), *Komparatistische Perspektiven auf Dantes 'Divina Commedia'. Lektüren, Transformationen und Visualisierungen*, 29–66. Berlin/Boston : De Gruyter.

Gaunt, Simon & John Marshall. 2005. Occitan Grammars and the Art of Troubadour Poetry. In Alastair Minnis & Ian Johnson (éds.), *The Cambride History of Literary Criticism II. The Middle Ages*, 472–495. Cambridge : Cambridge University Press.

Guerrau, Alain. 2006. 'Textus' chez les auteurs latins du XIIe siècle. In Ludolf Kuchenbuch & Uta Kleine (éds.), *'Textus' im Mittelalter. Komponenten und Situationen des Wortgebrauchs im schriftsemantischen Feld*. 149–178. Göttingen : Vandenhoeck & Ruprecht.

Haug, Walter. 2002. Nicolaus Cusanus zwischen Meister Eckhart und Cristoforo Landino. Der Mensch als Schöpfer auf dem Weg zu Gott. In Martin Thurner (éd.), *Nicolaus Cusanus zwischen Deutschland und Italien. Beiträge eines deutsch-italienischen Symposiums in der Villa Vigoni*, 577–600. Berlin : Akademie Verlag.

Haug, Walter. 2006. Historische Semantik im Widerspruch mit sich selbst. Die verhinderte Begriffsgeschichte der poetischen Erfindung in der Literaturtheorie des 12./13. Jahrhunderts. In Gerd Dicke, Manfred Eickelmann & Burkhard Hasebrink (éds.), *Im Wortfeld des Textes. Worthistorische Beiträge zu den Bezeichnungen von Rede und Schrift im Mittelalter*, 49–64. Berlin/New York : de Gruyter.

Haug, Walter. 2008. Die theologische Leugnung der menschlichen Kreativität und die Gegenzüge der mittelalterlichen Dichter. In Renate Schlesier & Beatrice Trînca (éds.), *Inspiration und Adaptation. Tarnkappen mittelalterlicher Autorschaft*, 73–87. Hildesheim : Weidmann.

Henry, Albert. 1978. *Chrestomathie de la littérature en ancien français II*, Berne : Francke.

Jourdan, Julie. 2010. Images et parole dans le ‚Ci nous dit' (Chantilly, Musée Condé, mss. 26–27). In René Wetzel & Fabrice Flückinger (éds.) unter Mitarbeit von Robert Schulz, *Die Predigt im Mittelalter zwischen Mündlichkeit, Bildlichkeit und Schriftlichkeit / La Prédication au Moyen Âge entre oralité, visualité et écriture*, 133–153. Zürich.

Kellermann, Wilhelm. 1968. Über die altfranzösischen Gedichte des uneingeschränkten Unsinns. *Archiv für das Studium der neueren Sprachen und Literaturen* 205. 1–22.

Kendrick, Laura. 1988. *The Game of Love. Troubadour Wordplay*. Berkeley et al. : University of California Press.

Klibansky, Raymond, Erwin Panofsky & Fritz Saxl. 1990. *Saturn und Melancholie. Studien zur Geschichte der Naturphilosophie und Medizin, der Religion und der Kunst*, trad. par Christa Buschendorf. Frankfurt a.M. : Suhrkamp.

Kobusch, Theo. 1984. Nichts, Nichtseiendes. In Joachim Ritter & Karlfried Gründer (éds.), *Historisches Wörterbuch der Philosophie VI*, 805–836. Darmstadt : Wissenschaftliche Buchgesellschaft.

Köhler, Erich. 1964. 'No sai qui s'es – No sai que s'es'. In Maurice Delbouille (éd.), *Mélanges de linguistique romane et de philologie médiévale offerts à M. Maurice Delbouille II*, 349–366. Gembloux : Éditions J. Duculot.

Lawner, Lynne. 1968. Notes Towards an Interpretation of the 'vers de dreyt nien'. *Cultura Neolatina* 28. 147–164.

Le Goff, Jacques & Jean-Claude Schmitt. 1979. Au XIIIe siècle : une parole nouvelle. In Jean Delumeau (éd.), *Histoire vécue du peuple chrétien*, 257–279. Toulouse : Éditions Privat.

Lenz, Friedrich W. 1957. Das pseudo-ovidische Gedicht 'De Lobardo et lumaca'. *Maia* 9, 204–222.

Liede, Alfred. 1992. *Dichtung als Spiel. Studien zur Unsinnspoesie an den Grenzen der Sprache*. 2. Auflage. Mit einem Nachtrag Parodie, ergänzender Auswahlbibliographie, Namenregister und einem Vorwort neu hg. von Walter Pape. Berlin/New York : de Gruyter.

Meier, Christel. 1976. Überlegungen zum gegenwärtigen Stand der Allegorie-Forschung. Mit besonderer Berücksichtigung der Mischformen. *Frühmittelalterliche Studien* 10. 1–69.
Meier, Christel. 1992. Vom Homo Coelestis zum Homo Faber. Die Reorganisation der mittelalterlichen Enzyklopädie für neue Gebrauchsfunktionen bei Vinzenz von Beauvais und Brunetto Latini. In Hagen Keller, Klaus Grubmüller & Nikolaus Staubach (éds.), *Pragmatische Schriftlichkeit im Mittelalter. Erscheinungsweisen und Entwicklungsstufen*. München : Fink.
Mölk, Ulrich. 1986. *Trobar clus – trobar leu. Studien zur Dichtungstheorie der Trobadors*. München : Fink.
Mougin, Sylvie & Marie-Geneviève Grossel (éds.). 2004. *Poésie et Rhétorique du non-sens. Littérature médiévale, littérature orale*. Reims : Presses Universitaires de Reims.
Nies, Fritz. 1976. Fatrasies und Verwandtes. Gattungen fester Form? *Zeitschrift für romanische Philologie* 92. 124–137.
Ohly, Friedrich. 1958/59. Vom geistigen Sinn des Wortes im Mittelalter. *ZfdA* 89. 1–23.
Ohly, Friedrich. 1977. *Schriften zur mittelalterlichen Bedeutungsforschung*. Darmstadt : Wissenschaftliche Buchgesellschaft.
Palazzo, Éric (éd.). 2016. *Les cinq sens au Moyen Âge*. Paris : Les éditions du Cerf.
Porter, Lambert C. 1960. *La fatrasies et le fatras. Essai sur la poésie irrationnelle en France au moyen âge*. Genève/Paris : Droz/Minard.
Rieger, Dietmar. 1975. *Der 'vers de dreyt nien' Wilhelms IX. von Aquitanien: rätselhaftes Gedicht oder Rätselgedicht? Untersuchungen zu einem ‚Schlüsselgedicht' der Trobadorlyrik*. Heidelberg : Winter.
Rosier-Catach, Irène. 1994. *La parole comme acte. Sur la grammaire et la sémantique au XIIIe siècle*. Paris : Vrin.
Rosier-Catach, Irène. 2014. Le pouvoir des mots au Moyen Âge. Diversité des pratiques et des analyses. In Nicole Bériou, Jean-Patrice Boudet & ead. (éds.), *Le pouvoir des mots au Moyen Âge*. Turnhout : Brepols.
Roux, Brigitte. 2009. *Mondes en miniatures. L'iconographie du 'Livre du Trésor' de Brunetto Latini*. Genève : Droz.
Seebald, Christian. 2017. Die Lust an der unmöglichen Fiktion. Das ‚Wachtelmäre' und die Tradition der altfranzösischen Fatrasies. *Wolfram-Studien* 24, 221–235.
Shapiro, Marianne. 1984. 'Entrebescar los motz'. Word-Weaving and Divine Rhetoric. *Zeitschrift für romanische Philologie* 100. 355–383.
Stanesco, Michel. 1984. L'Expérience poétique du 'pur néant' chez Guillaume IX d'Aquitaine. *Médiévales* 6. 48–68.
Symes, Carol. 2007. *A Common Stage. Theater and Public Life in Medieval Arras*. Ithaca/London : Cornell University Press.
Uhl, Patrice. 1999. *La constellation poétique du non-sens au moyen âge. Onze études sur la poésie fatrasique et ses environs*. Paris : L'Harmattan.
Voce, Stefania. 2009. *Il 'De Lombardo et lumaca'. Fonti e modelli*. Soveria Mannelli : Rubbettino.
Warning, Rainer. 1997. Lyrisches Ich und Öffentlichkeit bei den Trobadors. Wilhelm IX. von Aquitanien: 'Molt jauzens mi prenc en amar'. In id., *Lektüren romanischer Lyrik. Von den Trobadors zum Surrealismus*, 45–84. Freiburg im Br. : Rombach.
Wedell, Moritz (éd.). 2012. *Was zählt. Ordnungsangebote, Gebrauchsformen und Erfahrungsmodalitäten des 'numerus' im Mittelalter*. Köln/Weimar/Wien : Böhlau.

Wolf, Heinz Jürgen. 1980. 'Fatrasie' – Kritik und Etymologie. In Hans Dieter Bork, Artur Greive & Dieter Woll (éds.), *Romanica Europaea et Americana. Festschrift für Harri Meier. 8. Januar 1980*. Bonn : Bouvier Verlag Herbert Grundmann.

Zumthor, Paul, E.-G. Hessing & R. Vijlbrief. 1976. Essai d'analyse des procédés fatrasiques. *Romania* 84. 145–170.

Zumthor, Paul. 1975. *Langue, texte, énigme*. Paris : Éditions du Seuil.

Fig. 1–2 © Crédit photographique : Bibliothèque nationale de France.

Marc Bonhomme
Entre créativité et motivation. Les jeux de mots chez Rabelais

Résumé : Cet article analyse les principaux domaines affectés par les jeux de mots dans l'œuvre de François Rabelais. Ceux-ci recouvrent la manipulation des signifiants (arabesques sonores, jeux homophoniques, virelangues), l'ambiguïsation des signifiés à travers des calembours offrant une grande variété typologique, l'élaboration de néologismes burlesques ou cocasses, enfin la production de vocabulaires fantaisistes dans le cadre de codes langagiers imaginaires. Notre but est d'envisager de telles pratiques ludiques selon deux points de vue opposés, mais indissociables. D'une part, nous montrons qu'elles reposent sur une importante créativité qui peut tantôt systématiser des procédés rhétoriques (comme les allitérations et les antanaclases), tantôt explorer ou même outrepasser certaines zones limites de la langue, notamment avec la genèse de composés monstrueux. D'autre part, nous faisons voir comment ces pratiques ludiques présentent une forte motivation les régularise et qui facilite leur interprétation, tout en révélant la maîtrise discursive de leur auteur. Cette motivation revêt plusieurs formes susceptibles de se combiner, qu'elles soient de nature phonétique, sémantique ou narrative. Au bout du compte, loin d'être de simples exercices langagiers, les jeux de mots de Rabelais apparaissent comme des indices de son esthétique littéraire enjouée et comme des principes actifs de son engagement humaniste, en particulier lorsqu'ils s'intègrent dans des contextes parodiques.

Mots clés : arabesque sonore, arbitraire, baragouin, calembour, composé monstrueux, créativité, jargon, jeu homophonique, motivation, mot-valise, nom propre, parodie, pastiche, virelangue

1 La problématique des jeux de mots chez Rabelais

L'œuvre de François Rabelais se singularise par une des activités ludiques les plus abondantes dans la littérature française, allant des jeux microlinguistiques (anagramme, contrepet) aux jeux macrolinguistiques tels que les listes burlesques, en passant par les détours du pastiche ou les pratiques énigmatiques de la devinette. Ces activités ludiques sont par ailleurs complexes, posant au moins quatre problèmes. D'une part, elles se trouvent à la convergence de plusieurs influences dont il n'est pas toujours évident de fixer les contours. Comme l'a établi Bakhtine (1970 : 15–30), Rabelais est un héritier du rire populaire médiéval, défini par le rabaissement carnavalesque et une esthétique du réalisme grotesque[1]. Mais en même temps il se pose en continuateur d'un rire plus savant, celui de modèles antiques, comme Lucien de Samosate, ou celui des grands rhétoriqueurs du XVe siècle, concrétisé par des jeux poétiques et des acrobaties verbales. À cela s'ajoutent ce que Screech (1992 : 64) appelle l'« humour monastique » résultant de la formation franciscaine de Rabelais[2], et le rire médical, perçu par le médecin Rabelais comme une thérapie empêchant de sombrer dans les humeurs mélancoliques. D'autre part, l'œuvre de Rabelais offre une interférence continuelle entre des postures énonciatives ludiques et sérieuses. Celles-ci constituent des polarités tensionnelles indissociables qui expliquent le mélange d'une prose facétieuse et d'une écriture relevée dans ses ouvrages, ce que l'on constate aisément à la lecture de maints chapitres de *Gargantua*. Cette hybridation tonale est du reste caractéristique de l'imaginaire de la Renaissance d'après les observations de Dubois (1985 : 40–48). Sans parler de la mode des jeux de langage chez les humanistes[3], les écrivains et les lettrés les plus érudits – à l'image d'Érasme ou de Ronsard – manifestent une propension à l'excentricité verbale et aux divertissements de l'esprit.

De plus, les pratiques ludiques de Rabelais posent des problèmes spécifiques de réception. D'un côté, si l'on se rapporte à Tetel (1964 : 96–98), il n'est pas facile de déceler à quel public elles s'adressaient à leur époque : milieu populaire, clercs, bourgeoisie urbaine ? D'un autre côté, ces pratiques ludiques s'exercent sur le français encore malléable et peu codifié du XVIe siècle, ce qui complique l'identification de leurs transgressions par rapport à une norme langagière avérée. Surtout, comme le remarque Rigolot (1972 : 9–10), leur lecture actuelle pâtit d'un décalage chronologique important, avec les inconvénients inhérents à une telle situation : problèmes de compréhension du fait de l'évolution de la langue ; perte du contexte de production, ce qui est gênant quand le comique rabelaisien met en œuvre des allusions très situées. Pour éviter les risques d'anachronisme et de réception erronée, le lecteur moderne doit s'en-

---

1 Celle-ci consiste à projeter les thématiques (vie matérielle, images du corps...) et le langage familier de la place publique sur des productions discursives relevées, qu'elles soient littéraires, comme les romans de chevalerie, ou religieuses, telles les prières et l'écriture sainte.
2 L'ordre des franciscains était alors renommé pour sa jovialité et pour l'humour de ses sermons.
3 *Les Bigarrures* de Tabourot (1588) nous en donnent un excellent aperçu.

tourer d'un certain nombre de précautions, en se référant aux exégètes de Rabelais et en consultant les théories sur la langue du XVIe siècle.

Sur un autre plan, il est possible d'appréhender les pratiques ludiques de Rabelais à trois niveaux qui sont fortement imbriqués, avec les aléas d'interprétation que cela implique. Très globalement, comme le fait Ménager (1995 : 106), on peut analyser le rire de Rabelais en le reliant à sa philosophie hédoniste et à son comportement langagier exprimant une vision dionysiaque du monde. Selon une optique davantage restreinte, à l'instar de Gray (1994 : 13-44), on peut se focaliser sur le comique langagier de Rabelais ou sur ses facéties verbales, ce qui suppose l'étude de phénomènes diversifiés touchant à la syntaxe (structures cumulatives, coq-à-l'âne...) ou à la textualité (histoires drôles, acrostiches...). Enfin, on peut se limiter à l'analyse des jeux de mots chez Rabelais, c'est-à-dire à ses manipulations ludiques de lexèmes, fondées sur le principe de plaisir, endeçà des fonctions informatives et référentielles communément assignées à la communication[4]. Telle sera notre perspective dans cette étude qui tiendra cependant le plus grand compte du cotexte linguistique et des conditions d'énonciation contribuant à la genèse des jeux de mots rabelaisiens. Ces derniers sont produits sur la base d'une théorie du signe linguistique diffuse dans l'œuvre de Rabelais, mais bien vue par différents commentateurs (Paris 1970, Screech 1992, Huchon 1994), dont il convient de récapituler les grands axes :

1) Rabelais récuse les conceptions linguistiques rigides, héritées du Moyen Âge, notamment celles de type allégorique, avec leurs codes herméneutiques contraignants.
2) En partisan des théories aristotéliciennes, il adhère clairement à une conception conventionnelle du langage[5], affirmée dans le *Tiers Livre* (438) : « C'est abus, dire que ayons langaige naturel : les langaiges sont par institution arbitraires et convenences des peuples ; les voix, comme disent les dialecticiens, ne signifient naturellement, mais à plaisir ».
3) Cette conception linguistique relativiste se double d'une approche dynamique de la langue. Celle-ci est abordée par Rabelais à travers sa « plasticité

---

4 Nous nous en tenons à cette définition basique des jeux de mots qui n'exclut pas des approches plus circonstanciées. Voir entre autres Guiraud (1980), de Foucault (1988) ou Crystal (1998).

5 Cette conception se retrouve chez un certain nombre de ses contemporains, dont Bovelles (1533). Screech (1992) note toutefois des exceptions au conventionnalisme rabelaisien dans le cas de certains noms propres ou de l'hébreu, considéré comme une langue première et naturelle. En cela pour Screech, Rabelais apparaît comme un disciple d'Ammonius, philologue du Ve siècle, « qui a établi une passerelle unissant les théories d'Aristote et de Platon » (1992 : 504).

sémantique » (Rigolot 1995 : 271) et ses virtualités métamorphiques, sources d'expérimentations multiples qui nourrissent précisément la créativité des jeux de mots. La comparaison qu'il fait entre ses productions textuelles et des figures grotesques improbables (« lievres cornus, canes bastées, boucqs volants ») au début du prologue de *Gargantua* (38) illustre cette vision constructiviste.

4) Néanmoins, dans son écriture littéraire, Rabelais fait preuve d'un cratylisme textuel, lié à la poéticité de ses récits, selon lequel il tend à motiver le matériau langagier qu'il exploite. Une telle motivation est particulièrement nette dans ses jeux de mots, l'exploration ludique des potentialités de la langue y étant constamment canalisée par diverses régulations (phonétiques, sémantiques, fonctionnelles, etc.).

Cette interaction entre créativité et motivation sera vérifiée en suivant une démarche par extension croissante, attentive successivement aux signifiants des jeux de mots chez Rabelais, aux disjonctions qu'ils instaurent dans les signifiés, à leur production de lexèmes novateurs et à l'intégration de ceux-ci dans des codes linguistiques.

2 La tyrannie du signifiant

Rabelais se montre très sensible à la matérialité signifiante des mots. Sous cet aspect, on relève chez lui toute une créativité ludique basée sur des réitérations de lexèmes aux sonorités proches dans la linéarité des énoncés. Plus il associe un grand nombre de phonèmes identiques ou semblables dans le déroulement de ceux-ci, plus il engendre des canevas prosodiques motivés phonétiquement. On peut alors parler d'une tyrannie du signifiant qui se traduit par trois types de réalisations.

2.1 Production d'arabesques sonores

À un premier niveau, ces jeux phonétiques ne créent que des arabesques sonores lorsqu'ils portent sur des lexèmes embryonnaires, caractérisés par leur signifiant suggestif et leur sémantisme flou. Oscillant entre des borborygmes, des interjections ou des esquisses d'onomatopées, ces lexèmes embryonnaires ont surtout un rôle expressif ou connotatif, produisant de surcroît un fort effet d'oralité. Répétés en arabesques ludiques, ils modulent l'émotivité d'un personnage, rythmant par exemple les réactions de Panurge durant la tempête du *Tiers livre* :

(1) – *Bou bou, bou bou ! Otto to to to to ti ! Otto to to to to ti ! Bou bou bou, ou ou ou bou bou bous bous ! Je naye, je naye ! ... Zalas, zalas ! Nous sommes au-dessus de Ela, hors toute la gamme. Bebe be bous bous ! Zalas ! [...] Bous, bous, bous, paisch, hu hu hu, ha ha ha ha ha. Je naye ! Zalas, zalas, hu hu hu hu hu hu ! Bebe bous, bous bobous, bobous, ho ho ho ho ho ! Zalas, zalas ! ... Holos, holos, holos ! Zalas, zalas ! ceste vague de Dieu enfondrera nostre nauf.* (T. L. : 635–636)[6]

Ce passage repose sur une combinaison de quatre matrices phonétiques, lesquelles donnent lieu à des jeux d'amplification sonore par répétition/variation : [o + t + o/i] → *otto to to to to ti* ; [(z) + a/o/e + l + a/o + (s)] → *zalas, holos, Ela* ; [(b) + u/e + (s)] → *bou, ou, bous, bebe* ; [y/a/o] → *hu, ha, ho*[7]. Présentant une motivation rythmique et pulsionnelle, ce jeu sur l'aptitude du langage à générer des gammes prosodiques infra-sémantiques endosse une fonction narrative. La dislocation du langage et de la pensée logique qui en résulte connote[8] en effet la peur incontrôlée de Panurge en face de la tempête, laquelle contraste en contrepoint avec le discours raisonné des autres protagonistes, dont Pantagruel et frère Jean.

Dans d'autres contextes, ces arabesques sonores revêtent une motivation référentielle lorsque, consistant en un jeu onomatopéique, elles sont représentées comme reflétant le fracas d'une bataille, à l'image de certaines paroles gelées dans le *Quart Livre*[9] :

(2) *Ce nonobstant, il en jecta sus le tillac troys ou quatre poignées. Et y veids*

---

[6] Dans cette étude, nous nous référons aux *Œuvres complètes* de Rabelais, éditées par Demerson (1973), avec les abréviations suivantes : *Garg.* : *Gargantua* ; *Pant.* : *Pantagruel* ; *T. L.* : *Tiers Livre* ; *Q. L.* : *Quart Livre* ; *C. L.* : *Cinquième Livre*.
[7] Selon Demerson (1973 : 634), « otto to to to to ti » est emprunté aux comédies grecques et « zalas » constitue une forme dialectale de *hélas*. Quant à « Ela » employé ici comme métaphore, il s'agit du ton le plus élevé du solfège en usage au XVIe siècle. La mention de ce terme appartenant au registre soutenu est totalement dissonante avec le discours de Panurge, ce qui renforce la tonalité ludique du passage.
[8] Au sens de l'évocation d'une signification seconde (voir Eco 1988 : 124).
[9] Il s'agit des paroles qu'entendent Pantagruel et ses compagnons aux confins de la mer de Glace. Proférées lors d'un combat entre les Arismapiens et les Néphélibates, elles gèlent en l'air, avant de fondre et de se faire entendre à nouveau avec la fin de l'hiver.

> ... des parolles horrificques et aultres assez mal plaisantes à voir. Lesquelles ensemblement fondues, ouysmes : hin, hin, hin, hin, his, ticque, torche, lorgne, brededin, brededac, frr, frrr, frrr, bou, bou, bou, bou, bou, bou, bou, bou, traccc, trac, trr, trr, trr, trrr, trrrrrr, on on, on, on, ouououon [...] et ne sçay quelz aultres motz barbares ; et disoyt que c'estoient vocables du hourt et hannissement des chevaulx à l'heure qu'on chocque. (Q. L. : 732)

À la lumière des indications du cotexte (« ouysmes »), on peut identifier le hennissement des chevaux dans « hin » et imaginer les coups portés par les armes dans « trac ». De même, il est possible de voir dans « ticque, torche, lorgne » une réminiscence d'un chant militaire d'alors, *La bataille de Marignan*. Mais la productivité ludique de ce passage réside dans le cumul hyperbolique de ces onomatopées hétéroclites, elles-mêmes soumises à des traitements répétitifs (« on, on, on, on »), intensifiants (« trr, trrr, trrrrrr ») ou métamorphiques (« hin » > « his »). Leur cacophonie prépondérante (nombreuses occlusives, combinaisons de consonnes...) suscite un canevas sonore foncièrement dysphorique, éclairé par le commentaire du narrateur (« horrificques », « mal plaisantes »...).

2.2 Jeux homophoniques entre lexèmes

En plus de ces arabesques sonores, Rabelais pratique fréquemment des jeux homophoniques entre des lexèmes combinés au sein d'une isotopie. Sa créativité ludique consiste à produire une continuité phonétique par-delà la variation de ces lexèmes et en dépit de la progression du texte. Ces jeux peuvent affecter une suite adjectivale dans le cadre d'une isotopie descriptive, comme celle de Mardi-Gras :

(3)   [...] *advola un grand, gras, gros, gris pourceau.* (Q. L. : 694)

On observe dans cet énoncé une continuité consonantique, constitutive d'une allitération en [gr], qui contraste avec la modification vocalique des quatre adjectifs qualifiant Mardi-Gras. La série adjectivale trouve une motivation phonétique accrue au fur et à mesure qu'elle se déploie. Une telle motivation confère une étroite unité structurale à ce syntagme descriptif, tout en étayant son homogénéité sémantique dans le sens de la dimension et de la couleur. Ces jeux homophoniques s'articulent assez souvent sur des variations parasynonymiques. Ainsi quand Panurge réagit négativement aux réponses ambiguës de Trouillogan au sujet de son mariage :

(4)   *Je renie ! [...] Je renague ! [...] Je renonce !* (*T. L.* : 503)

Créant un rythme ternaire, la répétition de la cellule phonétique [rən] donne une unité formelle à l'isotopie du renoncement exprimée par les verbes, signifiant et signifié se motivant mutuellement. Ces mêmes jeux recouvrent parfois la figure rhétorique de la « dérivation » (Ricalens-Pourchot 2003 : 58) qui décline les composantes d'une même famille lexicale dans le dépli du texte, à l'instar de la description de frère Jean :

(5)   *vray moyne si oncques en feut depuys que le monde moynant moyna de moynerie.* (*Garg.* : 125)

Construit sur le substantif « moyne » et ses dérivés, ce jeu dérivationnel cumule une triple motivation qui contribue à sa cohérence d'ensemble : une motivation phonétique liée à la répétition du radical, une motivation lexicologique due au respect des règles de dérivation, enfin une motivation fonctionnelle par le fait que les termes concernés occupent les principales places de l'énoncé (agent, modificateur, procès et circonstant). Ce jeu dérivationnel se double au demeurant d'un processus néologique, puisque Rabelais doit inventer le verbe **moyner* pour la plénitude du mécanisme ludique.

Il arrive cependant que ces jeux homophoniques structurent des isotopies problématiques malgré leur unité formelle, à l'exemple du prologue du *Tiers Livre* :

(6)   *[...] feust-ce portant hotte, cachant crotte, ployant rotte ou cassant motte.* (*T. L.* : 366)

En raison de l'impossibilité de connecter entre elles les actions exprimées, cette séquence frise le non-sens. Visiblement, elle a été seulement élaborée pour le jeu sur les assonances et les allitérations en [ɔt].

2.3 Vers le virelangue

Au degré extrême, ces jeux sur le signifiant atteignent le stade du virelangue (Hesbois 1988 : 31) suivant lequel des variations syllabiques répétées à travers les mots sont tellement proches qu'elles risquent d'entraîner des lapsus à la lecture. Or selon l'une des règles phonétiques formulées par Troubetzkoy (1949 : 150–151), plus deux phonèmes sont contigus, plus ils doivent être distingués pour un bon fonctionnement articulatoire. Sinon comme le note Jespersen (1976 : 269), « la tendance à l'erreur s'accroît en proportion du nombre de sons voisins ou identiques qui se trouvent très près les uns des autres ». La productivité ludique de Rabelais consiste ainsi à fabriquer des séquences phonétiques piégées, offrant une prévisibilité d'embarras ou de faute à leur réception.

Le piège langagier peut tenir à une alternance de configurations syllabiques de longueur différente, avec un risque d'interversion entre ces dernières. C'est le cas dans ce passage de *Pantagruel* où Panurge joue en virtuose sur la paire [emuʃ] / [muʃ] :

(7)   Un esmoucheteur, qui, en esmouchetant continuellement, esmouche de son mouchet, par mousches jamais émouché ne sera. (*Pant.* : 278)

Le jeu du virelangue s'effectue aussi à partir d'une variation qualitative de voyelles au sein d'une syllabe réitérée. Par exemple, dans cette phrase tirée du *Tiers Livre*, on constate une alternance vocalique touchant deux matrices syllabiques, [ma/my/mə] et [zyr/zar], rapprochées l'une de l'autre :

(8)   Au son de ma musette mesureray la musarderie des musars. (*T. L.* : 367)

À l'occasion, de tels virelangues sont créés en latin[10], comme le montre cet extrait de la harangue de Janotus de Bragmardo dans *Gargantua* :

(9)   Omnis clocha clochabilis, in clocherio clochando, clochans clochativo clochare facit clochabiliter clochantes. (*Garg.* : 92)

On découvre dans cette occurrence un jeu dérivationnel sur *cloch-* avec sa motivation phonétique et lexicale. Mais ce jeu met en place des couplages syllabiques peu différenciés sur le plan consonantique ([kl/ʃ]) et vocalique ([ʃa/e/ã]), si bien qu'il ne manque pas de provoquer un effet de confusion. Cet effet répond à une intention satirique de la part de Rabelais, désireux de ridiculiser le latin scolastique de Janotus de Bragmardo.

Illustrant la tyrannie du signifiant jusqu'à perturber la réception des énoncés, les virelangues confirment le rôle central du lecteur dans l'interaction ludique, puisqu'ils apparaissent comme un défi à sa maîtrise des mécanismes arti-

---

[10] Les jeux de mots sur le latin, langue familière à Rabelais, sont relativement attestés dans son œuvre. Ils s'inscrivent majoritairement dans des contextes facétieux ou parodiques (voir plus loin les exemples (16), (23), (27) ou (33)).

culatoires de la langue. Parallèlement, ils mettent en exergue la virtuosité de leur producteur, capable de jongler avec les réalisations limites de la phonétique.

3 Calembours et creusement du sens

À travers leur esthétique de l'ambiguïté, les calembours – appelés « équivoques » au XVIe siècle – étaient très cultivés dans la tradition médiévale et à la Renaissance[11]. Mais c'est avec Rabelais qu'ils trouvent à cette époque leurs manifestations les plus marquantes. Introduisant une duplicité sémantique intentionnelle dans un ou plusieurs mots, ils agissent en profondeur sur le feuilleté vertical du sens. Subvertissant les mécanismes de la signification par leur opacification des signifiés, ils renchérissent sur l'arbitraire du langage constaté par Rabelais, tout en confirmant l'idée que chez lui les signes sont expressément choisis pour brouiller leur interprétation. De plus, alors que les jeux précédents se singularisaient par la recherche de similarités phonétiques, sources de motivation au niveau du signifiant, les calembours visent à activer une disjonction de sens par-delà leur motivation phonétique de base[12]. Chez Rabelais, la créativité linguistique des calembours est autant dans la richesse de leurs occurrences que dans la variété de leurs motivations discursives.

3.1 Une grande diversité catégorielle

Rabelais exploite toute la palette des disjonctions sémantiques pouvant émaner d'une structure phonétique. Avec le calembour paradigmatique, la bifurcation du sens s'effectue à partir d'un seul signifiant actualisé. On a affaire à un jeu polysémique quand le calembour éveille discursivement deux sens au sein d'un même lexème :

(10)   *Ce n'estoient Friquenelles, mais vieilles Andouilles de guerre.* (Q. L. : 681)

---

[11] En particulier dans plusieurs genres (soties, sermons joyeux...) et dans certains courants littéraires, comme la poésie des grands rhétoriqueurs (Molinet, Marot...). Tabourot (1588 : 84–94) consacre également une section entière à ce procédé.
[12] Ce processus est bien expliqué dans Jaubert (2011 : 34).

Dans le cotexte de l'occurrence, « Friquenelles » signifie à la fois des boulettes de viande et des filles faciles pour qualifier les Andouilles[13]. On trouve aussi des calembours homonymiques quand ils opèrent sur deux lexèmes homophones suggérés par le discours :

(11)   *Et mourray tout confict en pedz.* (T. L. : 391)

Signifiant /gaz intestinal/, « pedz » évoque ici le sémantisme de *paix*, associé à *mourir* (*mourir en paix*). De même, Rabelais produit de nombreux calembours paronymiques – ou des à-peu-près, construits sur des signifiants phonétiquement proches, comme « œilz » et *œufs* :

(12)   *Il m'a presque poché les œilz au beurre noir.* (T. L. : 443)

Rabelais s'adonne encore abondamment au calembour syntagmatique. Offrant une structure segmentée, celui-ci s'étend sur plusieurs lexèmes, nécessaires pour en permettre l'homophonie et la duplicité sémantique. Dans l'exemple suivant, Panurge ne résiste pas au plaisir d'ajouter un adjectif avant « dez » pour faire penser à *baudets* :

(13)   *Ce seroit [...] expédié à troys beaulx dez.* (T. L. : 405)

On observe pareillement chez Rabelais des calembours syntagmatiques par reprise d'un même lexème avec des sens différents, ce qui recouvre la figure de l'antanaclase ludique[14] :

(14)   *Les mères de par delà les portent* [être enceintes] *neuf mois en leurs flancs, veu qu'en leurs maisons elles ne les peuvent porter* [supporter] *[...] neuf ans.* (C. L. : 799)

En plus de leur diversité typologique, les calembours rabelaisiens endossent des configurations originales qui témoignent d'une créativité en renouvellement constant. D'une part, il produit beaucoup de calembours savants qui vont à l'encontre des calembours populaires, voire obscènes auxquels on le cantonne faci-

---

13 Rabelais actualise simultanément le sens littéral et le sens métaphorique dérivé attachés au terme *friquenelle* au XVIe siècle (voir Huchon 1994 : 1550). Cette double actualisation s'explique par l'hybridité de la référence aux Andouilles (aliments et personnes vivantes).
14 Pour sa théorisation, voir Rabatel (2015 : 131–133).

lement. Ces calembours savants exigent de leurs lecteurs une solide culture. Ainsi, il convient d'être érudit en grec et en philosophie pour comprendre le double sens qui se cache derrière « scotiste » (sens 1 : obscur, du grec *skoteinos* ; sens 2 : disciple de Duns Scot[15]) dans l'occurrence ci-après :

(15)   *Heraclitus, grand scotiste et ténébreux philosophe, ne s'estonna entrant en maison semblable*[16]. (*T. L.* : 430)

D'autre part, Rabelais élabore quelquefois des calembours interlinguistiques. Entre autres, dans le *Tiers Livre*, une homophonie latin-français permet de déceler, grâce au cotexte religieux, une allusion à la Passion derrière la dénomination latine d'une plante médicinale *(lapathium acutum)* :

(16)   *Je n'y fauldray, par Lapathium acutum de Dieu.* (*T. L.* : 368)

De surcroît, les calembours rabelaisiens se greffent couramment sur des configurations dialogales. Soit une discussion entre frère Jean et Épistémon au sujet du jeûne continuel pratiqué dans l'Ile Sonnante :

(17)   *[Braguibus] nous fist quatre jours conséquens jeusner [...], parce que lors estoit le jeusne des quatre temps. [...]*
— *En mon donat*[17], *dit Frère Jehan, je ne trouve que trois temps, prétérit, présent et futur ; icy le quatriesme doit estre pour le vin du valet.*
— *Il est, dit Epistémon, Aorist yssu de preterit très-imparfaict des Grecs et des Latins.* (*C. L.* : 793)

Ce dialogue renferme deux équivoques par polysémie. D'abord, sur « temps » dont le sens saisonnier est repris dans un sens grammatical par frère Jean. Ensuite, sur « imparfait » dont le sens adjectival d'/incertain/ suggère discursivement le sémantisme grammatical dans la bouche d'Épistémon[18].

---

15 Théologien écossais du XIIIe siècle, Duns Scot symbolise aux yeux de Rabelais la philosophie scolastique complexe du Moyen Âge. Son association à Héraclite constitue un anachronisme.
16 Dans le contexte, Épistémon établit un parallèle entre Héraclite, philosophe réputé hermétique (d'où son surnom grec de *skoteinos*), et la devineresse qu'est la Sibylle de Panzoust.
17 Donat (IVe siècle ap. J.-C.) est l'auteur d'une grammaire latine qui constituait l'ouvrage de référence pour les clercs et les savants de la Renaissance.
18 On peut voir dans ce dialogue un écho de l'éducation grammaticale de Gargantua qui lit Donat sous la férule du « docteur sophiste » Thubal Holoferne (*Garg.* : 81).

3.2 La motivation discursive des calembours rabelaisiens

Malgré leur motivation phonétique de base, les calembours sont arbitraires sur le plan sémantique, en ce qu'ils opèrent des rapprochements fortuits entre des signifiés disparates. Ces rapprochements tendent à fermer les calembours sur leur propre jeu qui se remarque à travers sa performance langagière. En même temps, par leur repli, les calembours provoquent une tension qui rompt la dynamique évolutive et la progression isotopique du texte. Cependant, dans la production de ses calembours, Rabelais fait preuve d'une autre sorte de créativité qui consiste à les motiver discursivement et à réduire leur arbitraire sémantique en les justifiant par les exigences de ses récits, ce qui leur confère globalement une fonction de marqueurs diégétiques. Reposant sur des processus de naturalisation et de fonctionnalisation, ces motivations font voir une grande ingéniosité dans la réduction de la contingence des calembours, tout en attestant le contrôle énonciatif de leur producteur.

En premier lieu, loin d'apparaître comme des corps étrangers dans le fil du texte, les calembours rabelaisiens sont ordinairement motivés par leur cotexte immédiat. En résulte une naturalisation qui légitime leur présence et qui favorise leur compréhension chez le lecteur. Ainsi, le cotexte gauche prépare et éclaire fréquemment un calembour peu évident, comme dans ce dialogue entre Homenaz et Frère Jean :

(18) – *Entrons (dist Homenaz) doncques en l'ecclise, et nous pardonnez si praesentement ne vous chantons la belle messe de Dieu. [...]*
– *Verd et bleu ! (dist Frère Jean) il me desplaist grandement qu'encores est mon estomach jeun. Car ayant très bien desjeuné ..., si d'adventure il nous chante de Requiem, je y eusse porté pain et vin par les traictz passez.* (Q. L. : 713)

Considérons le syntagme « traictz passez ». En soi, il est assez obscur et difficilement identifiable comme calembour, mais son cotexte antérieur met en évidence, grâce à des termes déclencheurs, les deux isotopies qu'il concentre. D'un côté, « vin » explique les « traictz[19] » de vin « passez » par le gosier de Frère Jean et donc l'isotopie de la boisson. D'un autre côté, la « messe » et surtout le « Requiem » élucident *trépassés*, le lexème homophone sous-jacent au calembour, soit l'isotopie de la mort. Mais la connexion entre ces deux isotopies requiert la compétence encyclopédique du lecteur. Celui-ci doit en effet savoir qu'on offrait

---

19 *Traictz* signifiant /gorgées/.

du vin lors d'une messe d'enterrement – selon une tradition établie sur un verset du livre de Tobie[20] – pour faire le lien entre les champs thématiques de la boisson et de la mort, *a priori* très éloignés l'un de l'autre.

Outre leurs justifications cotextuelles, les calembours de Rabelais sont motivés par les orientations des récits qui les intègrent. D'une façon générale, l'apparition des calembours dans ses ouvrages dépend de leur gestion narrative. Si l'on prend le *Tiers Livre*, les calembours occupent des emplacements privilégiés. On en dénombre beaucoup dans les dialogues enjoués entre personnages (voir les chapitres 16 ou 47), dans les morceaux de bravoure (comme les chapitres 26 et 28 contenant la litanie du couillon) ou dans les phases de forte interaction avec les lecteurs (cas du prologue). Par contre, les calembours sont davantage clairsemés dans les passages factuels (chapitre 1), dans les moments d'érudition (chapitre 10) ou dans les séquences consacrées à une thématique sérieuse (chapitre 19). De la même manière, il existe une covariance entre les calembours et certains personnages. Si Panurge, par son habileté langagière, et Frère Jean, en raison de sa bonne humeur, sont prédisposés à faire des calembours, ces derniers sont très rares chez Gargantua et Pantagruel, personnages nobles et mesurés.

Plus précisément, grâce à leur ambivalence sémantique, les calembours condensent chez Rabelais les lignes directrices des descriptions dans lesquelles ils se trouvent, ce qui justifie pleinement leur présence. Cette motivation descriptive s'applique de préférence aux personnages, dont les calembours synthétisent les traits essentiels. Ainsi un calembour suggère simultanément les deux niveaux d'interprétation associés à Grippe-minaud, représentation caricaturale de la justice dans le *Cinquième Livre*[21] :

(19)   [...] *tout couvert de mortiers entrelassez de pillons.* (C. L. : 820)

Cette occurrence recèle un calembour filé jouant sur une double isotopie. D'abord, celle de l'habillement avec deux attributs typiques d'un président de tribunal : le mortier (bonnet de velours noir) et les pillons (sortes de pompons). Mais conjointement ces deux lexèmes admettent chacun un autre sens qui les

---

20 « Sois prodigue de pain et de vin sur le tombeau des justes » (*Tobie*, IV, 17).
21 Grippe-minaud est dépeint sous les traits d'une chimère griffue à trois têtes. Une telle représentation monstrueuse de la justice, qu'on relève déjà dans *L'Enfer* de Marot, peut rappeler les grotesques mentionnées dans le prologue de *Gargantua* (p. 38). Mais alors que celles-ci ne sont que des « figures joyeuses et frivoles », le portrait inquiétant de Grippe-minaud s'inscrit dans la tonalité résolument polémique du *Cinquième Livre* contre les institutions.

projette dans l'isotopie de l'apothicaire : respectivement /récipient/ pour « mortier » et /instrument pour broyer/ en ce qui concerne « pillons[22] ». En somme, ce double jeu de mots amalgame, dans une structure discursive minimale, les caractéristiques de Grippe-minaud : son aspect physique et son potentiel menaçant, métaphorisé par l'image du broyage.

Le sémantisme équivoque du calembour joue aussi un rôle décisif dans le récit rabelaisien, ce qui en infirme la gratuité apparente. En particulier, il agit comme un point focal canalisant les axes d'une séquence narrative. Si l'on continue avec la séquence du *Cinquième Livre* consacrée à Grippe-minaud, ce dernier multiplie les « orça » tout au long des chapitres 12 et 13, comme on le constate avec l'extrait suivant :

(20) – *Orça, dist Grippe-minaud, [...] orça, je te monteray, orça, que meilleur te seroit estre tombé entre les pattes de Lucifer, orça, et de tous les diables, orça, qu'entre nos griphes, orça ; le vois-tu bien, orça, malautru ? Nous allègues-tu innocence, orça, comme chose digne d'eschapper nos tortures ? Orça, nos loix sont comme toile d'araignes ; orça, les simples mouscherons, et petits papillons y sont prins, orça.* (C. L. : 822)

Cette locution signifiant /eh bien !/ constitue un phatème insistant qui balise la progression du discours de Gippe-minaud. Mais du fait de son emphase même et du contexte de corruption entourant ce personnage, Panurge l'interprète comme le nom désignant le métal précieux (« C'est or ») et il jette « au milieu du parquet une grosse bource de cuir, plaine d'escus au soleil » (*C. L.* : 824). Geste qui rencontre aussitôt l'approbation de Grippe-minaud :

(21) – *La Cour, dit Grippe-minaud, l'entend, or bien, or bien, or bien. Allez enfans, or bien, et passez outre ; or bien, nous ne sommes tant diables, or bien, que sommes noirs, or bien, or bien, or bien.* (C. L. : 824)

Au total, du point de vue du narrateur Rabelais qui gère le récit, le lexème « or » fonctionne comme un calembour homonymique rythmant le développement ambigu d'une telle séquence, en ce qu'il oscille entre une acception discursive (tic de langage de Grippe-minaud) et une acception satirique (dénonciation de la cupidité de ce dernier).

---

[22] L'isotopie de l'apothicaire est employée ici dans un sens métaphorique, Grippe-minaud broyant non pas des substances médicamenteuses, mais les victimes de sa justice.

4 Néologismes ludiques

Touchant non seulement la qualité sonore des signifiants et l'ambiguïté du signe linguistique, les jeux de mots rabelaisiens se singularisent par une abondante néologie ludique. Tout en posant des problèmes de délimitation, celle-ci s'exerce sur deux productions révélatrices : la composition syntagmatique et la création de noms propres motivés.

4.1 De la néologie ordinaire à la néologie ludique

Comme l'a souligné Sainéan (1923 : 491–494), Rabelais est l'un des inventeurs de mots les plus prolixes en français. Ainsi, il a créé de nombreux vocables à partir du latin ou du grec, dont certains ont disparu (comme *philautie* : amour de soi), mais dont beaucoup subsistent (comme *misanthrope* ou *encyclopédie*). On a alors affaire à de la néologie ordinaire dont le but est d'enrichir la langue en fonction des besoins référentiels du discours.

Mais à côté de cette néologie ordinaire, on observe dans l'œuvre de Rabelais une néologie ludique qui entre dans le vaste domaine des jeux de mots. Se pose à ce niveau la question des frontières entre ces deux types de formations dont la différence est graduelle, dans la mesure où toutes les deux exploitent des mécanismes lexicaux analogues. Si l'on peut considérer qu'on a affaire à de la néologie ludique lorsqu'elle privilégie la poéticité (au sens de Jakobson 1963 : 220) à la référentialité, dans le détail elle se signale par divers indices qui sont susceptibles de se combiner :
– Prévalence de la forme sur le sens
La prouesse de l'invention d'un mot complexe l'emporte sur les nécessités de la communication :

(22)   *son braz guausche [...] tout morquaquoquassé* (Q. L. : 625)

– Forçage des processus néologiques
Ceux-ci mettent à ce moment en jeu une distance extrême entre un étymon et un dérivé, comme dans cet adverbe français élaboré sur un syntagme latin (*magistri nostri*) :

(23)   *magistronostralement* (T. L. : 412)

– Discordances cotextuelles

Par exemple, la production d'un diminutif (« coingnet ») provoque une dissonance avec un cotexte relevé et élogieux :

(24)   *une mirificque glosse cachée en un certain coingnet de leurs sainctes Décrétales*[23] (*Q. L.* : 716)

– Cumul emphatique de néologismes
Le flux verbal de la création prédomine sur la fonction désignative, notamment quand des termes sémantiquement proches sont entassés :

(25)   *ces meschans haeréticques Décrétalifuges, Décrétalicides, [...] Décrétalictones* (*Q. L.* : 723)

– Insertion des néologismes dans un traitement carnavalesque
Cette situation prévaut dès que le récit se fait parodique ou satirique. Dans ces conditions, la néologie est au service du rire carnavalesque, avec sa subversion des valeurs. Le chapitre conclusif de *Pantagruel* en fournit une bonne illustration lorsque Rabelais s'en prend aux « hypocrites », dépréciés par des mots composés insolites mettant en avant leur « cul » :

(26)   *pour nuyre à quelc'un meschantement, sçavoir est articulant, monorticulant, torticulant, culletant [...] et diabliculant.* (*Pant.* : 352)

4.2 Les fantaisies verbales sur la composition syntagmatique

Rabelais recourt allègrement à deux formes de composition syntagmatique (suivant l'acception de Guilbert 1975 : 249), caractérisées par leurs structures prédicatives. D'une part, il invente des mots-valises cocasses, fondés sur une interpénétration de lexèmes doublée de réductions[24]. De telles hybridations s'appuient sur des motivations homophoniques, tout en présentant des motivations sémantiques secondaires, comme le montrent quelques exemples tirés du *Quart*

---

23 La dissonance est encore accentuée par la tonalité ironique du passage : Rabelais feint d'adhérer à l'évaluation positive (« mirificque ») du papimane Homenaz sur les dérogations occultes, peu conformes avec la religion, que permettent les décrétales promulguées autoritairement par le pape, alors que, en réalité, il condamne leur hypocrisie, en évangéliste. On pourrait aussi entrevoir dans ce passage une parodie de l'interprétation allégorique consistant à déceler un sens caché sous les mots.
24 Pour plus de précisions sur ce mécanisme, voir Bonhomme (2009 : 103–107).

Livre. Habituellement, la création de ces mots-valises se fait par l'ellipse de segments phonétiques médians, selon le processus de l'acronymie. Ainsi en est-il avec « ureniller » (*Q. L.* : 610), formé sur la fusion de *urine* et de *vreniller* (frétiller) pour décrire plaisamment la miction. Le valisage est davantage motivé formellement et sémantiquement dans l'injure adressée par Panurge à Dindenault : « beliner ! » (*Q. L.* : 596), celle-ci amalgamant les vocables *beliner* (saillir comme un bélier) et *bélier*. À l'occasion, la production de mots-valises s'effectue par l'inclusion, accompagnée d'ellipses, d'un mot dans un autre. De la sorte, dans le prologue du *Quart Livre*, Rabelais raille non pas les gentilhommes, mais les « Janspill'hommes » (*Q. L.* : 586), ce qui injecte la négativité qu'on leur prête ([qui] pill[ent]) au cœur de leur dénomination.

Surtout, Rabelais imagine des mots composés monstrueux, définis par un cumul inflationniste de lexèmes simples, apparemment libérés de toute contrainte[25]. Éventuellement accompagnées de suffixations ou d'abréviations, ces formations répondent à une motivation référentielle, à travers laquelle la monstruosité du composé évoque une déficience de la réalité désignée. Ce peut être l'aspect barbare du titre d'un des ouvrages latins de la librairie de Saint-Victor :

(27)   *Antipericatametanaparbeugedamphicribrationes merdicantium.*
       (*Pant.* : 242)

Ce composé burlesque est formé d'un amoncellement de sept prépositions et adverbes grecs, complété d'un nom latin (*cribrationes* : discussions) et d'un résidu inclassable (*beuged*). L'incohérence des éléments fusionnés rend impossible la construction d'un sens global. Avec ce titre imprononçable (plan du signifiant) et absurde (plan du signifié), Rabelais parodie le galimatias pédantesque de la culture scolastique, à l'opposé de ses idéaux d'humaniste[26]. Au chapitre 15 du *Quart Livre*, une production similaire de mots composés monstrueux s'intègre dans un contexte de bagarre, la destructuration emphatique du lexique étant motivée par la destruction corporelle qu'elle dénote. Pour certains de ces monstres lexicaux, il est possible de reconnaître les lexèmes simples qui les composent :

---

[25] Avec leurs assemblages hétérogènes, ces mots composés monstrueux sont à rapprocher des descriptions monstrueuses (telle celle de Quaresmeprenant dans le *Quart Livre*) produites par Rabelais et plus largement des figures visuelles monstrueuses que sont les grotesques ou les chimères, celles-ci constituant l'un des centres d'intérêt du XVIe siècle dans le cadre de la fantaisie comme faculté illusionniste. De plus, ces mots composés monstrueux prennent le contrepied de la conception rigide du signe linguistique véhiculée par la tradition médiévale.
[26] À propos de la dimension ludique des parodies de Rabelais, se reporter à Bonhomme (2013).

(28) [...] m'avoir morrambouzevezengouzequoquemorguatasacbacgue-
vezinemaffressé mon paouvre œil. (Q. L. : 624)

Dermerson (1973 : 625) voit dans ce néologisme *mourre embouzé* (museau couvert de bouse), *vèze* (cornemuse), *engouzé* (dans le gosier), *coqué* (cogné), *morgata* (nargué, d'après le languedocien), *sac*, *bague*, *vezine* (dérivé de *vèze*) et *m'a froissé*. Par-delà la dimension ludique que lui confère sa configuration hors normes, un tel néologisme endosse une fonction mimétique, en ce que le développement hyperbolique de sa forme est censé traduire l'intensité des coups reçus par le personnage dénommé Trudon. Parfois, les éléments fantaisistes occupent une telle place que ces productions évoluent vers la forgerie[27], avec ses problèmes d'interprétation :

(29) Le records débradé luy avoit donné si grand coup de poings [...] qu'il en estoit devenu tout esperruquancluzelubelouzerirelu du talon.
(Q. L. : 624)

Si une spécialiste comme Mireille Huchon (1994 : 1520) discerne dans le terme ci-dessus le mot gascon *esperucca* (déchiré), le vocable limousin *clanc* (boiteux) et *belouze* (trou à balles au jeu de paume), *luzelu* et *rirelu* sont de pures inventions de Rabelais. Quoi qu'il en soit, rechercher l'étymologie de ces composés monstrueux importe assez peu. Grâce à leur cotexte et à la présence de termes plus explicites (comme *fressé*) en leur sein, le lecteur peut – par delà leur assemblage chaotique – entrevoir leur sémantisme négatif, amplifié par le jeu lexical de Rabelais.

Qu'elle concerne la création de mots-valises ou de composés monstrueux, la formulation de « fantaisies verbales » que nous avons utilisée peut aussi être prise au sens fort que lui donne le XVIe siècle[28], à savoir celui de productions imaginaires assumant l'aléatoire, à travers lesquelles les néologismes hybrides de Rabelais instaurent des univers référentiels inédits, foncièrement polymorphes.

---

27 Celle-ci consiste à créer des mots nouveaux indépendamment des codes existants.
28 Voir l'étude de Guerrier (2002) sur la « fantaisie » dans les *Essais* de Montaigne.

4.3 Motivations parodiques des noms propres

À côté des composés discursifs, les noms propres – anthroponymes et toponymes – occupent une place centrale dans la créativité néologique de Rabelais, comme l'a constaté Tetel (1964 : 86). Une telle créativité va à l'encontre de l'arbitraire et de la déficience sémantique généralement prêtés au nom propre[29], en ce qu'elle tend à les motiver et à les sémantiser en fonction de leur contexte, de leur provenance ou du vécu de leur porteur. Répondant à une influence cratylique, cette motivation peut se faire selon un régime sérieux, en particulier quand l'appellation de plusieurs villes de l'Antiquité est expliquée dans le *Cinquième Livre* (chapitre 34) à partir du nom de leur fondateur (Alexandrie sur Alexandre...). On est alors en présence de l'« onomastique scientifique » relevée par Rigolot (1977 : 11). Mais Rabelais développe également toute une onomastique ludique qui entre de plain-pied dans le champ des jeux de mots. Celle-ci consiste à justifier les noms propres par une étymologie fictive ou par l'univers romanesque de leur porteur.

Rabelais se plaît à motiver un certain nombre de noms propres qu'il introduit dans son œuvre par des étymologies futiles ou extravagantes, ce qui suscite une dissonance comique d'autant plus frappante qu'il existe une ressemblance formelle entre les noms propres en question et leurs étymologies supposées. En fait, dépourvues de véritable fondement, ces étymologies ludiques sont des parodies de la pratique, très courante dans l'Antiquité et à la Renaissance, de légitimer les noms propres par leur filiation ou leur source[30]. Elles s'appliquent prioritairement aux deux héros de l'œuvre rabelaisienne : Pantagruel (voir *Pant.*, chapitre 2) et Gargantua. Alors que le nom de ce dernier a sans doute une origine méridionale, Rabelais l'explique par la grandeur de son gosier à sa naissance, parodiant la

---

[29] Voir sur ce point la présentation synthétique de Leroy (2004).

[30] Cette pratique étymologique traditionnelle qui consiste à retrouver le sens originel des noms propres derrière l'apparence de leur forme est par exemple le fait de Plutarque dans l'Antiquité grecque. Son *Traité d'Isis et d'Osiris*, réédité en 1995, établit, entre autres considérations sur le mythe de ces deux divinités égyptiennes, que le nom d'Osiris signifie /celui qui a beaucoup d'yeux/ sur la base de l'égyptien *os* /beaucoup/ et *iris* /œil/. Cette même pratique connaît un grand développement à la Renaissance, que ce soit dans une perspective philologique (Budé, *Commentarii linguae graecae*), cabalistique (Reuchlin, *De arte cabbalistica*) ou poétique (Ronsard, *Les Amours*). Comme le montrent Rigolot (1977) et Ménager (1989), si Rabelais parodie une telle pratique en produisant des étymologies fantaisistes, c'est avant tout parce qu'il en réprouve les excès. Pensons aux *Illustrations de Gaule* de Lemaire, selon lesquelles le héros mythologique grec Pâris a donné son nom à Paris. Les étymologies fantaisistes de Rabelais se présentent dès lors comme une critique en acte de ces excès, tout en révélant la puissance d'engendrement du sens au sein des noms propres.

tradition biblique selon laquelle on dénomme un nouveau-né d'après les premières paroles de son père :

(30)   *Le bon home Grandgousier [...] entendit le cry horrible que son filz avoit faict entrant en lumière de ce monde, quand il brasmoit, demandant : « A boyre ! à boyre ! à boyre ! » Dont il dist : « Que grand tu as ! » (supple le gousier). Ce que ouyans, les assistans dirent que vrayement il debvoit avoir par ce le nom de Gargantua. (Garg. : 58)*

De même, divers toponymes n'échappent pas à une étymologie fantaisiste. C'est le cas pour Paris (*Garg.*, chapitre 17) ou la Beauce :

(31)   *Quoy voyant, Gargantua [...] dist à ses gens : « Je trouve beau ce », dont fut depuis appellé ce pays la Beauce. (Garg. : 85)*

En fin de compte, plus la distance s'avère grande entre la notoriété d'un personnage ou d'un lieu et son étymologie loufoque, plus le mécanisme étymologique tourne dans le vide et sombre dans la dérision.

La motivation ludique des noms propres touche aussi le fonctionnement du récit rabelaisien en instaurant un déterminisme entre l'appellation des personnages et leur place dans la diégèse. Le jeu consiste à dénommer ces derniers exclusivement dans l'optique de leur rôle narratif, leur nom renfermant déjà leur programme, ce qui s'oppose à la liberté d'action que leur octroient en théorie les conventions du récit. En raison de sa systématisation chez Rabelais, ce jeu peut être vu comme une parodie des chansons de geste médiévales et des épopées dans lesquelles les noms des héros sont souvent conditionnés par leurs fonctions[31]. Il trouve sa meilleure forme lorsqu'il s'effectue dans le cadre étroit de la phrase, selon un processus de condensation dénominative et d'expansion prédicative, engendrant une configuration pléonastique suivant laquelle l'agent et l'action se confondent :

(32)   *Riflandouille rifloit Andouilles, Tailleboudin tailloit boudins. (Q. L. : 694)*

Dans certains contextes satiriques, comme celui du catalogue de la « librairie » de Saint-Victor[32], Rabelais déforme un nom propre existant pour mieux le mettre en

---

31 Voir à ce propos Eichel-Lojkine (2002 : 179–200).
32 Ce catalogue consiste en une liste parodique des ouvrages scolastiques (manuscrits médiévaux, textes religieux, traités philosophiques et juridiques...) rassemblés dans la « librairie » – ou bibliothèque – de l'abbaye de Saint-Victor, la plus importante de Paris à l'époque.

accord avec sa prédication dépréciative. Ainsi en est-il pour Pierre Tateret, glossateur d'Aristote et ancien recteur de l'Université de Paris, transformé en « Tartaretus » (sur *tarter* : aller à la selle) :
(33)   *Tartaretus, De modo cacandi*[33]. (*Pant.* : 240)

Rebaptisé de cette façon, Tarteret ne peut qu'écrire dans le domaine scatologique.

Par son ampleur, la liste des cuisiniers prêts à combattre les Andouilles dans le *Quart Livre* (chapitre 40) illustre l'inventivité de ce jeu avec les noms propres. Durant plusieurs pages, ces cuisiniers sont en effet invariablement désignés par leurs occupations professionnelles, selon des métonymies filées sur :
– leurs actions : *Gasteroust, Rincepot, Léchevin, Raclenaveau*...
– les produits qu'ils travaillent ou qu'ils élaborent : *Grasboyau, Lardon, Jusverd, Bouillonsec*...
– les ustensiles dont ils se servent : *Salladier, Paellefrite*...

Typiquement carnavalesque dans sa thématique matérialisante, cette motivation dénominative des cuisiniers bascule vers l'irréel par sa précision emphatique et ses dérivations imaginaires (comme *Antilardon, Marchelardon* ou *Frizelardon*, sur *Lardon*).

5   Jeux sur les codes linguistiques

Dans une perspective élargie, Rabelais étend sa pratique ludique sur les mots à l'ensemble de codes linguistiques, la production de langages artificiels le conduisant à une inventivité verbale des plus prolixes.

5.1   Pastiche du jargon latinisant

Se situant à la suite d'Érasme[34] dans le courant humaniste défendant un usage puriste du latin, conforme aux modèles de l'Antiquité, Rabelais réprouve le

---

33 Mot à mot : « Sur la façon de chier ». Ce titre constitue un jeu sur le traité scolastique de Thomas d'Erfurt, *De modis significandi* (XIIIe siècle), ouvrage de grammaire théorique étudié par Gargantua (*Garg.* : 81) et représentant le type d'une analyse purement formelle aux yeux des humanistes.

français latinisé des étudiants parisiens de son temps, jargon hybride comportant une présence massive de latinismes[35]. Plutôt que de le dénoncer frontalement, il le ridiculise en recourant au procédé du pastiche, défini par son imitation dissonante d'une parlure propre à un individu ou à un groupe. Or ce procédé joue sur les mots du jargon pris pour cible selon deux orientations opposées. D'un côté, dans une pseudo-adhésion, il mime le respect des règles lexicales présidant à leur bonne formation et à leur identification. Mais conjointement, dans une démarche de distanciation, il introduit des discordances ludiques manifestant un positionnement satirique à leur égard.

Soit un extrait du discours de l'écolier limousin dans *Pantagruel*, qui constitue un bel exemple de pastiche du français latinisé[36] :

(34) *Nous transfretons la Sequane au dilucule et crepuscule ; nous déambulons par les compites et quadrivies de l'urbe ; nous despumons la verbocination latiale, et, comme verisimiles amorabonds, captons la bénévolence de l'omnijuge, omniforme et omnigène sexe féminin. Certaines diecules, nous invisons les lupanares, et en ecstase vénéréique, inculcons nos veretres ès penitissimes recesses des pudendes de ces meretricules amicabilissimes ; puis cauponizons ès tabernes méritoires de la Pomme de pin, du Castel, de la Magdeleine et de la Mulle... Et si par forte fortune, y a rarité ou pénurie de pécune en nos marsupies et soyent exhaustes de métal ferruginé, pour l'escot nous dimittons nos codices et vestes opignerées, prestolans les tabellaires à venir des pénates et lares patriotiques.* (*Pant.* : 235)

Ce pastiche est motivé par une règle ludique qui contribue à sa cohérence et qui l'homogénéise comme jargon latinisant : former méthodiquement des mots français par transposition de mots latins. Pour les lecteurs compétents en latin, les calques qui en résultent sont relativement intelligibles si on les prend individuellement : *Sequana > la Sequane ; urbs > l'urbe ; verbocinatio > la verbocination ; verisimilis > verisimile ; benevolentia > la bénévolence...* De plus,

---

34 Cf. son *Dialogus de recta latini graecique sermonis pronuntiatione*, publié en 1530 chez Robert Estienne à Paris.
35 Signalons que Rabelais critique pareillement la parlure inverse que constitue le latin macaronique, truffé de termes d'origine française. Celui-ci est caricaturé dans la harangue de Janotus de Bragmardo au chapitre 19 de *Gargantua* (voir aussi l'exemple 9 de cette contribution).
36 Avant Rabelais, ce type de jargon avait déjà fait l'objet de railleries de la part de Fabri ou de Tory, comme l'indique Defaux (1973 : 85).

quelques termes français disséminés dans le texte (« sexe féminin », « métal » ...) fournissent des indices thématiques facilitant sa compréhension.

Mais le jeu consiste simultanément à travestir ce jargon en charabia par une rhétorique de l'outrance : cumul excessif des calques élaborés, ce qui en bloque la réception (voir la réplique consécutive de Pantagruel : « Que diable de languaige est cecy ? ») ; hyperbolisation inappropriée de plusieurs de ces calques savants (« l'omnijuge, omniforme et omnigène »), appliqués à une thématique triviale ; duplications verbeuses (« des pénates et lares ») ; périphrases inutiles (« métal ferruginé » pour désigner l'argent)... Du fait de son affectation, ce jargon finit par s'autodétruire, si bien qu'après les menaces de Pantagruel (« Tu escorches le latin [...] ; car je te escorcheroy tout vif », *Pant.* : 235), l'écolier limousin en revient à son patois natal. Par ailleurs, il importe de préciser que le fonctionnement ludique de ce passage concerne seulement la communication externe entre Rabelais et le lecteur. Du point de vue de l'écolier limousin, et comme il l'explique par la suite, son jargon est très sérieux, visant à ennoblir par le latin la langue jugée trop pauvre qu'est le français.

5.2 Invention de baragouins imaginaires

Un autre jeu rabelaisien recouvrant des codes langagiers consiste en l'invention de baragouins, à savoir de langues fictives créées en se fiant à la puissance suggestive des sons[37]. Le cas type en est fourni par le chapitre 9 de *Pantagruel* lorsque Panurge se donne en spectacle en démontrant sa polyglossie, avec la pratique d'idiomes incompréhensibles pour ses interlocuteurs, dont le lanternois, le langage des Antipodes et celui d'Utopie. Tout en se situant dans une certaine tradition[38], ces baragouins ont alimenté des discussions à propos de leur motivation fonctionnelle. Si pour Tetel (1964 : 106) ils ont une finalité comique, Demerson (1981 : 6-10) insiste sur l'idée qu'ils font ressortir les problèmes de communication liés au plurilinguisme et qu'ils expriment la sensibilité de Rabelais au conventionnalisme des langues.

Dans les limites de cette étude, examinons quelques effets ludiques émanant de ces baragouins, en nous penchant sur le vocabulaire du langage des Antipodes :

---

[37] Alors que le jargon – comme celui de l'écolier limousin – constitue un « langage déformé, fait d'éléments disparates » (*Le Robert*), le baragouin se caractérise par sa nature foncièrement inintelligible, comme le souligne ce même dictionnaire : « Langage que l'on ne comprend pas et qui paraît barbare ».

[38] Ainsi que le remarque Sainéan (1923 : 374-376).

(35) *Al barildim gotfano dech min brin alabo dordin falbroth ringuam albaras. Nin porth zadikim almucathim milko prin al elmim enthoth dal heben ensouim : kuthim al dum alkatim nim broth dechoth porth min michais im endoth, pruch dal maisoulum hol moth dansrilrim lupaldas im voldemoth. Nin hur diavosth mnarbotim dal gousch palfrapin duch im scoth pruch galeth dal Chinon, min foulchrich al conin butathen doth dal prim.* (*Pant.* : 252)

Un tel baragouin met en lumière la dialectique de la liberté et de la contrainte inhérente au jeu sur les mots. La liberté réside dans la production de termes étranges qui ne nous rappellent rien de connu et qui nous obligent à admettre un système linguistique inédit, structuré sur un modèle nous échappant. Certes, comme Pons (1931 : 202), on peut tenter de trouver un sens général à ce discours[39] ou, en suivant Huchon (1994 : 1275), d'en dégager des termes-sources identifiables, qu'il s'agisse de noms propres (*Falbroth, Frapin, Scot, Chinon*...) ou de mots techniques (*alkatim, marsouin, diavol, conin*...). Mais l'hétérogénéité de ces termes partiellement déformés, ainsi que la nouveauté radicale de la majorité du vocabulaire figurant dans les propos de Panurge font voir une production idiolectale arbitraire, proche de la glossolalie.

Néanmoins, la virtuosité de ce langage laisse transparaître des contraintes qui assurent une certaine régulation, facteur de motivation interne, en son sein. D'une part, son vocabulaire est traversé par une mélodie qui suggère une tonalité hébraïco-arabe pour Tetel (1964 : 107). D'autre part, on observe la répétition de quelques éléments lexicaux (*al, min, nin, dal*...) qui fait penser à des particules morphosyntaxiques. Enfin, la récurrence de plusieurs terminaisons (*-in, -im, -um*...) évoque une organisation flexionnelle. En somme, le jeu rabelaisien parvient à rendre vraisemblable ce qui n'est qu'une fantaisie verbale.

6 Conclusion

Nous avons vu la grande variété des jeux de mots dans l'œuvre de Rabelais, qu'ils se concrétisent sur la substance des signifiants, la duplicité des signifiés, l'élaboration de néologismes burlesques ou l'invention de codes fictifs. Cette activité ludique foisonnante se distingue par une importante créativité qui dé-

---

[39] En l'occurrence : Panurge réclame qu'on lui donne de la nourriture, sinon il agressera sexuellement Pantagruel.

stabilise l'ordre préétabli du langage et qui revêt plusieurs formes. Tantôt elle se borne à systématiser des procédés rhétoriques attachés à la poéticité du discours (ainsi avec les jeux sur l'homophonie) ; tantôt elle explore les zones frontières des règles structurant la langue (cas avec le feuilletage sémantique des calembours ou avec les calques néologiques) ; tantôt elle excède ces mêmes zones frontières, ce qui arrive avec la production de composés monstrueux. Mais en même temps loin d'être incontrôlée ou intuitive, cette créativité ludique est continuellement soumise à de fortes motivations qui montrent chez Rabelais une profonde maîtrise du discours, en opposition avec la fantaisie verbale débridée qu'on lui a trop souvent attribuée. Pour une large part, ces motivations sont phonétiques, ce qui confirme la prépondérance de la face matérielle des mots dans les énoncés ludiques. Mais, comme on l'a constaté, de telles motivations sont également cotextuelles et narratives, les jeux de mots étant naturalisés par leur environnement discursif ou par le récit qui les intègre. De même, ceux-ci sont couramment pris en charge par une énonciation satirique ou parodique qui contrecarre leur apparence de gratuité et qui leur confère une motivation fonctionnelle dans le sens des valeurs humanistes que Rabelais défend : dénonciation de l'intolérance religieuse, combat contre les dérives des institutions, promotion culturelle de l'Antiquité au détriment de la pensée scolastique[40]... Sous cet angle, les jeux de mots rabelaisiens sont plus que de simples manipulations sur la langue : ils révèlent chez leur auteur un éthos certes enjoué et irrévérencieux, mais aussi engagé dans les causes et les luttes de son siècle.

7 Références bibliographiques

Textes cités

Bovelles, Charles de. 1533. *Liber de differentia vulgarium linguarum*. Paris : Éd. R. Estienne.
Rabelais, François. 1973. *Œuvres complètes*, éd. Guy Demerson. Paris : Le Seuil.
Rabelais, François. 1994. *Œuvres complètes*, éd. Mireille Huchon. Paris : NRF Gallimard, « Bibliothèque de la Pléiade ».
Tabourot, Estienne. [1588] 1986. *Les bigarrures*. Genève : Droz.
Plutarque, 1995. *Traité d'Isis et d'Osiris*. Paris : Sand.

---

[40] Pour le contexte humaniste plus général dans lequel Rabelais a vécu, voir Mari (2000).

Études citées

Bakhtine, Mikhaïl. [1965] 1970. *L'œuvre de François Rabelais et la culture populaire au Moyen Âge et sous la Renaissance*. Paris : Gallimard.

Bonhomme, Marc. 2009. Mot-valise et remodelage des frontières lexicales. *Cahiers de praxématique* 53. 99–120.

Bonhomme, Marc. 2013. Liste et énonciation parodique chez Rabelais. In Sophie Milcent-Lawson, Michelle Lecolle & Raymond Michel (éds), *Liste et effet liste en littérature*, 195–208. Paris : Classiques Garnier.

Crystal, David. 1998. *Language Play*. London : Penguin Books.

Defaux, Gérard. 1973. *Pantagruel et les sophistes*. La Haye : M. Nijhoff.

Demerson, Guy. 1981. Le plurilinguisme chez Rabelais. *Bulletin de l'Association d'étude sur l'humanisme, la Réforme et la Renaissance* 14. 3–19.

Dubois, Claude-Gilbert. 1985. *L'imaginaire de la Renaissance*. Paris : PUF.

Eco, Umberto. 1988. *Le signe*. Bruxelles : Labor.

Eichel-Lojkine, Patricia. 2002. *Excentricité et humanisme. Parodie, dérision et détournement des codes à la Renaissance*. Genève : Droz.

Foucault, Bruno de. 1988. *Les structures linguistiques de la genèse des jeux de mots*. Berne : Peter Lang.

Gray, Floyd. 1994. *Rabelais et le comique du discontinu*. Paris : Champion.

Guerrier, Olivier. 2002. « Quand les poètes feignent » : « fantasie » et fiction dans *les Essais de Montaigne*. Paris : Champion.

Guilbert, Louis. 1975. *La créativité lexicale*. Paris : Larousse.

Guiraud, Pierre. 1980. Typologie des jeux de mots. *Le français dans le monde* 151. 36–41.

Hesbois, Laure. 1988. *Les jeux de langage*. Ottawa : Presses de l'Université d'Ottawa.

Jakobson, Roman. 1963. *Essais de linguistique générale*. Paris : Minuit.

Jaubert, Anna. 2011. Le calembour ou la pragmatique du trait /facile/. *Le français moderne* 1. 33–43.

Jespersen, Otto. [1921] 1976. *Nature, évolution et origines du langage*. Paris : Payot.

Leroy, Sarah. 2004. *Le nom propre en français*. Paris : Ophrys.

Mari, Pierre. 2000. *Humanisme et Renaissance*. Paris : Ellipses.

Ménager, Daniel. 1989. *Rabelais en toute lettre*. Paris : Bordas.

Ménager, Daniel. 1995. *La Renaissance et le rire*. Paris : PUF.

Paris, Jean. 1970. *Rabelais au futur*. Paris : Le Seuil.

Pons, Émile. 1931. Les jargons de Panurge dans Rabelais. *Revue de littérature comparée* 11. 185–218.

Rabatel, Alain. 2015. La plurisémie dans les syllepses et les antanaclases. *Vox Romanica* 74. 124–156.

Ricalens-Pourchot, Nicole. 2003. *Dictionnaire des figures de style*. Paris : Armand Colin.

Rigolot, François. 1972. *Les langages de Rabelais*. Genève : Droz.

Rigolot, François. 1977. *Poétique et onomastique*. Genève : Droz.

Rigolot, François. 1995. Interpréter Rabelais aujourd'hui. *Poétique* 103. 269–283.

Sainéan, Lazare. 1923. *La langue de Rabelais*. Paris : Éd. de Boccard.

Screech, Michael. 1992. *Rabelais*. Paris : NRF Gallimard.

Tetel, Marcel. 1964. *Étude sur le comique de Rabelais*. Firenze : Leo Olschki Editore.

Troubetzkoy, Nicolas. [1938] 1949. *Principes de phonologie*. Paris : Klincksieck.

Pierre-Yves Testenoire
Jeu de mots, jeu phonique et anagramme dans la réflexion linguistique de Saussure

Résumé : Le présent article étudie le rôle des jeux de mots dans la réflexion linguistique de Saussure. On met d'abord en évidence l'importance accordée par Saussure à la conscience des sujets parlants pour la description des faits de langue. On étudie ensuite le traitement, dans ses écrits de linguistique générale, des rapports associatifs fondés sur le signifiant, des phénomènes d'étymologie populaire et d'homophonie. La deuxième partie de l'article est consacrée à la recherche des anagrammes, que Saussure définit comme des « jeux phoniques sur les mots ». On étudie en particulier comment Saussure traite les jeux de mots avérés qu'il rencontre dans les textes poétiques. La confrontation de ces deux ordres de textes (écrits de linguistique générale et cahiers d'anagrammes) autour de la thématique du jeu de mots permet de préciser la place de la motivation dans la théorie saussurienne.

Mots clés : anagramme, étymologie populaire, homophonie, jeu de mots, Saussure

1 Introduction

> M... se plaint sans cesse d'être cuisiné par les dieux, et, du fait que j'habite la chambre qu'il avait autrefois, il déduit que je serai sûrement cuisiné à mon tour, mon nom (Saussure) voulant dire que je suis sûr d'avoir ma sauce. (Saussure 1923 : 404)

L'auteur qui rapporte ce jeu de mots sur son patronyme n'est pas Ferdinand de Saussure (1857–1913), mais son fils, Raymond (1894–1971), l'un des pionniers de la psychanalyse helvétique. Dans son étude sur les phénomènes de motivation de noms propres observables dans les discours de ses patients psychiatriques (par ex. *Messina : mets le cinéma* ; *Italie : il t'a lié* ; *Saussure : sauce sûr*) auquel il donne le nom de « raisonnement par assonances verbales », Raymond de Saussure inscrit sa réflexion dans le cadre théorique de Freud, avec qui il a fait une analyse, plutôt que dans celui de son père. L'objet de son étude est de montrer que les discours des sujets atteints de pathologie mentale révèlent cette logique par « assonances verbales » de l'inconscient mise au jour par Freud dans les rêves ou les lapsus. Son article témoigne aussi d'une solide culture linguistique car, outre le *Langage intérieur* de Victor Egger, Raymond de Saussure cite de nombreux linguistes au sujet du changement sémantique – Émile Littré, Arsène Darmesteter, Michel Bréal, Antoine Meillet, Joseph Vendryes –, mais le nom de son père y est absent. Raymond de Saussure pourtant connaît le *Cours de linguistique générale* : il avait signalé l'intérêt de ses concepts pour l'étude des *lapsus linguae*[1].

Cette absence du *CLG* chez le fils même de Saussure est révélatrice d'une situation qui perdure un siècle plus tard : les études sur les jeux de langage convoquent plus spontanément les écrits de Freud, depuis *Zur Psychopathologie des Alltagslebens* jusqu'à *Der Witz und seine Beziehung zum Unbewussten*, que ceux du linguiste genevois[2]. Pourtant, et contrairement à une lecture purement immanentiste de Saussure véhiculée par le structuralisme, l'activité épilinguistique des sujets parlants, dont relèvent les jeux de mots, joue un rôle important dans sa réflexion sur le langage. Non seulement ses recherches sur les langues et les textes anciens témoignent d'une attention réelle portée à ces phénomènes, mais ses écrits théoriques fournissent plusieurs concepts – rapports associatifs, arbitraire relatif, figure vocale, anaphonie... – opératoires pour penser les jeux de mots d'un point de vue linguistique. L'objectif de cette étude est donc d'analyser quelques-uns de ces lieux où la réflexion linguistique de Saussure croise la problématique des jeux de mots. Si cette problématique n'est pas abordée directement dans les écrits et dans l'enseignement saussuriens, elle est contigüe à deux phénomènes qui font intervenir la créativité linguistique des sujets parlants et que le linguiste genevois examine en détail, à savoir l'étymologie populaire et l'homophonie. Le problème de l'homophonie est également au cœur de l'interrogation sur les anagrammes que Saussure développe, entre 1906 et 1909, au sujet des poésies anciennes et qu'il conçoit comme des « jeux

---

1 Dans une lettre à Charles Bally de 1916, où il rend compte de sa lecture du *CLG*, Raymond de Saussure écrit : « Parmi les chapitres qui m'ont le plus intéressé, je citerai tout d'abord ceux intitulés : l'"Analogie' et l'"Étymologie populaire'. Mais n'y aurait-il pas lieu d'introduire en linguistique, à côté de ces deux chapitres, un chapitre sur la 'Pathologie du langage'. Mon père considérait déjà l'étymologie populaire comme un phénomène pathologique (page 247), mais n'appartiendrait-il pas aussi à la linguistique d'étudier systématiquement les 'lapsus linguae' » (Cifali 1985 : 147). Cette lettre invalide la thèse répandue par Roudinesco (1994 : 365) selon laquelle Raymond de Saussure ignorait les travaux de son père.
2 À titre d'exemple, les études linguistiques sur les jeux de langage de Guiraud (1976), Yaguello (1981), Redfern ([1984] 2005), Crystal (1998), Buffard-Moret (2015) ou Żyśko (2017) ne font aucune mention des travaux de Saussure. Seuls Calvet (2010) et Salverda (2013) font exception mais leur connaissance des études et des textes saussuriens n'est malheureusement pas à jour. Les travaux de Joshua Katz sur les jeux de mots dans les langues anciennes, en revanche, sont fortement influencés par Saussure et ils tiennent compte de l'actualité des recherches sur le sujet (cf. Katz 2013 et 2015).

phoniques sur les mots ». Ces deux régions du corpus saussurien – les textes relatifs à la linguistique générale et ceux relatifs aux anagrammes – se répondent donc par des analyses différentes mais complémentaires sur les jeux de langage. Nous les examinerons tour à tour de façon à dégager la place réservée dans la réflexion saussurienne à ces manifestations de la créativité linguistique des sujets parlants.

2 Jeu de mots et jeu phonique dans les écrits et les cours de linguistique générale

Le thème du « jeu » est extrêmement fréquent dans les textes et dans l'enseignement de Ferdinand de Saussure. On connaît la comparaison célèbre de la langue avec le jeu d'échec ou celle, plus discrète mais non moins intéressante, du jeu des couleurs dans une tapisserie[3]. L'image du jeu revient également avec une grande régularité pour décrire les fonctionnements linguistiques. « Jeu de la langue », « jeu du langage chez les individus », « jeu des différences », « jeu des valeurs opposées » ... : la fréquence de ce mot sous la plume de Saussure traduit sa conception du caractère à la fois relationnel et dynamique de l'objet langue conçu comme fonctionnement.

Dans le *Cours de linguistique générale* qu'ont publié Bally et Sechehaye, les jeux de mots n'apparaissent à proprement parler que deux fois. La première occurrence figure à la fin de l'introduction. Dans l'inventaire des données susceptibles de renseigner sur les systèmes phonologiques des états anciens de langues sont mentionnés « la graphie des mots empruntés à une langue étrangère, les jeux de mots, les coq-à-l'âne » (Saussure [1916] 1967 : 60). Si cette mention incidente des jeux de mots correspond à ce qu'ont noté les étudiants du troisième cours[4], tel n'est pas le cas de la seconde occurrence des jeux de mots dans

---

3 « Comparons la langue à une tapisserie ! Combinaison de tons forme le jeu de la tapisserie ; or il est indifférent de savoir comment le teinturier a opéré le mélange. <Ce qui importe, c'est la série d'impressions visuelles, non de savoir comment fils ont été teints etc.> <Ce qui importe donc, c'est l'impression acoustique, non moyen de les produire.> Les différentes formes dont se compose la langue représentent diverses combinaisons au moyen des impressions acoustiques. C'est leur opposition qui fait tout le jeu de la langue » (CLG/E 646–647 III C 94). Pour le renvoi aux textes saussuriens et les conventions éditoriales adoptées v. Annexe : Mise au point sur le corpus saussurien.

4 En revanche, l'illustration qui est donnée de cette remarque dans le *CLG* avec l'anecdote historique qui renseigne sur la prononciation de roi au XVIIIe siècle est un ajout des éditeurs –

le *CLG*, qui figure dans le chapitre consacré aux rapports associatifs. C'est au sujet des rapports associatifs reposant uniquement sur le signifiant – l'association *enseignement – clément – justement* dans le schéma donné dans le *Cours de linguistique générale*[5], que les éditeurs ajoutent en note :

> Ce dernier cas est rare et peut passer pour anormal, car l'esprit écarte naturellement les associations propres à troubler l'intelligence du discours ; mais son existence est prouvée par une catégorie inférieure de jeux de mots reposant sur les confusions absurdes qui peuvent résulter de l'homonymie pure et simple, comme lorsqu'on dit : « Les musiciens produisent des *sons* et les grainetiers les vendent. » Ce cas doit être distingué de celui où une association, tout en étant fortuite, peut s'appuyer sur un rapprochement d'idées (cf. franç. *ergot : ergoter* ; et all. *blau : durchbläuen*, « rouer de coups ») ; il s'agit d'une interprétation nouvelle d'un des termes du couple ; ce sont des cas d'étymologie populaire (voir p. 238) ; le fait est intéressant pour l'évolution sémantique, mais au point de vue synchronique il tombe tout simplement dans la catégorie : *enseigner : enseignement*, mentionnée plus haut. (Saussure [1916] 1967 : 174)

Ce dédain affiché par les éditeurs pour les associations lexicales basées sur le seul signifiant, reléguées dans « la catégorie inférieure de jeux de mots » ou dans le domaine des « confusions absurdes », ne reflète pas la position de Saussure. Contrairement à ses deux élèves, il ne méconnaît pas l'importance de ces phénomènes dans le fonctionnement linguistique et dans l'activité discursive des sujets parlants. Dans les cours tels que les étudiants l'ont consigné, Saussure distingue, en effet, parmi les associations qu'« un mot comme *enseignement* appellera d'une façon inconsciente pour l'esprit » les séries fondées sur le

---

« au tribunal révolutionnaire on demande à une femme si elle n'a pas dit devant témoins qu'il fallait un roi » ; elle répond « qu'elle n'a point parlé d'un *roi* tel qu'était Capet ou tout autre, mais d'un *rouet maître*, instrument à filer ». Elle est tirée de la *Grammaire historique de la langue française* de Kristoffer Nyrop (1908) et non des cahiers d'étudiants de Saussure.

5 Le schéma des rapports associatifs à quatre branches autour du mot « enseignement » figurant dans le *CLG* (Saussure [1916] 1967 : 175) est une création des éditeurs. Ils ont fusionné l'exemple d'« enseignement » donné par Saussure pour illustrer les rapports associatifs et un schéma en étoile consigné, sous différentes formes, par plusieurs auditeurs. Si les quatre branches du schéma correspondent au contenu de l'enseignement saussurien, les éditeurs ont, par souci d'homogénéité, remplacé l'exemple donné par Saussure pour la série associative fondée sur le signifiant – « *blau, durchbläuen* » – par la série « enseignement – clément – justement ». C'est l'une des raisons qui poussent Robert Godel à écrire que « [Bally et Sechehaye] ont ajouté au schéma des rapports associatifs la série factice : *enseignement, clément, justement*, etc., qui n'a aucun titre à y figurer » (Godel 1957 : 248). Françoise Gadet a analysé les raisons théoriques qui expliquent les réticences des interprètes de Saussure (Bally, Sechehaye, Godel) à accepter ces rapports associatifs fondés sur le signifiant dont la particularité est d'échapper au sens (voir Gadet 1987 : 118 *seq.*).

signifiant et le signifié (*enseignement, enseigner, enseignons, enseigne*), celles « reposant sur le signifié » (*enseignement, instruction, apprentissage, éducation*) et celles reposant sur une « simple communauté des images auditives » (il donne l'exemple de *blau, durchbläuen* en précisant que cette dernière forme « n'a pas de rapport avec *blau* »[6]) sans réserver à cette catégorie un statut inférieur (CLG/E 2027 III C 383). Cet intérêt pour les associations fondées uniquement sur le signifiant, à la base de nombreux jeux de mots, semble avoir été oblitéré dans la réception de Saussure par plusieurs facteurs. L'un d'entre eux réside dans la lecture fortement réductionniste qui a été faite des rapports associatifs tels que les conçoit Saussure. L'adoption par la vulgate structuraliste du remplacement proposé par Hjelmslev de « rapport associatif » par « rapport paradigmatique » en est un signe révélateur. Or, substituer à la dualité syntagmatique/associatif le couple syntagmatique/paradigmatique n'est pas qu'un rhabillage terminologique. C'est un déplacement conceptuel puisque chez Hjelmslev les paradigmes sont définis par la commutation comme « une classe d'éléments qui peuvent être placés à une même place sur la chaîne » (Hjelmslev 1966 : 56). Rien de tel chez Saussure où les rapports associatifs ne se limitent pas aux éléments commutables : les associations se présentent en nombre indéfini et dans un ordre indéterminé. Les séries associatives qui s'établissent dans l'esprit des sujets parlants ne sont dès lors ni préconstruites, ni hiérarchisées. Ainsi entendus, les rapports associatifs englobent et dépassent les rapports paradigmatiques structuraux, d'autant plus que Saussure prend le terme de « paradigme » dans son sens étroitement grammatical en le réservant, dans ses textes et dans son enseignement, aux phénomènes de flexion. La « coordination associative par association psychique avec d'autres termes existant dans la langue »[7] que le linguiste expose à ses étudiants intègre toutes les associations établies par les sujets parlants sans préjuger de leur validité scientifique, c'est-à-dire de leur pertinence dans le fonctionnement du système. Il se démarque en cela des jugements axiologiques qui affleurent çà et là chez les rédacteurs du *Cours de linguistique générale* et notamment au sujet des associations fondées sur le seul signifiant qui drainent, on l'a vu, les adjectifs « anormales », « inférieures », « absurdes »[8].

---

6 Le mot est écrit aussi *durchbleuen*, il dérive de *Bleuel* ('battoir').
7 CLG/E 1999 III D 263.
8 Marie-José Béguelin (1995) a bien montré que cette censure du *CLG* sur les rapprochements fondés sur le seul signifiant correspondait à une méfiance de Bally pour les calembours et les rapprochements paronymiques qui s'exprime depuis le *Traité de stylistique française* (1909) jusqu'à *Linguistique générale et linguistique française* (1932, 1944²).

À rebours de toute approche normative, Saussure accorde la primauté, pour l'analyse linguistique, à la conscience des sujets parlants. Cette conviction est fondamentale et ancienne chez lui : elle se trouve développée dès 1891 au moment de la rédaction du projet de l'ouvrage provisoirement intitulé *De l'Essence double du langage*. En s'interrogeant sur les points de vue possibles qui donnent consistance aux faits de langage, Saussure établit que c'est la conscience qui fonde une unité linguistique : « il n'existe linguistiquement », écrit-il, « que ce qui est aperçu par la conscience, c'est-à-dire ce qui est ou devient signe »[9]. Ce primat donné à la conscience des sujets comme observatoire de la langue en synchronie est rappelé dans l'enseignement de linguistique générale, tout particulièrement dans le premier cours de 1907, où le professeur confronte les analyses morphologiques des grammairiens et celles développées par les locuteurs :

> <Jusqu'à présent> nous ne nous sommes pas occupés des *analyses des grammairiens* et nous n'avons recherché que ce qui est vivant dans la conscience des sujets parlants. C'est un danger, <en> linguistique, de mêler les décompositions faites à différents points de vue avec <celles< faites par la langue ; il est bon de faire le parallèle <et de confronter les procédés du grammairien pour décomposer le mot dans ses unités avec le procédé des sujets parlants. Par> cette opposition on pourra mieux définir jusqu'où va l'analyse intérieure et instinctive. Le procédé instinctif par lequel on décompose les mots, notamment dans les langues indo-européennes, est des plus simples et repose sur des opérations parfaitement définies quoique les linguistes ne soient pas au clair sur ce qui justifie l'analyse.
> (CLG/E 2781 *seq.* I R. 2.58–59)

Entre l'analyse savante des grammairiens et l'analyse spontanée des locuteurs, c'est à cette dernière qu'est donnée la priorité :

> La langue ne peut pas procéder comme le grammairien ; elle est à un autre point de vue et les mêmes éléments ne lui sont pas donnés ; elle fait ce qui par le grammairien est considéré comme des erreurs, <mais> qui n'en sont pas car il n'y a de sanctionné par la langue que ce qui est immédiatement reconnu par elle.
> Entre l'analyse subjective des sujets parlants eux-mêmes (qui seule importe !) et l'analyse objective des grammairiens il n'y a donc aucune correspondance, quoiqu'elles soient fondées toutes deux en définitive sur la même méthode (confrontation des séries). <Si le grammairien opère subjectivement et objectivement il n'arrive pas au même résultat et l'on peut> dire dans ce cas qu'une des deux analyses ne se justifie pas. Quelle est la valeur de l'analyse objective par rapport à l'autre ? (CLG/E 2759–2762 I R. 2.65–66)

---

9 Saussure (2002 : 45) = (2011 : 103).

Avec cette distinction entre « analyse subjective des sujets parlants » et « analyse objective des grammairiens » c'est la distinction entre métalinguistique et épilinguistique qui est explicitement thématisée. En assimilant la langue à la conscience des sujets parlants, Saussure légitime toutes les manifestations de l'activité épilinguistique des locuteurs : analyses spontanées, procédures de remotivation, associations paronomastiques, calembours... Qu'elles coïncident ou non avec les analyses savantes, ces procédures d'analyse, sur lesquels reposent les jeux de langage, concernent le linguiste en ce qu'ils témoignent d'un « certain sentiment linguistique »[10]. Aussi, bien que Saussure n'étudie pas spécifiquement, dans ses textes et son enseignement de linguistique générale, les procédures à l'œuvre dans les jeux de mots, il s'intéresse de près à deux phénomènes qui font intervenir l'activité épilinguistique des locuteurs : l'étymologie populaire et l'homophonie.

2.1 L'étymologie populaire

Saussure propose, dans le premier cours de linguistique générale, une analyse approfondie des phénomènes d'étymologie populaire, exempte des préjugés normatifs de son temps (voir Béguelin 1995). Son intérêt pour l'étymologie populaire s'était déjà manifesté peu d'années auparavant, dans la correspondance avec Charles Bally (Amacker 1994 : 94) et dans une étude parue en 1905, « D'ὠμήλυσις à Τριπτόλεμος », où il analyse la formation de deux composés grecs : l'un est issu du vocabulaire médical (ὠμήλυσις désigne un cataplasme de farine), l'autre (Τριπτόλεμος) est un nom propre[11]. Contre l'étymologie sa-

---

10 CLG/E 2815 I R. 2.52.
11 Cet article qui se présente comme une modeste étude étymologique aboutit à des considérations plus générales sur le mythe d'Eleusis : il est donc peut-être à mettre en relation avec les travaux sur les légendes que Saussure mène à cette période (cf. Saussure 1986). Dans la conclusion de l'article, Saussure fait le lien entre l'étymologie populaire et l'hypothèse de « mythes euphémiques » : « La préoccupation particulière des anciens d'éviter toujours dans le langage une expression qui pût sembler contenir une offense à quelque divinité, aussi sa répercussion dans le mythe, et on pourrait parler de 'mythes euphémiques' comme de locutions euphémiques tendant à tourner, par crainte religieuse, le sens réel des choses. » (Saussure [1905] 1922 : 584). Cet intérêt pour le mythe d'Eleusis et les phénomènes de tabou est probablement à relier au livre de James George Frazer, *The Golden Bough* (1890[1]), dont on ignore si Saussure l'a lu. Les thèses de Frazer connaissent, à la charnière du XIXe et du XXe siècle, un important retentissement – Émile Durkheim ([1898] 1969 : 37–101), Marcel Mauss et Henri Hubert (1903), Arnold Van Gennep (1904), Antoine Meillet ([1906] 1921 : 281–291) ou Sigmund Freud ([1913] 1971) les citent et les discutent –, ce qui n'a pas dû laisser Saussure indifférent.

vante admise, qui fait dériver les deuxièmes membres de ses composés respectivement de λύσις (« infusion ») et de πτόλεμος (« guerre »), Saussure voit dans ces deuxièmes membres respectivement des formes d'ἄλεσις (« mouture ») et d'*ὄλεμος (« grain d'orge ») que les locuteurs ne parviennent plus à reconnaître. C'est là, écrit-il, un fait « d'étymologie populaire imparfaite, ou 'inachevée', où le second terme reste privé de sens, livré à l'inconnu, sans essai d'interprétation » (Saussure 1922 [1905] : 578). Saussure met en relation, dans « D'ὠμήλυσις à Τριπτόλεμος », les étymologies savantes des grammairiens et les rapprochements spontanés des locuteurs qui cherchent à remotiver les éléments du système qui leur paraissent obscurs :

> Les entreprises de l'étymologie populaire égalent ou dépassent en ingéniosité celles du grammairien, c'est là le facteur à ne pas jamais oublier complètement. On commettrait des erreurs inverses en ce cas. Alors même qu'elle se contente parfois d'un résultat imparfait (ὠμή λυσις), les petits miracles qui s'accomplissent ailleurs sous ce principe peuvent émerveiller le linguiste, et le tromper fort bien à chaque instant, de sorte que si le nom de Triptolème n'était que l'arrangement d'un composé sans rapport à πτόλεμος (composé devenu inintelligible par l'oubli du sens d'ὄλεμος), le fait pourrait difficilement passer en lui-même pour offrir une particularité bien remarquable. (Saussure 1922 [1905] : 583)

Dans la lignée de ce plaidoyer pour la prise en compte des analyses non expertes qui affectent le système linguistique, Saussure consacre, devant ses étudiants du premier cours, un développement important à l'étymologie populaire qu'il place au côté du changement phonétique et de la création analogique comme le troisième facteur – plus marginal – du changement linguistique. Après avoir proposé une définition provisoire du phénomène – « un mot est estropié dans la bouche des gens qui parlent parce qu'on ne le comprend pas dans sa forme traditionnelle et qu'on essaye de lui donner un sens, ou plus ou moins un sens » (CLG/E 2639-2641 I R 3.2) –, il s'attache à la distinguer des créations analogiques. Alors que l'analogie est traitée comme un principe général des créations de la langue et suppose l'oubli d'une forme que les locuteurs suppléent, l'étymologie populaire ne touche que certaines catégories du lexique – mots rares ou empruntés à une langue étrangère – et procède du souvenir d'une ancienne forme que les locuteurs réanalysent. Saussure se livre alors à une typologie fine du phénomène, non reprise intégralement par les éditeurs du *CLG*, en distinguant trois cas de figure :

« 1. l'étymologie peut rester latente, c'est-à-dire ne se manifester que par l'interprétation qu'on donne du mot sans que cela provoque un changement de forme et cela par hasard » (CLG/E 2647 I R 3.3). Un des exemples donnés est celui, repris par les éditeurs du *CLG*, du verbe allemand *durchbläuen* associé abusivement à l'adjectif *blau*. Ce type d'étymologie est dit latent, car il n'introduit pas d'innovation dans la langue.

« 2. L'étymologie populaire peut être aussi effective mais sans créer de mots nouveaux, et en tombant dans les mots anciens déjà connus elle ne constitue pas un apport pour la langue » (CLG/E 2653 I R 3.5). Tous les exemples donnés de ce cas de figure relèvent de la composition. L'analyse erronée d'un composé ancien, dont la structure est devenue opaque, n'introduit pas d'innovation car chaque membre du composé créé correspond à un mot existant dans la langue. Saussure donne l'exemple, déjà présent dans l'article « D'ὠμήλυσις à Τριπτόλεμος », du nom de la perle de mer en vieil-allemand (*merigreoz*) qui est rattaché à tort aux noms de la mer (*meri*) et de la pierre (*greoz*) alors qu'il vient du latin *margarita*. Les composés ὠμήλυσις et Τριπτόλεμος relèvent également de ce cas de figure.

« 3. L'étymologie populaire peut être effective quant à la forme et en même temps ne pas tomber dans les mots déjà existants, créer un mot nouveau » (CLG/E 2657-2659 I R 3.7). C'est le phénomène qui intéresse le plus les linguistes car il est source d'innovations linguistiques par « hybridation » : ainsi *maladrerie* a été créé à la place de *maladerie* dérivé de *malade*, par l'influence de *ladre*, *ladrerie* (ibid.).

Dans l'inventaire des analyses morphologiques spontanées donnant lieu ou non à des innovations lexicales, Saussure laisse une place pour les rapprochements non sanctionnés par l'usage. C'est dans la deuxième catégorie qu'il range les exemples de rapprochements ponctuels, assimilables à des jeux de mots délibérés ou involontaires :

> Pendant la guerre franco-allemande on appelait la *landwehr* allemande la *langue verte* dans certains départements français. Ce n'est pas un mot de plus dans le vocabulaire, car *langue* et *verte* existaient déjà auparavant. Pour *huile de foie de morue* : *huile de foie d'amoureux*. (CLG/E 2655 I R 3.6)

Les deux exemples reposent sur des paronymies (association par similitude approximative de signifiants), l'une translinguistique (*landwehr / langue verte*), l'autre intralinguistique (*de morue / d'amoureux*) ; ils témoignent des phénomènes de remotivation des signes linguistiques à l'œuvre dans les jeux de langage. Non validés par la communauté, ces rapprochements paronymiques n'entrent toutefois pas dans la langue, mais appartiennent à ce que Saussure appelle « un fait de parole ». On ne s'étonnera donc pas que les cours de linguistique générale ne contiennent pas de développement spécifiquement consacré aux jeux de mots ponctuels – même si leur affinité avec le processus d'étymologie populaire est notée – puisqu'ils relèvent pleinement d'une linguistique de la parole annoncée dans le troisième cours mais non développée.

2.2 L'homophonie

Le problème de l'homophonie, à la source de nombreux jeux de mots, revient de manière récurrente dans la réflexion linguistique de Saussure. Dans le manuscrit de *L'Essence double*, il intervient pour établir l'opposition fondamentale entre ce que le linguiste appelle alors la « forme-sens », prémisse du signe linguistique, et la « figure vocale ». La figure vocale est définie comme une entité matérielle « qui relève de la physiologie et de l'acoustique » et qui est donc l'objet de la phonétique articulatoire et de la phonétique historique[12]. C'est une entité phonique qui peut, à tout moment, servir de signe, devenir le support matériel de l'association sémiotique : « Une figure vocale devient une forme depuis l'instant crucial où on l'introduit dans le jeu des signes appelé langue »[13]. Inversement, « à l'instant où le signe perd la totalité de ses significations, il n'est rien qu'une figure vocale »[14]. Ces figures vocales, enfin, n'ont, en elles-mêmes, d'existence que physico-acoustique :

> Les figures vocales qui servent de signes n'existent pas [...] dans la langue instantanée. Elles existent à ce moment pour le physicien, pour le physiologiste, non pour le linguiste ni pour le sujet parlant. (Saussure 2002 : 73 = Saussure 2011 : 80)

Ce qui donne à une « figure vocale » une existence dans la langue, ce qui en fait une « forme-sens », est la conscience qu'en ont les locuteurs. Pour expliquer la différence entre « figure vocale » et « forme-sens » sur la base de ce critère, Saussure se sert précisément dans une note du phénomène d'homophonie :

> On appelle *forme* une figure vocale qui est déterminée *pour la conscience des sujets parlants*. (La seconde mention est en réalité superflue parce qu'il *n'existe* rien que ce qui existe pour la conscience ; donc si une figure vocale *est* déterminée, c'est qu'elle l'est pour [ ])[15]
> Par quoi cette figure vocale est-elle *déterminée* pour la conscience des sujets parlants ?

---

12 Voir Saussure (2002 : 31, 44, 67 *seq.*) = Saussure (2011 : 170, 102, 173 *seq.*).
13 Saussure (2002 : 38) = Saussure (2011 : 132).
14 Saussure (2002 : 44) = Saussure (2011 : 101–102).
15 Les crochets vides [] indiquent une interruption du texte.

> 1° Est-ce, <...> l'imaginer au premier abord [par la succession identique de sons identiques], par les sons qui s'y trouvent ? – Nullement. Un homme habitant le *Cher* peut passer sa vie sans se rendre compte que ce nom de son département ne diffère pas, en ses sons, du mot qu'il prononce dans *cher ami*. (Différents exemples).
> (Saussure 2002 : 49 = Saussure 2011 : 133-134)

La même idée revient ailleurs :

> Un mot n'existe véritablement, et à quelque point de vue qu'on se place, que par la sanction qu'il reçoit de moment en moment de ceux qui l'emploient. C'est ce qui fait qu'il diffère d'une succession de sons et qu'il diffère d'un autre mot, fût-il composé de la même succession de sons. (Saussure 2002 : 83 = Saussure 2011 : 112)

Contre les linguistes qui traitent le langage comme un donné préalable, Saussure s'attache à démontrer que tout fait de langage est construit par un point de vue et qu'en la matière différents points de vue sont possibles. Alors que la linguistique historique de son temps, et spécifiquement l'école néogrammairienne concentrée sur la régularité des lois phonétiques, s'intéresse prioritairement aux « figures vocales », Saussure entend réintroduire la signification – la « forme-sens » – qui n'existe que dans un état de langue tel que l'appréhende un sujet parlant. L'identité phonétique entre le nom du *Cher* et l'adjectif *cher* sert précisément à discriminer ces approches. Hors de la conscience des sujets, il n'y a pas, pour Saussure, d'homophonie ; seulement l'identité de deux séquences de son. L'homophonie n'existe que du point de vue d'un sujet qui reconnaît entre deux « formes-sens » une identité phonique. « Au premier abord », les sujets parlants n'ont donc conscience que des signes linguistiques dans un état de langue : c'est ce qui fondera la définition de la linguistique synchronique dans les deux derniers cours de linguistique générale[16]. Les figures vocales sont secondes dans la conscience. Leur découverte par le sujet parlant – car on peut imaginer un locuteur découvrant l'homonymie de *Cher* et de *cher ami* – nécessite une opération mentale. C'est ce type d'opération mentale qui est l'objet de la réflexion dans un autre texte manuscrit, écrit à la même époque, où Saussure part d'un cas d'homophonie translinguistique :

---

[16] Voir dans le deuxième cours : « Dans l'ordre synchronique il n'y a qu'une variété et qu'une méthode possible [...] : observer ce qui est ressenti par les sujets parlants. » (CLG/E, 1503-1504 II R 85), et dans le troisième cours : « La linguistique statique s'occupera de rapports logiques et psychologiques <entre termes> coexistants <tels qu'ils sont> aperçus par la même conscience collective (dont du reste une conscience individuelle peut donner l'image – chacun de nous a en soi la langue) et formant un système. » (CLG/E, 1660 III C 362).

> En admettant par exemple que nous sachions ⟨quelle formule donner⟩ au milieu du système grec ⟨à⟩ la valeur νυ et en français à la valeur nu, il est évident que la figure vocale nü ⟨existait⟩ hors de toute valeur et de tout idiome, hors de tout lieu, de tout temps et de toute circonstance. Sans même savoir si elle correspond à un mot grec ou à un mot français.
> (CLG/E 126 [3295] = Saussure 2002 : 198)

Il poursuit en faisant de la figure vocale l'un des points de départ de sa réflexion sur les identités dans le langage humain. Alors qu'il avait posé, dans *L'Essence double*, la non-existence linguistique de la figure vocale pour le sujet parlant, il détermine ici son existence pour le sujet développant une approche réflexive de la langue. Pour celui-ci, la figure vocale existe dès lors qu'est établi un rapport d'identité :

> Elle [la figure vocale] existe parce que nous la déclarons identique à elle-même. Mais nous ne pouvons pas la déclarer identique à elle-même sans invocation ⟨tacite⟩ d'un *point de vue* : autrement, nous pourrions tout aussi bien déclarer identique à lui-même *cantare : chanter*. Nous faisons donc tacitement appel, pour proclamer l'existence de *nü*, au jugement d'identité prononcé par l'oreille, de même que nous faisons appel, pour affirmer ⟨l'existence unie⟩ de *cantāre* et *chanter*, à une autre espèce d'identité, découlant d'un autre ordre de jugements ; mais dans aucun cas nous ne cessons de recourir à une opération ⟨très positive⟩ de l'esprit : l'illusion des choses qui seraient *naturellement données* dans le langage est profonde. (CLG/E 126–129 [3295] = Saussure 2002 : 198–199)

Saussure dégage ainsi trois types d'identité à partir du mot *cantare* : identité phonique (entre deux figures vocables *cantāre* et *cantāre*), identité synchronique (entre deux formes-sens *cantāre* et *cantāre* toutes deux dotées d'un sens et extraites d'un même état de langue), et l'identité diachronique (entre les « formes-sens » *cantāre* et *chanter*[17]). Un même signe peut ainsi être pris dans trois rapports d'identité. L'identité phonique concerne deux figures vocales prises indépendamment de tout état de langue. On la découvre au sein d'un même idiome (*Cher / cher ami*) ou d'idiomes différents (l'infinitif latin *cantare* et « un mot *kantare* en hottentot »[18]). L'identité synchronique met en jeu des signes linguistiques pris dans un même état de langue tandis que l'identité diachronique porte sur des signes linguistiques pris dans des états de langue distincts. Parmi ces trois rapports d'identité, les sujets parlants n'ont conscience que des identités synchroniques. L'identité phonique et l'identité diachronique sont obtenues par les activités réflexives des sujets parlants sur le langage, qu'elles soient spontanées (jeux de mots, autonymie) ou expertes (poésie, linguistique).

---

[17] CLG/E 129 [3295] = Saussure (2002 : 198).
[18] CLG/E 128 [3295] = Saussure (2002 : 198).

L'homonymie illustre la distinction entre l'identité synchronique, immédiatement perceptible par les sujets parlants, et l'identité phonique, construite par une activité épilinguistique ou métalinguistique.

Dans les cours de linguistique générale donnés une vingtaine d'années après l'écriture de ces textes, la réflexion sur l'identité reste centrale mais elle est présentée différemment. Le problème de l'homonymie est évoqué en passant dans le chapitre du troisième cours consacré aux identités :

> Un orateur parle de la guerre, et répète quinze ou vingt fois le mot *guerre*. Nous le déclarons identique. <Or chaque fois que le mot est prononcé, il y a des actes séparés.> Voilà déjà un premier point.
> Mais ensuite si nous considérons cet autre point que dans la même phrase je puis dire par exemple : *son* violon a le même *son* ; si précédemment je m'étais appliqué sur l'identité du son, je verrais ici que la tranche auditive *son* répétée deux fois ne représente pas une identité. De même si on surprend la même suite auditive dans « cet animal *porte plume* et bec » et « prête-moi ton *porte-plume* », nous ne reconnaissons pas qu'il y a là une identité. Il faut qu'il y ait identité dans l'idée évoquée. Elle comporte, cette identité, un élément subjectif, indéfinissable. Le point exact <où il y a identité> est toujours délicat à fixer. Dans *lentille* (légume et microscope) y a-t-il identité ou non ? Si le moyen nous fait défaut, cela n'est pas notre faute. Il faut la correspondance parfaite dans la tranche auditive avec la correspondance appréciablement parfaite dans l'idée évoquée. <Tout le mécanisme de langue roule autour d'identité et différence.> Remarquons seulement ici que poser la question des unités ou celle des identités, c'est la même chose.
>
> (CLG/E 1764–1762–1769 III C 294–295)

Les questions évoquées dans ce passage font écho à celles traitées dans les écrits théoriques vingt ans plus tôt. Qu'est-ce qui fonde une identité linguistique ? Qu'est-ce qui justifie que l'on dise que deux signes produits dans deux actes de paroles sont les mêmes ? Les problèmes passés en revue – la différence entre identité synchronique (*guerre* répété dans un discours) et identité phonique (*son* et *son*), la conscientisation seconde des figures vocales (cet animal *porte plume* / ton *porte-plume*), la frontière entre homonymie et polysémie (le cas de *lentille*) – intéressent directement l'approche linguistique des jeux de mots.

Si la réflexion sur les identités est unanimement reconnue comme centrale dans la réflexion théorique de Saussure, le questionnement sur l'identité phonique, qui y occupe une place importante, passe bien souvent inaperçu. L'invisibilisation de ce questionnement tient en grande partie aux partitions effectuées dans le corpus saussurien car, tandis que les cours de linguistique générale se concentrent sur les identités synchroniques et les identités diachroniques, le problème de l'homophonie et de ce qui fonde l'identité phonique est au cœur d'une autre recherche de Saussure où il rencontre également la problématique des jeux sur le langage : les anagrammes.

3 Jeu de mots et jeu phonique dans la recherche des anagrammes

Rappelons, en préambule, que la préoccupation initiale de Saussure avec ses anagrammes[19] n'est pas celle des jeux de mots mais celle de l'organisation systémique des phonèmes dans les poèmes. L'hypothèse des anagrammes dans la poésie gréco-latine que Saussure développe entre 1906 et 1909 est directement issue d'un questionnement métrique. Elle s'inscrit dans un réseau d'autres recherches menées par le linguiste sur la métrique verbale et la statistique phonétique dans les poésies sanscrites, grecques et latines (v. Testenoire 2013 : 25–64). Or, ce questionnement formel, à l'origine de l'hypothèse des anagrammes, a été oblitéré dans les articles et le livre de Jean Starobinski, *Les mots sous les mots* (1971), qui l'ont fait connaître[20]. La réception qui s'est développée à partir du livre de Starobinski dans les années 60 et 70 est due principalement aux groupes littéraires d'avant-garde de l'époque (*Tel Quel*, *Change*, *Action poétique*) mais aussi à des penseurs d'horizons divers (Jakobson, Barthes, Lacan, Derrida, etc.). Ceux-ci ont lu la recherche des anagrammes

---

[19] Précision terminologique : nous parlons de manière générique d'"anagramme' mais Saussure a essayé, dans ses cahiers, d'autres termes pour désigner le même phénomène : hypogramme, paragramme, logogramme, antigramme et homogramme. Sur ces variations terminologiques dans la recherche de Saussure, voir Wunderli (1972 : 42–54) et Testenoire (2013 : 65–115).

[20] Le livre de Jean Starobinski, qui réunit cinq articles parus entre 1964 et 1970, a porté à la connaissance d'un large public le travail sur les anagrammes de Saussure et a suscité un engouement pour cette hypothèse jusqu'au début des années quatre-vingt. Depuis le travail séminal de Starobinski, quatre ouvrages principaux ont été consacrés aux anagrammes : celui de Peter Wunderli (1972) étudie le lien entre les anagrammes et la linguistique générale de Saussure, ainsi que son appropriation par les théoriciens de la littérature de l'époque (*Tel Quel*, Kristeva, Greimas, etc.) ; celui de Francis Gandon (2002) est une étude épistémologique basée sur les cahiers consacrés à Lucrèce ; celui de Federico Bravo (2011) s'intéresse à l'hypothèse de l'anagramme en relation avec les théories cognitives de la lecture et avec la psychanalyse ; celui de Pierre-Yves Testenoire (2013) propose une étude historique et épistémologique de la démarche des anagrammes en s'appuyant sur la découverte de nouveaux manuscrits de Saussure au tournant du XXe et du XXIe siècle.

sous l'angle qui les intéressait : celui de la sémiotique littéraire[21]. Abordés dans cette perspective, les anagrammes ont été réduits, dans le meilleur des cas, à une quête interprétative, dans le pire des cas, à une lecture cryptologique délirante des poèmes, sans prendre en compte la spécificité du questionnement saussurien sur la structuration phonologique des plus anciens textes versifiés des langues indo-européennes, questionnement qui s'ancre dans les problématiques et la méthodologie de la grammaire comparée[22].

Parti d'une interrogation sur la versification des vers archaïques latins, le travail saussurien cherche à expliquer les phénomènes d'itération phonique fréquents qu'on y rencontre. Dans un premier temps, Saussure développe l'hypothèse selon laquelle les vers saturniens, les stances du Véda et les poèmes homériques seraient structurés par une répartition équilibrée des phonèmes selon un principe qu'il dit « de parité » ou « de symétrie », chaque phonème devant figurer en nombre pair dans le poème. Ses analyses s'orientent donc dans un premier temps vers l'inventaire des phonèmes à l'intérieur d'un groupe de vers pour mettre au jour ce principe de distribution selon des lois arithmétiques. Comme la vérification de cette hypothèse appliquée à des corpus de plusieurs milliers de vers nécessite, selon les termes de Saussure, « des opérations et des combinaisons arithmétiques à faire dresser les cheveux sur la tête »[23], le linguiste abandonne progressivement cette explication pour lui substituer celle d'une distribution des phonèmes au sein du vers par imitation d'un mot inducteur. Selon cette nouvelle hypothèse, les vers antiques obéiraient à un principe de composition, auquel Saussure donne le nom d'anagramme, consistant à reproduire en leur sein les syllabes identiques à celles d'un mot donné. L'hypothèse de l'anagramme que Saussure développe dès lors revient à canaliser l'étude de la structure phonique du vers par le biais d'un mot – ce qu'il appelle le « thème » ou le « mot-thème » – et des échos que ce mot entretient avec les autres mots du vers. Cette hypothèse est, en somme, un repli stratégique par rapport à l'ambition initiale, comme Saussure le reconnaît lui-même explicitement dans un de ses cahiers consacrés aux anagrammes chez Homère :

> Mais si ce doute peut à tout instant s'élever, de ce qui est le mot-thème, et de ce qui est le groupe répondant, c'est la meilleure preuve que tout se répond d'une manière ou d'une autre dans les vers, offerts à profusion, où semble jouer l'anagramme. Loin de supposer

---

[21] Sur l'histoire de la réception des anagrammes dans les années 60-70, voir Testenoire (2016a).
[22] Sur la relation entre les recherches de Saussure, spécifiquement les anagrammes, et le domaine de la « poétique indo-européenne », voir Testenoire (2017).
[23] Cf. lettre à Charles Bally du 22 juillet 1906 (Amacker 1994 : 107).

que la question doive forcément avoir à partir du mot que je dis anagrammisé, je serais enchanté qu'on me montrât par exemple qu'il n'y a pas d'anagramme, mais seulement une répétition des mêmes syllabes, ou éléments, selon des lois de versification n'ayant rien à voir avec les noms propres ni avec un mot déterminé. C'est sous cette vue et cette supposition précisément que j'avais moi-même abordé le vers homérique, croyant avoir des raisons de soupçonner une proportion régulière de voyelles et de consonnes ; – je n'ai pas pu la trouver, j'ai vu en revanche l'anagramme établissable à tout instant, et je m'en tiens à celui-ci pour qu'une voie quelconque soit ouverte sur des phénomènes que je tiens pour incontestables dans leur valeur générale. Le grand bienfait de sera de savoir d'où part l'anagramme : mais l'anagramme en lui-même, ou la continuelle reproduction des mêmes syllabes sur un espace de variant de 1 vers à 50 vers, sera comme j'en ai la confiance, un fait que toutes les recherches et tous les contrôles arriveront à confirmer invariablement. (Saussure 2013 : 118–119)

Même si pour Saussure « tout se répond d'une manière ou d'une autre dans le vers », sa méthode change avec l'hypothèse de l'anagramme. Ses analyses ne prennent plus en compte la totalité du vers mais se concentrent sur le lexique, ce qui nous rapproche de la problématique des jeux de mots. S'opère néanmoins une sélection au sein du lexique puisque les « mot-thèmes » dont il étudie les échos sont très majoritairement des noms propres, quelquefois des noms communs, ou des adjectifs, mais jamais des verbes ou d'autres parties du discours. La restriction sur les noms propres semble avoir deux raisons principales. La première, qu'on peut qualifier d'externe, tient au poids de la tradition qui a installé dès l'Antiquité le nom propre comme l'entrée privilégié pour l'interprétation des jeux verbaux chez les poètes. Elle reste vivace à l'époque de Saussure : elle s'illustre, par exemple, dans le rôle crucial accordé aux noms propres en histoire des religions à la suite de la publication des *Götternamen* d'Hermann Usener[24]. Une seconde raison, interne celle-là, tient à la spécificité linguistique du nom propre qui permet à Saussure, non pas d'évacuer le sens – car contrairement à ce que l'on a parfois écrit à partir du *Cours de linguistique générale*, Saussure ne considère pas les noms propres comme des signes sans signifié[25] –, mais permet de neutraliser le signifié dans son analyse des vers.

---

[24] Sur la démarche d'Usener dans ses *Götternamen* paru en 1896, voir Scheid et Svenbro (2005 ; 2011). Si l'étude que fait Usener des noms divins dans les textes grecs archaïques a eu un impact important sur l'approche des mythes dans la première moitié du XXe siècle, grâce notamment à la lecture qu'en fait Cassirer dans *Langage et mythe*, elle ne semble avoir exercé aucune influence sur le travail de Saussure.
[25] Sur la base du *Cours de linguistique générale*, plusieurs commentateurs (Gary-Prieur 1994 : 3, Leroy 2004 : 19, ou Vaxelaire 2005 : 556–559) ont affirmé que Saussure souscrivait à la thèse millénaire des noms propres vides de signification. La prise en compte des écrits de Saussure,

Voici, à titre d'exemple, à quoi ressemble une analyse anagrammatique de Saussure, une de ses nombreuses microscopies qui composent ses cahiers d'anagrammes :

Iliade N, 656.

Mention des Paphlagoniens :
656.τὸν μὲν Παφλαγόνες μεγαλήτορες ἀμφεπένοντο
657.ἐς δίφρον δ' ἀνέσαντες ἄγον προτὶ Ἴλιον ἱρήν²⁶
Παφλαγόνες est répété, dès le même vers, dans
μεγαλήτορες ἀμφεπένοντο,
et l'anagramme n'est point des plus banals à cause de la rareté relative du γ et même du φ. À remarquer d'ailleurs seulement le groupe -ον-, et le groupe -γαλ- renversement de -λαγ- ; enfin -αμφ- qui se rapproche de -αφ-. ⟨Ainsi que -ες.⟩
Un des deux mots, ἀμφεπένοντο, offre purement les timbres vocaliques de Παφλαγόνες.
En second lieu, 657 renouvelle l'anagramme. On peut relever dans ce second anagramme les groupes
-αγον- (ἄγον) cf. Παφλαγον-
-ες- donné trois fois.
et aussi que le φ figure dans un groupe à liquide -φρ- rappelant -φλ-, d'autant qu'un groupe -ον- vient après. (Le λ dans Ἴλιον.)

(Saussure 2013 : 113)

L'analyse porte ici sur deux vers du chant 13 de l'*Iliade* où Saussure cherche l'anagramme du nom des Paphlagoniens, Παφλαγόνες [*Paphlagones*]. Il met en évidence dans le segment textuel μεγαλήτορες ἀμφεπένοντο [*megalètores amphepenonto*] les échos, soit exacts soit approximatifs, que reçoivent les « groupes phoniques » du thème Παφλαγόνες [*Paphlagones*]. La description du phénomène anagrammatique ne fait intervenir, on le voit, ni analyse sémantique, ni analyse proprement linguistique – les données grammaticales ou prosodiques du passage concerné par le phénomène anagrammatique sont indifférentes : seule compte la reproduction phonétique du thème.

Avec ce type d'analyse, on est loin à la fois de la figure traditionnelle de l'anagramme mais aussi des opérations de cryptage auxquelles la recherche de Saussure est parfois associée. Il ne s'agit pas de révéler des mots cachés dans le texte puisque les « mots-thèmes » sont le plus souvent présents dans les vers, comme c'est ici le cas de Παφλαγόνες. L'opération anagrammatique telle que la pratique Saussure n'entraîne ni révélation ni gain herméneutique, contraire-

---

publiés de son vivant ou laissés à l'état manuscrit, atteste qu'il n'en est rien (cf. Testenoire 2008 et 2013 : 262–268).

26 « Autour de lui s'empressaient les Paphlagoniens magnanimes / qui, sur son char, l'emmenèrent vers Ilios, ville sainte » (trad. de Philippe Brunet).

ment à l'usage traditionnel de l'anagramme dans l'Antiquité, à la Renaissance sous l'influence des méthodes cabalistiques, ou à l'époque moderne – que l'on songe, par exemple, aux anagrammes que Tzara décrypte chez Villon[27]. Ainsi, lorsque Saussure cherche à résumer son hypothèse de travail, il n'utilise pas la thématique du cryptage ou du secret, mais celle du jeu :

> À ce qu'il semble, les poèmes homériques seraient au nombre des vieux monuments de poésie qui, fidèles à la tradition indo-européenne, pratiquent le jeu de mots, c'est-à-dire un jeu phonique quelconque sur les <u>mots</u> – ou plus spécialement sur les <u>noms</u> – ayant une importance pour le texte par l'attention qu'ils peuvent revendiquer dans le passage, épique ou lyrique, où il est question d'un personnage. (Saussure 2013 : 380)

Cette définition du phénomène anagrammatique comme jeu de mots entendu au sens de « jeu phonique sur les mots » revient dans plusieurs passages fragmentaires des cahiers d'anagrammes ou dans la correspondance à ce sujet :

> Dans notre supposition, et si ce que je crois avoir observé n'est pas entièrement imaginaire, Homère pratiquerait couramment un genre de jeu phonique sur les mots ou sur les noms [ ] (Saussure 2013 : 375)

> Le genre de jeu phonique qui serait pratiqué dans Homère (si nos observations sont fondées à un degré quelconque), vise la reproduction <u>intégrale</u> d'un mot, et c'est là notre excuse pour lui donner le nom d'<u>anagramme</u>, car il ne faudrait pas, autrement, attacher d'avance aucun des autres caractères ordinaires de « l'anagramme » à ce que nous appelons ainsi chez Hom [ ] (Saussure 2013 : 377)

> Il est probable que les différents jeux phoniques de la versification sont partis de l'anagramme, qui n'est plus qu'un de ces jeux à la fin.
> (Lettre à Meillet datée du 23 septembre 1907, Benveniste 1964 : 114)

> J'admettais que cette fureur du jeu phonique, sortie de la poésie saturnienne, était allée decrescendo, et qu'Ovide pouvait en être le dernier représentant. Profonde erreur.
> (Lettre à Meillet datée du 8 janvier 1908, Benveniste 1964 : 118)

Le fait anagrammatique est considéré comme l'une des manifestations des « formes plus générales du jeu sur les phonèmes »[28] qui est le propre de la composition poétique. Insérés dans des phénomènes plus vastes d'harmonie phonique, les anagrammes sont conçus comme des « jeux phoniques sur les mots » structurant les poèmes et, en cela, sont distingués des paronomases –

---

[27] Pour une lecture des anagrammes saussuriens inscrits dans la tradition cryptographique, voir Heller-Roazen (2013).
[28] Bibliothèque de Genève, Ms. fr. 3964/20, f. 2.

même si leur affinité est explicitement thématisée[29] –, calembours et autres jeux de mots que l'on rencontre ponctuellement dans les textes poétiques. Il arrive néanmoins que Saussure mette au jour, dans les poèmes qu'il étudie, des phénomènes qui correspondent à des jeux phoniques relevés par la tradition rhétorique et appelés – suivant des taxinomies variables – paronomase, figure étymologique, parétymologie, paréchèse... Plusieurs analyses de Saussure recoupent celles d'auteurs anciens. C'est le cas, par exemple, des vers 289-290 du chant 9 de l'*Odyssée* où le Cyclope massacre les compagnons d'Ulysse et qui sont cités, depuis l'Antiquité, comme un modèle d'expressivité sonore :

> σὺν δὲ δύω μάρψας ὥς τε σκύλακας ποτὶ γαίῃ κόπτ'·
> ἐκ δ' ἐγκέφαλος χαμάδις ῥέε, δεῦε δὲ γαῖαν.
> Il en prit deux d'un coup et, comme des chiots, sur le sol
> les assomma. La cervelle en giclant mouilla le sol. (trad. Philippe Jaccottet)

Saussure voit dans μάρψας ὥς τε σκύλακας [*marpsas os te skulakas*] l'anagramme de Κύκλωψ [*Kuklops*] (Saussure 2013 : 193). En cela, son analyse fait écho aux commentaires de Démétrios et de Denys d'Halicarnasse qui soulignent le caractère cacophonique du vers par l'itération désagréable du sigma[30].

Plus troublante encore est la coïncidence exacte entre les rapprochements lexicaux opérés par Saussure en termes d'anagrammes et les rapprochements signalés par les scholiastes ou les commentateurs anciens avec une autre terminologie. Ainsi, plusieurs anagrammes saussuriens correspondent à ce qu'Eustathe de Thessalonique appelle, dans son commentaire de l'*Iliade* et de l'*Odyssée*, des *paréchèses*, c'est-à-dire les « effets produits par des mots semblables, au sens différent, qui répercutent le même son »[31].

Les vers 403 à 405 du premier chant de l'*Iliade* donnent lieu à cette première rencontre involontaire entre Eustathe et Saussure. Il y est question du

---

29 Dans une note fragmentaire d'un cahier d'anagramme, le rapprochement avec la paronomase est esquissé : « Il y a au fond du dictionnaire une chose qui s'appelle la paronomase, figure de rhétorique qui [ ]
La paronomase s'approche si près par son principe de [ ] » (Bibliothèque de Genève, Ms. fr. 3966/5, f. 1).
30 Voir Démétrios. *Du style*, 219, et Denys d'Halicarnasse, *La composition stylistique*, VI, 16, 11.
31 C'est la définition qu'en donne Hermogène dans son traité *Sur l'invention* (*Inv.* 4, 7). Pour une analyse plus développée des rapports entre l'anagramme saussurien et la figure de la paréchèse chez Eustathe, voir Testenoire (2010).

géant à cent bras Briarée, premier cas de double nomination avec mention d'une langue des dieux chez Homère[32] :

> Βριάρεων καλέουσι θεοί, ἄνδρες δέ τε πάντες
> Αἰγαίων', ὃ γὰρ αὖτε βίην οὗ πατρὸς ἀμείνων·
> ὅς ῥα παρὰ Κρονίωνι καθέζετο κύδεϊ γαίων.
> Monstre appelé par les dieux *Briarée*, et par tous les hommes
> *Égéon*, qui surpasse même en violence son père,
> et qui s'assit auprès de Zeus dans l'orgueil de sa gloire ! (trad. Philippe Brunet)

Le jeu entre les sonorités d'Αἰγαίων' [*Aigaion*] et de κύδεϊ γαίων [*Kudeï gaion*] dont Saussure fait la structure de l'anagramme du mot-thème Αἰγαίων [*Aigaion*] (Saussure 2013 : 108–109) est analysé comme une pseudo-paréchèse chez Eustathe.

Un second exemple se rencontre au sujet du vers 493 du chant 8 de l'*Odyssée*, où il est question, dans le récit de la chute de Troie, d'Epeios, le constructeur du cheval de bois :

> ἀλλ' ἄγε δή μετάβηθι καὶ ἵππου κόσμον ἄεισον
> δουρατέου, τὸν Ἐπειὸς ἐποίησεν σὺν Ἀθήνῃ [...].
> Mais, changeant de sujet, chante l'histoire du cheval
> qu'Epeios, assisté d'Athéna, construisit [...]. (trad. Philippe Jaccottet)

Là encore, le jeu Ἐπειὸς ἐποίησεν [*Epeios epoièsen*] relevé par Saussure est déjà relevé chez Eustathe de Thessalonique. Cependant, Saussure ne fait pas de ce jeu de mots un phénomène de motivation du nom propre Ἐπειός. Si, pour tout commentateur bien inspiré, le rapprochement entre le nom Ἐπειός [*Epeios*] et le verbe ἐποίησεν [*epoièsen*] (« construisit ») est stimulant du fait de son éponymie potentielle – Ἐπειός [*Epeios*] serait ainsi celui qui construit, « le constructeur » –, Saussure s'abstient d'un tel commentaire. Il ne tire pas des rapprochements phoniques de déduction sur le plan du signifié. C'est là une constante dans ses travaux : ses analyses se tiennent résolument du côté de la seule dimension sonore. Pour Saussure, et c'est ce qui le distingue de Jakobson dans son approche poétique, toute corrélation au niveau des sons n'implique pas nécessairement une corrélation au niveau du sens[33].

---

[32] Ces cas de double nomination n'inspirent pas à Saussure de commentaire particulier. Sur les mentions de langue des dieux dans différentes traditions poétiques indo-européennes, voir Bader (1989).

[33] Sur ce point majeur, ainsi que les autres différences entre les travaux de poétique de Saussure et de Jakobson, voir Testenoire (2016b).

En règle générale, Saussure ignore délibérément, dans ses analyses, aussi bien les scholies et les exégèses anciennes que les commentaires modernes[34], mais cette stratégie d'évitement de la tradition rhétorique connaît dans les cahiers d'anagrammes homériques deux exceptions. À deux reprises, en effet, Saussure cherche des anagrammes dans des passages où des jeux de mots sont connus et reconnus comme tels depuis l'Antiquité. Il étudie le vers 62 du premier chant de l'*Odyssée* qui contient une figure étymologique sur le nom d'Ulysse célèbre dès l'Antiquité – « Τί νύ οἱ τόσον ὠδύσαο, Ζεῦ ; » ; « Pourquoi te serait-il odieux, Zeus ? » – l'association du nom d'Ulysse (Ὀδυσσεύς [*Odusseus*]) et de la haine dont il fait l'objet (ὠδύσαο [*odusao*]) revenant à plusieurs reprises dans le poème. Saussure analyse ce passage comme reproduisant le mot-thème Ὀδυσσεύς :

> Le passage est de ceux où nul ne méconnaît qu'il y a ⟨un⟩ jeu de mots. Mais on se trompe en supposant que l'intention soit plus formelle ~~ici~~ qu'en cent autres endroits, et réciproquement en supposant que tout se borne ici à l'emploi d'un verbe qui rappelle plus ou moins Ὀδυσσεύς.
> ~~~ Ce n'est pas, par exemple, dans le verbe même (ὠδύσαο), ou du moins pas dans sa première syllabe, que se retrouve la première syllabe d'Ὀδυσσεύς : car l'anagramme homérique ne représentera jamais Οδ- par ωδ- sinon pour donner la générale idée, la provisoire ébauche, [–] ⟨d'une telle⟩ syllabe, et c'est donc forcément ailleurs qu'il faut chercher οδ-, ou une partie de οδ-. Mais d'autre part Ὀδυσσεύς étant un mot-thème commençant vocaliquement, a pour groupe initial, non οδ-, mais ⲭοδ-, et c'est là un second détail que ne fournit point ὠδυσ- puisqu'il est placé, dans le vers, après consonne (τοσο/νω/δυσ-).
> Quand on a fait attention à ces points, et qu'on est plus ou moins familiarisé avec les habitudes de l'anagramme homérique, on reconnaît immédiatement que la véritable représentation du groupe initial est celle qui lui est donnée par -αⲭ ο Ζεῦ à la fin des mots ὠδύσαⲭ ο Ζεῦ. Là se trouve à la fois le ⲭ et l'omikron, d'ailleurs avec répétition du d, soit que le ζ vaille dz, soit qu'il soit un σδ, comme la plupart des anagrammes ⟨contenant ζ⟩ paraissent le prouver.
> Pour le groupe qui se relie à ⲭοδ-, on peut hésiter entre -δυσ- ou -δυσσ- par s double. En faveur de l's double serait ὠδύσαο Σδεῦ avec son s en fin de syllabe.
> Il va sans dire que, pour nous, la principale fonction anagrammatique du même Σδεῦ ou Ζεῦ, est du reste d'apporter la diphtongue – alors que pour le point de vue que nous combattons il n'y a même pas à parler du mot Ζεῦ, et que toute l'allusion à Ὀδυσσεύς ne reposerait que ⟨sur ou⟩ dans ὠδύσαο. (Saussure 2013 : 174)

La seconde allusion à un jeu de mots reconnu par la tradition rhétorique concerne le nom du monstre marin Charybde, Χάρυβδις [*Kharubdis*]. Saussure

---

[34] Sur ce trait de la recherche des anagrammes, qui la distingue notamment des recherches sur les légendes que mène Saussure de façon quasi-contemporaine, voir Testenoire (2013 : 195 seq.).

cherche son anagramme dans les vers 104 à 106 du chant 12 de l'*Odyssée* où le verbe ῥοιβδεῖν [*rhoibdein*] (« engloutir ») se trouve répété trois fois. Or l'écho formé par Χάρυβδις et ῥοιβδεῖν est un phénomène relevé par différents scholiastes puisqu'avec l'iotacisme de [*oi*] et de [*ü*] les deux mots présentent, pour eux, une identité phonique malgré la différence graphique. Voici ce qu'écrit Saussure à propos de ce passage :

> Dans les cas où l'assonance est évidente comme pour Χάρυβδις suivie trois fois du verbe ῥοιβδεῖν, on met la chose sur le compte ou d'un jeu de mots isolé, ou encore plutôt d'une recherche d'onomatopée qui se comprend dans le cas du gouffre de Charybde et du mugissement des eaux qu'il s'agirait [—] de rendre par un mot sonore.
> Cette recherche de l'onomatopée n'est pas exclue, mais en réalité c'est, ni plus ni moins que pour Ἀγαμέμνων ou Νηληϊάδη, de la reproduction anagrammatique – ou « anaphonique » - d'un nom ⟨(et d'un nom quelconque)⟩ qu'il s'agit ici comme partout. Rien n'est plus caractéristique pour séparer les deux points de vue que de prendre, au v. 106, le mot τύχοις : – sans avoir relu le passage, nous étions convaincu ⟨d'avance⟩ que ἀναροιβδεῖ qui fournit seulement αρ - βδι – ne pouvait manquer d'être accompagné de quelque mot contenant le X et l'Y : ~~voilà une excellente~~ ce qui se vérifie comme on voit ; et voilà donc une excellente preuve que c'est bien de cela qu'il s'agit ⟨pour le versificateur⟩, je veux dire de reconstituer le mot Χάρυβδις, et de le reconstituer entièrement.
> Pour le point de vue ordinaire, τύχοις n'a aucune relation avec le jeu de mots qu'on concède ou qu'on reconnaît. Pour nous il est si essentiel, ~~aussi bien que~~ ⟨comme complément d'⟩ ἀναροιβδεῖ, qu'on pouvait prédire la présence d'un mot avec υ et χ.
>
> (Saussure 2013 : 3862–363)

Dans les deux cas, Saussure développe les mêmes arguments pour « séparer les deux points de vue » : celui de l'anagramme et « le point de vue ordinaire ». La notion de point de vue occupe, on le sait, une place fondamentale dans la théorisation saussurienne. Selon la position constructiviste qui la fonde, c'est le point de vue qui crée l'objet de connaissance. Saussure n'a de cesse de dénoncer la faiblesse épistémologique de la linguistique de son temps qui prend comme donnés des faits de langue sans déterminer les points de vue qui les construit, au point d'écrire dans le manuscrit dit de *L'Essence double* que « toute la linguistique revient [...] matériellement à la discussion des points de vue légitimes : sans quoi il n'y a pas d'objet »[35]. C'est à cette même séparation de points de vue à laquelle il procède ici : alors que le point de vue ordinaire fait des similitudes phoniques entre Ὀδυσσεύς et ᾠδύσαο, ou Χάρυβδις et ῥοιβδεῖν des opérations ponctuelles de motivation des noms propres, le point de vue de l'anagramme y voit le témoignage d'un phénomène plus vaste de « jeux phoniques sur les noms » constitutifs de la composition des poèmes homériques.

---

[35] Saussure (2002 : 23) = Saussure (2011 : 88).

Dans toutes les analyses de jeux de mots avérés, Saussure s'attache à distinguer la théorie anagrammatique des interprétations stylistiques ou rhétoriques traditionnelles. Il se désintéresse aussi des débats contemporains en philologie ou en histoire des religions sur l'onomastique littéraire. Dans son esprit, l'hypothèse anagrammatique intègre mais surtout dépasse les jeux de mots isolés reconnus depuis l'Antiquité. Elle est une explication structurelle de la composition poétique. L'anagramme, inhérent aux vers, est présent en tous points des poèmes ; les jeux de mots n'en sont que des manifestations ponctuelles exceptionnellement évidentes.

4 Conclusion

Le double parcours dans les écrits théoriques de Saussure et dans sa recherche des anagrammes permet de revenir sur un clivage persistant établi par une lecture qui voit dans Saussure a) d'un côté un théoricien du langage, arc-bouté sur l'arbitraire, qui serait aveugle aux phénomènes de remotivation des signes, b) de l'autre, un chercheur d'anagrammes, qui traquerait des mimologismes et découvrirait, affolé, la remise en cause de son dogme de l'arbitraire. Dans les deux cas, la proposition semble erronée. La thèse saussurienne de l'arbitraire, inséparable de son concept de valeur, est ce qui conditionne sa conception de la langue comme système de relations entre des entités négatives ; elle n'est pas remise en cause par les phénomènes d'iconicité et de remotivation des signes. Saussure du reste n'ignore pas ce type de phénomènes et il en rend compte (voir Joseph 2015). Son concept d'« arbitraire relatif » permet de décrire la motivation relative qui organise le système. En outre, l'appropriation de la langue par les sujets parlants, qui tâchent de dégager – via le symbolisme phonétique, les jeux de mots ou l'activité poétique – une raison du système, relève, dans la théorie saussurienne, de la parole.

Quant aux anagrammes, ils ne correspondent pas à ce « voyage en Cratylie » (Genette 1976) ou à ce travail sur « le sens des sons » (Todorov 1972) qu'on a longtemps voulu y voir. Saussure ne s'intéresse pas dans cette recherche aux phénomènes de motivation des signes à l'œuvre dans certains textes poétiques. Quand il en rencontre, chemin faisant, rendus manifestes par des jeux de mots avérés, il s'en détourne. À l'empirisme de l'approche rhétorique traditionnelle, Saussure cherche à substituer un principe systémique d'explication des phénomènes sonores : ce qui l'intéresse est bien l'écho – le plus souvent *in praesentia* – entre un lexème et une séquence du texte. La traque de ces échos plus ou moins exacts et plus ou moins diffus prolonge le questionnement saussurien sur l'homophonie et l'identité phonique qui se fait jour dans les écrits de linguistique générale dès les années 1890.

Les anagrammes et les textes de linguistique générale témoignent d'un intérêt conjoint pour les associations fondées sur le seul signifiant mais aussi pour les procédures non expertes d'analyse de la langue. Dans un de ses cahiers, Saussure fait l'hypothèse que les anagrammes qu'il postule n'existent pas. Comment alors expliquer les phénomènes qu'il rencontre ?

> Au sujet des cas, qui auront à être réunis,
> -comme Xerxes appelant exercitus
> -Noms en -machus appelant magnus, magnitudo etc.
> -Spitamenes – tamen, etc.
> Supposons et accordons que les hypogrammes n'existent pas ; que par conséquent ⟨qu'il est donc bien entendu que⟩ la présence quasi-régulière ⟨le retour⟩ de ces mots dans la⟨es⟩ même⟨s⟩ phrase⟨s⟩ où figurera respectives où figurent Xerxes, Lysimachus, Spitamenes, etc... ne peut reposer sur ⟨tenir par aucun lien à⟩ une imitation ⟨phonique⟩ de ces noms. Nous serons fondés à demander alors sur quoi elle repose cette association, car elle est incontestable. (Bibliothèque de Genève, Ms. fr. 3965/11, f. 21)

Sur quoi repose cette association ? Pour son fils, Raymond, ces associations – qui donnent corps au « raisonnement par assonances verbales » de ses patients – reposent sur l'inconscient. Ferdinand de Saussure, on le sait, ne dispose pas d'une telle hypothèse[36]. Il n'a pourtant de cesse de s'interroger sur le fonctionnement de ces associations qu'il observe dans les productions verbales les plus créatives : les textes poétiques et les jeux verbaux. Loin d'en faire des « associations propres à troubler l'intelligence du discours » comme l'écrivent les éditeurs du *CLG*, Saussure perçoit qu'elles sont une des procédures majeures par lesquelles les sujets parlants s'approprient et objectivent la langue[37].

---

[36] Sur les notions d'inconscient et de subconscient chez Saussure et sur ce qui les différencie de l'inconscient freudien, voir Arrivé (2016 : 77–97).

[37] J'ai plaisir à remercier Marie-José Béguelin, Bettina Full et Michelle Lecolle pour leur relecture et leurs conseils.

5 Annexe : mise au point sur le corpus saussurien

Étant donné la complexité du corpus saussurien, il ne paraît pas inutile de préciser sur la base de quelles éditions nous citons les textes de Saussure mobilisés pour cette étude :

- Les travaux publiés par Saussure de son vivant sont cités d'après le recueil de ses publications scientifiques établi par Charles Bally et Léopold Gautier (Saussure 1922).
- Le *Cours de linguistique générale* publié par Charles Bally et Albert Sechehaye est cité d'après l'édition établie par Tullio De Mauro (Saussure [1916] 1967).
- Les cahiers d'étudiants aux trois cours de linguistique générale sont cités d'après l'édition critique du *Cours de linguistique générale* de Rudolf Engler (Saussure 1968). On utilise pour cela la numérotation d'Engler, par ex. CLG/E 646-647 III C 94. Le chiffre romain indique le cours dont il s'agit – premier (1907) deuxième (1908-1909) ou troisième cours (1910-1911) – ; la lettre capitale désigne l'auteur de la prise de notes (C pour Émile Constantin, R pour Albert Riedlinger, D pour George Dégallier, etc.).
- Les manuscrits de linguistique générale découverts dans les années 50 sont cités d'après l'édition de Rudolf Engler (Saussure 1974) et selon sa numérotation, par ex. CLG/E 129 [3295]. On indique aussi la pagination de l'édition de Simon Bouquet et de Rudolf Engler (Saussure 2002) dans laquelle ces textes ont été repris (section *Anciens documents*).
- Les manuscrits de linguistique générale découverts en 1996, dont le projet d'ouvrage *De l'Essence double du langage*, sont cités d'après les deux éditions existantes : celle de Simon Bouquet et de Rudolf Engler (Saussure 2002) et celle de René Amacker (Saussure 2011). On renvoie aux deux paginations.
- Les manuscrits d'anagrammes consacrés aux poèmes homériques sont cités d'après l'édition de Pierre-Yves Testenoire (Saussure 2013).

Les textes saussuriens ne figurant pas dans les éditions mentionnées ci-dessus sont cités d'après les manuscrits déposés à la Bibliothèque de Genève, en adoptant les conventions éditoriales suivantes :

XXX indique un texte barré
les chevrons < > indiquent un texte marginal ou interlinéaire
les crochets vides [ ] indiquent une interruption du texte.
Les crochets pleins [—] indiquent un texte barré et illisible.

6 Références bibliographiques

Archives Ferdinand de Saussure.
Bibliothèque de Genève, Ms. fr. 3951-3974.
Bibliothèque de Genève, Arch. de Saussure 366-388.

Textes cités

Démétrios. 1993. *Du style*. Éd. Pierre Chiron. Paris : Les Belles Lettres.
Denys d'Halicarnasse. 1981. *La composition stylistique*. Éd. et trad. par Germaine Aujac & Maurice Lebel. Paris : Les Belles Lettres.
Eustathe de Thessalonique. 1976-1987. *Commentarii ad Homeri Iliadem pertinentes*. Éd. Marchinus Van der Valk. Leiden : Brill.
Eustathe de Thessalonique. [1825-1826] 1970. *Commentarii ad Homeri Odysseam*. Éd. Johann August Gottlob Weigel. Hildesheim : G. Olms.
Freud, Sigmund. 1971 [1913]. *Totem et tabou*. Trad. Serge Jankélévitch. Paris : Payot.
Hermogène. 1913. *Opera*. Éd. H. Rabe. Leipzig : Teubner.
Saussure, Ferdinand de. 1922. *Recueil des publications scientifiques de Ferdinand de Saussure*. Éd. Charles Bally & Léopold Gautier. Lausanne : Payot.
Saussure, Ferdinand de 1967 [1916]. *Cours de linguistique générale*. Publié par Charles Bally & Albert Sechehaye. Éd. Tullio de Mauro. Paris : Payot.
Saussure Ferdinand de. 1968. *Cours de linguistique générale. Tome 1*. Éd. critique Rudolf Engler. Wiesbaden : Otto Harrassowitz.
Saussure, Ferdinand de. 1974. *Cours de linguistique générale, Tome 2 : Appendice. Notes de F. de Saussure sur la linguistique générale*. Éd. critique Rudolf Engler. Wiesbaden : Otto Harrassowitz.
Saussure, Ferdinand de. 1986. *Le Leggende Germaniche*. Éd. Anna Marinetti & Marcello Meli. Este : Zielo.
Saussure, Ferdinand de. 2002. *Écrits de linguistique générale*. Éd. Simon Bouquet & Rudolf Engler. Paris : Gallimard.
Saussure, Ferdinand de. 2011. *Science du langage*. Éd. René Amacker. Genève : Droz.
Saussure, Ferdinand de. 2013. *Anagrammes homériques*. Éd. Pierre-Yves Testenoire. Limoges : Lambert-Lucas.
Saussure, Raymond de. 1923. Raisonnements par assonances verbales. *Annales médico-psychologiques* 81. 402–409.

Études citées

Amacker, René. 1994. Correspondance Bally-Saussure. *Cahiers Ferdinand de Saussure* 48. 95–127.
Arrivé, Michel. 2016. *Saussure retrouvé*. Paris : Garnier.

Bader, Françoise. 1989. *La langue des dieux ou l'hermétisme des poètes indo-européens*. Pise : Giardini.
Béguelin, Marie-José. 1995. Saussure et l'étymologie populaire. In Claudine Normand & Michel Arrivé (éds.), *Saussure aujourd'hui*, numéro spécial de *LINX*, Université Paris X-Nanterre, 121–138.
Benveniste, Émile. 1964. Lettres de Ferdinand de Saussure à Antoine Meillet. *Cahiers Ferdinand de Saussure* 21. 93–130.
Bravo, Federico. 2011. *Anagrammes. Sur une hypothèse de Ferdinand de Saussure*. Limoges : Lambert-Lucas.
Buffard-Moret, Brigitte (éd.). 2015. *Bons mots, jeux de mots, jeux sur les mots. De la création à la réception*. Arras : Artois presses université.
Calvet, Louis-Jean. 2010. *Le jeu du signe*. Paris : Éditions Le Seuil.
Cifali, Mireille. 1985. Présentation de la lettre de Raymond de Saussure à Charles Bally. *Bloc-Notes de la psychanalyse* 5. 145–149.
Crystal, David. 1998. *Language Play*. Chicago : University of Chicago Press.
Gadet, Françoise. 1987. *Saussure. Une science de la langue*. Paris : Presses Universitaires de France.
Gandon, Francis. 2002. *De dangereux édifices. Saussure, lecteur de Lucrèce. Les cahiers d'anagrammes consacrés au De rerum natura*. Louvain/Paris : Peeters.
Gary-Prieur, Marie-Noëlle. 1994. *Grammaire du nom propre*. Paris : Presses Universitaires de France.
Genette, Gérard. 1976. *Mimologiques. Voyage en Cratylie*. Paris : Éditions Le Seuil.
Godel, Robert. 1957. *Les sources manuscrites du Cours de linguistique générale de F. de Saussure*. Genève : Droz.
Guiraud, Pierre. 1976. *Les jeux de mots*. Paris : Presses Universitaires de France.
Heller-Roazen, Daniel. 2013. *Dark tongues: The art of rogues and riddlers*. New York : Zone.
Hjelmslev, Louis. 1966 [1963]. *Le langage*. Trad. Michel Olsen. Paris : Minuit.
Joseph, John E. 2015. Iconicity in Saussure's linguistics word. *Historiographia Linguistica* 42(1). 85–105.
Katz, Joshua T. 2013. Saussure's anaphonie : sounds asunder. In Shane Butler & Alex Purves (eds.), *Synaesthesia and the Ancient Senses*, 167–184. Durham : Acumen.
Katz, Joshua T. 2015. Saussure at play and his structuralist and post-structuralist interpreters. *Cahiers Ferdinand de Saussure* 68. 113–132.
Leroy, Sarah. 2004. *Le nom propre en français*. Paris : Orphys.
Mauss, Marcel & Hubert, Henri. 1903. Esquisse d'une théorie générale de la magie. *L'Année sociologique* 7. 1-146.
Meillet, Antoine. 1921. *Linguistique générale et linguistique historique* I. Paris : Honoré Champion.
Redfern, Walter. 2005 [1984]. *Calembours, ou les puns et les autres. Traduit de l'intraduisible*. Trad. Walter Redfern. Oxford/Bern : Peter Lang.
Roudinesco, Élisabeth. 1994. *Histoire de la psychanalyse en France* 1. *1885-1939*. Paris : Fayard.
Salverda, Reiner. 2013. De Saussure and Language play. *Travaux du 19ième CIL –Congrès International des Linguistes*, Genève 20-27 Juillet 2013. Genève : Département de Linguistique de l'Université de Genève : https://www.cil19.org/uploads/documents/De_Saussure_and_Language_play.pdf (consulté le 14/10/2017).

Scheid, John & Jesper Svenbro. 2005. Les Götternamen de Herman Usener : une grande théogonie. In Nicole Belayche et al. (éds.), *Nommer les dieux : Théonymes, épithètes, épiclèses dans l'Antiquité*, 93–103. Turnhout : Brepols.

Scheid, John & Jesper Svenbro. 2011. Götternamen revisited. La génération des dieux selon Hermann Usener. In Pierre Bonté, Enric Porqueres i Gené & Jérôme Wilgaux (eds.), *L'argument de la filiation : Aux fondements des sociétés européennes et méditerranéennes*, 453–465. Paris : Éditions de la Maison des sciences de l'homme. http://books.openedition.org/editionsmsh/8286 (consulté le 14/10/2017).

Starobinski, Jean. 1971. *Les mots sous les mots. Les anagrammes de Ferdinand de Saussure*. Paris : Gallimard.

Testenoire, Pierre-Yves. 2008. Le nom propre en débat au tournant du siècle. Whitney – Bréal – Saussure. In Jacques Durand, Benoit Habert et Bernard Laks (éds.), *Congrès Mondial de Linguistique Française - CMLF'08*, 1001–1014. Paris : Institut de Linguistique Française – EDP sciences. http://dx.doi.org/10.1051/cmlf08040 (consulté le 14/10/2017).

Testenoire, Pierre-Yves. 2010. Des anagrammes chez Homère ? De Saussure aux commentateurs anciens. *Lalies* 30. 215–231.

Testenoire, Pierre-Yves. 2013. *Ferdinand de Saussure à la recherche des anagrammes*. Limoges : Lambert Lucas.

Testenoire, Pierre-Yves. 2016a. L'ombre du Cours (1960-1980). *RSSI Recherches sémiotiques / Semiotic Inquiry* 34. 209–227.

Testenoire, Pierre-Yves. 2016b. Poétique saussurienne, poétique jakobsonienne : quels rapports ? In Carlos Assunção, Gonçalo Fernandes & Rolf Kemmler (éds.), *History of Linguistics 2014: Selected Papers from the 13th International Conference on the History of the Language Sciences (ICHoLS XIII)*, Vila Real, Portugal, 25–29 August 2014, 219–231. Amsterdam/Philadelphia : John Benjamins.

Testenoire, Pierre-Yves. 2017. Saussure et la poétique des langues indo-européennes. In Claire Forel & Thomas Robert (eds.), *Saussure : une source d'inspiration intacte*, 103–128. Genève : MetisPresses.

Todorov, Tzvetan. 1972. Le sens des sons. *Poétique* 11. 446–462.

Van Gennep, Arnold. 1904. *Tabou et totémisme à Madagascar*. Paris : Ernest Leroux.

Vaxelaire, Jean-Louis. 2005. *Les noms propres : une analyse lexicologique et historique*. Paris : Champion.

Wunderli, Peter. 1972. *Ferdinand de Saussure und die Anagramme. Linguistik und Literatur*. Tübingen : Max Niemeyer.

Yaguello, Marina. 1981. *Alice au pays du langage. Pour comprendre la linguistique*. Paris : Éditions du Seuil.

Żyśko, Konrad. 2017. *A cognitive linguistics account of wordplay*. Cambridge : Cambridge Scholars Publishing.

Jean-François Jeandillou
Gangue maternelle et tangage châtié : une littérature de jeunesse au risque ludique de la dyslexie

Résumé : Considérant que tout jeu de mots exploite des propriétés fondamentales du système de la langue elle-même aux plans phonique, morphologique, sémantique ou graphique, on examine l'usage qu'à destination de tout jeunes lecteurs en propose, avec un grand succès de librairie, l'œuvre de Pierre Élie Ferrier, dit Pef, depuis bientôt quarante ans. Nombre de métaplasmes (par métagramme, prosthèse ou épenthèse, aphérèse ou syncope) se combinent là avec certains mots-valises qui, toujours immédiatement intelligibles, assurent une lisibilité aussi déviante, au vu des normes scolaires, qu'optimale. On s'intéresse ensuite à la textualisation du procédé, à sa mise en récit ou en dialogue, comme au rapport entre paronomase et dysgraphie. Enfin l'image, qui accompagne page après page cet étonnant foisonnement ludique, permet-elle de comprendre en quoi les *mots tordus*, une fois illustrés, résistent à toute tentative de traduction. L'idiosyncrasie intransitive, voilà bien une forme absolue de créativité linguistique.

Mots clés : à-peu-près, défigement, homographie, homophonie, littérature de jeunesse, locution, métagramme, métaplasme, mot-valise, néologisme, paronomase, Pef

1 Introduction

Entre une poule et un coq, entre un bateau et un navire comme entre un drapeau et un étendard ou encore un mouton et un agneau, diverses relations logico-sémantiques se laissent aisément dégager, sous le rapport des classes de mots et de leur portée référentielle. Entre une poule et une boule, entre un bateau et un râteau comme entre un drapeau et un crapaud ou encore un mouton et un bouton, ce type de lien semble en revanche absent, faute de traits sémiques qui seraient communs aux termes associés ; mais se fait jour ici une relative similitude formelle entre des signifiants dont les signifiés, pourtant, ne se correspondent nullement. Dans l'un et l'autre de ces cas de figure, le principe de l'arbitraire du signe linguistique amène à nommer tantôt de manière très différente des entités comparables – ainsi aussi de *bœuf / vache, porc / truie*, *fille / garçon / enfant* ou *mère / tante / sœur / oncle*, etc. – tantôt de façon quasi identique des entités radicalement hétérogènes : ainsi aussi de *bœuf / veuf, porc / sort, fille / bille* ou *mère / cerf*. La non-motivation du lien entre signifiant et signifié suscite en somme, au plan morpho-phonologique, des concordances illusoires en même temps qu'elle occulte ailleurs toute cohésion sémiotique. Seules les concordances en question, toutefois, illustrent par excellence la foncière économie de la langue naturelle, qui permet de dresser force paradigmes lexicaux en limitant les discriminations formelles à une simple unité de deuxième articulation : *poule, boule, bouche, louche, lâche, tâche*, etc., *porc, bord, bar, car, cale, col, sol, cil, cire,* etc. De fait, chaque paire minimale se trouve suffisamment (donc absolument) établie dès lors qu'un constituant discret de la chaîne phonique instaure un contraste pertinent entre deux séquences autrement indistinctes : d'où la profusion des paronymes, lesquels peuvent en outre s'opposer par plus d'un composant : *bouteille / broutille, accident / occitan, pétition / perdition, estourbir / étourdir*... Autant la paronymie s'appréhende comme pur fait de langue, dans la mesure où elle résulte de la seule contingence des similitudes dans un système qui les récuse ou du moins les subsume faute de les abolir, autant la paronomase sera, dans la mesure où elle résulte de rapprochements optionnels mais sciemment effectués par le locuteur, un choix rhétorico-discursif. Là, et là seulement, se laisse entrevoir la possibilité sinon la probabilité, selon les contextes, d'un éventuel jeu avec les mots[1].

Perçue comme tactique délibérée voire calculée, la paronomase peut semblablement associer des anaphones, termes dotés des mêmes unités phonématiques – indépendamment des graphies corollaires – mais distribuées selon un autre ordre : *barque / crabe, sourd / rousse, bijou / bougie, incendie / incident, enrhumé / emmuré*. Au-delà des occasions accidentelles de *lapsus linguæ*, où tel signifiant se voit supplanter par erreur son concurrent approprié[2], le jeu de mots consistera de nouveau à postuler, fût-ce tacitement, une parenté linguistique et même un étroit *cousinage* sémantique entre des éléments qui en demeurent par eux-mêmes dépourvus. Ainsi en va-t-il encore du phénomène inverse qu'est l'anagramme, anaphonique (*poule / loupe, armure / ramure, image / magie, navire / ravine*) ou non : *arme / amer, navire / aviner, chien / niche, robinet / obtenir, aspirine / parisien*. Loin de neutraliser ce qui rapproche les signes en ne retenant que ce qui les discrimine – ainsi le suppose un usage non ludique de la parole –, il s'agit de tirer un parti incongru et volontiers comique de ce qui, indirectement – comme dans le contrepet (*folle de la messe / molle de la fesse*) – les

---

[1] Pour une typologie plus générale et systématique, lire en particulier Hesbois 1998.
[2] Cf. Peter-Defare & Rossi 1988.

unit sans jamais les confondre. Au juste, seules la parfaite homophonie (*pouce / pousse, col / colle, cœur / chœur, dessin / dessein, cerf / serf / serre, conte / comte / compte*), la polysémie (*louer un appartement*) et l'homonymie (*la / le mousse, un/e voile, un mineur*) peuvent, comme dans le calembour, générer des effets de double entente précisément dus à la provisoire confusion de lexèmes équivoques[3]. Quant à l'homographie, plus rare en français (*nous portions des portions, les poules du couvent couvent, le vent est à l'est*), elle autorise, le cas échéant, un jeu de mots *pour l'œil* mais qui n'est guère susceptible de troubler le sens.

Une fois repérées ces caractéristiques sommaires qui, puisées dans la langue, vont être à même de déclencher des processus à visée ludique dans les discours et les textes, je porterai attention à l'emploi, peu banal car poussé à outrance, que dans le champ d'une littérature *pour la jeunesse* put en faire un Pierre Élie Ferrier (lequel signe son œuvre de l'acronyme Pef) au fil de quatre décennies bientôt[4]. Le langage singulier du héros, prince de Motordu, et de son entourage brille depuis sa toute première aventure – dite « belle lisse poire » – par un luxe effréné de métaplasmes[5] dont la gageure est qu'ils offrent une lisibilité optimale pour des lecteurs béotiens (et leur famille) tout en brouillant de proche en proche les conventions d'une écriture conforme à la norme scolaire. Ainsi le double *jeu* des mots s'y définit-il et par sa vocation *amusante* et par son constant décalage par rapport aux règles de l'orthographe lexicale : de la créativité linguistique comme transgression pédagogique ?

2 Approche discrète de l'objet

On ne s'étonnera pas que le procédé principal du dispositif soit la paronomase, permettant de remplacer un mot par un autre qui n'en diffère que de façon infinitésimale. Sont à l'œuvre trois types de manipulations, rangées ci-dessous selon leur ordre de fréquence dans le corpus :

---

[3] C'est en quoi, évidemment, on touche à *la langue* comprise comme, « en toute langue, le registre qui la voue à l'équivoque » (Milner 1978 : 22). Voir aussi Hébert 1993.
[4] Comme les ouvrages en question – près d'une trentaine, à ce jour – sont souvent non paginés, seul leur titre sera ci-après mentionné en guise de référence.
[5] Selon la définition du Groupe μ, « le métaplasme est une opération qui altère la continuité phonique ou graphique du message, c'est-à-dire la forme de l'expression en tant qu'elle est manifestation phonique ou graphique » (1970 : 50).

- substitution, par métagramme, d'une consonne initiale (boulet rôti, ballet de justice, mouches-culottes, la nuit des dents, l'âge de bière, compote de gomme) ou autre : le chapeau de Versailles, elle faisait de la coupure, la pagaïe de Waterloo ;
- ajout, par prosthèse ou épenthèse, de consonnes initiale (jouer de la carpe, beefteack caché, cinq et six = bronze) ou autre : aviron à réaction, chemin de frères, une jeune flamme, quatre et quatre = huître ;
- effacement, par aphérèse ou syncope, d'une consonne initiale ou non : hulotte (pour culotte), il fait de plus en plus ombre, on ramasse les corps et les baissés.

Les substituts restant, tous, des mots usuels de la langue, c'est la simplicité élémentaire du mécanisme[6], le minimalisme du détournement, donc la transparence même des opérations d'opacification à la fois récurrentes et intempestives, qui assure leur efficace en les rendant immédiatement perceptibles. À la lecture, mieux encore à l'oreille, tels *délicieux bateaux* ne peuvent qu'évoquer de succulentes pâtisseries, un *rayon de sommeil* ne peut qu'appeler l'image de l'astre solaire. Fût-ce au péril menaçant de la dyslexie, tout n'est affaire que d'orthoépie. Et si ambivalence il y a, elle ne saurait confiner à l'ambiguïté du *locus desperatus* car à la collision des signifiants correspond toujours une coalescence des signifiés et des référents : le *râteau à voile* se révèle bel et bien un outil de jardinage propre à la navigation, les *patins à poulettes* sont des gallinacées servant à la locomotion individuelle[7].

Voilà pourquoi cette prudente défamiliarisation évite les permutations (consonantiques, anagrammatiques, anaphoniques[8]) trop complexes comme les jeux de pure homographie, et aussi pourquoi sont peu présents :

---

6 Le registre de langue, qu'impose une réception adaptée au public cible, exclut naturellement les mots rares ou savants, mais aussi argotiques et trop vulgaires : *patins à poulettes* l'emporte sans retour sur *potins* ou *putains à roulettes*, sur *tapins à roupettes*, etc. Quoique son langage l'en rapproche par quelques aspects, Motordu – qui ne risque jamais d'attraper « une chaude-piste » ni de tomber « de caraïbe en syllabe » – n'a rien d'un San-Antonio (cf. Rullier-Theuret 2015).

7 On est là aux antipodes des à-peu-près du type si *tu es gai ris donc* ou *aussi taudis aussitôt fées* qui, tournant à vide, n'ont plus qu'un « sens vague, sans relation avec la situation ou même plus aucun sens logique et souvent aucune syntaxe » (Guiraud 1976 : 20).

8 Le possible anaphone *patins à tourelles*, par exemple, le cède au métagramme *à poulettes*, comme le possible anagramme *cas de farine* à *sac de famine*...

- les altérations vocaliques, qui ne préservent plus la *couleur* du mot originel et pourraient compromettre sa claire identification : *une cabane téléphonique, il se sentait moins sol, l'huile de Sainte-Hélène, l'Homme de Crocsmignons, le Chat Empoté* ;
- les homophones stricts, dont la différence sous-entendue n'est repérable que par la graphie : *confiture de murs, pattes fraîches, nouveau-nez, bottes de sept lieux, un clôt-porte, un âne-thon, quelle heurt est-il* ?

Parmi les métaplasmes ou signifiants déformés figurent néanmoins quelques mots-valises, qui fusionnent deux éléments distincts en un bloc unique : *mécanichien, chirurscie, imperminable, coccibelle, fourmidable, appareil photolumièrique*. Mais ces créations néologiques sont apparues tardivement dans les aventures du prince, surtout dans des ouvrages non narratifs : *un médicalmant, l'orthograve, instistupeur* (*L'ivre de français*), *la photoravie, exploramueurs, hippopodame, bicrosscope, élevache de bêtes à cornes* (*Les belles lisses poires de France*). Car là encore, leur agencement déroutant suppose un décodage spécifique, qui se combine moins commodément avec le continuum du récit et s'adresse, par conséquent, à des lecteurs – « dès 8 ans », stipule l'éditeur – plus chevronnés.

3 Motivations en cotexte

En pareil cadre, la nécessaire intelligibilité du jeu de mots suppose qu'il ne soit ni abrupt ni isolé, mais toujours déterminé par son environnement textuel. Dès l'originaire *Belle lisse poire* (1980), on ne passe pas sans ménagement de *château* à *chapeau*, on y accède par le biais d'une phrase préparatoire qui met en situation la commutation : « À n'en pas douter, le prince de Motordu menait la belle vie. Il habitait un chapeau magnifique... ». Il en va de même, ensuite, pour *crapauds*, glissé dans une séquence qui, en laissant attendre *drapeau*, signale implicitement l'opération : « ... un chapeau magnifique au-dessus duquel, le dimanche, flottaient des crapauds bleu blanc rouge qu'on pouvait voir de loin ». Le plus souvent, ce travestissement survient donc en fin de parcours, de façon à créer la surprise (avec effet de chute ludique) non sans l'avoir soigneusement ménagée,

> Le Prince de Motordu ne s'ennuyait jamais. Lorsque venait l'hiver, il faisait d'extraordinaires batailles de poules de neige. (*La belle lisse poire*)
> J'ai un an de plus, mais je me sens de vieux en vieux. (*L'ami vert cerf du prince de Motordu*)

> Passionnée d'équitation, elle avait tout de suite repéré d'immenses troupeaux de cheveux sauvages. (*Le voyage en bras long*)

quitte à la justifier de nouveau *a posteriori* :

> Les deux enfants du prince embrassèrent leur père et filèrent se coucher dans la plus haute chambre du chapeau. Ils se glissèrent sous la chouette de leur nid douillet, mais eurent bien du mal à s'endormir. (*L'ami vert cerf*)
> Un frigo fabrique des petits garçons qu'on met dans l'eau pour la rafraîchir. (*La belle lisse poire*)

On remarquera du reste que nombre de ces dénominations sont imputables au narrateur lui-même, plus qu'au discours direct du personnage éponyme. Ce dernier use de pareilles déviances s'il prend la parole (en dialogue) ou écrit par exemple une lettre, mais une sorte de contagion dysphorique / euphorique s'opère entre héros[9] et narrateur, contribuant du coup à la cohésion langagière de tout l'univers fictionnel. Celui-ci se construit logiquement *à partir* des jeux de mots, qui font office de générateur, de noyau d'expansion diégétique. Par exemple,

- le P-TROLL désignant, dans *Le Voyage en bras long*, le carburant de l'aérostat – qui n'est autre que du *pet de troll* recueilli dans des *peaux de chambre* – sert à engendrer toute la scène de la collecte, en forêt, de ce « gaz naturel » ;
- quand la princesse Dézécolle annonce dans *Sang-de-Grillon* son intention de s'absenter « pour une toute petite partie de la soirée », son époux énonce une repartie en parfaite harmonie avec cette indication spatio-temporelle : « Vous allez faire une promenade au clair de dune ? Attention de ne pas y rencontrer le marchand de sable ! » ;
- plusieurs définitions de *L'encycloPefdie* – « BAGUE : Sorte de grosse baguette en forme de tranche de pain évidée en son milieu et qu'on offre à sa mie » – et du *Dictionnaire des mots tordus* sont encore de cette même veine : « ABEILLE : Petit insecte capable de fabriquer du ciel ; FLAQUE : Gifle spéciale donnée par une grande personne à un enfant qui a mouillé ses chaussures dans une petite mare d'eau ».

---

[9] Incarnant *a contrario* la rectitude d'une norme policée, son épouse bataille en vain contre cette pathologie du langage : « À mon avis, vous souffrez de mots de tête, s'exclama la princesse Dézécolle, et je vais vous soigner dans mon école publique, gratuite et obligatoire » (*La belle lisse poire*).

L'approximation devient ainsi la condition d'une coïncidence doublement motivée, au point de régir bien des séquences dont le burlesque de surface se fonde, en réalité, sur une profonde cohérence. Selon un cheminement proche du fameux « procédé » de Raymond Roussel[10], la substitution première du nom *nage* à *âge* conduit le propos à se boucler sur un nouveau dévoiement (*datation* plutôt que *natation*), légitimé *in extremis* par la torsion qu'aura impliquée cet initial quiproquo pleinement consenti :

— Ça vous fait quelle nage, cher Prince ?
Le prince agita ses jambes, agita ses bras, agita ses mains et enfin ses doigts, faisant mine de compter.
— Mais enfin, qu'est-ce qui vous prend ? s'inquiéta le Marron.
— Vous me demandez quelle nage j'ai ? Eh bien, je compte les ans, les dates, vous donnant ainsi une leçon de datation. (*L'ami vert cerf*)

La polysémie est alors un recours précieux, qui vient mettre en résonance deux valeurs inhérentes à un terme donné. Après le *concert d'orques* et la fuite des cétacés musiciens, l'un des auditeurs déclare adéquatement : « Tout de même, quelle belle fugue, j'ai pris des notes » (*Le voyage*). De même, dans *Sang-de-Grillon*, il est dit d'un « homme dont la barbe bleue s'étalait sur un corps large comme une armoire » qu'il « n'avait pas l'air commode ». Dans ce calembour généralisé qu'est l'œuvre de *Motordu*, chaque terme constitue en puissance – là est le tour de force – un pivot instable, comparable à ce que Greimas appelait un connecteur isotopique[11]. Au lieu d'être unique ou sporadique, comme dans l'ordinaire trait d'esprit, l'interconnexion sémantique fonctionne en permanence[12] : « Le soleil vrillait dans le ciel pour y faire un trou de feu dans le bleu » (*Motordu et Rikikie*).

Au-delà de la position des *mots tordus* au fil du texte, leur discrimination morphologique et sémantique se fait corollairement grâce à des repères syntaxiques. Il n'est question de *poules* (à la place de *boules*) que dans un syntagme nominal déjà fixé par l'usage standard en même temps que détourné : *il faisait*

---

10 « Je choisissais deux mots presque semblables. Par exemple *billard* et *pillard*. Puis j'y ajoutais des mots pareils mais pris dans des sens différents, et j'obtenais ainsi deux phrases presque identiques » (Roussel [1937] 2000 : 11).
11 À propos du calembour sur le mot *toilettes* : « Le plaisir 'spirituel' réside dans la découverte de deux isotopies différentes à l'intérieur d'un récit supposé homogène » (Greimas 1966 : 71).
12 On pense, entre autres, à Alfred Jarry ([1894] 1972 : 171) – « Faire dans la route des phrases un carrefour de tous les mots [...]. Le rapport de la phrase à tout sens qu'on y puisse trouver est constant » – et à Francis Ponge (1984 : 40) : « Il faudrait dans la phrase les mots composés à de telles places que la phrase ait un sens pour chacun des sens de ses termes. »

d'extraordinaires batailles de poules de neige. Tel est aussi le cas de *jouer aux tartes, pêcher son jardin, mener paître son troupeau de boutons, tricoter des bulles, la grande salle à danger du chapeau, une importante réunion de parents des lèvres,* etc. Tel encore celui des titres, segments autonomes dont la compréhension, à travers la transposition, ne peut s'appuyer sur ce qui les précède objectivement (dans le corps matériel de l'ouvrage) mais sur un modèle (issu d'une culture scolaire ou péri-scolaire) sous-jacent : *La belle lisse poire du prince de Motordu, Le livre de nattes, Motordu et son ami vert cerf, Leçons de géoravie, Motordu as à la télé, Motordu a pâle au ventre, le Voyage en bras long, Sang-de-Grillon et autres contes...*

4 La lettre, ce garde-fou

C'est donc sur la compétence du jeune lecteur, sur la familiarité qu'il peut avoir avec sa langue maternelle[13] et la culture encyclopédique y afférente, que mise l'auteur. D'où le fait que certains élèves puissent parfois – comme en témoignent les enseignants – ne pas décrypter spontanément telle ou telle facétie parce que leur maîtrise du français académique se trouve prise en défaut. D'où, aussi, les vertus éminemment pédagogiques de l'expérience en classe, pour combler le déficit, améliorer l'aisance dans le maniement d'un langage potentiellement déceptif et même favoriser la production de jeux et de textes analogues[14]. À cet égard, force est de discerner le rôle exact que joue la manifestation graphique des reformulations. Via la lecture, le plan phonique se trouve associé à un support littéral qui contribue amplement à désambiguïser les formes inventées çà et là. S'il est vrai que *belle lisse poire* [bɛlispwar], *ami vert cerf* [amivɛrsɛr] ou *voyage en bras long* [vwajaʒɑ̃bralɔ̃] ne se distinguent que par un unique phonème de *belle histoire* [bɛlistwar], *anniversaire* [anivɛrsɛr] et *voyage en ballon* [vwajaʒɑ̃balɔ̃], la segmentation des mots (répartition des espaces) et leur aspect visuel sont sans commune mesure. Proche du phénomène linguistique de la fausse coupe[15], la déconstruction d'une suite censément connue au préalable passe par sa restructuration via la réécriture : *téléphone pour table,*

---

13 « Rien ne sépare, chez l'enfant, les associations basées sur l'homophonie et celles qui exploitent la polysémie de certains mots », constatait Aimard (1975 : 99).
14 Voir Ferrando (2010), et aussi Pfeifer (2010).
15 Par agglutination d'un composant à l'élément qui le précède (*l'uette > luette,* en diachronie ; *un avion > le navion,* dans le langage enfantin) ou par déglutination : segmentation d'une lexie non conforme à sa morphologie (*m'amie > ma mie, l'agriotte > la griotte*).

président de la paix publique, un plus vieux matin, beau nez Phrygien, à Mérique et à Frique. L'inquiétante étrangeté que produit l'oralisation du message[16] ne vaut plus autant à l'écrit.

Mis à part le cas marginal des mots-valises, les *mots tordus* ne sont jamais affectés par une quelconque dysgraphie : c'est de la concrétion entre des unités parfaitement régulières que dépend leur fabrication, non d'un chamboulement orthographique. Aussi peut-on caractériser la grande majorité de ces trouvailles comme des expressions ou des locutions-valises (*troupeau de boutons dans les tables, boue de secours, bateau à menteur, braises du jardin, baquet-cadeau, repasser ton singe, tomber salade, inscrits au dommage, maison à ventre*), combinant le sens d'une expression latente avec celui, désormais pris au pied de la lettre, que fait éclore sa conversion :

> Barbe-Meuh l'obligeait à prendre des bûches, ce qui lui causait des bleus, à souffler sur les braises, ce qui la faisait voir rouge, et ramoner la cheminée trois fois par jour, raison pour laquelle elle broyait du noir. Elle en voyait de toutes les douleurs. (*Sang-de-Grillon*)

Il va de soi que cette élaboration en cascade se prête au mieux à des exploitations didactiques, dans la mesure où elle favorise une analyse méthodique des signes inscrits et des processus de défigement en discours.

5 Iconoravie

Cette économie de moyens aussi plaisante que suggestive, impossible enfin de ne pas l'articuler avec l'iconographie si originale des ouvrages de Pef, illustrateur prolifique et inspiré. La redondance patente de l'image au regard du texte facilite la lisibilité de ce dernier, non seulement en donnant à voir des êtres pittoresques et leurs agissements, mais surtout en explicitant le sens des *mots tordus* qui l'émaillent. À la forgerie verbale correspond directement une représentation iconique qui vient confirmer le bien-fondé des bizarreries de vocabulaire et corroborer l'interprétation – au besoin hasardeuse ou indécise – que peut en faire un jeune enfant. La *fée des visions* n'est ni une faute de prononciation passible d'un traitement orthophonique ni une erreur de lecture à corriger sévèrement, mais bien, comme en atteste le dessin associé dans *Sang-de-Grillon*, une créature surnaturelle portant sur son dos un téléviseur... Quant à la *toiture*

---

[16] Comme le signalait Oriol-Boyer (1990 : 60), cette étrangeté de la langue, fût-elle maternelle, se ressent plus encore chez les apprenants étrangers confrontés à Motordu.

de course, c'est un véhicule recouvert de tuiles : conçu par analogie avec un objet de la vie courante, il se transforme, ici, d'une manière congruente au message linguistique[17]. On remarquera d'ailleurs que c'est cette permanente conjonction du texte et de l'image qui rend intraduisible l'œuvre entier de Motordu : si demeure certes envisageable quelque transposition interlinguistique de *râteau à voile, patins à poulettes, bataille de poules de neige*, etc., l'illustration, inéluctablement tributaire du texte source, ne saurait être telle quelle rapportée à un nouveau texte cible.

En tout état de cause, les ouvrages de Pef bénéficient d'une mise en page qui met judicieusement en valeur la succession de saynètes originales où la créativité langagière, au plan des sonorités, est doublement validée : par le texte en toutes lettres, et par une figuration insolite mais non moins rationnelle, en vérité, que celle des *objets introuvables* (Carelman 1969). Associée au dessin, la fantaisie quasi surréaliste, souvent, devient un tremplin aussi troublant que rassurant pour stimuler l'imaginaire enfantin : le dépouillement va de pair avec la puissance évocatoire d'une langue qui fourche, comme le prouve l'exemple du simple nom *flâneur* servant de légende au dessin d'un planeur (avion sans moteur) dans le *Dictionnaire des mots tordus*. Là comme ailleurs, le spectre de l'équivoque ne provoque qu'un doute fugace, avant de laisser apprécier le déplacement imprévu du sens comme un gage de loufoquerie poétique, assumée et inéluctablement comique.

Comme dans les virelangues traditionnels et les expérimentations acrobatiques d'Alphonse Allais (« S'il se nettoie, c'est donc ton frère »[18]), de Georges Perec (« Riche art vague nerf »[19]), de Raymond Queneau (« Le nerf nécroptique permet de voir les fantômes », « Plongitudes et platitudes », « L'humoriste est le prisonnier du Cocasse »[20]), de Jean Tardieu (1951) ou de Robert Desnos, dont la fameuse prouesse « L'asile ami »[21] préfigurait celle de Pef :

> Abbé, cédez œufs et feu j'ai agi car elle aime l'énorme pré cuit hier et resté duvet doux, bleu, vert, glisse dix grecs zèbres. (*L'ivre de français*)

---

17 Cf. aussi « ils montaient en toiture » (*Motordu papa*), action dont l'image montre qu'elle s'accomplit au moyen... d'une échelle.
18 Allais (1997 : 173). Voir Jeandillou (2015).
19 Perec (1989 : 73). Voir Jeandillou (2009).
20 Queneau (1962 : 359).
21 « Phare effaré, la femme y résolut d'odorer la cire et la fade eau. L'art est facile à dorer : fard raide aux mimis, domicile à lazzi » (Desnos [1923] 1972 : 82).

La drôlerie de l'à-peu-près n'est point exempte de rigueur. Et c'est bien d'un langage-tangage châtié, donc hautement surveillé[22], qu'elle émane. Y participe accessoirement certaine tendance à l'intertextualité, au gré des allusions littéraires qui abondent dans *Sang-de-Grillon* (*La Belle au bois mordant*, *le Prince Armand*, *l'Appétit Poussé*, *le Marquis de Quatre-Cabas*, *Planche-Beige*...) ou, dans *Le voyage en bras long*, de telle citation à peine maquillée – « Le ciel était gris de nuages, il y volait des doigts sauvages » – des célèbres octosyllabes d'un poème plus connu sous le titre de chanson « Est-ce ainsi que les hommes vivent ? »[23]. Par ce biais, c'est moins le public scolaire qui est visé que le lecteur adulte, enseignant ou parent, seul à même d'opérer les recoupements attendus pour évaluer la mise à distance des sources consacrées.

« Le voleur n'attend pas le nombre des années », déclare *Motordu papa*. Voilà un prince sans ire qui ne parle décidément pas la langue de boa.

6 Références bibliographiques

Textes cités

Allais, Alphonse. 1997. *Par les bois du Djinn, Parle et bois du gin. Poésies complètes*. Paris : Fayard.
Aragon, Louis. 1980 [1956]. *Le Roman inachevé*. Paris : Poésie/Gallimard.
Carelman, Jacques. 1975. *Catalogue d'objets introuvables et cependant indispensables aux personnes telles que acrobates, ajusteurs, amateurs d'art, alpinistes...* Paris : Balland.
Dac, Pierre. 2007. *L'os à moelle*. Paris : Omnibus.
Desnos, Robert. 1972 [1923]. *Corps et biens*. Paris : Gallimard.
Jarry Alfred. 1972 [1894]. Les minutes de sable mémorial. In *Œuvres complètes*, tome I. Paris : Gallimard, Bibliothèque de la Pléiade.
Lapointe, Boby. 2005. *Chansonbricole. L'intégrale et quelques bricoles de plus*. Joué-les-Tours : Christian Pirot.
Leiris, Michel. 1969. *Mots sans mémoire*. Paris : Gallimard.
Pef. 1980. *La belle lisse poire du prince de Motordu*. Paris : Gallimard Jeunesse.
Pef 1983. *Dictionnaire des mots tordus*. Paris : Gallimard Jeunesse.
Pef 1986. *L'ivre de français*. Paris : Gallimard Jeunesse.
Pef 1990. *Les belles lisses poires de France*. Paris : Gallimard Jeunesse.
Pef 1993. *Leçons de géoravie*. Paris : Gallimard Jeunesse.
Pef 1997. *EncycloPefdie*. Paris : Gallimard Jeunesse.

---

[22] Et proche en cela du « Glossaire » de Michel Leiris (1989), du substantifique *Os à moelle* d'un Pierre Dac (2007) ou encore des chansons de Boby Lapointe (2005).
[23] « Bierstube Magie allemande » (Aragon 1980 : 72 *sq.*).

Pef 1997. *Motordu papa*. Paris : Gallimard Jeunesse.
Pef 1998. *Motordu as à la télé*. Paris : Gallimard Jeunesse.
Pef 1999. *Motordu a pâle au ventre*. Paris : Gallimard Jeunesse.
Pef 2002. *Le livre de nattes*. Paris : Gallimard Jeunesse.
Pef 2005. *L'ami vert cerf du prince de Motordu*. Paris : Gallimard Jeunesse.
Pef 2006. *Le voyage en bras long de la famille Motordu*. Paris : Gallimard Jeunesse.
Pef 2008. *Motordu, Sang-de-Grillon et autres contes*. Paris : Gallimard Jeunesse.
Pef 2010. *Motordu et Rikikie*. Paris : Gallimard Jeunesse.
Perec, Georges. 1989. Petite histoire de la musique. In *Vœux*. Paris : Éditions du Seuil.
Ponge, Francis. 1984. *Pratiques d'écriture ou l'inachèvement perpétuel*. Paris : Hermann.
Queneau, Raymond. 1962. Sally plus intime. In *Œuvres complètes de Sally Mara*. Paris : Gallimard. 345–360.
Roussel, Raymond. 2000 [1937]. *Comment j'ai écrit certains de mes livres*. Paris : Gallimard.
Tardieu, Jean. 1951. *Un mot pour un autre*. Paris : N.R.F.

Études citées

Aimard, Paule. 1975. *Les jeux de mots de l'enfant*. Villeurbanne : Simep.
Ferrando, Sylvie. 2010. Comment les enfants s'emparent du prince de Motordu en classe. https://independent.academia.edu/SylvieFerrando (conférence à la BnF, Paris, le 15 novembre 2010).
Greimas, Algirdas Julien. 1966. *Sémantique structurale*. Paris : Larousse.
Groupe μ. 1970. *Rhétorique générale*. Paris : Larousse.
Guiraud, Pierre. 1976. *Les jeux de mots*. Paris : PUF.
Hébert, Anne. 1993. Calembour et paronomase, une plus ou moins grande charge sémantique ? *Verbum* 1–3. 111–118.
Hesbois, Laure. 1998. *Les jeux de langage*. Ottawa : Éditions de l'Université d'Ottawa.
Jeandillou, Jean-François. 2009. "Accepter qu'un texte puisse se porter tout seul" : le prétexte onomastique dans les *Vœux* de Perec. *Poétique* 157. 41–52.
Jeandillou, Jean-François. 2015. Humour & poésie ? Les jeux de rimes d'Alphonse Allais. *Dalhousie French Studies* 104. 101–108.
Milner, Jean-Claude. 1978. *L'amour de la langue*. Paris : Éditions du Seuil.
Oriol-Boyer, Claudette. 1990. Pour une didactique du français langue *et* littérature étrangères. *Le français dans le monde* 237. 56–63.
Peifer, Lætitia. 2010. La restitution de fictions pluri-sémiotiques entre pairs : des reformulations imitatives aux reformulations explicatives. In Alain Rabatel (éd.), *Les reformulations pluri-sémiotiques en contexte de formation*, 151–168. Besançon : Presses universitaires de Franche-Comté.
Peter-Defare, Evelyne & Rossi, Mario. 1998. *Les lapsus ou comment notre fourche a langué*. Paris : PUF.
Rullier-Theuret, Françoise. 2015. Calembours bons et jeux de mots laids chez San-Antonio. In Brigitte Buffard-Moret (éd.), *Bons mots, jeux de mots, jeux sur les mots : de la création à la réception*, 27–39. Arras : Presses Artois Université.

Vanessa Loubet-Poëtte
Règles de l'orthographe et contraintes de l'Oulipo : jeux de dupes ?

Résumé : Les jeux de l'Oulipo sont souvent considérés soit comme de légers divertissements, soit comme des prouesses émanant d'esprits supérieurs, écrivains ou mathématiciens de génie. S'ils sont fréquemment utilisés à des fins didactiques parce qu'ils répondent à des règles strictes et précises qui guident le lecteur ou le scripteur, ils nécessitent pour leur réussite plus qu'une simple maîtrise de la langue française, c'est-à-dire une connaissance étendue du système, de ses régularités et de ses subtilités. Pour s'adonner pleinement à ces plaisirs lexicaux, il faut explorer et exploiter activement tous les mécanismes sémiotiques, sémantiques et poétiques de la langue. En effet, plusieurs consignes analysées dans cet article donnent lieu à une remotivation orthographique en invitant à observer les mots au pied de leurs lettres et, simultanément, pour leur valeur phonique, graphique ou étymologique. Elles se parent donc d'intérêts non négligeables pour une approche didactique renouvelée de l'enseignement de la langue, qui se déporterait du fastidieux débat sur les conséquences d'une réforme de l'orthographe et qui supposerait de la part de l'apprenti lecteur et scripteur une posture toujours réflexive et innovante. Plus encore, les jeux lexicaux oulipiens portent sur des enjeux sociaux qui les empêchent de n'être que performances factices. Ainsi, si le jeu désacralise la norme, il ne la paralyse pas, bien au contraire. Renvoyées dos à dos, la règle orthographique et la contrainte oulipienne sont donc positionnées dans une sorte de double jeu de dupes dont la créativité sort gagnante.

Mots clés : code écrit, didactique, jeux d'esprit, langue, norme, oral, orthographe, Oulipo, plaisir, système

1 Introduction

Fréquemment utilisées dans des ateliers d'écriture, les contraintes de l'Oulipo combinent le respect rassurant de la consigne au plaisir de la création et constituent de précieuses ressources didactiques. Moyens d'« accès au mécanisme de la littérarité » (Oriol-Boyer 2012), les contraintes permettent au scripteur d'exercer la combinatoire à l'échelle de la phrase, du texte ou de l'œuvre, elles le poussent à s'interroger sur le statut du signe, sur les formes du langage ou encore sur les mécanismes énonciatifs. Mais les contraintes l'engagent aussi à questionner plus globalement la langue dans son acception sociale et normative.

Au moment où Raymond Queneau et François Le Lionnais fondent l'Oulipo en 1960, ils répondent à une remise en cause des errements surréalistes et de l'expérience existentialiste, mais ils consacrent aussi l'amitié naissante du groupe initial, d'abord réuni à Cerisy-la-Salle autour de Queneau pour « Une nouvelle défense et illustration de la langue française » (Oulipo 1973 : 24–35). Quatre siècles après le manifeste de la Pléiade, les préoccupations du groupe portent autant sur les formes littéraires que sur les qualités de copie et d'invention du locuteur (Viers 2008 : 53), ce qui suppose une maîtrise suffisante des règles pour les contourner ou les détourner afin de créer et innover. Pour rendre compte des fondements de cette entreprise, on peut citer des textes préliminaires, bien antérieurs, qui attestent de la forte préoccupation linguistique de Raymond Queneau, qu'il fût lecteur débutant, apprenant anglophone ou auteur du *Chiendent*. Égrenant les jalons de sa réflexion, il affirme avec force le clivage du français entre une langue écrite et une langue parlée :

> Ce point de vue progressif évolutif serait bel et bon s'il ne s'agissait de faire un saut, d'écrire une langue nouvelle, non de réformer l'ancienne. On dira que j'exagère l'importance du schisme, la gravité de la scission, que cette langue parlée est toujours bien du français. Possible, mais elle demande son autonomie... Quant à moi, je n'ai nulle envie de réformer ; mais le langage, mon langage – la langue française en devenir – m'apparaît comme trop bouillonnant, trop lave, pour ne pas enfin crever quelque jour la croûte syntaxique et graphique que l'on a coutume d'employer et qui n'est ni sans charmes, ni sans valeur. Lorsqu'on a conscience de la malléabilité de la phrase et du mot, il devient impossible d'admettre l'infinie tyrannie de l'écriture actuelle. (Queneau 1965 : 24)

On retient souvent de ces lignes – à replacer dans leur contexte d'écriture, 1937, et à associer au texte postérieur « Écrit en 1955 » (Queneau 1965 : 65–94) – la confiance que Queneau accorde à la langue mouvante et flexible que parlent ses contemporains, mais il faut aussi y lire que l'innovation n'est pas qu'une affaire de syntaxe – d'aucuns convoquent pour le justifier les exemples du passé simple, de l'imparfait du subjonctif ou de l'adverbe négatif *ne* – mais bien aussi de forme. La « malléabilité [...] du mot » briguée par le locuteur moderne fait de l'orthographe un *visage* possible de la langue. Dès lors, la faute, presque jamais « stérile » (Queneau 1965 : 69), devient l'indice d'une inventivité à cultiver, voire d'un mécanisme de l'inconscient, si l'on veut emprunter la voie de la psychanalyse lacanienne[1]. Pour ce

---

[1] Sur les rapprochements entre l'Oulipo et Lacan, on peut lire sur le site du groupe : Marcel Bénabou. « La galère. Pourquoi j'ai participé à la confection d'un volume intitulé *789 néologismes de Jacques Lacan* ». http://oulipo.net/fr/la-galere#_ftn9 (consulté le 25/10/2016).

qui nous concerne, nous retenons de ces textes, qui légitiment la modification de l'alphabet et les procédés de transcription phonétique, d'agglomération ou de déformation orthographique que propose Queneau, la sérieuse désacralisation de l'orthographe comme norme académique. Mais il ne s'agit pas là d'une posture de subversion primaire – sans doute plus l'apanage des surréalistes que des oulipiens ; notre travail veut en effet explorer la puissance du paradoxe qui sous-tend ce principe de création : celui d'une perpétuelle résistance à la norme malgré un fonctionnement fondamentalement discipliné. En somme, nous souhaitons, grâce aux jeux orthographiques de l'Oulipo, faire la lumière sur l'insondable créativité qui est nichée au cœur même du système.

Il n'est pas besoin d'appartenir au camp des ultra-conservateurs pour s'indigner parfois des erreurs récurrentes des élèves ou des pratiques des usagers des nouvelles technologies, qui « avilissent » la langue française en employant le langage SMS – probablement hâtivement nommé *langage* – et d'autres codages innovants[2]. Les lecteurs et les scripteurs aguerris qui ont une maîtrise suffisante du système orthographique le conçoivent comme rationnel, comme le fruit d'une évolution complexe, mais qui procède par simplifications et homogénéisations[3]. Face à une telle silhouette de la langue, authentique et rassurante, il faut alors faire preuve d'ouverture d'esprit pour entrevoir que cette stabilité ménage des espaces de jeu, au sens mécanique et ludique du terme.

Renvoyées presque dos à dos, la norme et l'inventivité initieraient alors un (double) jeu de dupes : parce que les règles d'orthographe ne seraient hiératiques qu'en apparence et parce que les consignes ludiques de l'Oulipo n'affirmeraient que mieux les principes formels et structurels fondamentaux. Pour le montrer, l'analyse de quelques contraintes oulipiennes nous aidera dans un premier temps à apprécier les aspects linguistiques d'une remotivation orthographique, avant que nous ne portions notre attention sur les enjeux didactiques de telles entreprises et que nous n'évaluions la valeur sociale de ces pratiques ludiques.

---

2 On en veut pour preuve les très nombreux textes et rapports, qui tentent d'établir le niveau de maîtrise de l'orthographe, communément évalué à la baisse.
3 C'est ce qu'en retiennent bien légitimement les méthodes d'enseignement de la langue, en insistant sur les régularités, en repérant les différents stades d'évolution du français depuis le latin, et il est certain que l'uniformatisation de la langue facilite sa diffusion et son utilisation. Il faut toutefois faire aussi entendre les conclusions scientifiques plus nuancées de chercheurs comme Nina Catach (1997) ou Bernard Cerquiglini (2004), qui rendent compte de l'importance de l'usage (des auteurs, des imprimeurs) dans ce processus, arguant que c'est la pratique qui fixe la norme plus que l'inverse. Ainsi décrit, le système n'est pas si idéel qu'il y paraît.

2 Pour une remotivation orthographique : enjeux linguistiques et sémiologiques

Il convient de justifier tout d'abord notre choix d'observer les contraintes elles-mêmes, telles qu'elles sont compilées sur le site du groupe[4] plutôt que d'inventorier des productions puisées dans les œuvres. Refusant de constituer un catalogue de jeux de mots, nous préférons déceler dans la consigne d'écriture les mécanismes linguistiques opérants et mesurer ce qu'elle permet potentiellement de créer. Nous avons sélectionné quelques contraintes aux caractéristiques similaires, qui invitent le scripteur (et le lecteur) à questionner des règles étymologiques, phonétiques et grammaticales semblables : l'AVION, le CHICAGO, le CORNICHON, l'OBLIQUE et la SURDEFINITION[5].

2.1 Description des contraintes

Observons tout d'abord leur fonctionnement. Le premier jeu, l'AVION, doit son nom à sa première réalisation ; il s'agit d'abréger un mot pour en former un autre :

(1)   *avion* : réduction d'*abréviation*

Bien distinct des procédés de création lexicale que sont l'apocope (*ciné* pour *cinéma* ou *cinématographe*), l'aphérèse (*bus* pour *autobus*) ou la syncope (*m'sieu* pour *monsieur*), ce jeu suppose d'identifier au sein d'un mot une séquence de lettres, dans l'ordre, formant un mot nouveau. Ici, le repérage des affixes et la maîtrise des variations dérivationnelles en jeu dans les contractions mentionnées ne sont pas utiles, car la lecture du mot premier doit se défaire des réflexes d'identification des digraphes ou trigraphes vocaliques ou consonantiques, pour laisser apparaître, en lieu et place d'un mot potentiellement construit et sémantiquement motivé, une suite de lettres (*rue* lu dans *fabrique*, *os* dans *fois*,

---

[4] Sous l'onglet « Contraintes ». http://oulipo.net/fr/contraintes (consulté le 25/10/2016).
[5] Pour éviter toute confusion, les petites capitales sont utilisées pour désigner les contraintes, dans tout l'article.

fin dans *fraction*, *rire* dans *abstraire*, etc.). À l'échelle d'un texte, la contrainte mène à une version réduite mais toujours lisible[6].

Plus subtilement, pour leur réussite, les autres jeux de notre corpus nécessitent d'associer homographie et liaison sémantique. Ainsi, l'OBLIQUE (2) réside dans l'association de deux mots qui en définissent un troisième qui peut rester implicite.

(2)   **Vol** : avec un peu de **fum**ée, il occupe l'espace = le volume. (Oulipo 2014)

Le CORNICHON sert de démarreur pour un texte qui sera composé à partir de moitiés de mots entretenant un rapport sémantique, comme la synecdoque liant *corps* et *nichon* dans le nom de la règle. La SURDEFINITION consiste en une définition double d'un mot, sémantique et homographique, et suppose une double lecture, sémasiologique et phonétique (3).

(3)   Vol : groupe d'oiseaux en pleine ré**vol**ution. (Oulipo 2014)

La dernière contrainte sélectionnée, le CHICAGO, est construite sur quatre vers homosyntaxiques desquels est déduit un cinquième, solution de la devinette (4) et (5) : le jeu repose sur l'équivalence synonymique dans les deux listes de formes et homophonique pour la dernière combinaison.

(4)   a. Nul boulgour / Néant couscous / Zéro patate / Nada polenta / PAS RIZ (= Paris) (Oulipo 2014)
b. Kilo laboure / Livre retourne / Hector aère / Gramme creuse / CARAT BINE (= carabine) (Audin & Fournel 2014 : 51)

À chaque fois, le principe de la contrainte repose sur des jeux d'inclusion des formes les unes dans les autres, qui nous semblent particulièrement efficients pour une approche peut-être renouvelée de l'enseignement de l'orthographe. En effet, ces contraintes privilégient la manipulation des lettres et des phonèmes avant même l'identification des phénomènes de flexion, le repérage des morphèmes ou des lettres étymologiques – ou encore l'inscription dans une famille

---

6 Cf. par exemple la transposition de l'incipit d'*État civil* de Michelle Grangaud (1998), inventrice de la contrainte en 1999, ou celle de « La Cigale et la Fourmi », par Frédéric Forte (Audin & Fournel 2014 : 30–31).

de mots, qui sont autant de techniques favorisées par les approches traditionnelles du système orthographique français. Ces propositions didactiques veillent avant tout à mettre en avant et à justifier la cohérence linguistique et culturelle du système auprès des élèves, de manière à ce qu'ils maîtrisent « la structure, le sens et l'orthographe des mots[7] ». Inversement, dans les contraintes oulipiennes mentionnées, le plaisir du scripteur et du lecteur émane du changement de perception que provoquent ces glissements d'un terme à l'autre : au lieu d'une lecture globale, le mot doit être épelé (comme dans l'AVION), décliné sur un axe paradigmatique sémantique (comme dans le CHICAGO) ou phonétique (comme dans le CORNICHON), décomposé aléatoirement en syllabes, en phonèmes ou en morphèmes. Dans l'exemple d'OBLIQUE (2), outre la neutralisation de l'accent diacritique de *fumée*, cet enjeu s'avère primordial puisque les deux segments obtenus, *vol* et *ume*, ne correspondent pas au découpage syllabique ([vɔ] / [ly] / [mə]) du résultat, *volume*. De même, on peut citer un des nombreux AVIONS que Michelle Grangaud produit dans le texte « La BNF en avion », qui fait voir dans le patronyme de Jacques Roubaud,

(5)   traîtreusement abrité derrière le O & le A, un UBU indiscutablement posé là, & tout aussi indiscutablement déplacé (Grangaud s.d.)

Le détournement n'est possible qu'à condition de saisir le U dans sa valeur phonogrammique de base, indépendamment de sa combinaison dans les deux digrammes initiaux, OU et AU. Un glissement similaire autorise la SURDEFINITION (6), qui postule l'adéquation de deux séries graphiques, pourtant phonétiquement distinctes ([mil] et [mij]). D'ailleurs, dans les SURDEFINITIONS, alors que le principe d'inclusion du terme dans un autre pourrait impliquer des connexions étymologiques et des combinaisons dérivationnelles, force est de constater qu'elles ne sont pas dans le corpus analysé une solution récurrente et immédiate : si *vol* sert de base lexicale à *révolution* dans l'exemple (3), il n'en est rien dans les trois autres exemples proposés par Marcel Bénabou :

---

[7] *Annexe 2 Programme d'enseignement du cycle de consolidation (cycle 3)*. 2015. http://www.education.gouv.fr/pid285/bulletin_officiel.html?cid_bo=94708 (consulté le 20/12/2016). L'observation du fonctionnement de la langue se poursuit au cycle 4. Cf. *Annexe 3 Programme d'enseignement du cycle des approfondissements (cycle 4)*. 2015. http://www.education.gouv.fr/pid285/bulletin_officiel.html?cid_bo=94717 (consulté le 20/12/2016). Sans toutefois convoquer des notions complexes de diachronie, les enseignants du secondaire sont invités à montrer aux élèves la cohérence des familles de mots malgré les variations lexicales (*nuit, nocturne, nyctalope*) ou encore la valeur des lettres étymologiques (*chœur, adhérer*...).

(6)   Mille : servait à mesurer les voies romaines en fa**mille**
(7)   **Bleu** : trace de coups sur le corps du hâ**bleu**r
(8)   Rude : fait preuve de la grossièreté au milieu de la p**rude**nce

Plus encore, dans l'exemple (7), par son rapprochement strictement visuel avec l'entrée *bleu*, le morphème suffixal *-eur* perd sa valeur sémantique et grammaticale dans la définition. Face à ces mots du lexique courant, l'œil et la vigilance du lecteur sont sollicités, pour ne pas ou plus lire globalement, mais pour percevoir chaque élément et désamorcer chaque combinaison des lettres entre elles, des lettres avec les sons, des lettres avec le sens.

C'est en ce sens que nous considérons ces activités comme propices à réveiller des pratiques d'enseignement de l'orthographe engourdies par le recours à une doctrine trop méthodique. Loin de soutenir l'idée qu'elles pourraient se substituer à l'apprentissage de certains mécanismes fondamentaux ou même à la mémorisation de listes de mots, nous insistons toutefois sur leur capacité à montrer les mots sous un nouveau jour et rappelons à quel point le changement de perspective peut s'avérer salvateur, notamment dans des dynamiques didactiques actives.

Plus encore qu'une réserve d'exercices, ces contraintes offrent l'occasion d'une intense réflexion linguistique et littéraire. Cet intérêt porté à la lettre, en tant qu'élément graphique et phonétique, inscrit ces manipulations oulipiennes dans la longue tradition du cratylisme, dans laquelle on peut compter nombre d'auteurs, et parmi eux Francis Ponge ou Michel Leiris. Dans les exemples cités, le choix et l'ordre des lettres ne relèvent pas d'heureuses coïncidences ou de savantes combinaisons, mais bien d'équivalences sémiotiques et sémantiques avec d'autres formes, de relations motivées en somme. S'il s'agit de travailler la langue comme le font les auteurs ou les poètes, on ne saurait omettre que les contraintes sont faites pour *tous*, qu'elles ne visent pas un obscur et mystique symbolisme. Avant tout, elles appellent une posture ludique et interprétative, bien plus que philologique, touchant ce que Michelle Lecolle définit comme le « sentiment linguistique profane » du non-linguiste (Lecolle 2015 : 231). Pour preuve, les jeux sont réussis quand, loin des structures préétablies du système de la langue, ils reposent sur des rapprochements inédits et quand ils rendent compte d'un vocabulaire individuel, d'un dictionnaire mental tout personnel, composite, pas nécessairement méthodique, et activant un imaginaire.

2.2 Quelle place pour les outils linguistiques, et en particulier le dictionnaire ?

Dès lors, les « réponses » sont moins à chercher dans le dictionnaire ou dans les règles morpholexicales que dans l'instinct ou la sensibilité linguistiques. On retrouve là le paradoxe de la posture oulipienne, qui concerne ici plus précisément la considération de cet outil normé et exhaustif qu'est le dictionnaire, ou des autres dispositifs régulés tels les mots croisés : ils sont autant à suivre qu'à dépasser.

En effet, on constate d'abord que la tentation de la définition est grande dans les contraintes sélectionnées. En invitant à considérer les mots d'abord en mention, les consignes nécessitent de prêter plus d'attention à la forme, parce que c'est probablement dans cette valeur autonymique, outre les accidents de la syntaxe et les brèches de l'énonciation, que l'on peut approcher l'essence du mot. On retrouve là le désir littéraire – ou peut-être tout simplement l'instinct linguistique – de Georges Perec de se « mesurer avec les dictionnaires » (Magné 1995 : 331). Dans son analyse des modalités d'usage du dictionnaire dans le texte perecquien, Bernard Magné relève qu'il sert de réservoir de mots autant que de modèle structurel pour les listes et classements, mais que s'il est dans la vie « source insoupçonnable de tous les savoirs », il devient dans la fiction le moyen d'expression d'une « stratégie ludique du trompe-l'œil » (Magné 1995 : 337), notamment pour les épineuses questions biographiques traversant l'œuvre de Georges Perec. Contrairement à sa destination commune, le dictionnaire vaut finalement moins pour sa visée normative que pour son statut de texte et de potentiel hypotexte. Voilà alors le modèle encyclopédique surpassé.

À l'instar de l'ordre alphabétique – que l'habitude finirait par faire croire « naturel » –, les conventions orthographiques résultent de constructions linguistiques, sémantiques et culturelles qu'il convient d'explorer, de remettre en cause. Et la liberté de le faire est telle, la jubilation face aux jeux cratyliens ou métalinguistiques est telle, que la définition des mots peut emprunter en apparence la voie de l'aberration. Georges Perec propose ainsi cette définition pour mots croisés :

(9)   Il lui manque effectivement une jambe, en sept lettres = ANPUTEE

Si l'occurrence est jugée fautive au regard de la norme orthographique – et serait irrecevable dans toute production d'écrit standardisée –, elle accomplit un magistral tour de force en résolvant la difficulté inhérente à l'assimilation phonétique de la consonne labiale et nasale [m] et en remotivant le choix du M comme signe graphique (privé de son jambage) et non pas comme phonème. Outils et supports possibles à l'exercice et à l'apprentissage de l'orthographe, les dictionnaires ou les mots croisés n'ont dans le champ oulipien aucune valeur hiératique supérieure. Leurs détournements obligent perpétuellement l'auteur et le lecteur à voir simultanément la norme et l'erreur, la forme et le sens, la phonie et la graphie, la globalité et le détail, l'horizontal et le vertical, à regarder « de tous [leurs] yeux », pour paraphraser la citation en exergue de *La Vie mode d'emploi, romans* (1978) que Georges Perec emprunte à Jules Verne. Métaphore de son activité littéraire elle-même[8], le principe des mots croisés accède à une dimension poétique, l'écriture de la définition fait « découvrir [...] le lieu fragile et unique où [le mot] sera à la fois caché et révélé » (Perec 1999 : 9). Le verbicruciste oulipien joue avec les apparences du langage et les aprioris de la pensée :

> Ce qui, en fin de compte, caractérise une bonne définition de mots croisés, c'est que la solution en est évidente, aussi évidente que le problème a semblé insoluble tant qu'on ne l'a pas résolu. Une fois la solution trouvée, on se rend compte qu'elle était très précisément énoncée dans le texte même de la définition, mais que l'on ne savait pas la voir, tout le problème étant de voir autrement. (Perec 1999 : 15)

Et il ne nous semble pas que les enjeux diffèrent pour ce qui concerne l'orthographe elle-même, dont il faut à présent qualifier les modalités dans la sphère didactique.

3 Des expériences ludiques aux savoirs didactiques : suivre la règle ?

S'ils revêtent un fort potentiel littéraire, ces jeux du caché / dévoilé peuvent s'avérer périlleux dans le cadre d'une pratique didactique de l'orthographe, dont le but premier est d'amener et d'entraîner des lecteurs et scripteurs aux usages et aux régularités de la langue à des fins d'abord communicationnelles. Se confronter à l'« ambivalence » (Perec 1999 : 14), à cet espace laissé libre dans un mécanisme aux rouages subtilement relâchés, suppose en effet de maîtriser

---

[8] Pour une analyse plus large encore de la visée littéraire de ces jeux de voilement / dévoilement, on peut lire : Bénabou, Marcel. « Exhiber / cacher ». http://oulipo.net/fr/exhibercacher (consulté le 25/10/2016).

suffisamment le système et ses règles pour y percevoir des décalages, parfois infimes, pour y prévoir des ratés plus ou moins heureux.

3.1 La règle, entre loi et jeu

Parce qu'il est commun aux deux domaines d'observation confrontés ici, le terme *règle* mérite d'être précisé. Lorsqu'il est question de la norme orthographique, la règle désigne une prescription impérative pour l'usage, une loi qui fixe le modèle et exclut l'écart. Mais, employé dans le domaine du jeu, le terme se teinte d'une acception un peu différente qui laisse apparaître la méthode et le protocole qui régissent une activité spécifique. Les deux sens coexistent dans la consigne oulipienne, qui stipule un objectif et délimite les possibilités pour sa réussite, mais dévoile aussi les processus de création. Ainsi, en plus de la définition des contraintes classées par ordre alphabétique, l'ouvrage de présentation du groupe édité par l'Association pour la diffusion de la pensée française précise quelle est sa « systématisation » (son principe fonctionnel général) ; il mentionne également un « exemple » (une proposition d'application de la consigne) ; il indique son « extension » (sa mise en relation avec une autre consigne) ; il cite un « plant[9] » (« PLagiaires par ANTicipation » – une réalisation de la contrainte antérieure à sa formulation, empruntée à l'histoire littéraire). Ces variations et ces renvois en nombre, la multiplicité des entrées et la mise en page même de l'ouvrage suggèrent des manipulations bien éloignées de la fixité et de la rigueur supposées d'un ouvrage prescriptif, ce qu'il demeure toutefois.

En France, les ouvrages normatifs pour l'enseignement de l'orthographe n'ont pas cette allure et ne prétendent pas à l'exercice d'une quelconque inventivité, ils visent au contraire une inflexibilité rassurante et une simplification du système, et pour des enjeux qui ne sont pas que scientifiques. Parce qu'elle résulte d'une longue évolution de la langue écrite et a fait l'objet d'enjeux typographiques, culturels, politiques, économiques, voire idéologiques, l'orthographe française est communément jugée difficile et élitiste ; on conçoit alors assez aisément que pour être mise à la portée des scripteurs et des lecteurs, il soit, dans bon nombre de cas, plus aisé d'imposer une règle que de la soumettre à l'examen d'une intelligence ou à la distraction d'un joueur. Pour justifier – ou

---

9 Nous revenons dans la dernière partie sur cette question des « PLagiaires par ANTicipation » de l'Oulipo, désignés non sans malice par l'acronyme « plant », qui suggère plus subtilement que le « pillage », par emprunt au lexique botanique, des écrivains (ou des textes) d'une espèce semblable.

proscrire – l'orthographe de l'occurrence *anputée* dans l'exemple (9), il conviendrait de convoquer des phénomènes complexes et multiples de phonétique diachronique, inaccessibles aux élèves de cycle 3 qui sont pourtant, d'après les programmes de l'enseignement du français, concernés par ce point d'apprentissage de l'écriture du phonème [ã]. Ce même exemple aurait probablement aussi peu d'écho auprès de ceux qui n'y verraient au final que la « faute », ceux qui, à chaque mouvement de réforme, s'indignent de voir le modèle « entaché » de modifications visuellement insoutenables, mêlant enjeux linguistiques et communicationnels et lourdes questions d'éthique sur la sauvegarde d'un patrimoine[10]. Mais notre propos consiste bien ici à goûter toute la saveur de l'habile jeu de mot de Georges Perec, et non pas à relayer le débat entre réformateurs et progressistes. Aussi préférons-nous questionner le rapport à la règle, prescription et / ou protocole, dans le cadre des contraintes oulipiennes.

La formulation de la consigne oulipienne use de termes souvent plus simples que son nom même, qui peut s'avérer plaisamment jargonnant, à la frontière des énigmes mathématiques et de l'attrait pour les mots rares. L'EODERMDROME (anagramme à partir de 5 lettres), la QUENINE A DEMARREUR (poème construit sur un schéma d'anaphores) ou encore l'APHORIME (substitution dans des formules aphoristiques ou proverbiales, du type « Rien ne sert de **guérir** / Il faut **mourir** à point ») laisseront interdit tout joueur qui n'en connaîtrait pas le fonctionnement. Heureusement, celui-ci est toujours formulé : quelques-uns des principes du groupe édictent que « 11.4 La contrainte oulipienne est explicite ; par explicite on entend qu'une contrainte oulipienne est explicitable et non forcément explicitée au lecteur. 11.4.1 Le caractère explicite de la contrainte oulipienne implique un cahier des charges pour chaque texte oulipien » (Association pour la diffusion de la pensée française 2005 : 22). En insistant ainsi sur l'explicitation de la règle, l'activité oulipienne appelle deux conséquences : d'une part, la profération d'un discours explicatif sur l'usage de la contrainte, qui est potentiellement explicitable ; d'autre part, l'insertion de la règle au sein même du système global des contraintes. L'approche, résolument déductive, nécessite de penser d'abord dans l'absolu et l'abstraction de la règle, avant de se confronter à l'expérimentation de l'exemple. L'enjeu est tel qu'il peut arriver qu'une règle reste sans exemple, mais n'en demeure pas moins une règle, inscrite alors dans le chapitre des « ruminations », « [c]ette rubrique [qui] accueille des idées de contraintes nouvelles lorsqu'elles ne sont pas encore assez élabo-

---

[10] Pour se convaincre de la virulence de cette réaction dans le champ culturel franco-français, il suffit de compter le nombre de pétitions et tribunes publiées en réponse à l'annonce d'application de la réforme de l'orthographe en 2016.

rées pour produire un texte » (Association pour la diffusion de la pensée française 2005 : 19), en somme des contraintes non réalisées. On mesure bien avec cette manière d'envisager la règle à quel point elle ne circonscrit pas le champ de la créativité mais ne cesse au contraire de le parcourir, sans crainte de n'aboutir finalement à *rien*, si l'on devait toucher aux limites du système, ou de l'intelligence. Strictement inductive, la règle orthographique repose, elle, au contraire, sur une observation diachronique et synchronique des usages et n'admet nullement supposition, potentialité ou équivoque.

3.2 La complexité des contraintes pour atteindre l'intelligence de la langue

Dans ces termes, l'expérience ludique oulipienne peut-elle être véritablement partagée – et enseignée –, si elle apparaît comme l'apanage d'esprits supérieurs, tout aussi à l'aise avec la combinatoire mathématique que les subtilités philologiques ? Certes, la réalisation des jeux décrits ci-avant semble relever de la plus grande « évidence », mais est-elle véritablement à la portée de tous ? La question est légitime quand on considère par exemple le cas du CHICAGO. Le principe en est a priori élémentaire, puisqu'il combine synonymie et homonymie et repose sur une déclinaison paradigmatique minimale, sans construction grammaticale ; il nécessite toutefois pour sa réussite une haute maîtrise du lexique dans son ensemble. En effet, les analogies peuvent :

- combiner plusieurs niveaux de langue, comme dans l'exemple-titre (10) donné par Paul Fournel ;
- mêler les noms propres au reste du lexique (11) ;
- proposer des créations lexicales flirtant avec l'écholalie (11) ;
- user d'altérités phonétiques, comme l'accent ou le défaut de prononciation (12) ;
- activer la variation, flexionnelle (13) et lexicale (10) ;
- explorer d'autres relations sémantiques que la synonymie, comme la co-hyponymie (11), (13) ;
- convoquer des références culturelles plus ou moins communes (11), (14).

(10)   Pisse homme de peu de foi / Vomis dévot / Crache bigot / Expectore grenouille / CHIE CAGOT (= Chicago) (Oulipo 2014)

(11)   Togo mitaine / Topo moufle / Toto foulard / Tofo bonnet : TOBO GANT[11] (Audin & Fournel 2014 : 52)

(12)   En chupplément / En exchès / En churnombre / En chuche : EN PLUCHE (Audin & Fournel 2014 : 53)

(13)   Petit cadre / Minuscule guidon / Immense pédalier / Moyenne pédale : GRANDE ROUE[12] (Audin & Fournel 2014 : 52)

(14)   Cinna Hoche / Polyeucte Kléber / Horace Murat / Nicomède Marceau : CID NEY (Oulipo 2014).

Tous ces ponts jetés entre des réseaux de sens et de formes opèrent pour le plaisir de ceux qui en maîtrisent les usages, mais peuvent apparaître comme un brouillage trop complexe des catégories pour d'autres. Bien qu'elle puisse sembler secondaire derrière ces déclinaisons sémantiques, la question de l'orthographe demeure à notre sens substantielle dans cette contrainte, qui, à la manière du rébus ou de la charade, implique une aptitude à envisager des graphies alternatives, voire même fautives, et à altérer la segmentation des mots, d'autant que le jeu est écrit, et non pas en images (comme le rébus) ou oral (comme la charade).

Avançons que, de la même manière, la réalisation de l'exercice du CORNICHON exige une très bonne connaissance des mots brefs et monosyllabiques, comme dans ces séries *sa hure de plie* (PLIURE), *son teint de freux* (FRETIN), proposées dans « C'était un drôle d'animal » par Bernard Cerquiglini et Jacques Roubaud (Association pour la diffusion de la pensée française 2005 : 57). Parfois le dictionnaire peut être utile : c'est le cas des DEFINITIONS OBLIQUES pour lesquelles on peut trouver successivement des entrées compatibles (*vol, volage, volcan, volume*), mais il ne peut suffire à lui seul. La contrainte s'avère alors peut-être double, puisqu'elle met en jeu non seulement ce que le système produit potentiellement, mais aussi les compétences mêmes du scripteur et du lecteur.

Pourtant, on entrevoit aisément les multiples bénéfices d'une utilisation des consignes oulipiennes dans le cadre d'un apprentissage de la langue (Loubet-Poëtte 2016). Parce qu'elles sont d'abord l'occasion d'explorer véritablement le système, de découvrir des mots nouveaux, de percevoir les subtilités de l'homo-

---

11 Pour le premier élément de cette série, le cheminement est compliqué du fait de l'oscillation entre noms propres et noms communs et de la rareté des noms « Tofo » et « Tobo », attestés comme toponymes (une ville du Mozambique pour le premier, une localité de Suède pour le second), mais peu susceptibles d'être connus par le lecteur lambda.

12 Dans cet exemple, l'indétermination du genre de l'adjectif (une occurrence au masculin, deux épicènes et une occurrence au féminin) ajoute à la difficulté de résolution de l'énigme.

phonie, de considérer des formes dont l'usage commun ne tire pas parti, en bref, de faire fonctionner ce système à plein régime, si l'on s'autorise cette image mécanique. Qu'elle serve de déclencheur à l'écriture, de support de réflexion ou de repère pour l'expérimentation, la règle oulipienne n'appelle jamais une réponse unique, induit une posture toujours active et prévient de toute tentation du « hasard » – l'Oulipo étant, selon la formule de Claude Berge, le lieu du « anti-hasard » (Oulipo 1988 : 56). Nous dirions donc que les jeux oulipiens dans l'apprentissage de l'orthographe ne sont pas tant à prendre comme consignes premières que comme support à une description et à une réflexion métalinguistique sur le plurisystème. En attirant l'attention sur la valeur de chaque lettre, sur la forme globale du mot, sur les relations sémantiques ou encore sur les caractéristiques étymologiques des occurrences, et ce de manière ludique, il y a fort à parier que ces jeux puissent changer le regard porté sur les règles orthographiques telles qu'elles perdurent dans les souvenirs d'école. En somme, ces activités aident à concevoir l'orthographe comme un lieu d'exploration et d'expériences, plus que comme la surface inerte de la langue par opposition à la dimension nécessairement mouvante de l'oral.

3.3 Du statut de l'erreur

Face à ces expérimentations, on peut s'interroger sur le statut de l'erreur en tant qu'indice de maîtrise du système, bien intégrée dans les démarches didactiques récentes, depuis notamment la mise en place de la typologie des erreurs par l'équipe du CNRS-HESO (Catach, Duprey & Legris 1980). Ces travaux expliquent la complexité du plurisystème, ils visent à l'exhaustivité dans l'inventaire des interférences possibles et, par le secours de la classification et de l'identification, facilitent l'évaluation et la correction. L'erreur est donc utile, pour mieux respecter la norme – sans omettre toutefois qu'elle peut s'avérer plus perturbante dans le cas de la prise en compte des variantes (Jaffré 2010 ; Olivier & Schaffner 2011). Dans la démarche oulipienne, l'erreur occupe une place toute particulière : elle n'est ni l'indice d'une méprise, d'une assimilation momentanément différée ou d'une incapacité, ni totalement, comme chez les surréalistes par exemple, le marqueur d'un accident de l'inconscient. Au contraire, elle est la trace du génie dans le système, pour citer la formule de Paul Klee que Georges Perec reprend à son compte[13], la conséquence d'un contournement délibéré de la règle, « permettant

---

13 « Il faut – et c'est important – détruire le système des contraintes. Il ne faut pas qu'il soit rigide, il faut qu'il y ait du jeu [...] il faut un clinamen – c'est dans la théorie des atomes d'Épi-

de pousser [la contrainte] plus loin, d'empêcher qu'elle devienne une mécanique figée » (Sautel 2003 : 58). L'exemple souvent choisi pour illustrer cette appropriation du clinamen épicurien repose justement sur les libertés orthographiques que s'autorise Georges Perec pour la réussite du monovocalisme en E, seule voyelle autorisée dans *Les Revenentes* (1972) : équivalence AN et EN (*cependent* pour *cependant*), réduction du digramme QU en Q (*qelqe* pour *quelque*), usage du digramme vocalique anglais EE pour le phonème [i] (*réteecence* pour *réticence*), usage du signe de l'API w pour la semi-voyelle [w] (*schwette* pour *chouette*), recours systématique aux accents pour les digrammes vocaliques AI, EI (*bézers* pour *baisers*), etc. En voici un extrait :

> Je sens qe ce n'est le temps de plézenter. Qe je me permette d'émettre qelqe geste et ces mecs me descendent ! C'est le temps de recenser mes vertèbres et de me dépécher de trensmettre des tendres bézers vers mes chers Père et Mère ! Les verts temps de l'enfence émergent de Léthé : mes dents de bébé et mes dents de lé, le blé de mes mèches rebelles, les fêtes et les étrennes ! Et mes semelles de crêpes ! Et les médelènes qe je trempe dens le thé qe Mémé me verse ! Et ces cents mètres ventre en terre dens les prés semés de genêts ! Les nèges éternelles, le dégel des névés, les belles bergères de Vendée ! Et « Phedre », et « Esther », et cette « Belle Hélène » qe j'entends chez Pleyel ! Et même Bébert de Flers ! Le brevet élémentère, le grec, les belles-lettres ! Merde, qe n'è-je enfenté cette thèse : Entheethèse, réteecence, chrèses et épenthèse chez Térence et chez Scève ! (Perec 1997 : 90-91).

Ainsi admise dans le processus créatif, l'erreur volontaire pousse le texte jusqu'à ses ultimes limites, ce qui n'est pas sans poser la question de sa lisibilité. Manifestement, si l'on peut concéder au nom de la liberté artistique maintes licences et usages marginaux, le risque que le texte demeure inaccessible au lecteur rendrait ces expériences bien vaines.

À notre sens, le texte oulipien se prévient de cet écueil par deux garde-fous. Le premier est que « l'Oulipien, comme l'Épicurien, est doté d'un libre-arbitre, à ne pas confondre avec l'arbitraire » (Sautel 2003 : 58) ; véritable maître du jeu, l'Oulipien ne cède jamais au hasard. Le second, corrélatif, est que le résultat n'est jamais illisible, comme le prouve l'extrait ci-avant. Les jeux oulipiens empêchent l'aléatoire et par là même les excès erratiques de l'écriture automatique comme ceux qu'ont pu connaître les surréalistes. Ils refusent également tout obscurantisme, tel celui qui prévalut finalement sur l'entreprise de simplification de

---

cure : 'le monde fonctionne parce qu'au départ, il y a un déséquilibre'. Selon Klee, le génie, c'est l'erreur dans le système. » (Perec 1983 : 70)

l'écriture proposée au XVIe siècle par le grammairien Honorat Rambaud (Rambaud 1578)[14].

Sans conteste, les agglutinations et les transcriptions phonétiques queniennes (15), les singularités dans les dialogues dans le « Drame alphabétique en trois actes et trois tableaux, Les Horreurs de la guerre » de Georges Perec où les personnages ne font que réciter l'alphabet (16), ou encore l'étrangeté des vers composés par Jacques Roubaud pour « La Traduction homophonique ou un singe de beauté[15] » (17) sont autant d'écrits qu'un strict respect de la norme orthographique conduit à juger de prime abord irrecevables.

(15)   immbondit dssus [...]. Isrelève. Irecommence à me courser (Queneau, 1959 : 69-70)
(16)   Ah ! Chi-gît K ! (Oulipo 1973 : 107-110)
(17)   Éther à magnum allaite et ris (Oulipo 1973 : 111)

Pour autant, si leur aspect visible heurte l'œil, ils n'en demeurent pas moins lisibles, au sens premier du terme. Ils ne sont jamais cryptographiques, ils sont à regarder et à prononcer à voix haute, à lire comme transcriptions de la langue orale. Mieux, ils réconcilient en quelque sorte deux états initiaux de l'apprentissage de l'orthographe, qui se trouvent fondus dans les facultés du lecteur devenu scripteur. On pense en effet à la distinction faite par André Chevrel entre « orthographe passive » et « orthographe active » (Chevrel 2006), pour souligner tout l'intérêt de l'articulation entre apprentissage de l'orthographe et apprentissage de la lecture, non seulement pour expliquer les changements didactiques successifs, mais aussi pour

> comprendre ce que c'est qu'avoir *l'orthographe naturelle*, à savoir l'aptitude que développent ceux qui, pour avoir appris à lire, savent pratiquement orthographier, sans avoir besoin d'un supplément d'étude, c'est-à-dire qui sont en mesure d'activer sans difficulté leur orthographe passive. (Chevrel 2011 : 198)

---

14 Dans sa *Déclaration des abus que l'on commet en écrivant, et le moyen de les éviter et de représenter naïvement les paroles, ce que jamais homme n'a fait*, Rambaud eut le souhait de créer un nouveau système orthographique basé sur la prononciation ; mais ce système était nécessairement instable, soumis aux aléas de l'évolution de la langue parlée.
15 Du *singe* imitateur au *signe* de la beauté, il n'y a qu'un pas, franchi par une recomposition anagrammique du titre et par la clé de la traduction homophonique de ce texte. Cette expression rend hommage à François Le Lionnais qui traduit ainsi le vers de John Keats, « *A thing of beauty is a joy for ever* » extrait du poème « Endymion » (1818) : « Un singe débotté est une joie pour l'hiver » (Oulipo 2014).

Parce qu'il endigue à la fois l'errance, le hasard et l'illisible, le jeu oulipien est résolument vecteur de liberté. Il conduit à

> « désamorcer les buts trop sérieux que se donne la société » (Perec 1999) et [à] sortir des cadres habituels en détournant momentanément les règles de la vie sociale par ce qu'on pourrait appeler un *clinamen du quotidien* – cette petite déviation volontaire du parcours réglé qui permet l'émergence de la liberté. (Bloomfield 2014)

Passé de la philosophie épicurienne au *modus operandi* oulipien, le *clinamen* devient plus encore une nouvelle manière de lire et d'écrire, un œil curieux constamment posé sur les choses, même (surtout) les plus communes. Appliqué au système normé de l'orthographe, il ne saurait donc y avoir, dans cet espace d'une liberté raisonnée qu'ouvrent les jeux oulipiens, de fautes.

4 Des lettres et des hommes

C'est avec ce terme de *faute*, loin d'être anodin quand il est question d'orthographe, que nous abordons la dernière dimension inhérente à cette dynamique des jeux de langue, la dimension sociale. Accusatoire et emplie de toute la force dialogique du blâme, la « faute » d'orthographe – à laquelle la didactique socio-constructiviste préfère l'« erreur » – sera considérée par les censeurs rompus à l'exercice de la dictée traditionnelle comme une (grave) entrave à la loi. Dans une perspective didactique, elle aide à définir la posture du sujet énonciateur face aux savoirs, à la norme et au sujet récepteur.

Plus que des clins d'œil humoristiques, des textes comme ceux de Jacques Prévert « Mea Culpa » (Prévert 1963) et son codicille « Sans faute » (Prévert 1972) ou celui de Serge Gainsbourg « En relisant ta lettre » (Gainsbourg 1961) font même de la faute le nœud de l'échange entre la première et la deuxième personne, en jouant avec le registre du blâme. L'auteur de *Paroles* s'accuse d'abord de sa « très grande faute d'orthographe » qui lui fait écrire « giraffe », avant d'admettre qu'il n'y avait là « aucune phaute d'ortographe », puisqu'il avait « simplement écrit giraffe en anglais ». À peine masquée, la pression sociale à l'origine de cette expiation et de sa réfutation point dans ces brefs poèmes. De même, la relecture normative de la lettre d'amour à laquelle se prête le locuteur dans la chanson de Gainsbourg superpose à l'amant celle d'un précepteur sarcastique. La lettre est ainsi scindée entre le texte lu et les didascalies de correction :

(18) C'est toi que j'aime / (Ne prend qu'un M) / Par-dessus tout / Ne me dis

> point / (Il en manque un) / Que tu t'en fous / Je t'en supplie / (Point sur le i) / Fais-moi confiance / Je suis l'esclave (Sans accent grave) / Des apparences. [...] J'en mourirai / (N'est pas français) / N'comprends-tu pas ? / Ça s'ra ta faute / Ça s'ra ta faute / (Là y'en a pas)

Mieux, elle touche autant à la sensibilité amoureuse qu'à celle de la « belle » langue, jusqu'à faire coïncider l'erreur de langue avec la trahison amoureuse.

Ce second exemple est d'ailleurs cité par Hervé Le Tellier qui l'assimile à la dictée de Jacques Jouet, tous deux nécessitant que « [l]'attention du lecteur [...] zigzagu[e] entre le sème et la graphie, plac[e] des italiques mentales là où la voix se contente de marquer quelques pauses » (Le Tellier 2006 : 149). Il n'y a qu'à cette condition que le scripteur pourra résoudre les pièges de cette dictée infernale, qui, elle aussi, construit un dialogisme symptomatique.

> Vous qui savez que toujours *vous*, comme d'ailleurs *toujours* et comme d'ailleurs *d'ailleurs* finit sur la lettre commençant *savez*, savez-vous que *savez* finit sur celle par où *zèbre* commence ? Si vous ne le savez, savez-vous que *commence*, tout comme *commençant* et comme *comme* même, redouble bien la lettre où commence ce *même* ? (Bénabou & Fournel 2009 : 590)

Cette coprésence d'un autre, qui incarne dans ces exemples la rigueur orthographique (la norme chez Prévert, le relecteur impitoyable chez Gainsbourg ou le dictant omnipotent chez Jouet), est inhérente au principe même du jeu, en tant que pratique collective et réglée (Caillois 1958). Jeu d'esprit, le jeu oulipien pourrait à première vue paraître solitaire, car il engage un travail individuel de réflexion et d'écriture ou de lecture et fait « appel tant à la mémoire qu'à l'abstraction ou à la souplesse mentale » (Bloomfield 2014 : 54). Parce qu'il « impliqu[e] peu de compétition » (Bloomfield 2014 : 54), on pourrait sous-estimer sa valeur sociale, mais celle-ci est pourtant induite par le fonctionnement même du groupe de l'Oulipo et par sa visée d'exploration et d'expérimentation des mots et des œuvres, comme le formule Hervé Le Tellier, en insistant sur le caractère « étranger », dans tous les sens du terme, de toutes les langues qui finit par unir les locuteurs dans une même posture réflexive :

> Pour l'oulipien, membre d'un groupe international et multilingue aucune [langue] n'est étrangère, ce qui est peut-être une autre manière d'avouer que toutes le sont.
> Il sera ici question du jeu avec la langue, de ce jeu immédiat avec elle, et d'abord avec celle de l'Autre. Car la « langue étrangère » est un formidable lieu d'expérimentation pour la sienne propre. S'y plonger est un *dépaysement*, qui ne se peut effectuer sans un retour critique et introspectif sur la familiarité toute relative que nous entretenons avec ce que nous appelons naïvement notre langue, comme si nous la possédions, alors que c'est elle qui nous possède, dans toutes les acceptions du mot (Le Tellier 2006 : 95–96).

Les auteurs oulipiens explorent ainsi toutes sortes de territoires, de langues et de sabirs, étrangers, rêvés, inventés, jusqu'à « la langue grand-singe » de Jacques Jouet (1993), gardant alors sur leur propre langue un regard et une oreille « nettoyés » par cette perpétuelle mise en dialogue et en écho. Sans complexe, la contrainte balise ces allées et venues et circonscrit un espace social de création littéraire. Celui-ci est bien plus vaste que celui délimité par la norme, bridée par la récurrence des débats sur ses enjeux sociaux, comme en témoignent les nombreuses études sur cette question (Traimond 2001 ; Cogis & Manesse 2007 ; Fayol & Jaffré 2008). Habituellement outil de sélection (notamment hérité de la sacralisation de l'orthographe par l'école du XIXe siècle qui institue le dogme de l'écrit), voire d'exclusion (comme l'illustre « l'épreuve » du *Curriculum vitae* dans toute recherche d'emploi), l'orthographe devient au contraire dans les pratiques ludiques oulipiennes un outil d'observation et de réunion sociales. S'interrogeant sur l'origine de l'amour de ses camarades pour le jeu avec l'orthographe, Hervé Le Tellier confie que leurs « raisons ne sauraient être [...] théoriques. Elles visent à deux buts essentiels, proximité et distanciation : proximité avec le vrai son, avec le personnage, avec le lecteur, prise de distance avec la langue, toujours en danger d'affadissement, avec ces conventions de l'écriture qui l'enserrent encore. » (Le Tellier 2006 : 147)

Comment ne pas lire dans cette « proximité » l'expression d'une recherche du corps et de l'humain, bien éloigné des aprioris strictement intellectualisants posés sur le groupe d'auteurs et mathématiciens ? Raymond Queneau avait d'ailleurs déjà exprimé ce devoir quasi organique à propos de l'avènement du néo-français, en affirmant que « [l]'écrivain français doit aider à cette parturition, son travail, son œuvre doit être une maïeutique linguistique » (Queneau 1965 : 67).

Si nous rappelons également l'adage selon lequel les oulipiens sont les personnages d'un roman de Queneau, nous apercevons un autre domaine dans lequel le jeu s'immisce pour « réveiller » la norme, celui des noms propres. Lorsque Michelle Grangaud compose son AVION « pour la BnF » (Grangaud s.d.), elle appose la contrainte à la liste des oulipiens et constate que, comme cela se produit pour les mots, « [r]accourcir les personnes est d'ailleurs un jeu plutôt intéressant, car on s'aperçoit, chemin faisant, que certaines personnes en contiennent d'autres, et réciproquement. En effet, nous sommes tous des poupées russes immigrées » (Oulipo 2014). Non sans humour, les équivalences sont posées entre les aéroports (patronymes premiers) et leurs AVIONS (abréviations), comme dans l'exemple (19).

(19)   Envolons-nous sur BAR, avion très rapide susceptible d'atterrir sur de

multiples aéroports, sur BAUDELAIRE, par exemple, vaste surface, qui accueille des avions communs comme DIRE, L'AIR, & AU-DELA. (Oulipo 2014)

Dans cet immense trafic linguistique régulé par l'identification orthographique – puisqu'il suffit d'une adéquation de lettres –, les correspondances associent des figures vivantes ou mortes, des toponymes, des mots communs, des sigles, composant alors un véritable dictionnaire mental, social et littéraire, qui semble n'avoir pour limite que l'imagination – ou le temps de parole accordé à l'oulipienne lors de cette réunion du jeudi. Outre les enjeux littéraires d'une onomastique fertile (Bertelli & Magne 1998 ; Kuon 1999 ; Debreil 2000 ; Jeandillou 2009 ; Salceda & Thomas 2010), cet intérêt pour les noms propres rappelle que ces mots intègrent pleinement le lexique de la langue. Parents un peu oubliés quand il s'agit de s'intéresser à l'orthographe – du fait de leur relative invariabilité et probablement sous le prétexte, fallacieux, qu'ils sont exemptés de « fautes » – les noms propres font plus souvent l'objet de descriptions sémiologiques, pragmatiques, ou syntaxiques que strictement orthographiques (Molino 1982 ; Vanderdope 1993 ; Gouvard 2000) ; ils occupent cependant, dans le champ d'expérience des oulipiens, une place à l'instar de tout le reste du lexique – on y comptera également les onomatopées ou les sigles –, supports à la manipulation lexicale, graphique, sonore et sémantique. Loin d'être des coquilles vides de sens, les noms propres sont des réceptacles privilégiés pour tous les échos référentiels : c'est le « E. » qui dit et montre autant l'homophonie, la polysémie que l'absence dans la dédicace de *W. ou le souvenir d'enfance* de Georges Perec (1975) ; c'est Hortense qui laisse lire en elle « HOR TEN » dans le parcours de la mémoire de Jacques Roubaud dans la trilogie (1985, 1987, 1990) ; c'est Boulot, personnage à tout faire dans le graphe de *Chamboula* de Paul Fournel (2007), autant qu'essence forestière autour de l'arbre à palabres. Les exemples sont légion.

Le second effet de cette mise en avant des noms propres dans la dynamique créative des oulipiens réfère à un des engagements premiers du groupe, à savoir la voie analytique et le travail « sur les œuvres du passé pour y rechercher des possibilités qui dépassent souvent ce que les auteurs avaient soupçonné », comme le stipule François Le Lionnais dans « La Lipo (Le premier Manifeste) » (Oulipo 1973 : 17). Cette activité, inscrite dans la rubrique « Érudition » à l'ordre du jour des réunions, engage les oulipiens dans un travail de lecture littéraire et critique, à la recherche des PLANTs, ces « PLagiaires par ANTicipation », homologues en puissance, modèles plus ou moins ostensibles. L'esthétique du jeu orthographique est ainsi partagée par de nombreux artistes, qui exercent alors

« la plus élémentaire des rébellions » (Le Tellier 2006 : 128-151). Voici quelques exemples de formules remarquables empruntées à ces artistes, qui font de l'anomalie orthographique une création lexicale : Molière qui, pour les besoins de la rime dans *Le Misanthrope* (1667), déforme le verbe « trouver » en « treuver » (20) ; Victor Hugo qui, pour la même raison, emploie une flexion verbale incorrecte dans « Dieu » (1891) (21) ; Iouri Tynianov qui bâtit l'intrigue du *Lieutenant Kije* (1927) sur la méprise orthographique d'un copiste[16] ; Franquin qui exerce son inventivité jusque dans les onomatopées de ses personnages, tel le juron « rogntudju » (« nom de Dieu ») de Prunelle, qui échappe ainsi à la censure.

(20) Philinte : [...] Cette pleine droiture, où vous vous renfermez / La trouvez-vous ici dans ce que vous aimez ? / Alceste : Non, l'amour que je sens pour cette jeune veuve / Ne ferme point mes yeux aux défauts qu'on lui treuve [...] (cité par Le Tellier 2005 : 129)

(21) Plus tard, pierriers broyant quelque donjon-rival / Jusqu'à ce qu'il s'en aille en cendre et se dissoude, / Mangonneaux, fauconneaux, bat-murs, pièces à coude, / Renversant les cités dans leur fossé bourbeux (cité par Le Tellier 2005 : 130)

Cette reconnaissance des modèles d'un point de vue structurel et formel – puisqu'il s'agit de faire (ré)son(n)er la langue à l'identique – en somme cet exercice de faussaire n'est pas sans rappeler l'exercice bien ordinaire de l'apprentissage de l'orthographe qu'est la dictée. À l'image des quelques contraintes exposées ici, une variation oulipienne de cette activité scolaire traditionnelle qui fait l'objet de nombreux débats et réappropriations didactiques, consisterait non pas dans le respect strict des normes orthographiques, mais dans une (ré)écriture-(re)lecture foncièrement active (et poétique) du modèle, qui permettrait d'observer d'un œil neuf et entendrait d'une oreille novice chacun des éléments graphiques et sonores du texte comme s'ils pouvaient potentiellement être les signes d'autre chose. Cette dictée homophonique exercerait autant l'orthographe que la créativité. Parce qu'elle met en dialogue les textes, les œuvres, les auteurs et tous simplement les mots, la contrainte oulipienne est éminemment sociale et interactive.

---

[16] « Au lieu de *podporouchiki kije* (*les sous-lieutenants par ailleurs*), le copiste recopie *podporoutchik Kije* (*le lieutenant Kije*). Le Tsar demande alors que Kije soit chargé du service de garde. Nul n'ose le corriger (on ne corrige pas un tzar) [sic], et il faudra bien inventer un lieutenant Kije. Ce dernier finira général et le tsar ira à ses funérailles. » (Le Tellier 2005 : 151)

5 Conclusion

Plutôt que l'oscillation perpétuelle entre la préservation d'une authenticité monumentale et les bénéfices d'une simplification qui agite les participants aux multiples débats corrélatifs à une réforme de l'orthographe, l'Oulipo adopte, par le truchement des règles ludiques, une posture à la fois résolument pérenne et active. Refusant tout dogmatisme ou systématisation des mécanismes (les contraintes sont sans cesse combinées, élargies, remaniées), les auteurs ne cèdent pas non plus aux sirènes d'un élitisme philologique : songeons ici aux modes de diffusion des travaux du groupe, outre l'édition littéraire, que sont le site Internet ou les réunions publiques du jeudi une fois par mois à l'auditorium de la BnF, à la pluridisciplinarité des membres, aux activités variées auxquelles ils se prêtent, et apprécions à quel point les jeux sont en perpétuelle résonance avec la langue et le temps actuels. On ne retient souvent que la virulence de la célèbre attaque de Raymond Queneau à l'encontre du système orthographique : « L'orthographe est plus qu'une mauvaise habitude, c'est une vanité » (Queneau 1965 : 69) ; mais il ne faut pas s'y tromper : ce qui transparaît – certes, non sans un effet de provocation –, c'est un réquisitoire contre une langue figée, un plaidoyer pour une langue vivante, ce n'est pas une anarchie orthographique, mais une orthographe faite pour l'oreille autant que pour l'œil, reconstruite à partir du système existant, tel un puzzle dans lequel chaque pièce redécoupée trouverait une nouvelle place, à l'image des œuvres composites résultant de la créativité de Percival Bartelbooth et de la technique de Gaspard Winckler dans *La Vie mode d'emploi, romans* (Perec 1978 : 152–154). Le jeu oulipien n'a pas pour vertu de résoudre ou de simplifier les « bizarreries » de la langue[17], il a pour but d'engager avant tout une herméneutique active et créative du lecteur et de l'auteur, leur rappelant ainsi que réside là leur posture première d'usager de la langue, comme le formule François Le Lionnais :

---

17 D'ailleurs, Bernard Cerquiglini propose au groupe des rectifications de l'orthographe qui complexifient le système. Invité à une réunion avant son élection en 1995, il prône une réforme de l'orthographe qui régularise « la graphie *par le haut* en compliquant avec rigueur (systématisation des consonnes doubles), en poussant à l'extrême les tendances à la monumentalisation (adoption générale de la graphie PH, du Y final, etc.). Tandis que les réformateurs rêvent d'un retour à la mythique simplicité de la graphie du XIIe siècle, on revenait avec conviction à celle (injustement décriée) du XVe. » (Bernard Cerquiglini, communication personnelle par courrier électronique en date du 3 novembre 2016). Demeurée à l'état de projet, cette contrainte en puissance gage une fois encore de la fertile hétérodoxie du groupe, certains étant sensibles, tel Raymond Queneau, au mirage du phonétisme, d'autres plaidant, tel Bernard Cerquiglini, pour un usage raisonné de la science orthographique.

Vous souvenez-vous des discussions qui ont accompagné l'invention du langage ? [...] Et la création de l'écriture, et la grammaire, est-ce que vous vous imaginiez que cela ait passé sans protestations ? [...] La littérature potentielle ne représente qu'une nouvelle poussée de sève dans ce débat. (Oulipo 1973 : 15–16)

Nul doute que cette poussée de sève fasse encore longtemps éclore des fleurs du langage, sans doute bleues...

6 Références bibliographiques

Textes cités

Association pour la diffusion de la pensée française. 2005. *Oulipo*. Paris : ADPF.
Audin, Michèle & Paul Fournel (éds.). 2014. *Oulipo, l'Abécédaire provisoirement définitif*. Paris : Larousse.
Bénabou, Marcel & Paul Fournel (éds.). 2009. *Anthologie de l'Oulipo*. Paris : Gallimard.
Bénabou, Marcel. « Exhiber / cacher ». http://oulipo.net/fr/exhibercacher (consulté le 25/10/2016).
Bénabou, Marcel. « La galère. Pourquoi j'ai participé à la confection d'un volume intitulé *789 néologismes de Jacques Lacan* ». http://oulipo.net/fr/la-galere#_ftn9 (consulté le 25/10/2016).
Gainsbourg, Serge. 1961. *L'Étonnant Serge Gainsbourg*. Paris : Mercury.
Oulipo. 1973. *La Littérature potentielle (Créations Re-créations Récréations)*. Paris : Gallimard.
Oulipo. 1988. *Atlas de littérature potentielle*. Paris : Gallimard.
Oulipo. 2014. Site Internet du groupe. http://oulipo.net (consulté le 25/10/2016).
Perec, Georges. 1997 [1972]. *Les Revenentes*. Paris : Juillard.
Perec, Georges. 1976. *Alphabets*. Paris : Éditions Galilée.
Perec, Georges. 2010 [1978]. *La Vie mode d'emploi, romans*. Paris : Fayard.
Perec, Georges. 1983. Entretiens avec Ewa Pawlikowska. *Littératures 7*. Toulouse : Université de Toulouse-Le-Mirail. 69–70.
Perec, Georges. 1999. *Les Mots croisés, précédés de considérations de l'auteur sur l'art et la manière de croiser les mots*. Paris : POL.
Prévert, Jacques. 1963. *Histoires et d'autres histoires*. Paris : NRF.
Prévert, Jacques. 1972. *Choses et autres*. Paris : Gallimard.
Queneau, Raymond. 1965. *Bâtons, chiffres et lettres*. Paris : Gallimard.
Rambaud, Honorat. 1578. *La Déclaration des abus que l'on commet en écrivant et le moyen de les éviter, et de représenter naïvement les paroles : ce que jamais homme n'a fait*. Genève : Slatkine Reprints 1972. Édition numérisée http://gallica.bnf.fr/ark:/12148/bpt6k45951/f1.image (consulté le 25/10/2016).

Études citées

Bertelli, Daniel & Bénédicte Magne (éds.). 1998. *J.R. Tentative de saturation onomastique*. Toulouse : Presses Universitaires Toulouse-Le-Mirail.
Bertrand, Olivier & Isabelle Schaffner (éds.). 2011. *Variétés, variations et formes du français*. Palaiseau : Éditions de l'École Polytechnique.
Bisenius-Penin, Carole & André Petitjean (éds.). 2012. *50 ans d'Oulipo : de la contrainte à l'œuvre, La Licorne* 100. Rennes : Presses universitaires de Rennes.
Bloomfield, Camille. 2014. L'OuLiPo, entre Scrabble et Meccano. *Le Magazine littéraire* 545. 54–55.
Caillois, Roger. 1958. *Les Jeux et les hommes*. Paris : Gallimard.
Catach, Nina. 1991. *L'Orthographe en débat*. Paris : Nathan.
Catach, Nina. 2005 [1995]. *L'Orthographe française*. Paris : Armand Colin.
Catach, Nina. 1997. Orthographe de la Renaissance : Perspectives d'ensemble. *L'Information grammaticale* 74. 32–38. http://www.persee.fr/doc/igram_0222-9838_1997_num_74_1_2917. DOI : 10.3406/igram.1997.2917 (consulté le 20/12/2016).
Catach, Nina, Daniel Duprey & Michel Legris (éds). 1980. *L'enseignement de l'orthographe*. Paris : Nathan.
Chevrel, André. 2006. *Histoire de l'enseignement du français du XVIIe au XXe siècle*. Paris : Retz.
Chevrel, André. 2011. Histoire de l'orthographe française : réformes, enseignement, niveau. In Olivier Bertrand & Isabelle Schaffner (éds.), *Variétés, variations et formes du français*, 195–210. Palaiseau : Éditions de l'École Polytechnique.
Cerquiglini, Bernard. 2004. *La Genèse de l'orthographe française (XIIe – XVIIe siècle)*. Paris : Champion, Unichamp Essentiel.
Cogis, Danièle. 2005. *Pour enseigner et apprendre l'orthographe*. Paris : Delagrave.
Cogis, Danièle & Danielle Manesse. 2007. *Orthographe : à qui la faute ?* Paris : ESF.
Debreil, Daniel (éd.). 2000. *Le Personnage dans l'œuvre de Raymond Queneau*. Paris : Presses de la Sorbonne Nouvelle.
Fayol, Michel & Jean-Pierre Jaffré. 2008. *Orthographier*. Paris : Presses Universitaires de France.
Gey, Michel. 1987. *Didactique de l'orthographe française, Méthode, expériences et exercices pédagogiques*. Paris : Nathan.
Gouvard, Jean-Michel. 2000. Poétique des noms propres. In Jean-Michel Gouvard & Steve Murphy (éds.), *Verlaine à la loupe*, 159–184. Paris : Champion.
Grangaud, Michelle. 1999. *Une bibliothèque en avion*. Paris : Bibliothèque Oulipienne 115.
Grangaud, Michelle. s.d. *La BnF en avion*. http://oulipo.net/fr/la-bnf-en-avion (consulté le 25/10/2016).
Jaffré, Jean-Pierre. 2010. De la variation en orthographe. In *Ela. Études de linguistique appliquée* 159. 309–323.
James, Alison. 2006. Pour un modèle diagrammatique de la contrainte : l'écriture oulipienne de Georges Perec, *Cahiers de l'Association internationale des études francaises* 58. 379–404. http://www.persee.fr/doc/caief_0571-5865_2006_num_58_1_1626. DOI : 10.3406/caief.2006.1626 (consulté le 25/10/2016).
Jeandillou, Jean-François. 2009. Accepter qu'un texte puisse se porter tout seul : le prétexte onomastique dans les *Vœux* de Perec. *Poétique* 157. 41–52.
Jouet, Jacques. 1993. *Le Chant d'amour grand-singe*. Paris : Bibliothèque Oulipienne 62.

Kuon, Peter (éd.). 1999. *Oulipo-poétiques : actes du colloque de Salzburg 23–25 avril 1997*. Tübingen : Gunter Narr Verlag.

Lapprand, Marc. 1998. *Poétique de l'Oulipo*. Amsterdam : Rodopi.

Lecolle, Michelle. 2015. Jeux de mots et motivation : une approche du sentiment linguistique. In Esme Winter-Froemel & Angelika Zirker (éds.), *Enjeux du jeu de mots. Perspectives linguistiques et littéraires* (= The Dynamics of Wordplay, 2), 217–244. Berlin/Boston : De Gruyter.

Le Tellier, Hervé. 2006. *Esthétique de l'Oulipo*. Bordeaux : Le Castor Astral.

Loubet-Poëtte, Vanessa. 2016. L'Orthographe à la lettre avec les Oulipiens. *Enseigner la langue : du bon usage des règles du jeu, Les Cahiers de Didactique des Lettres* 3. https://revues.univ-pau.fr/cahiers-didactique-lettres/ (consulté le 25/10/2016).

Luzzati, Daniel. 2010. *Le Français et son orthographe*. Paris : Éditions Didier.

Magné, Bernard. 1995. Georges Perec, faire concurrence au dictionnaire. In Pierre Corbin & Jean-Pierre Guillerm (éds.), *Dictionnaires et littérature : actes du Colloque international Dictionnaires et littérature, littérature et dictionnaires (1830-1990)*, 331–341. Lille : Presses Universitaires du Septentrion.

Molino, Jean. 1982. Le nom propre dans la langue. *Langages* 66. 5–20.

Oriol-Boyer, Claudette. 2012. Potentiel didactique et pédagogique de la contrainte. In Carole Bisenius-Penin & André Petitjean (éds.), *50 ans d'Oulipo : de la contrainte à l'œuvre. La Licorne* 100, 217–231. Rennes : Presses universitaires de Rennes.

Peytard, Jean. 2001. Lire / écrire et réforme de l'orthographe. *Sémiotique différencielle de Proust à Perec. Syntagmes* 5. 99–118. Besançon : Presses Universitaires de Franche-Comté.

Puff, Jean-François. 2004. La contrainte et la règle. *Poétique* 140. 455–465. https://www.cairn.info/revue-poetique-2004-4-page-455.htm. DOI : 10.3917/poeti.140.0455 (consulté le 25/10/2016).

Rosienski-Pellerin, Sylvie. 1995. *Perecgrinations ludiques, Étude de quelques mécanismes du jeu dans l'œuvre romanesque de Georges Perec*. Toronto : Éditions du Gref.

Salceda, Hermes & Jean-Jacques Thomas (éds.). 2010. *Le Pied de la lettre, Créativité et littérature potentielle*. Nouvelle Orléans : Presses Universitaires du Nouveau Monde.

Sautel, Nathalie. 2003. Le clinamen et l'Oulipo, entretien avec Jacques Roubaud. *Le Magazine littéraire* 425. 58.

Traimond, Bernard. 2001. *Une cause nationale : l'orthographe française*. Paris : Presses Universitaires de France.

Vandendorpe, Christian. 1993. Quelques considérations sur le nom propre. *Langage et société* 66. 63–75.

Viers, Carole-Anne. 2008. *The Oulipo and Art as Retrieval: Copyists and Translators in Novels of Raymond Queneau, Italo Calvino, Harry Mathews and Georges Perec*. Ann Arbor : Proquest LLC, University of Michigan.

Astrid Poier-Bernhard
Créativité et potentialités du jeu de mots. Pratiques et concepts oulipiens

Résumé : Dans cet article, nous nous interrogeons sur la notion de créativité et sur la pratique du jeu de mots dans le contexte de la poétique oulipienne. La contrainte peut certes avoir la fonction d'une « technique de créativité », mais l'Oulipo s'intéresse moins au développement de la créativité en tant que faculté personnelle qu'à la création de « structures créantes ». La « potentialité » représentant l'objectif du projet collectif oulipien, « le kekchose et le rien » est selon Jacques Jouet le véritable « terreau du potentiel » – raison pour laquelle de nombreux textes oulipiens ont pour sujet la création ou même prennent pour point de départ le texte de la Genèse. Un texte ludique d'Olivier Salon thématisant le temps (ou non-temps) d'avant la création du monde servira d'exemple pour montrer que des jeux de mots peuvent aussi, comme les contraintes, assumer le rôle d'un « générateur textuel », en nouant le jeu sur le signifiant avec l'idée fondamentale du texte qui s'inscrit par ses stratégies ludiques dans une esthétique du potentiel. En soulignant que – contrairement à la contrainte – le jeu de mots est toujours orienté vers l'effet et contribue toujours à la « dimension ludique explicite » d'un texte littéraire, nous développons pour finir des réflexions générales sur les effets esthétiques du jeu de mots, inspirées surtout par les valeurs littéraires qu'Italo Calvino a formulées pour la littérature du XXIe siècle.

Mots clés : contrainte, créativité, dimension ludique, dimension méthodique, esthétique du jeu de mots, potentialité

1 Aspiration à la créativité vs. Recherche de « créations créantes »

Oulipo est l'acronyme de *Ouvroir de littérature potentielle*. Le terme désigne un groupe d'écrivains, mathématiciens, informaticiens et critiques littéraires, « la pierre fondatrice » du groupe étant « l'exploration du lien entre mathématiques et littérature » (Le Tellier 2006 : 7). Fondé en 1960, l'Oulipo est toujours actif, même si les membres les plus renommés comme Raymond Queneau, Italo Calvino ou Georges Perec sont, selon la formule consacrée, « excusés pour cause de décès[1] » (Bens 1981 : 23). « Le jeu » et « la règle » – souvent sous la forme de « contraintes » de toute sorte – caractérisent son écriture ; en effet, la potentialité est l'objectif d'une approche consciemment artisanale du texte littéraire qui compte plus sur le potentiel du langage même que sur la pensée ou l'expression des expériences de l'auteur ; dans sa « Petite histoire de l'Oulipo » Jean Lescure explique :

> On s'est aperçu que l'on était langage de la tête aux pieds. [...] On s'est donc mis à explorer, ou à vouloir explorer le langage. On a commencé à se fier à ses propriétés. On l'a laissé jouer toute seule. Les jeux de mots sont devenus chez Queneau le jeu des mots[2] [...].

Comme l'a souligné Jacques Bens dans l'*Atlas de littérature potentielle*, la notion de « potentialité » dépasse en fait tout concept définitoire :

> En effet, si l'OuLiPo, faute de temps, n'a pu définir, jusqu'ici, la littérature potentielle qu'au moyen de critères techniques, il n'en reste pas moins que la notion de « potentialité » déborde largement le cadre maigrillot de ces définitions. On peut admettre, sans tenter pour l'instant d'approfondir, qu'une œuvre potentielle est une œuvre qui ne se limite pas à ses apparences, qui contient des richesses secrètes, qui se prête volontiers à l'exploration. (Bens 1981 : 23)

Bens propose encore d'autres types de potentialité comme l'incertitude qui n'est pas fruit du hasard mais déclenchée par l'auteur ou la parodie dans ses deux formes, « l'hétéroparodie » et « l'autoparodie », tout en revenant sur « l'encouragement de la découverte » : « Rien ne nous empêche de décider qu'il y aura *littérature potentielle* si l'on dispose *à la fois* d'une œuvre résistante et d'un explorateur » (Bens 1981 : 24). Selon Hervé Le Tellier,

> la littérature potentielle est d'abord littérature « en puissance » : elle est en quelque sorte à la littérature ce que l'énergie potentielle est à l'énergie, une littérature qu'un système (ici le langage) peut virtuellement produire si certains de ses éléments sont modifiés. [...] [C]ette modification, ce déplacement, cet « écart » sont d'abord engendrés par la contrainte, qu'elle soit forme, procédé, procédure. (Le Tellier 2006 : 23–24)

---

[1] Pour l'histoire et la sociologie du groupe, cf. Bloomfield (2017). Pour les pratiques et concepts littéraires, cf. Reggiani & Schaffner (2016).
[2] Lescure (1973 : 28). Cet essai est publié dans le premier recueil collectif de l'Oulipo, intitulé *La littérature potentielle*.

La notion de « potentialité » poursuit un long débat au sein de la *Naturphiloso-phie* et de la théologie qui thématise la relation de la création divine à la création humaine ou bien la possibilité de création tout court[3]. En explorant – en tant qu'auteurs – « la divine potentialité du Verbe » (Oulipo 1973 : 42) et en encourageant les lecteurs à la découvrir eux-mêmes, l'Oulipo dépasse ou subvertit l'opposition apparente entre création humaine et « divine » : on n'écrit pas pour découvrir au lecteur 'le monde tel quel', mais 'un monde possible', basé sur son propre principe créateur.

Si l'on prend le terme de créativité au sens large, on peut considérer la contrainte oulipienne comme une excellente technique de créativité. L'Oulipo anime régulièrement des ateliers d'écriture, à Bourges et un peu partout dans le monde où l'on invite les Oulipiens. Après cinq décennies d'activités et beaucoup d'ouvrages de vulgarisation, les contraintes oulipiennes sont appliquées par un grand nombre d'enseignants – et pas seulement en France – pour stimuler l'écriture, pour faire étudier vocabulaire ou syntaxe, pour faire découvrir tel ou tel phénomène langagier, pour procurer aux étudiants, aux élèves ou aux participants d'un atelier d'écriture le plaisir d'écrire. « L'efficacité pédagogique » de l'Oulipo (Fournel 2011 : 20) est incontestable. On pourrait même dire que le projet collectif du groupe, qui consiste à inventer ou à faire redécouvrir des structures littéraires et à les mettre à la disposition de chacun, n'est rien d'autre qu'un appel – à toute personne motivée – à se mettre au travail, en jouant avec et sur le langage, à franchir, grâce à une contrainte, formelle ou sémantique, le seuil de la page blanche[4].

Mais il faut savoir que la créativité est une notion que l'Oulipo évite plutôt. Tout d'abord, parce que le mot, calqué sur le néologisme américain *creativity*, est surtout utilisé dans un contexte psychologique ou sociologique où il désigne soit

---

[3] Cette question reste présente jusqu'au XXe siècle, dans des contextes épistémologiques très différents. Cf. pour le contexte philosophique Blumenberg (1957) ; pour la relation entre contrainte et création et la fonction de la contrainte dans des textes et des périodes très différents, voir le recueil pluridisciplinaire *Contrainte et création* (2015). Dans sa contribution Peter Kuon (2015 : 87-99) compare les approches numérologiques de Dante et Pétrarque qui se servent de certains chiffres comme « encryptages » autobiographiques, le 3 et le 9 signifiant Béatrice à l'image de la trinité, le 6 rappelant la première rencontre avec Laure et le jour de sa mort. Cet usage rappelle évidemment certaines pratiques perecquiennes et roubaldiennes. Du point de vue oulipien qu'adopte Kuon, « il y a pourtant, une différence majeure entre les deux poètes : alors que Dante produit, par son usage du chiffre, une structure surdéterminée, totalisante, visant à reproduire la perfection de la création divine, Pétrarque invente une structure beaucoup plus souple, ouverte, inépuisable – potentielle au sens de l'Oulipo » (Kuon, Pelletier & Sauvanet 2015, 10).

[4] Coraline Soulier différencie « deux pans [...] : l'activité oulipienne de création de structures, et celle de l'écrivain tourné vers son œuvre personnelle » (Soulier 2016 : 376).

la nouveauté d'une idée ou d'un produit, soit une certaine faculté d'invention[5]. Ni l'invention en tant que telle, ni la faculté personnelle d'inventer quelque chose de nouveau n'intéressent particulièrement les Oulipiens ; leur intérêt majeur, c'est de mettre au premier plan le langage même, de déplacer consciemment le focus d'attention sur un domaine qui dépasse ou subvertit la subjectivité de l'auteur et peut-être aussi celle du lecteur. Certes, la contrainte stimule la créativité, mais aux yeux de l'Oulipo ce n'est pas sa fonction principale ou unique. Selon Jacques Jouet « l'idée de la contrainte comme vitamine ou vaccin de la page blanche [...] n'est pas une idée fausse de la contrainte, mais c'est une idée un peu courte » (Jouet 2001 : 35). Comme l'explique Anne F. Garréta pendant un colloque sur l'Oulipo à Buffalo en 2012, tout en se référant aux concepts originaires du groupe, la contrainte langagière introduit « une intervention supplémentaire, [...] qui est impersonnelle, quasi-machinique et qui vient traverser l'intention supposée de l'auteur » (Garréta 2012 : 236). Bien avant la proclamation de « la mort de l'auteur » de Roland Barthes en 1968, l'Oulipo conçoit une nouvelle posture d'auteur – une nouvelle modestie pour ainsi dire – envers le langage et envers le lecteur.

Pour montrer que la contrainte est beaucoup plus qu'une technique de créativité pour les Oulipiens, mais aussi pour faire comprendre comment l'application d'une contrainte oriente la pratique littéraire vers la potentialité, nous mentionnons encore deux autres concepts oulipiens de la contrainte. Un premier, formulé en 1976 par Raymond Queneau dans le n° 3 de la *Bibliothèque Oulipienne*, et repris en 1981 partiellement dans l'*Atlas de littérature potentielle*, s'inspire des mathématiques – et surtout de l'axiomatique du groupe Bourbaki[6]. Dans un chapitre intitulé « La mathématique dans la méthode de Raymond Queneau », Jacques Roubaud expose et commente le rôle de la méthode axiomatique :

> L'écriture sous contrainte oulipienne est l'équivalent littéraire de l'écriture d'un texte mathématique formalisable selon la méthode axiomatique[7] ; une contrainte est « un axiome

---

[5] Paul J. Guilford, président de l'Association psychologique américaine, donne en 1950 une conférence intitulée « Creativity » qui suscite beaucoup d'intérêt et de nouvelles recherches psychologiques et sociologiques sur le sujet (cf. Guilford 1950 : 444-454). Dans le livre *Creativity and its Cultivation* (éd. H.H. Anderson) publié à New York en 1959, des psychologues célèbres comme A.H. Maslow (*Creativity in self actualizing people*) ou C. Rodgers (*Toward a theory of creativity*) déploient leurs théories de la créativité. Dans sa version française, le mot est intégré en 1970 dans le dictionnaire Larousse.

[6] Pour le rôle de Bourbaki et généralement des mathématiques pour l'Oulipo, voir Schleypen (2004 : 258–410).

[7] « La méthode axiomatique est un mode d'exposition des sciences exactes fondé sur des propositions admises sans démonstration et nettement formulées et des raisonnements rigoureux.

du texte ». Elle est donc susceptible de lui conférer ses structures, d'organiser et de nécessiter tous ses éléments. (Roubaud 1981 : 59)

Il est assez évident qu'il s'agit là d'un idéal utopique – Roubaud (1981 : 59–60) discute lui-même la problématique –, mais on y comprend combien le projet oulipien est un projet « anti-hasard » (cf. ibid. : 58–60). Si « la contrainte est un principe, non un moyen » (ibid. : 55), elle peut aussi déterminer, par une interprétation particulière que lui donne l'auteur, le « sens formel » d'un texte : en établissant ainsi un lien entre la forme et le fond, l'auteur oulipien cèderait alors, non pas naïvement mais consciemment, à la « pulsation cratylienne[8] », comme le dit Jacques Jouet dans sa contribution à l'ouvrage collectif *Un art simple et tout d'exécution* (2001), dans lequel il discute différents usages et idées de la contrainte.

Un second concept est le fameux « principe de Roubaud », un principe facultatif selon lequel « un texte écrit suivant une contrainte parle de cette contrainte : [...] *La disparition* de Georges Perec raconte la disparition du 'e' » (Roubaud 1981 : 90). Un texte suivant ce principe serait donc texte et méta-texte à la fois, un texte où la recherche formelle et la réflexion sur la forme ou la recherche formelle elle-même s'unissent et interagissent, procédé qui augmente le degré de complexité et « l'implicite » du texte – tout comme les jeux intertextuels que beaucoup d'Oulipiens pratiquent avec plaisir.

Ensuite, si les Oulipiens évitent la notion de la créativité, c'est aussi parce que ce concept focalise en général sur la nouveauté d'une production ou d'une pensée. Par contraste, l'Oulipo est novateur dans la mesure où il rompt avec le

---

L'axiomatique commence par un inventaire exhaustif de toutes les propositions que l'on admet sans démonstration et qui ne sont pas des définitions ; ces propositions, appelées *axiomes*, ou parfois *postulats*, constituent le point de départ de la théorie que l'on se propose d'édifier. Parmi les axiomes d'une théorie figurent des *règles de déduction* (appelées aussi *axiomes de la logique*) qui sont communes à toutes les sciences déductives. [...] Les mots, signes ou termes qui interviennent dans la rédaction des axiomes sont dépouillés de la signification qu'ils peuvent avoir dans le langage courant. Ainsi, D. Hilbert pouvait affirmer, dans une boutade célèbre : 'Au lieu des mots : points, droites, plan, en géométrie, on doit pouvoir dire sans inconvénient : tables, chaises, verre de bière !'. De même, la réalité métaphysique des objets mathématiques n'est pas prise en considération ; seules comptent les relations explicitement précisées par les axiomes entre les signes représentant ces objets, eux-mêmes explicitement précisés par les axiomes ». (Glaeser 2017)

8   Jouet (2001 : 36). Dans le *Cratyle*, dialogue de Platon thématisant la question de la rectitude des noms, Socrate examine deux thèses opposées sur la vérité du langage : tandis que Hermogène considère les noms comme des conventions, Cratyle affirme qu'ils sont justes par nature. Cf. Genette (1976)

pathos de l'innovation des avant-gardes artistiques du vingtième siècle et combine deux orientations, que François Le Lionnais formule, dans *La lipo. Premier manifeste*, à travers les concepts d'« anaoulipisme » et de « synthoulipisme » :

> La tendance analytique travaille sur les œuvres du passé pour y rechercher des possibilités qui dépassent souvent ce que les auteurs avaient soupçonné. [...] La tendance synthétique est plus ambitieuse ; elle constitue la vocation essentielle de l'OuLiPo. Il s'agit d'ouvrir de nouvelles voies inconnues de nos prédécesseurs (Le Lionnais 1973 : 21).

La nouveauté – par exemple dans la forme d'une nouvelle structure – est donc bienvenue, mais ne constitue pas une valeur recherchée à partir d'une *tabula rasa* (qu'on croit, d'ailleurs, utopique). Selon Hervé Le Tellier, « [c]e refus de la *tabula rasa* est l'une des forces de l'Oulipo, dont l'œcuménisme l'ouvre à d'autres formes, nées en d'autres lieux, d'autres langues, d'autres écritures, d'autres temps, formes dont l'étude et l'inventaire sont loin d'être achevés » (Le Tellier 2006 : 19).

D'autres facettes de la notion de créativité comme la pensée divergente, l'inventivité, la flexibilité, la fluidité de la pensée et de l'imagination sont souvent considérées comme des moyens pour parvenir à ses fins – à une invention jugée nouvelle et utile pour son environnement –, alors que le premier objectif de l'écriture à contrainte consiste dans la joyeuse expérience de l'écriture et de la lecture même, joyeuse parce qu'apte à révéler le potentiel du langage. On doit admettre qu'il y a quand même, entre l'enseignement de la créativité[9] d'un côté et la proposition et l'effet des contraintes oulipiennes de l'autre, des points communs – comme l'esprit de recherche, l'orientation vers la solution d'un problème ou certains aspects du concept du *flow*, développé par M. Csikszentmihalyi (1996). « La contrainte est jubilatoire, lorsqu'apparaît », selon Dominique Moncond'huy (2014 : 93), « la solution du problème qu'on avait soi-même posé ».

Il est évident que, au lieu d'aspirer à un « développement de la créativité », l'Oulipo s'est mis à la recherche de « créations créantes » – terme employé dans

---

9 Dans un article de 1967, Guilford parle des avantages sociaux d'un enseignement de la créativité : « Creativity comprises many discrete abilities which often do not correlate very much with each other, and creativity and IQ level correlate substantially only at lower IQ levels. Much work has been done in evaluative criteria for creative scientific production, and on teaching and learning creativity. Future basic research should concern transfer recall, transformations, reclassification, elaboration, incubation, environmental conditions, and motivation. The social consequences of releasing creative abilities are potentially enormous » (Guilford 1967 : 3).

la présentation de l'Oulipo dans un dossier du collège de *Pataphysique* et réimprimé en 1973 dans un recueil intitulé, de manière programmatique, *La littérature potentielle (Créations Re-créations Récréations)* :

> Le Verbe est intimement potentiel (et par là ontogéniquement pataphysique ou générateur de Solutions Imaginaires) : c'est en cela qu'il est Dieu. Mais le temps des adorations est passé, celui de la science et de ses ambitieuses surenchères est venu. La divine potentialité du Verbe, malgré quelques fulgurations notables, était restée, quoique toujours prête à sourdre, latente et implicite. Il s'agit, et c'est ce qu'a signifié la création de l'Ouvroir de Littérature Potentielle, de passer à l'explicite et de mettre en œuvre ces pouvoirs. Ainsi aux temps des CRÉATIONS CRÉÉES, qui furent ceux des œuvres littéraires que nous connaissons, devrait succéder l'ère des CRÉATIONS CRÉANTES, susceptibles de se développer à partir d'elles-mêmes et au-delà d'elles-mêmes, d'une manière à la fois prévisible et inépuisablement imprévue. (Oulipo 1973 : 42)

Selon Alfred Jarry la « pataphysique [...] est la science de ce qui se surajoute à la métaphysique soit en elle-même, soit hors d'elle-même, s'étendant aussi loin au-delà de celle-ci que celle-ci au-delà de la physique » (Jarry 1972 : 668). Si la pataphysique comprend tout, « le Verbe » même peut être qualifié d'« ontogéniquement pataphysique » ; c'est dans son pouvoir créateur que le verbe « est Dieu ». « La divine potentialité du Verbe[10] » continue à fasciner, aussi « implicite » soit-elle. Même si, comme l'explique Hervé Le Tellier dans son livre *Esthétique de l'Oulipo*, peu à peu, les liens entre le Collège [de pataphysique] et l'Ouvroir se sont distendus (Le Tellier 2006 : 30-32), l'Oulipo s'inscrit dans une vision du monde qui revalorise la langue et l'imaginaire (*id est* « le Verbe ») par rapport à une vision traditionnelle du monde qui se base sur le dualisme « homme : monde » sur un plan physique, et « homme : Dieu » sur un plan métaphysique. Le concept d'une « création créante » correspond mieux à cette approche de l'art que celui d'une « création créée », dans laquelle l'artiste assume tout le pouvoir créateur et crée un « objet d'art ». Et Georges Perec souligne la dimension « cryptogrammatique » de l'écriture en se référant à l'essai « Éloge de la Cabbale » de Borges, dans lequel celui-ci « parle de cette idée prodigieuse d'un livre impénétrable à la contingence » :

> S'il est vrai qu'au commencement était Le Verbe et que l'œuvre de Dieu s'appelle l'Écriture, chaque mot, chaque lettre appartiennent à la nécessité : le Livre est un réseau infini à tout

---

10 La majuscule pourrait faire penser à « Alchimie du Verbe » d'Arthur Rimbaud et au *Traité du Verbe* de René Ghil pour lequel Stéphane Mallarmé – précurseur important de l'Oulipo – avait écrit la préface.

instant parcouru par le Sens ; l'Esprit se confond avec la Lettre ; le Secret (le Savoir, la Sagesse) est une lettre cachée, un mot tu : le Livre est un cryptogramme dont l'Alphabet est le chiffre. (Perec 1973 : 83)

2 Textes potentiels

Le meilleur exemple d'un texte proposant une « création créante » est toujours le beau recueil en grand format, contenant « en puissance » les *Cent mille millards de poèmes* de Raymond Queneau, œuvre publiée en 1961 dans laquelle les rôles du lecteur et de l'auteur se trouvent complètement transformés.

Fig. 1 : Raymond Queneau, Cent mille milliards de poèmes (1961).[11]

Les notions de « texte » ou d'« œuvre » sont remises en question – et pour cette fois non pas grâce à une théorie textuelle, mais directement, sensiblement, par sa structure même : le dispositif des dix sonnets dont chaque vers peut être combiné avec tous les autres, constitue « un appel » au lecteur à devenir co-auteur et à générer lui-même un sonnet[12]. Selon Jacques Bens la potentialité des *Cent mille milliards de poèmes*,

---

11 Figure accessible en ligne : http://pica.org/event/cmon-language-claire-barliant/ (consulté le 10/08/2018)
12 Dès le début de l'Ouvroir, le sonnet – forme combinatoire par excellence et d'une tradition poétique exceptionnelle – exerce une grande fascination sur les Oulipiens ; parmi les nombreux

ce n'est pas seulement l'exemple, l'archétype qu'ils constituent, ce sont les quatre-vingt-dix-neuf mille neuf cent quatre-vingt-dix-neuf millions neuf cent quatre-vingt-dix-neuf mille neuf cent quatre-vingt-dix sonnets qui se trouvent, inexprimés mais en puissance, dans les dix autres. (Bens 1981 : 23)

Dans un autre texte original puisqu'*interactif* de Raymond Queneau – *Un conte à votre façon* (1967) – ce sont les lecteurs qui décident de la suite de l'histoire, dans le cadre d'un graphe déterminé[13] ; en répondant p. ex. à la première question – « Désirez-vous connaître l'histoire des trois alertes petits pois ? » –, on passe, si oui, « à 4 », si non, « à 2^{14} ». Le rôle du lecteur est bien donc actif dans ce texte – comme dans les 100 000 000 000 000 poèmes – mais pas créatif ou créateur au sens strict. Dans *Un conte à votre façon*, les lecteurs curieux, s'intéressant aux propositions du narrateur, sont récompensés par la version longue de l'histoire, tandis que des réponses négatives aux premières questions mènent rapidement à une fin de l'histoire, qui raconte un petit drame comique entre trois frères – « trois petits pois vêtus de vert[15] ». La structure textuelle incite d'ailleurs à tester toutes les possibilités – ce qui est réalisable sans problème vu la brièveté du texte. On fait son choix et on examine les alternatives.

En produisant « son propre sonnet », le co-auteur d'un des 100 000 000 000 000 sonnets potentiels *joue* avec des vers (sur des languettes en papier) – et peut également observer quelles sont les conséquences de son propre choix. Dans les deux cas, les lecteurs sont invités à exercer leur esprit de curiosité, à jouer – soit avec des vers soit avec les options données – et à expérimenter en même temps le changement de rôle induit par ces dispositifs

---

recours que font les oulipiens au sonnet (cf. Poier-Bernhard 2002a : 1–15), nous mentionnerons ici une variation, le « sonnet irrationnel » de Jacques Bens (1965) dont la structure s'appuie sur la contrainte π, procédé intéressant par rapport à la thèse de Wilhelm Pötters selon laquelle la forme du sonnet exprime la tentative de la quadrature du cercle (cf. Pötters 1987 : 116 ; Borgstedt 2009 : 139–148). Pour une étude du sonnet oulipien cf. aussi Consenstein (2002).

13 Queneau (1973 : 273–277). Sur le site de l'Oulipo se trouve l'explication suivante de Marcel Bénabou de la littérature en *graphe* : « Un graphe étant donné, l'œuvre littéraire se développe en suivant les parcours proposés par le graphe (flèches et sommets) ». Parmi les auteurs oulipiens travaillant avec des graphes, Queneau, bien sûr, mais aussi Georges Perec, Italo Calvino et Jacques Roubaud, pour n'en citer que quelques-uns. Voir « L'organigramme de la littérature en graphe en contexte oulipien », établi par Hélène Campaignolle-Catel (2014 : 135).

14 Pour le graphe bifurcant déterminant la structure de *Un conte à votre façon*, Queneau a créé une représentation sagittale, publiée dans le chapitre « Anoulipismes. Pour une analyse potentielle de la littérature combinatoire » voir Oulipo (1973 : 51).

15 Queneau (1973 : 273). Pour une réflexion sur l'histoire racontée et le rôle du lecteur dans ce texte, voir Poier-Bernhard (2012 : 137–141).

textuels. Ainsi ils sont impliqués dans un projet de « littérature expérimentale » dont la « vocation est », selon François Le Lionnais,

> de partir en éclaireur du terrain, y tracer des pistes nouvelles, s'assurer si telle route finit en impasse, si telle autre n'est qu'un chemin vicinal, si telle autre enfin amorce une voie triomphale qui conduira vers les Terres promises et les Eldorados du langage. (Le Lionnais 1961 : s. p.)

On expérimente, on joue, pour le plaisir et pour développer un sens plus aigu du possible et, de manière concrète, une conscience vive du choix que l'on fait et des options alternatives. Dans le fascicule 3 de la *Bibliothèque Oulipienne*[16] qui comporte l'article « Les fondements de la littérature d'après David Hilbert[17] » de Queneau et dans lequel celui-ci présente « une axiomatique de la littérature en remplaçant les mots *points*, *droites*, *plans*, respectivement par : *mots*, *phrases*, *paragraphes* », on peut lire : « Toute phrase comprend une infinité de mots ; on n'en perçoit qu'un nombre fort limité, les autres se trouvant à l'infini ou étant imaginaires » (Roubaud 1981 : 65). Ce concept, souvent sous-jacent et discret, devient le principe explicite d'un texte de Jacques Roubaud nommé « Mots dits choix », publié dans un ouvrage qui représente la contribution oulipienne à la *La fête des mots*[18]. Il est intitulé *Langagez-vous*[19], sous la devise MOTS DITS DIX MOTS[20] – OULIPO. Selon la tradition de cette *fête des*

---

[16] Commenté par Jacques Roubaud dans un article sur « La Mathématique dans la méthode de Raymond Queneau » dans l'*Atlas de littérature potentielle* (1981 : 34–72).
[17] David Hilbert a été, avec H. Poincaré, le mathématicien qui a exercé la plus forte influence de 1900 à 1950, et son nom est associé à de nombreux termes mathématiques et théorèmes (espace de Hilbert, symbole de Hilbert en théorie des nombres, théorème des zéros de Hilbert, théorème fondamental de Hilbert, etc.). Ses recherches et ses découvertes recouvrent un vaste domaine s'étendant de la théorie des invariants à la métamathématique et à la théorie de la démonstration, en passant par la théorie du corps de classes, la géométrie algébrique, le calcul des variations et les équations intégrales. La formulation par Hilbert en 1900 des vingt-trois célèbres problèmes alors ouverts en mathématique allait jouer un rôle prophétique pendant tout le XXe siècle (Inhetveen 2017).
[18] *La fête des mots* est organisée annuellement par la DGLFLF (Délégation générale à la langue française et aux langues de France).
[19] Oulipo (2003). L'amalgame de « langage » et l'impératif « Engagez-vous » peut faire penser à l'impératif baudelairien « Enivrez-vous ». L'interférence intertextuelle met en relief la différence entre le concept (pré-)symboliste de l'enivrement et l'approche consciente et expérimentale de l'Ouvroir. L'homophonie de *mots dits* avec *maudit(s)* suscite une autre association avec Baudelaire en tant que « poète maudit ».
[20] Cette devise constitue évidemment, sur un plan phonique, un palindrome de mots dans lesquels les deux occurrences du mot *mots* embrassent l'expression langagière par le participe passé *dits* et le nombre (homophone) *dix*.

mots, l'Oulipo a choisi dix mots dans le lexique de Queneau, surtout les titres d'œuvres. Dans ce texte, dix vers en prose suivent le même principe (je n'en citerai que trois) :

> nous avons choisi '**bleu**' mais nous aurions pu aussi bien choisir '**fleur**'
> nous avons choisi '**campagne**' mais nous aurions pu aussi bien choisir '**battre**'
> nous avons choisi '**chiendent**' mais nous aurions pu aussi bien choisir '**chien**', ou '**chêne**' ou '**mandoline**' [...] [21].

Ces vers, qui mettent l'accent sur les mots écrits en gras tout en renforçant le jeu intertextuel avec l'œuvre de Queneau (en évoquant *Les fleurs bleues*, *Le chiendent*, *Chêne et chien* et *Le chien à la mandoline*) sont suivis – en réponse à la question d'un partenaire de dialogue fictif : « et pourquoi pas ? » – de toute une liste de mots également associés à l'univers littéraire quenellien : *flots, sonnets, loin, morale, élémentaire*[22], etc. À la fin se trouve un dialogue court qui n'explique ni pourquoi ni pourquoi pas et refuse ainsi toute réponse... On en rit, mais on ne reste pas sur sa faim, en tant que lecteur, si l'on comprend que ce petit texte thématise de manière aussi simple que significative quelques aspects importants de la poétique oulipienne, à savoir

— qu'il y a toujours une alternative ;
— qu'en général – pour écrire ou faire quoi que ce soit – il faut opérer un choix, ou mieux : *on peut faire son choix*, à condition d'avoir pleine conscience des alternatives, au lieu de se laisser porter par des forces plus ou moins obscures, qu'elles soient psychiques ou sociales ;
— que tout « mot de Queneau » aurait été intéressant, ou même, en extrapolant un peu, « tout mot tout court » – ce qui, évidemment, ne facilite pas les « maudits choix »...

Ce texte de Roubaud est donc un plaidoyer subtil pour le choix conscient, cher aux Oulipiens, et une attitude passionnée envers tout mot et finalement tout phénomène langagier. Le fait que les Oulipiens *auraient pu choisir aussi x*, n'est pas l'expression d'un esprit qui se contente du tout-venant, mais, dirions-nous, d'un esprit d'équanimité enthousiaste pour le potentiel du langage. Dans la préface,

---

21 Roubaud (2003 : 72). L'auteur discret de ce texte est JR – Jacques Roubaud. Comme dans beaucoup de publications collectives de l'Oulipo les noms d'auteurs sont donnés seulement par initiales dans une table à part.
22 Les titres évoqués sont *Fendre les flots* et *Loin de Rueil* ; la « morale élémentaire » est un poème à forme fixe inventé par Queneau en 1973.

Marcel Bénabou évoque l'ambition qui anime les textes écrits sur et avec les dix mots choisis, notamment

> celle de montrer tout ce qu'un mot ou un groupe de mots peuvent contenir d'inattendu si on se donne le plaisir de les scruter, de les interroger, de les manipuler avec un brin d'audace et beaucoup d'amour : Queneau le disait déjà : « Les mots il suffit qu'on les aime / pour écrire un poème ». (Bénabou 2003 : 9)

C'est dans cet esprit explorateur et expérimentateur que, souvent mais pas toujours avec une contrainte à la base, les Oulipiens explorent eux-mêmes la langue et proposent de jouer avec et sur les mots comme avec tout autre élément de la langue et de la communication littéraire : les sons, les lettres, les syllabes, les phrases, les rimes, les limites d'un texte, les règles conventionnelles d'un genre, les attentes des lecteurs implicites, d'autres œuvres littéraires, etc. Mais, nous le soulignerons encore une fois : il s'agit d'un *jeu conscient*. Sans vouloir discuter ici le rapport (complexe) entre le surréalisme et l'Oulipo, nous voudrions clore cette première partie par la traduction antonymique que Jacques Jouet entreprend de la définition du surréalisme selon Breton :

> Automatisme psychique pur par lequel on se propose d'exprimer, soit verbalement, soit par écrit, soit de toute autre manière, le fonctionnement réel de la pensée. Dictée de la pensée, en l'absence de tout contrôle exercé par la raison, en dehors de toute préoccupation esthétique ou morale. Donc je traduis : oulipisme : conscience psychique impure par laquelle on se propose d'imprimer, soit verbalement soit par écrit ou de toute autre manière, le potentiel de la pensée créatrice. Ça marche très bien ! (Jouet 2015 : 309)

3 « Le 'kekchose' et le rien ». La création comme sujet et la démonstration du potentiel créateur du langage

Selon une formule de Jacques Jouet, le « balancement entre le 'kekchose' et le rien est le véritable terreau du potentiel[23] » (Jouet 1993 : 5). À travers les notions de l'espace et de la matière, un projet d'inventaire et un tissage de phrases très particulier, Michelle Grangaud a exploré à sa manière « le terreau du potentiel » dans son livre *État Civil* (cf. Poier-Bernhard 2012 : 271–315). Un poème intitulé « La Vie : Sonnet » de Jacques Roubaud, constitué uniquement par les chiffres 0 et 1,

---

23 L'emploi du mot « kekchose » renvoie au « néo-français » inventé par Queneau.

semble thématiser la transition de l'inexistence à l'existence, du moins si l'on établit une analogie entre zéro et « rien » et « 1 » et « quelque chose[24] ».

LA VIE : SONNET

000000 0000 01
011010 111 001
101011 101 001
110011 0011 01

000101 0001 01
010101 011 001
010111 001 001
010101 0001 01

01 01 01 0010 11
01 01 01 01 01 11
001 001 010 101

000 1 0 1 001 00 0
0 0 0 0 0 110 0 0 0 101
0 0 0 0 01 0 0 0 0 0 0

Le premier « 1 » apparaissant à la fin du premier vers est précédé par onze zéros, le dernier vers contient également un seul « 1 », situé cette fois à la sixième position, juste avant la « césure » qui est suivie par six zéros que Roubaud lit, dans la récitation du poème, avec une voix de plus en plus faible[25]. Le sonnet semble être « entouré » par des zéros, mais on ressent la possibilité d'autres « 1s » dans l'espace-temps. On pourrait donc interpréter la suite des zéros et des « 1s » comme la suite ininterrompue d'événements se produisant à l'échelle cosmique, et le sonnet concret comme la vie subjective d'un être – soumis à des contraintes « du genre », mais caractérisée par une suite très individuelle d'événements et surtout d'un rythme propre. On voit aisément qu'un chiffre représente une syllabe, et même le schéma des rimes est évident (à travers le groupement et la répétition des chiffres) : abba abba ccd ede. Le fait que le 13ème vers compte 14 au lieu de

---

24 Les chiffres 1 et 0 se prêtent à plusieurs interprétations : d'abord on associe peut-être le code binaire, base du traitement électronique des données, mais Roubaud pourrait éventuellement faire allusion aussi à « la loi du zéro-1 », loi qui désigne deux théorèmes des probabilités.
25 On peut écouter Roubaud lire ce poème sur le site *Poetry International Web* : http://www.poetryinternationalweb.net/pi/site/poem/item/16498/auto/0/LIFE-SONNET (consulté le 22/02/2017). On constate par ailleurs que le texte donné et la récitation de Roubaud ne se correspondent pas tout à fait.

12 syllabes, peut être considéré comme un « clinamen », une transgression intentionnelle de la contrainte, évoquant le nombre de vers d'un sonnet ; comme Roubaud a dédié le poème à Pierre Lusson avec lequel il a développé une théorie du rythmepour l'analyse du vers français, la suite de zéros et de « 1s » peuvent très bien se référer à cette théorie. Si l'on voit dans la structure du sonnet, comme Pötters l'a montré[26], une référence au nombre π, la forme du sonnet même renvoie subtilement à l'infini. En même temps elle est la forme poétique à contraintes par excellence[27].

De nombreux textes d'Oulipiens se réfèrent, initiant ainsi une réflexion fondamentale sur la question de créativité, à la Genèse ou à des modèles cosmologiques. Un des plus fascinants – reliant les domaines de la littérature et des sciences[28] –, est sans doute l'œuvre « préoulipienne » de Raymond Queneau, *La petite cosmogonie portative* de 1950[29], très riche par ailleurs aussi à l'égard des jeux de mots. Enthousiasmé par ce texte, Italo Calvino avait commencé à le traduire[30] ; sa « réplique littéraire » sont ses fabuleux *Cosmicomics*, une grande série de nouvelles dans lesquelles Calvino conçoit avec « Qfwfq » un être bien particulier portant toute la mémoire de l'évolution en soi. Son nom indicible est un palindrome, comme le souligne Jacques Jouet qui le caractérise comme « un personnage qui ramasse en lui-même l'expérience du monde la plus vaste qui soit, puisqu'il a été de tous les temps et de tous les espaces possibles, même du temps et de l'espace qui n'étaient pas encore » (Jouet 1997 : 2).

---

26 Cf. Pötters (1987 : 116) ; Borgstedt (2009 : 139–148).
27 Roubaud commente la fascination constante exercée sur Queneau « (et en partie à sa suite sur l'OULIPO) par une forme, celle du sonnet » de la manière suivante : « Or il est bien connu que la forme et la pratique du sonnet dans beaucoup de langues le font apparaître comme modèle poétique de la déduction, comme *raisonnement poétique* ; ceci n'est pas vrai seulement de l'articulation du discours de ce que dit un sonnet, mais aussi, mais simultanément, de son organisation formelle, rythmique, elle-même. L'exploration oulipienne du sonnet constitue, pour Queneau, un mode d'approche pratique du problème de la *démonstration* selon les contraintes ». Roubaud (1981 : 60–61)
28 Cf. Baron (2014 : 487–501).
29 Cf. Hölz (1976). Pour la thématique « Création, Décréation et potentialité » chez l'Oulipo, cf. Poier-Bernhard (2012 : 205–215).
30 Plus tard, il a aidé le traducteur Sergio Solmi à déchiffrer les jeux de mots et a écrit une postface à la traduction italienne (*Piccola cosmogonia portatile*).

4 *Beaucoup de boue pour rien* d'Olivier Salon

Beaucoup de boue pour rien, texte en prose publié en 2004[31], se caractérise par une dimension ludique très prononcée, déclenchant un véritable feu d'artifice verbal. Par son sujet – l'imagination de l'espace-temps avant la Genèse – il s'inscrit dans le genre « cosmicomique » – si toutefois on considère que Calvino a créé un genre. Le titre s'inspire évidemment de la comédie shakespearienne *Beaucoup de bruit pour rien*, mais le mot *bruit* est remplacé par *boue*. Le texte ne fourmille pas seulement de jeux avec et sur les mots et les sonorités, mais repose aussi essentiellement sur le potentiel sémantique de certains jeux de mots. On a même l'impression que Salon développe son texte pour une bonne partie à partir d'idées qui s'inspirent de jeux de mots. Si dans la poétique oulipienne, la contrainte est supposée constituer « l'axiome » d'un texte dont celui-ci « se déduirait », ce sont apparemment différents mots ou jeux de mots qui remplissent une fonction comparable dans le récit de Salon. Dans le balancement entre le jeu avec les signifiants et l'histoire qui sera racontée, le procédé de Salon rappelle la méthode de composition inventée par Raymond Roussel, déployée en 1935 dans *Comment j'ai écrit certains de mes livres* :

> Je choisissais deux mots presque semblables (faisant penser aux métagrammes). Par exemple billard et pillard. Puis j'y ajoutais des mots pareils mais pris dans deux sens différents, et j'obtenais ainsi deux phrases presque identiques.
> En ce qui concerne *billard* et *pillard* les deux phrases que j'obtins furent celles-ci :
> 1° *Les lettres du blanc sur les bandes du vieux billard...*
> 2° *Les lettres du blanc sur les bandes du vieux pillard.*
> Dans la première, « lettres » était pris dans le sens de « signes typographiques », « blanc » dans le sens de « cube de craie » et « bandes » dans le sens de « bordures ».
> Dans la seconde, « lettres » était pris dans le sens de « missives », « blanc » dans le sens d'« homme blanc » et « bandes » dans le sens de « hordes guerrières ».
> Les deux phrases trouvées, il s'agissait d'écrire un conte pouvant commencer par la première et finir par la seconde.
> Or c'était dans la résolution de ce problème que je puisais tous mes matériaux. (Roussel 1995 : 11-12)

---

[31] Le conte est d'abord publié dans le fascicule 132 de la *Bibliothèque Oulipienne* après avoir été présenté, lors d'un *Jeudi Oulipien* sous la devise « La première fois, bis » en novembre 2004 dans la BNF à Paris, puis repris dans un recueil intitulé *Les Gens de légende* (que je citerai dans ce qui suit sous la sigle Bb) et aujourd'hui accessible aussi en ligne sur le site de l'Oulipo. http://www.oulipo.net/fr/beaucoup-de-boue-pour-rien (consulté le 01/01/2017).

Olivier Salon ne suit pas un concept aussi rigoureux, mais tout le développement de son texte s'inspire d'un réseau de jeux de mots ; visant l'effet comique, il joue aussi avec l'ambiguïté et la multiplicité de lectures potentielles.

L'incipit de *Beaucoup de boue pour rien* place l'action dans un espace-temps avant l'acte de la création :

> Il s'ennuyait ferme. Rien à dire. Et pour cause : personne à qui causer. Et pour cause : personne à qui causer. « Tu l'as déjà dit ! » se dit-Il à Lui-même. Ah, Je radote, pensa-t-Il. Déjà ? Déjà ? Ah, Je radote, pensa-t-Il. (Bb 8)

Grâce aux majuscules et au sujet traité, on comprend que les pronoms personnels se réfèrent à Dieu. Olivier Salon imagine un état antérieur à la création du monde, ce qui implique que Dieu manquait d'interlocuteur. Derrière *causer* et *pour cause*, on pourrait deviner la question de la *causa prima*, du *primum movens* attribué à Dieu par Aristote et les scolastiques. Au lieu de prononcer « le Verbe », Dieu se parle à lui-même, fait dont il est tout de même conscient. La répétition des pensées de Dieu et la structure palindromique ou bien cylindrique à partir de « Ah, Je radote... » évoquent l'ennui procuré par l'éternité ou bien l'éternel retour de ses réflexions – étant donné que la notion d'écoulement du temps n'existait pas encore. Salon discutera de façon ludique la notion du *temps* comme celle du *silence*, du *noir*, du *vide* pour finir avec la naissance de la *boue* qui remplira tout l'espace, mais c'est le *rien* dans sa double fonction d'adverbe et de suffixe qui domine l'incipit du texte, faisant écho au *personne* du paragraphe précédent :

> Rien à faire. Il n'y avait rien à faire. Rien. Mais rien du tout. Rien. Oh, pas un rien ordinaire, pas un petit rien de quelque chose. Pas un rien insignifiant. Non, non. Un vrai rien. Un rien signifié. Un rien de rien du tout. Un inéluctable rien. Un rien inexorable. Un rien à vous couper le souffle. Quand on a du souffle. Parce qu'à l'époque dont je vous parle, le souffle n'était pas né. Un rien total. Un holorien.
>
> Pas d'acarien non plus, pas d'aérien, pas de terrien, pas de vaurien, pas d'assyrien, pas d'asturien, pas de saurien, pas d'épicurien, pas de shakespearien, pas de Georges Darien, pas de moliérien, pas d'historien, et surtout, pas de grammairien. Rien, rien, rien, vous dis-je. (Bb 8)

Avec le mot *holorien*, Salon crée un néologisme facilement intelligible dans le contexte et un oxymore, vu que le « holorien » comprend tout, remplit tout l'espace ; l'insistance sur le « rien » et le « holorien » prépare peut-être déjà « kek'chose » – la boue – qui remplira tout l'espace à la fin du récit. Dans la liste apparemment hétéroclite qui suit – composée d'êtres non encore créés – l'indéfini « rien » semble perdre de sa substance en devenant un simple suffixe qui cependant confère aux mots une valeur auto-sémantique, changeant ainsi leur signification et participant de la sorte à la création. Cette liste d'êtres en puissance finit par le grammairien, qui apparaît comme le summum de la création – et représente peut-être le protagoniste dont Dieu a le plus besoin car c'est lui, le grammairien, qui a la connaissance des structures. Le seul nom propre contenu dans cette liste est celui de Georges Darien, anarchiste et écrivain libertaire – Dieu préférerait-il la compagnie de cette tête anticléricale à l'ennui du rien ?

Dans le paragraphe suivant le narrateur change de discours et avec ceci pour un petit moment l'ambiance qui se ranime aussitôt, grâce à un couplet de quatre vers rimés qui constituent une réécriture de quatre vers de *La cigale et la fourmi* de La Fontaine[32]. Avec « sa voisine Inconscience » un être féminin apparaît dans le texte, ce qui sera cependant démenti tout de suite par le je-narrateur qui intervient à ce moment en s'adressant au lecteur :

> Pas le moindre petit morceau
> De mouche ou de vermisseau.
> Il cria Son impatience
> À sa voisine Inconscience...
> Mais Il n'avait pas de voisine et voilà que je m'égare. Pourtant, je vous assure qu'Il s'ennuyait ferme. Car il n'y avait rien à faire. (Bb 10–11)

Pour évoquer le silence et sa prise de conscience de la part de Dieu, l'auteur joue avec des sons, des allitérations et des rimes :

> Le silence s'annonçait. C'était la prise de conscience du silence. Et à grand fracas, le silence s'installait. Un silence profond et stable, un silence sonore, un silence empli d'aurore, de métaphores et d'oxymores [...]. (Bb 11)

La forme esthétique contredit évidemment le silence : même sans objet extérieur, le silence qu'il éprouve est « empli d'aurore, de métaphores et d'oxymores » (Bb 11). Le rien et le silence semblent infiniment longs ; des parenthèses intégrées par Salon dans le texte – « [...] » – indiquent plutôt le néant et l'expérience de l'ennui incommensurable éprouvé par Dieu que l'ellipse d'un évènement quelconque. Un évènement minime se révèle illusoire :

---

32 [...] Pas un seul petit morceau / De mouche ou de vermisseau / Elle alla crier famine / Chez la fourmi sa voisine [...]. Cf. La Fontaine (1991 : 31). La variation est donc minime dans les deux premiers vers (*le moindre* chez Salon au lieu de *pas un seul* chez La Fontaine) ; des deux autres vers de la fable, Salon n'emprunte que le verbe *crier* et *la voisine*.

> Un ange passa ; il luit, et Lui le héla (hé, là !) ou plutôt Il alla pour le héler, mais hélas, ce n'était qu'un mirage qui passait par là comme un avion à réaction. Le temps de le héler, il avait filé, à la vitesse du bonheur, et Dieu resta quoi ? Dieu resta coi, sans réaction. (Bb 11)

On voit comment Salon procède ici pour maximaliser le jeu sur les homophonies. La structure syntaxique parallèle avec « Une femme passa » et le sujet du bonheur manqué évoquent le sonnet très connu « À une passante » de Baudelaire ; si la passante apparaît chez Baudelaire comme un « éclair » qui disparaît dans « la nuit », ce sont des métaphores, qui adoptent, dans le texte de Salon, une valeur concrète. Le jeu intertextuel continue, cette fois, de manière explicite : en thématisant toujours le noir, le vide et l'infini, Salon fait référence au roman *Les Choses* de Georges Perec dont ni les protagonistes ni l'auteur n'existaient pourtant encore :

> C'était le noir. Partout le noir. Le noir infini. Toutes choses noires, mais sans chose, car les choses n'étaient nées, ni Jérôme, ni Sylvie. Ni Georges. Le noir infini donc. Et vide. Le vide infini. L'infini sidéral. Le trou noir. (Bb 11–12)

« L'infini sidéral » correspond aux images de l'univers, dans lequel Dieu est supposé se trouver déjà. Une suite de phrases minimales constitue un récit de l'éternité sans aucune progression, jusqu'au moment où Salon introduit « le trou noir », motif qui dynamisera l'histoire :

> Le trou noir. Et Il passait son temps à regarder le temps filer dans ce trou noir infini. Or le temps lui-même n'était pas encore né. Car Dieu n'avait pas encore eu l'idée d'inventer le temps. Et rien ne passait dans ce trou noir, et Il passait l'absence de Son temps à regarder le rien filer, le rien couler dans ce trou noir comme un tonneau que d'invisibles Danaïdes eussent constamment rempli de rien, de rien qui coulait noir sans fin dans ce tube sans fin, de rien qui glissait sans la moindre accroche, sans aspérité aucune pour retenir ou même ralentir la course effrénée du rien qui coulait vertigineusement dans le tube lisse et infini. Une vis d'Archimède sans filetage. Une hélice une et lisse. Un gouffre cylindrique. Un abîme abyssal, mais sans paroi. Un tore sans bords. (Bb 12)

Imaginons une lecture potentielle de ce paragraphe : d'abord le lecteur se réjouit probablement de la richesse métaphorique, des paradoxes et d'une phrase comme « Une hélice une et lisse », constituant une holorime parfaite ; en même temps l'évocation du trou noir pourrait susciter un certain effroi : la description est en fait neutre, mais les dénominations métaphoriques ne restent pas sans effet et il pourrait se demander, au vu de la « course effrénée du rien », si Dieu ne risque pas d'être avalé par le trou noir. La description du trou noir aboutit à un *kyklos* ou *cylindre* syntaxique – nouvelle allusion à l'éternité, mais peut-être aussi à la (pro)création qui serait ici une sorte de pré-création cosmogonique ou biologique, puisqu'on peut lire cette structure circulaire aussi comme l'hélice mentionnée, qui est non seulement un symbole pour l'infini mais aussi pour la vie humaine, grâce à la double hélice de l'ADN.

Le passage qui suit est crucial dans la mesure où à partir de là, le narrateur développera plusieurs niveaux de signification – qu'il résumera, à la fin du texte ainsi : « Alors enfin, vous qui n'êtes pas croyants, sachez que ce fut la toute première fois. Quant à vous, qui êtes croyants, sachez que ce fut la toute première foi » (Bb 16).

> Et c'était un drôle de passe-temps que de considérer l'infini éternellement, éternellement l'infini. L'infini sidérant du trou noir. Considérant le trou noir, le trou noir Lui apparut con... sidérant. le trou noir, le trou noir Lui apparut con... sidérant le trou noir, le trou noir Lui apparut con... Stop. (Bb 12)

Salon exploite le mot *considérer* de sorte que *con* devient l'adjectif *con* et évoque éventuellement sa signification argotique, le sexe de la femme, dans l'esprit du lecteur comme apparemment dans l'expérience de Dieu. Il était déjà question de l'infini « sidéral », évoquant le noir infini mais constellé ; maintenant Salon joue avec ce morphème en coupant en deux le mot *con...sidérant*, ce qui implique une nouvelle signification :

> Il se crut inconsidéré. Il se crut inconsidéré. Stop. Stop. On ne pouvait pas penser cela. C'était inconvenant. C'était inconvenant. Stop. STOP ! D'autant qu'Il était seul, et que l'ambiguïté n'avait pas lieu. L'ambiguïté n'était pas née, ni en concept, ni en lexique. Il n'y avait rien à dire. Seulement à penser au trou noir infini. (Bb 12)

Si Dieu a fait l'homme à son image, Dieu, dans le texte de Salon, est fait à l'image de l'homme, d'un homme sensuel, d'un homme de désirs. Par le verdict moral impliqué dans l'énoncé « C'était inconvenant », la répétition et l'intensification typographique de « Stop. **STOP** », Salon ironise l'attitude évangélique de chasteté – vu qu'apparemment Dieu s'exerce déjà, avant l'acte de la création même, dans l'autocensure et peut-être le refoulement. En parlant dans le paragraphe suivant du « premier jugement » qui évoque évidemment l'association du « dernier jugement », on reste dans l'isotopie implicite de la culpabilité chrétienne, de la négation du corps et du plaisir :

> Le noir lui obscurcissait le jugement, qui était alors le jugement premier. Le trou noir était noir, voilà ce qu'Il pouvait seulement dire. Tellement noir que c'en était vraiment gênant. Il est même très étrange de constater combien un trou noir peut être troublant. À bien y regarder, le noir était peut-être un peu plus noir à sa droite :
> *Il avait un trou noir troublant au côté droit.*
> Il souffla. (Bb 13–14)

Salon confronte le lecteur avec une sorte de *blanc*. Il ne communique que le regard et l'effet qui n'est rien d'autre qu'un trou noir « troublant » (on remarquera l'homophonie de « troublant » avec *trou blanc*) ou bien un trou « un peu plus noir à sa droite ». Avec « à sa droite », Salon prépare la réécriture du dernier vers du *Dormeur du Val* de Rimbaud. Mais dans le contexte donné, la phrase ou bien le vers alexandrin « Il avait un trou noir troublant au côté droit » fait également allusion à la création (future) de la femme, Dieu l'ayant tirée « du côté » d'Adam. « Il souffla » trouve toute sa place dans le tissu de ce niveau de signification ; au début du texte, dans le paragraphe dominé par le rien, le narrateur avait insisté sur le fait que « le souffle n'était pas né ».

Le souffle « biblique », l'apparition de la matière et l'union d'un principe masculin (l'Impatience – l'énergie / impulsion) et féminin (l'Inconscience – l'espace / onde) sont étroitement liés. Évidemment « kekchose » s'annonce. Et effectivement : Dieu expérimente bientôt une sensation surprenante puisque « À son insu la boue était née », une matière qu'il ne connaît pas, qu'il appréhende en tâtonnant, une matière qui remplit tout. Et comme il y avait de la boue partout,

> Il donna pour nom à cette période et à cet état le Tout-Boue.
> Mais à cette époque où les diphtongues, pas plus que les digraphes, n'étaient nées, on prononçait alors toutes les voyelles et l'on disait le tohu-bohu.
> Car, comme chacun sait,
> Beréshit Bara Elohim et Hachama'im ve èt Aharets
> Veaharets aïta tohu va bohu ve'hoshe'h al pené tehom.
> Au commencement, Dieu créa les Cieux et la Terre
> La Terre était désolation et chaos et les Ténèbres recouvraient l'abîme. (Bb 16)

Parmi tous les jeux de mots que contient ce texte, celui sur « Tout-Boue » et « tohu-bohu » occupe une position centrale. Il permet d'introduire la citation de la Genèse en hébreu contenant le tohu-bohu, le chaos originel – que Dieu va mettre en ordre. À la fin du texte, le lecteur est arrivé à la période de la Genèse dont il connaît le récit. Mais en imaginant une période antérieure à la création de la terre, caractérisée dans la Genèse biblique comme tohu-bohu, Salon fournit à Dieu la matière fondamentale pour son activité de création – qui apparaît alors plutôt comme l'établissement d'un ordre cosmique qu'une création *ex nihilo*. Ce qui correspond mieux au point de vue oulipien ainsi qu'à la théorie des quanta selon laquelle un vide absolu n'existe pas.

Le potentiel sémantique des jeux de mots – l'homophonie de *fois* et de *foi* comme la découverte qu'on peut transformer *tohu-bohu* en *Tout-Boue* constituent apparemment le moteur de ce texte, déclenchant un processus créatif dans lequel se déploie une étonnante virtuosité verbale. L'effet principal est humoristique, mais la manière dont Salon thématise la naissance spontanée de la boue en tant que matière première est significative à deux égards : si Dieu même recourt à une matière pré-existante pour accomplir son œuvre de création, l'écrivain ne peut non plus réclamer le statut de créateur au sens strict. Au lieu du principe d'une *creatio ex nihilo* sublime, Salon – comme l'Oulipo en général – propose un principe de création qui est recréation et récréation à la fois[33].

5 Pour une « esthétique du jeu de mots »

Dans mes travaux de recherche sur la littérature potentielle[34], j'ai proposé une distinction terminologique entre la « dimension méthodique », explicite ou implicite, et la « dimension ludique », également explicite ou implicite, d'un texte à contrainte, d'une part pour mieux examiner l'interaction de ces dimensions, d'autre part pour tenter une définition de la contrainte oulipienne[35]. L'application d'une contrainte confère toujours au texte une dimension méthodique, explicite s'il s'agit d'une contrainte faisant déjà partie du « corpus de contraintes oulipiennes » ou formulée dans un « mode d'emploi » ou un autre genre paratextuel, mais aussi une dimension ludique ; pourtant, celle-ci ne peut être appelée explicite que si la contrainte produit un effet esthétique sensible – audible et / ou visible. Il y a en effet des textes dans lesquels la contrainte est objectivable, mais

---

33 Dans un de ses articles, Marcel Bénabou rappelle une interprétation cabalistique de « Béréshit » : une permutation anagrammatique mène à « Béshérit », ce qui veut dire « avec des restes », de sorte qu'on pourrait traduire ainsi le premier verset de la Genèse : « avec des restes, Dieu créa le ciel et la terre ». Il importe à Bénabou d'entendre que « [l]es restes, les déchets, sont donc ici matériau de construction, et non résidus de destruction... » Bénabou (2004). On peut également mettre en évidence que l'épisode de la Genèse représente le passage de l'informe à la forme. Dans la Bible, le mot hébreu *chomer*, traduit entre autres par 'boue', mais aussi par 'argile', 'monceaux' et 'ciment', se réfère à l'informe, comme p. ex. dans le verset suivant (Esaïe 64 : 8) : « Cependant, ô Eternel, tu es notre père ; / Nous sommes l'argile (*chomer*), et c'est toi qui nous as formés, / Nous sommes tous l'ouvrage de tes mains ». La création consisterait donc surtout ou seulement dans le *façonnement*, ce qui correspond aussi à l'approche formaliste de l'Oulipo.
34 En parlant d'une littérature « ludique et méthodique », j'ai inclu dans mon corpus des œuvres qui suivent les principes oulipiens sans que leurs auteurs soient membres de l'Oulipo.
35 Poier-Bernhard (2012 : 99–144). Le terme de « dimension ludique » est plus vaste et comprend un projet d'écriture sous contrainte. La dimension méthodique peut être envisagée en référence à trois aspects du texte : 1. Comment et en quoi une contrainte détermine la production du texte ? 2. Comment elle s'inscrit dans le texte (plus ou moins visiblement ou plutôt de façon sous-jacente) ? 3. Quel rôle joue-t-elle à l'égard de la lecture du texte ?

pas perçue au cours de la lecture puisque notre attention de lecteur n'est en principe pas dirigée p. ex. vers le genre d'un substantif[36], le nombre des lettres d'un mot ou l'apparence régulière d'une lettre particulière. On peut, comme Ian Monk, écrire un récit sur la base de « la contrainte PI », prévoyant que le nombre de lettres des mots correspond aux chiffres du nombre PI (Monk 1999 / 2000 : 116–117) – ou, comme l'oplepien[37] Aldo Spinelli, un texte dans lequel chaque neuvième lettre doit être un 'e' (Spinelli 2005 : 135–148). Mais si les auteurs n'avaient pas révélé ces contraintes exigeantes, elles seraient passées inaperçues.

On peut conclure que, contrairement à la contrainte qui ne produit pas toujours un effet esthétique perceptible, le jeu de mots contribue toujours à conférer une « dimension ludique explicite » à un texte littéraire. Quant au jeu de mots, la question « exhiber / cacher la contrainte » (Bénabou 1992 : 42–51), récurrente au sein de l'Oulipo comme dans la discussion théorique, ne se pose évidemment pas. Le jeu de mots est clairement orienté vers « l'effet[38] ». Ceci dit, la question d'une esthétique du jeu de mots s'impose. Dans des conférences préparées pour l'université de Harvard, Italo Calvino, membre de l'Oulipo, a expliqué certaines valeurs pour la littérature de l'avenir : « légèreté », « rapidité », « exactitude », « visibilité » et « multiplicité[39] ». Il s'agit de valeurs qui caractérisent en même temps sa propre œuvre littéraire, œuvre de littérature potentielle par excellence. Pourrait-on, éventuellement, transposer ces valeurs même au niveau du jeu de mots ? Elles sont effectivement, de manière inattendue, pertinentes à l'égard d'une esthétique du jeu de mots. Elles peuvent être considérées comme des critères pour mieux comprendre ou examiner non seulement les mécanismes (étudiés en détail

---

36 Régine Détambel (écrivaine française et formatrice en bibliothérapie créative) a écrit le roman *La Modéliste* (1990) en se limitant aux substantifs féminins. Indépendamment, Klaus Ferentschik, un pataphysicien allemand, a entrepris, avec *Schwelle und Schwall* (2000), un roman double : dans la première partie il n'utilise que des substantifs féminins, dans la seconde que des substantifs masculins. Son livre *Scharmützel* (2003) complète la série avec des substantifs neutres. J'en ai plusieurs fois montré des extraits à des étudiants – ils n'ont jamais découvert la contrainte.

37 Oplepo – l'*Opificio di letteratura potenziale*, le groupe italien homologue de l'Oulipo, a été fondé en 1990 à Capri. Cf. www.oplepo.it.

38 Pour une réflexion sur le rôle du lecteur et la perception des contraintes génératrices face aux romans oulipiens, voir Wagner (2014 : 203–214).

39 Je ne mentionne ici que cinq des propositions qu'Italo Calvino avait conçues sous le titre *Six memos for the next millenium*, puisqu'atteint d'une attaque d'apoplexie qui provoquera sa mort en septembre 1984, Calvino n'a pas pu terminer son projet. La sixième valeur aurait été la « consistance » ; cette conférence est inachevée et les autres conférences n'ont pas eu lieu. La version française des textes correspondant à ces conférences est publiée dans une traduction d'Yves Hersant (1989).

par les linguistes) mais aussi des aspects divers de *l'effet* – intentionnel ou concret – d'un jeu de mots.

L'impression de « légèreté » peut résulter d'une permutation, d'une substitution, d'une combinaison insolite puisque la langue ne se présente plus comme un code conventionnel ou un système figé, et que, d'une certaine manière, l'espace intermédiaire dans lequel apparaissent et disparaissent certaines lettres ou syllabes se fait sentir ; par la mobilité surprenante de certains éléments langagiers, le jeu de mots fait ressentir au lecteur / auditeur le potentiel combinatoire du langage – et peut-être, discrètement et sans pathos, le caractère dynamique et combinatoire de l'existence même. La danse des atomes décrite par Lucrèce dans *De rerum natura*, qui sert d'exemple à Calvino dans sa réflexion sur la « légèreté » et qui est souvent citée par les Oulipiens, aurait été inspirée par la combinatoire de l'alphabet. Le jeu de mots met en scène « une danse de lettres » et évoque possiblement l'espace et son potentiel de faire apparaître et disparaître « kekchose ». La « rapidité » décrit parfaitement le procédé d'une superposition de deux termes ou de deux concepts ; à part cela, tout raccourci, toute omission volontaire, toute sorte d'ellipse crée un effet de « rapidité », comme par ailleurs tout changement rapide de niveau ou de perspective. L'« exactitude » pourrait même être considérée comme un critère de qualité, puisque, pour être pertinent, un jeu de mots doit être exact ; souvent, un jeu de mots comporte un aspect énigmatique tant qu'on ne l'a pas résolu : si, après la découverte et la surprise, la signification est évidente, on peut parler d'un jeu de mots exact sur le plan sémantique, sans pour autant négliger la dynamique et la complexité qui subsistent dans la relation entre signifiant et signifié. La « visibilité » du monde fictif dans l'imagination du lecteur est plutôt un critère facultatif : les « sardinosaures » créés par Jacques Roubaud et Olivier Salon (2015) se caractérisent par une grande « visibilité » parce qu'ils évoquent l'image créatrice d'un animal inconnu jusqu'à présent. La « multiplicité », enfin, est une des qualités les plus évidentes du jeu de mots : elle est probablement la condition essentielle à la dynamique du procès sémiotique et à la surprise qu'il suscite. Grâce à sa « multiplicité », le jeu de mots peut aussi devenir générateur d'un texte ou bien de concepts textuels – comme dans *Beaucoup de boue pour rien*.

L'effet principal d'un jeu de mots, c'est sans doute la surprise et le plaisir. On pourrait se demander pourquoi le jeu de mots, – non seulement effet direct ou collatéral de la contrainte mais aussi autonome – est tellement apprécié par les Oulipiens, alors qu'il n'occupe pas une place particulière dans leurs réflexions esthétiques. Je propose quelques hypothèses : par le jeu de mots l'écrivain oulipien peut partager avec le lecteur, au-delà du rire ou du sourire, sa fascination pour la richesse des formes et la complexité des processus sémiotiques. Le jeu de mots semble porter l'énergie condensée du plaisir de la découverte linguistique. « Le plaisir du texte » étant une valeur pour l'Oulipo, le jeu de mots apparaît comme la plus petite quantité textuelle apte à procurer un tel plaisir ; ce plaisir peut même avoir la qualité de ce que Barthes a nommé « jouissance », désignant soit un plaisir intensifié soit un moment d'« évanouissement », de déstabilisation[40]. Comment s'expliquer la raison de la réaction physique forte liée à la compréhension d'un jeu de mots – même si, après coup, on ne l'aime peut-être pas, pour des raisons conceptuelles ? Apparemment un jeu de mots peut créer un certain hiatus dans la linéarité de la pensée conventionnelle et nous conduire à l'expérience d'un hic et nunc : absorbé par l'activité du déchiffrement, on oublierait – pour un instant – ce qu'on est 'soi-même', 'un sujet subjectif dans un monde objectif', ce qui peut créer un effet d'euphorie, et procurer un moment de récréation imprévue. De même que l'application d'une contrainte formelle mène à une activation mentale insolite, le jeu de mots présente au lecteur le défi d'une lecture ou même un déchiffrement complexe. Il lui procure, après la résolution, un effet de récréation. C'est une expérience brève, mais, selon toute probabilité, vécue non seulement comme une récompense de l'effort, mais aussi comme un rafraîchissement profond de l'esprit.

Dans l'*Atlas de littérature potentielle*, Jacques Bens souligne l'importance du lecteur :

> La littérature potentielle serait donc celle qui attend un lecteur, qui l'espère, qui a besoin de lui pour se réaliser pleinement. [...] le premier postulat de la potentialité, c'est le secret, le dessous des apparences, et l'encouragement de la découverte. (Bens 1981 : 24)

Bens pense à la contrainte, mais il est incontestable que le jeu de mots offre aussi une certaine résistance au lecteur et le plaisir d'une découverte. Comme David Bellos le formule à l'égard de la contrainte, le jeu de mots provoque lui aussi « une réception de type poétique ou esthétique » et rend « attentif à la fabrication, à la construction du texte lui-même » (Bellos 2004 : 25). Un jeu de mots demande un lecteur très actif : il nécessite sa présence et réclame de lui des qualités fondamentales comme la clarté, la flexibilité, les facultés d'analyse et de synthèse, et ce de manière quasi-instantanée ; il exige une conscience linguistique – et il la réveille en même temps. Conditions idéales, par ailleurs, pour déclencher un processus créateur.

---

[40] « '*Plaisir du texte, texte de plaisir*' : ces expressions sont ambiguës parce qu'il n'y a pas de mot français pour couvrir à la fois le plaisir (le contentement) et la jouissance (l'évanouissement). Le 'plaisir' est donc ici (et sans pouvoir prévenir) tantôt extensif à la jouissance, tantôt il lui est opposé. » Barthes (2002 : 15)

Dans la plupart de ses formes, le jeu de mots combine l'acception active et passive de la notion de jeu : sur le plan de l'esthétique, la manipulation active d'éléments linguistiques – addition, substitution, inversion, élimination ; sur le plan du processus sémiotique nécessité, « le mouvement rapide[41] » – la dynamique sémiotique impliquant différents espaces mentaux, de sorte qu'un jeu de mots pourrait même indiquer un saut quantique. C'est pour son acception passive d'un « jeu qui a lieu » que le jeu est devenu la métaphore-clé pour décrire les processus complexes de la physique, de la biologie et d'autres disciplines scientifiques[42]. Dans le jeu de mots on ressent donc subtilement la rencontre du jeu intentionnel de la part de l'auteur et le jeu des possibles tout court.

6 Références bibliographiques

Textes cités

Bénabou, Marcel. 1992. Exhiber / cacher. Les Oulipiens et leurs contraintes. *Traverses* 4. 42–51. http://oulipo.net/fr/exhibercacher (consulté le 22/02/2017).
Bénabou, Marcel. 2003. Une clarté concentrée. In Oulipo, *Langagez-vous*, 8ᵉ semaine de la langue française et de la francophonie, 8–9. Paris : Ministère de la culture et de la communication.
Bénabou, Marcel. 2004. La galère ou Pourquoi j'ai participé à la confection du volume intitulé 789 néologismes de Jacques Lacan. In *L'amour de loin du docteur L.*, 27–31 (Cahiers de l'Unebévue). Paris : Unebévue. http://oulipo.net/fr/la-galere (consulté le 22/02/2017).
Bénabou, Marcel. *La littérature en graphe*. http://oulipo.net/fr/une-liste-de-contraintes-oulipiennes (consulté le 22/02/2017).
Bens, Jacques. 1965. *41 sonnets irrationnels*. Paris : Gallimard.
Bens, Jacques. 1981. Queneau Oulipien. In Oulipo, *Atlas de littérature potentielle*, 22–33. Paris : Gallimard.
Calvino, Italo. 1989. *Leçons américaines. Aide-mémoire pour le prochain millénaire*. Trad. par Yves Hersant. Paris : Gallimard.
Détambel, Régine. 1990. *La Modéliste*. Paris : Julliard.
Ferentschik. Klaus. 2000. *Schwelle und Schwall*. Zürich : Haffmanns.
Ferentschik. Klaus. 2003. *Scharmützel*. Berlin : Galrev.

---

[41] Cf. Matuschek (1998 : 1–25). Matuschek explicite les différentes acceptions de la notion du jeu et son emploi métaphorique pour des processus de grande complexité dans les sciences.
[42] Le célèbre chimiste Manfred Eigen (prix Nobel 1967), l'un des protagonistes de l'auto-organisation, a écrit en 1990 un livre (en collaboration avec Ruthild Winkler) intitulé *Das Spiel. Naturgesetze steuern den Zufall*. Dans sa traduction française le titre est *Les règles du jeu*. Une traduction littérale du titre – *Le jeu. Des lois naturelles règlent le hasard* – est encore plus significative par rapport à la critique oulipienne du « hasard » en tant que principe créateur.

Fournel, Paul. 2011. 50 ans d'Oulipo. In Carole Bisenius-Penin & André Petitjean (éds.), *50 ans d'Oulipo. De la contrainte à l'œuvre*, 17–20. Poitiers : La Licorne.
Garréta, Anne F. 2012. L'Oulipo et sa critique. Table ronde avec Marcel Bénabou, Anne F. Garréta & Jacques Jouet, animée par Marc Lapprand. *Formules* 16. 229–246.
Grangaud, Michelle (1998). *État civil*. Paris : P.O.L.
Jarry, Alfred. 1972 [1911]. *Gestes et opinions du docteur Faustroll, pataphysicien*. Paris : Gallimard.
Jouet, Jacques. 1993. L'Impotentiel. *Quai Voltaire* 7. http://oulipo.net/fr/limpotentiel (consulté le 22/02/2017).
Jouet, Jacques. 1997. L'homme de Calvino. *Europe* 815. http://oulipo.net/fr/calvino (consulté le 22/02/2017).
Jouet, Jacques. 2001. Avec les contraintes (et aussi sans). In Marcel Bénabou, Jacques Jouet, Harry Mathews & Jacques Roubaud, *Un art simple et tout d'exécution*, 33–67. Clamecy : Circé.
Jouet, Jacques. 2015. Entretien de Camille Bloomfield avec Jacques Jouet. Réalisé le 7 mai 2011, à Paris. In Marc Lapprand & Dominique Moncond'huy, *Jacques Jouet*, 293–313. Rennes : Presses universitaires de Rennes.
La Fontaine, Jean de. 1991 [1668]. *Œuvres complètes*, Tome 1. Éd. établie par Jean-Pierre Collinet (Bibliothèque de la Pléiade). Paris : Gallimard.
Le Lionnais, François. 1961. À propos de la littérature expérimentale. Postface. In Raymond Queneau, *Cent mille milliards de poèmes*. Paris : Gallimard.
Le Lionnais, François. 1973. La lipo. Premier manifeste. In Oulipo, *La littérature potentielle (Créations Re-créations Récréations)*, 19–23. Paris : Gallimard.
Le Tellier, Hervé. 2006. *Esthétique de L'Oulipo*. Bordeaux : Le Castor Astral.
Lescure, Jean. 1973. Petite histoire de l'Oulipo. In Oulipo, *La littérature potentielle (Créations Re-créations Récréations)*, 28–41. Paris : Gallimard.
Monk, Ian. 1999/2000. *(Mum's Apple) Pie*. *Formules* 3. 116–117.
Oulipo. 1973. Le Collège de 'Pataphysique et l'Oulipo. Présentation des travaux de la Sous-Commission dans le Dossier 17 du Collège de 'Pataphysique. In Oulipo, *La littérature potentielle (Créations Re-créations Récréations)*, 28–40. Paris : Gallimard.
Oulipo. 2003. *Langagez-vous*, 8e semaine de la langue française et de la francophonie. Paris : Ministère de la culture et de la communication.
Perec, Georges. 1973. Histoire du lipogramme. In Oulipo, *La littérature potentielle* (Créations Re-créations Récréations), 73–89. Paris : Gallimard.
Queneau, Raymond. 1958. *Le chien à la mandoline*. Paris : Gallimard.
Queneau, Raymond. 1961. *Cent mille milliards de poèmes*. Paris : Gallimard.
Queneau, Raymond. 1969. *Chêne et chien* suivi de *Petite cosmogonie portative*. Paris : Gallimard.
Queneau, Raymond. 1973 [1967]. Un conte à votre façon. In Oulipo, *La littérature potentielle (Créations Re-créations Récréations)*, 273–277. Paris : Gallimard.
Queneau, Raymond. 1976. Les fondements de la littérature d'après David Hilbert. In Oulipo, *Bibliothèque Oulipienne* 3.
Roubaud, Jacques. 1981. La Mathématique dans la méthode de Queneau. In Oulipo, *Atlas de littérature potentielle*, 42–72. Paris : Gallimard.
Roubaud, Jacques. 1981. Deux principes parfois respectés par les travaux oulipiens. In Oulipo, *Atlas de littérature potentielle*, 90. Paris : Gallimard.

Roubaud, Jacques. 2003. Mots dix choix. In Oulipo, *Langagez-vous*, 8ᵉ semaine de la langue française et de la francophonie, 72. Paris : Ministère de la culture et de la communication.

Roubaud, Jacques & Olivier Salon. 2015. Sardinosaures & Cie. In Oulipo, *Bibliothèque Oulipienne* 146.

Roubaud, Jacques. La Vie : sonnet. In *Poetry International Web*. http://www.poetryinternationalweb.net/pi/site/poem/item/16498/auto/0/LIFE-SONNET (consulté le 22/02/2017).

Roussel, Raymond. 1995 [1935]. *Comment j'ai écrit un de mes livres*. Paris : Gallimard.

Salon, Olivier & Philippe Mouchès. 2016. *Histoire de l'art et d'en rire. Musées des zeugmes*. Paris : Éditions Cambourakis.

Salon, Olivier. 2008. Beaucoup de boue pour rien. In Olivier Salon & Julien « Co3POINTS » Couty, *Les Gens de légende*, 8–17. Bordeaux : Le Castor Astral.
http://www.oulipo.net/fr/beaucoup-de-boue-pour-rien (consulté le 01/02/2017)

Spinelli, Aldo. 2005. Le Ripartite. Rimbalzo statistico. In Oplepo, *Biblioteca Oplepiana*. (B. Op. 9), 135–148 (B. Op. 9). Bologne : Zanichelli.

Études citées

Anderson, Harold H. (éd). 1959. *Creativity and its Cultivation: addresses presented at the Interdisciplinary Symposia on Creativity*. New York/Evanston : Harper & Row.

Baron, Christine. 2014. Savoirs, littérature et théories de l'analogie (dans la *Petite Cosmogonie portative* de Queneau et *Palomar* de Calvino). In Muriel Louâpre, Hugues Marchal & Michel Pierssens (éds.), *La Poésie scientifique, de la gloire au déclin*, 487–501. Ouvrage électronique mis en ligne en janvier 2014 sur le site *Épistémocritique*. http://www.epistemocritique.org (consulté le 22/02/2017).

Barthes, Roland. 2002 [1973]. *Le plaisir du texte*. Paris : Seuil.

Bellos, David. 2004. L'effet contrainte. In Bernardo Schiavetta & Jan Baetens (éds.), *Le goût de la forme en littérature. Écritures et lectures à contraintes. Colloque de Cerisy*, 19–27 (Collection Formules). Clamecy : Noésis.

Bloomfield, Camille. 2017. *Raconter l'Oulipo (1960-2000). Histoire et sociologie d'un groupe*. Paris/Genève : Champion, distr. Slatkine.

Blumenberg, Hans. 1957. Nachahmung der Natur. Zur Vorgeschichte der Idee des schöpferischen Menschen. In *Studium Generale* 10, 266–283.

Borgstedt, Thomas. 2009. *Topik des Sonetts: Gattungstheorie und Gattungsgeschichte*. Berlin/Boston : De Gruyter.

Campaignolle-Catel, Hélène. 2014. Une histoire en branches. L'Oulipo et les graphes. In Camille Bloomfield & Claire Lesage (éds.), *Oulipo*, 127–135. Paris : BNF, Gallimard.

Csikszentmihalyi, Mihaly. 1996. *Creativity. Flow and the Psychology of Discovery and Invention*. New York : Harper Collins Publishers.

Consenstein, Peter. 2002. *Consciousness, Literary Memory and the Group Oulipo*. Amsterdam/New York : Rodopi.

Eigen, Manfred & Ruthild Winkler. 1990. *Das Spiel. Naturgesetze steuern den Zufall*. München : Piper.

Genette, Gérard. 1976. *Mimologiques. Voyage en Cratylie*. Paris : Éditions du Seuil.

Glaeser, Georges. Axiomatique. In *Encyclopaedia Universalis* [en ligne]. http://www.universalis.fr/encyclopedie/axiomatique/ (consulté le 07/10/2017).

Guilford, Joy Paul. 1950. Creativity. *American Psychologist* 5. 444–454.
Guilford, Joy Paul. 1967. Creativity: Yesterday, Today and Tomorrow. *Creative Education Foundation* 1. 3–14.
Hölz, Karl. 1976. Raymond Queneau. Petite cosmogonie portative. In Walter Papst (éd.), *Die moderne französische Lyrik. Interpretationen*, 255–274. Berlin : Schmidt.
Inhetveen, Rüdiger, Christian Thiel & Jean-Michel Kantor. Hilbert David (1862–1943), In *Encyclopaedia Universalis* [en ligne]. http://www.universalis.fr/encyclopedie/davit-hilbert/ (consulté le 07/10/2017).
Kuon, Peter. 2015. Dante et Pétrarque… oulipiens ? In Peter Kuon, Nicole Pelletier & Pierre Sauvanet (éds.), *Contrainte et création* (Eidôlon 117), 87–99. Bordeaux : Presses Universitaires de Bordeaux.
Kuon, Peter, Nicole Pelletier & Pierre Sauvanet (éds.). *Contrainte et création* (Eidôlon 117). Bordeaux : Presses Universitaires de Bordeaux.
Matuschek, Stefan. 1998. *Literarische Spieltheorie. Von Petrarca bis zu den Brüdern Schlegel.* Heidelberg : Winter.
Moncond'huy, Dominique. 2014. Qu'est-ce que la contrainte. In Camille Bloomfield & Claire Lesage (éds.), *Oulipo*, 92–101. Paris : BNF, Gallimard.
Poier-Bernhard, Astrid. 2002a. Oulipotische Rekurse auf das Sonett. In Gisela Febel & Hans Grote (éds.), *L'état de la poésie. Tendenzen und Perspektiven der frankophonen Gegenwartslyrik*, 1–15. Frankfurt a.M. : Lang.
Poier-Bernhard, Astrid. 2002b. Raymond Roussels Erbe(n). In Werner Helmich, Helmut Meter & Astrid Poier-Bernhard (éds.), *Poetologische Umbrüche. Romanistische Studien zu Ehren von Ulrich Schulz-Buschhaus*, 355–374. München : Fink.
Poier-Bernhard, Astrid. 2012. *Texte nach Bauplan. Studien zur zeitgenössischen ludisch-methodischen Literatur in Frankreich und Italien.* Heidelberg : Winter.
Pötters, Wilhelm. 1987. *Chi era Laura? Strutture linguistiche e matematiche nel 'Canzoniere' di Francesco Petrarca.* Bologna : Il Mulino.
Reggiani, Christelle & Alain Schaffner (éds.). 2016. *Oulipo, mode d'emploi.* Paris : Champion.
Soulier, Coraline. 2016. (Faire) écrire en atelier. In Christelle Reggiani & Alain Schaffner (éds.), *Oulipo, mode d'emploi*, 367–383. Paris : Champion.
Schleypen, Uwe. 2004. *Schreiben aus dem Nichts. Gegenwartsliteratur und Mathematik – das Ouvroir de littérature potentielle.* München : Meidenbauer.
Vibert, Bertrand. 2005. Raymond Queneau, « La Chair chaude des mots ». *Le Chien à la mandoline*, 1958. *L'information littéraire* 57 (4). 22–26. http://www.cairn.info/revue-l-information-litteraire-2005-4-page-22.htm (consulté le 22/02/2017).
Wagner, Frank. 2014. Ce qui stimule ma réceptouze. (Le lecteur face aux romans oulipiens). In Carole Bisenius-Penin & André Petitjean, *50 ans d'Oulipo. De la contrainte à l'œuvre*, 203–214. Poitiers : La Licorne.

Camille Vorger
Méli-mélodit des mots dans le slam. Une étude multilingue

Résumé : Notre étude s'intéresse à l'espace de partage, de jeu autour des mots, qu'ouvre le slam en tant que dispositif de poésie scénique. Sur scène, tous les mots et jeux de mots sont permis pour conquérir le public. De cette recherche d'expressivité résulte une créativité aux multiples facettes : quelles en sont les formes et matrices privilégiées dans ce contexte ? Certaines s'avèrent-elles translingues, inhérentes à la performance ? Notre analyse s'appuie sur des exemples de slam francophone (SanDenKR, Grand Corps Malade et Ivy) ainsi que deux exemples exolingues – l'un hispanophone (Dani Orviz) et l'autre germanophone (Bas Böttcher) afin d'aborder la portée translingue de certains jeux de mots.

Mots clés : matrice phraséologique, multilingue, performance, poésie, prosodie, rythme

> « Emmêlé dans le méli-mélo du maniement de mots
> J'ai omis le délié, mais le stylo mine mes deux mains
> Du coup, j'ai immolé le délit d'héler des monuments de lettres
> Pour emmieller des lignes d'encre avec un minimum de litres ».[1]

1 Introduction

Les slameurs, nouveaux poètes nomades, s'adonnent avec brio à un joyeux *méli-mélo* issu d'un savant maniement de mots. Marchant « mots dans la main » – selon la formule de Rouda (2007), l'un des pionniers du mouvement –, ils appréhendent les mots dans leur matérialité, leur texture sonore dont ils jouent pour leur donner vie sur scène, dans un café ou autre lieu propre à accueillir un 'attentat verbal'. C'est dans ce passage de la page au partage, de la genèse écrite à la performance orale, que réside l'enjeu, le pacte que nous

---

[1] SanDenKR. 2011. Méli-mélo. In La Tribut du verbe (éds.), *Château de cartes*, 85. Lyon : La Passe du vent.

Open Access. © 2018 Camille Vorger, published by De Gruyter. This work is licensed under the Creative Commons Attribution-NonCommercial-NoDerivatives 4.0 License.
https://doi.org/10.1515/9783110519884-169

qualifions de colludique – conniventiel et ludique –, pour caractériser une forme d'engagement réciproque entre l'artiste et son public, au sein d'un espace de jeu et de partage autour des mots². Au cœur de ce lieu aux frontières mouvantes, ce sont souvent des frontières des mots qu'ils se jouent, multipliant équivoques, calembours et autres tours susceptibles de faire tendre l'oreille à un public pris à parti pour les départager, selon les règles du tournoi qui est l'une des formes du mouvement. Il s'ensuit un combat à coup de mots : les poètes s'affrontent en usant de procédés multiples tels que l'homophonie, la paronomase et autres effets sonores qui concourent à la « claque » originale – *to slam* –, aux émotions et au rire des auditeurs : tous les mots et tous les jeux (de mots) sont permis pour conquérir le public. La recherche d'expressivité représentant un enjeu majeur, les manifestations de créativité affluent dans le slam en tant que « genre discursif situationnel »³ défini par des règles scéniques formant un « contrat »⁴. La question de la créativité appliquée à un tel corpus peut se poser alors en ces termes : quelles en sont les formes privilégiées dans ce contexte ? Certaines des matrices repérées s'avèrent-elles translingues ? Cette créativité est-elle essentiellement lexicale ou prend-elle d'autres formes, inhérentes à la dimension scénique de la performance ?

La présente contribution nous amènera à analyser un premier texte francophone de SanDenKR, révélateur de procédés récurrents, avant d'étudier plusieurs slams de Grand Corps Malade, emblématique d'une rhétorique moderne, et d'Ivy, initiateur des soirées *SlaMontréal*. Nous compléterons cette approche par l'analyse de deux textes exolingues : l'un de l'artiste allemand Bas Böttcher, pionnier du slam berlinois, et l'autre de Dani Orviz, vainqueur espagnol du *Poetry slam* d'Europe en 2012. Nous étudierons les jeux de mots mis en œuvre en les abordant sous l'angle de la traduction et du potentiel translingue ainsi que, dans la perspective de l'interprétation, en lien avec le rythme et la mimogestualité qui les portent.

---

2 Nous faisons ici référence au « pacte autobiographique » (Lejeune 2006), mais aussi, au sens fort du mot « pacte », comme convention voire contrat, d'où résulte un « engagement » (voir le site *Autopacte*) du poète envers son public, ledit pacte « colludique » étant basé sur les règles d'une scène slam. Celle-ci, en tant que dispositif, est en effet basée sur quelques règles qui régissent la durée (3–5 minutes) de la performance, l'identité entre l'auteur et l'interprète, l'absence d'accessoires et de musique. Le terme « colludique », forgé pour les besoins de nos recherches, se présente, au delà du suffixe co-, comme une sorte d'amalgame qui vise à mettre en valeur la notion de « collectif », essentielle dans le slam.
3 Voir Charaudeau (2001).
4 Aux règles déjà énoncées s'ajoute la récompense du « verre offert à qui déclame des vers », selon la formule consacrée.

2 *Méli-mélodit* des mots avec SanDenKR

SanDenKR est un slameur lyonnais qui s'adonne au joyeux « méli-mélo du maniement des mots »[5], mettant en œuvre certains procédés emblématiques que nous analysons ci-après.

2.1 Le choix des 'blases'

Dans le slam comme dans le rap – mais avec un enjeu différent, *colludique*, plutôt que cryptique comme dans le *hip-hop* – le choix des pseudonymes, des 'blases'[6], répond à une véritable quête esthétique pour ces troubadours des temps modernes. En témoignent des noms de collectifs tels que *Les Slamtimbanques* à Limoges, *Am slam gram* à Chambéry, ou encore *La Tribut du verbe* à Lyon, pour n'en citer qu'un échantillon. Ce dernier exemple présente un triple jeu sur l'homophonie avec 'tribu' – mot représentatif du slam en tant que famille internationale de poètes ou *slam family* –, 'attribut' – la locution « attribut du sujet » faisant ici l'objet d'un détournement – et 'tribut' au sens de « contribution imposée par un État à un autre, par un peuple à un autre, en signe de dépendance »[7]. En outre, le lien avec 'tribun' n'aura pas échappé à des oreilles attentives : ce terme désigne un « représentant de la plèbe », « orateur à l'éloquence puissante, directe et sachant s'adresser à la foule » (TLFi). De fait, c'est bien une tribune que propose le slam, un espace d'échange autour des mots, visant à remettre la parole poétique au centre de la place publique, à 'populariser' la poésie en la démocratisant. Le site du collectif *La Tribut du verbe* explicite tous ces possibles sémantiques : « Présents dans le slam lyonnais depuis ses débuts (janvier 2002), les tribuns trouvent leur inspiration dans l'air du temps ou dans le temps qu'on fiche en l'air... »[8] Et les slameurs lyonnais de préciser leur « identité » en des termes qui mettent en valeur non seulement l'homophonie citée *(tribu.t)* et la paronomase *(verbe / verve)* mais aussi la *figura etymologica* : « Des attributs du verbe / qui *contribuent* / aux tribulations des vers / et *distribuent* le tribut / de

---

[5] SanDenKR. 2011. Méli-mélo. In La Tribut du verbe (éds.), *Château de cartes*, 85. Lyon : La Passe du vent.
[6] 'Blase' est le terme consacré dans le slam pour « surnom, pseudonyme » (Goudaillier 1997).
[7] Définition du TLFi consultée via le CNRTL.
[8] Voir le site du collectif : http://www.latributduverbe.com/bio (consulté le 11/07/18).

leur verve en tribu »[9]. S'ajoutent ici les 'tribulations'[10] qui en disent long sur le nomadisme inhérent à ces nouveaux poètes.

SanDenKR, qui s'est aujourd'hui dissocié du collectif *La Tribut du verbe*, a choisi un pseudonyme évoquant les blases de rappeurs – souvent marqués par un jeu, mis en relief par la présence de majuscules, sur les codes écrit et oral[11] – et resémantisant la locution « (se faire un) sang d'encre », l'encre étant la manifestation et l'état premier d'une forme d'hémorragie lexico-verbale. Notons que la liquidité est souvent associée à l'étape orale dans le slam – on parle ainsi de *flow* –, qui peut être appréhendé comme un changement d'état de la matière verbale : l'état solide correspondrait aux mots glacés sur le papier, l'état liquide au *flow* qui les libère lors d'une performance orale (ou d'un enregistrement audio), l'état gazeux à l'air qui sépare – tout en les reliant – l'artiste de (à) son public lors d'une scène *live*[12].

2.2 Le règne de la paronomase

La paronomase a été mise en évidence (Barret 2008) comme la figure reine des rappeurs, à l'instar des Grands Rhétoriqueurs[13]. De même, les slameurs ont tendance à la privilégier par rapport à la rime, lui préférant cet écho sonore multiple et délocalisé, qui permet aussi de mettre en valeur une structure consonantique et, par là-même, de faire « claquer les mots » selon l'acception première du verbe *to slam*. Dans l'extrait mis en exergue, on relève non seulement des rimes internes (*mélo / stylo*), mais aussi des paronymes qui engendrent des rimes dites « semi-équivoquées » (*lettres / litres*) et autres rebonds sonores qui ne sont pas toujours localisés en position finale : en témoigne le couple *emmêlé / emmieller* et la séquence *délit d'héler* qui fait aussi écho au *délié* du vers précédent, alors que *délit* annonce *des lignes*.

---

9 Voir *supra* (site du collectif « La Tribut du verbe »).
10 De *tribulation*, 'tourment, angoisse', dér. de *tribulare*, 'presser avec la herse, écraser'.
11 L'écriture dite « phonétique » est en effet un procédé très employé dans les blases de rappeurs (voir par exemple « SeXion d'assaut »).
12 La métaphore a été formulée en ces termes par Bas Böttcher en entretien.
13 Guiraud (1976 : 86) et Barret (2008) ont évoqué les prouesses de ces poètes du XVe siècle qui s'exerçaient à composer des rimes léonines, couronnées, batelées, brisées, palindromes, holorimes, etc. (Zumthor 1978). Le lien avec les slameurs contemporains est patent, dès lors que nombre d'entre eux, à l'image de Grand Corps Malade, jonglent avec les mots, avec les rythmes et les sonorités d'une façon assez similaire.

Dans ce slam saturé en [l] et [m] – véritable prouesse d'élocution lors de la déclamation –, les figures sonores semblent prédominer, mais elles sont doublées de métaphores comme celle d'*emmieller les lignes*, tendant à souligner la matérialité des mots qui sont l'objet, la matière du maniement. Est-il utile de rappeler qu'il s'agit là d'une vision du poète-artisan renvoyant aux origines mêmes de la *poiesis*[14] ? Vision que ces poètes ont à cœur de colporter lors des ateliers qu'ils animent auprès de publics divers et des scènes dites « ouvertes » qui leur permettent de donner corps à leurs mots. Lors des performances scéniques, la mimogestualité joue un rôle clé sur lequel nous reviendrons (voir *infra* l'exemple de Bas Böttcher), confortant le pacte que nous qualifions de 'colludique' et qui implique de 'jouer ensemble avec les mots', en appuyant plus précisément par la gestuelle certains jeux de mots. Ainsi les mots et les mains sont-ils associés au sein de l'espace scénique, comme ils le sont déjà sur le papier : « le stylo mine mes deux mains ». Au cœur de cette dernière équivoque, notons le jeu sur l'homophonie et la frontière des mots (*stylo-mine / miner*). Le slam apparaît alors comme un jeu sur les frontières : entre écrit et oral, les mots se fondent, se confondent, à tel point que le méli-mélo peut parfois aboutir à la « salade de bruits » (Marco DSL 2009).

2.3 Le jeu des détournements

Les formules détournées – que nous avons proposé de ranger sous la catégorie de « matrice phraséologique » (Vorger 2011a, 2011b) dans la typologie des matrices lexicogéniques (Sablayrolles 2006) – représentent un procédé créatif dont les slameurs usent à l'envi :

> Faisant *serment d'hypocrite*, baigné dans un ferment lexical
> Je me suis immunisé des manies, de la dominante grammaticale
> Entre diction, contradictions, fissions de diphtongues contre dictions
> Ma *force de phrase* n'a pas plus d'impact sur le papier que sur la friction (SanDenKR 2011)

Outre des détournements phraséologiques (on reconnaît ici 'serment d'Hippocrate' et 'force de frappe'), la paronomase (*contradictions / contre dictions*), une métaphore filée autour de l'atome (*fission / friction*) permet un écho sémantique soulignant l'impact supposé des mots dans le slam, rappelant au passage que les premiers slameurs s'affrontaient à coup de mots sur un ring,

---

14 Voir à ce sujet Frontier (2012 : 15).

équipés comme des boxeurs[15]. Le jeu de mots est alors assimilé à un coup, dans la lignée des *punchlines* chères aux rappeurs. Le collectif parisien Uppercut (2010) a filé la métaphore, notamment au travers du spectacle *Sur le ring* où les voix fusent et 'pulsent' comme autant de coups.

3 Une rhétorique ludique en acte avec Grand Corps Malade

Le slameur qui a fait connaître le slam en France a affiné, au fil de cinq albums et d'un essai, les ressorts privilégiés de son « écriture orale »[16] en faisant preuve d'humour, mais aussi d'un art de la *dispositio* et de *l'elocutio*.

3.1 L'art de l'humour : resémantisation, calembour et paronomase

Grand Corps Malade, dont le blase a été conçu comme un 'nom de sioux' en référence à l'accident (suite à un plongeon à l'âge de 20 ans) qui a définitivement entravé sa mobilité, a fait de certains de ses slams le lieu d'un récit autobiographique allégorique, développant une posture que nous avons qualifiée de « confidence publique » (Vorger 2016). Ces récits, pour relater une expérience dramatique, n'en sont pas moins sublimés par un humour que le slameur a également déployé dans un essai intitulé *Patients*[17]. On y retrouve le même type de jeux de mots, à commencer par les détournements avec resémantisation : « Je roule donc à fond, *cheveux au vent* (j'en rajoute à peine) », précise-t-il en évoquant sa liberté retrouvée grâce au fauteuil roulant. Dans cet espace confiné à l'écrit – à la différence des slams –, il use des parenthèses pour accentuer ses jeux de mots, adressant un clin d'œil à son lecteur au détour d'une expression imagée : « les cent pas (les cent roues ?) » (Grand Corps Malade 2012 : 54). Il en profite pour resémantiser certains verbes ou locutions : « un fossé (que je suis d'ailleurs bien en peine d'enjamber) » (ibid. 62). Les parenthèses représentent un espace de jeu, une zone où s'exerce librement ce que nous nommons le colludique : ce

---

15 Voir les soirées Bouchazoreill' qui ont donné lieu à un DVD intitulé *Slam experience* : http://www.dailymotion.com/video/x1vrj7_teaser-slam-experience_news.
16 « J'écris à l'oral » est le titre de l'un de ses slams (2008).
17 *Patients*, Don Quichotte, 2012, récemment adapté au cinéma sous le même titre (2017).

dernier ne se limite pas à l'espace des slams mais pourrait bien constituer un trait majeur de son 'écriture', au sens de Barthes[18], fût-elle orale. On perçoit là comment l'humour s'insinue dans le décalage entre l'attendu (le figé) et l'inédit du détournement, entre le « ludant » et le « ludé », selon la terminologie de Guiraud[19], à la faveur d'une resémantisation. L'exemple *la cerise sur le ghetto* ('sur le gâteau') illustre ce procédé de détournement d'une expression figée dans une perspective satirique.

Dans le slam « Ma tête, mon cœur et mes couilles », le slameur use d'un humour qui renvoie au grotesque corporel bakhtinien (Ost et al. 2004 : 210), abordant ici le délicat problème du différend entre ces trois pièces maîtresses de son anatomie qu'il compare à un conflit de la plus haute importance. C'est dans ce décalage même que le comique verbal se loge, au travers d'un registre grave, voire solennel (« Le corps humain est un royaume où chaque organe veut être le roi »), mêlé à un registre familier avec la personnification des éléments qui se disputent la maîtrise des événements. Les expressions imagées qui se succèdent en cascade se trouvent remotivées, sémantiquement parlant :

> Mes couilles sont motivées, elles aimeraient bien pécho cette brune
> Mais y'en a une qui veut pas, putain ma tête me casse les burnes
> Ma tête a dit à mon cœur qu'elle s'en battait les couilles
> Si mes couilles avaient mal au cœur et qu'ça créait des embrouilles

Celui qu'on a pu appeler, à ses débuts, « Le Villon du 93 »[20], semble faire écho au « Débat du cœur et du corps » de Villon, dont on retrouve la dimension dialogique : « Qu'est-ce que j'oi ? – Ce suis-je ! – Qui ? – Ton cœur / Qui ne tient mais qu'à un petit filet » (2014 : 223).

Au sein d'une écriture contemporaine qui emprunte au verlan (*pécho*) et cultive la paronomase (notons la métathèse *brune / burnes*), on relève une forte densité de phrasèmes dont la succession est accentuée par un *flow* rapide : « Moi mes couilles sont *têtes en l'air* et ont un *cœur d'artichaut*... ». L'humour naît ici du slalom lexical, du *slam entre les mots*, porté par un *flow* qui tend à s'accélérer pour souligner le comique verbal :

> Et si ma tête *part en couilles*, pour mon cœur c'est la défaite
> J'connais cette histoire *par cœur*, elle n'a *ni queue ni tête*

---

18 « Entre la langue et le style, il y a place pour une autre réalité formelle : l'écriture. » (Barthes 1993 : 147)
19 Calquant son opposition sur la terminologie saussurienne, Guiraud (1976 : 10) appelle 'ludant' le texte tel qu'il est donné et 'ludé' le texte latent, « normal, attendu, logique ».
20 Voir l'article du Point en ligne : « Grand Corps Malade, 'Le Villon du 93' ».

On retrouve un jeu similaire dans cet autre slam intitulé « Les lignes de la main » :

> Elle *prend son pied* en prenant mes mains
> Ses mains tenant mes doigts sont balèzes
> Elle est *à droite* et j'ai *deux mains gauches* c'est maintenant mon malaise

À l'heure où Alain Vaillant déplore « Le déni du calembour »[21], forme la plus dévaluée des ressorts comiques souvent reléguée aux blagues Carambar et à la publicité, ce procédé – consistant à faire surgir un autre sens d'un énoncé équivoque (*à droite / adroite*) – semble remis au goût du jour par les slameurs qui le manient avec brio, sans bouder leur plaisir ni celui de leur public. Ce slam relatant la rencontre avec une voyante en est une bonne illustration : « Ma ligne de *vie rage*, ma ligne de *vie perd...* ». De *virages* en *vipères*, le procédé est mis en relief par une redondance anaphorique car le dessein scénique suppose un trait grossi afin que les spectateurs puissent le saisir au vol : « elle est *maligne*, ma ligne », souligne le slameur. Grand Corps Malade, dans la lignée des rappeurs, use et abuse de l'homophonie ainsi que d'une écriture paronomastique qui met ici en parallèle *balèze* et *malaise*, enrôlant son public dans cet espace colludique, l'impliquant dans un humour verbal qui participe de son succès. Notons que le slam n'est pas sans lien avec le *stand-up*[22], et que le slameur a créé un spectacle intitulé « Rire en slam » avec l'humoriste Baptiste Lecaplain[23]. Cette formule titulaire suggère que l'humour est au cœur (au corps) d'un slam qui peut se conjuguer à d'autres arts de la scène, du moment que le jeu – dans tous les sens de ce terme – y occupe une place centrale.

3.2 L'art de la *dispositio* et de la chute : « J'ai oublié » (2006)

Le slam est aussi à envisager comme une forme actuelle de rhétorique, si l'on considère les cinq parties d'un discours ou *oratio*, à commencer par la *memoria* et l'*actio* (la prestation scénique qui en est la finalité, l'horizon), l'*inventio*, la

---

[21] Voir en bibliographie l'article ainsi intitulé. Selon Alain Vaillant (2013), « [t]oute la puissance du calembour, qui s'apparente en effet à l'émerveillement puéril, du don réservé à l'enfance de mêler sans gêne le réel et l'irréel, tient de son extraordinaire puissance métamorphique, de son pouvoir d'*enchantement* ».
[22] Forme de spectacle comique apparue aux États-Unis (*stand-up comedy*), où un humoriste, seul en scène, s'adresse au public sans accessoire ni costume.
[23] Spectacle au profit d'une association œuvrant pour rendre le sourire à des enfants hospitalisés, à Paris (salle Gaveau) en juin 2013.

dispositio et *l'elocutio* étant mises en œuvre en amont, lors de la genèse. Le texte « J'ai oublié », basé sur la répétition systématique de cette formule, se caractérise par une *dispositio* faussement erratique, aboutissant à une double chute jouant sur une double homophonie (*chute / chut, fin / faim*). Ladite chute est annoncée en tant que telle par un procédé qui s'apparente à l'antiphrase puisqu'il déplore son absence alors même qu'il la prépare, se jouant de la règle selon laquelle la brièveté est de mise dans le slam :

> À ce putain de texte, j'ai oublié de trouver <u>une chute</u>
> Comme un cascadeur qui saute d'un avion sans parachute
> Mais <u>chut</u> ! Faut que je me taise, car maintenant <u>c'est la fin</u>...
> ... À vrai dire pas tout à fait car pour l'instant j'ai encore <u>faim</u> (nous soulignons)

En l'occurrence, le jeu de mots crée le rebond et permet de différer la véritable péroraison qui intervient un peu plus tard. Il revêt une fonction cataphorique, tenant l'auditeur en haleine. Grand Corps Malade se distingue donc par un usage créatif de procédés rhétoriques en détournant ceux-ci d'une rigidité par trop « scolaire », à laquelle il préfère « l'école de la vie » et autre « établissement *solaire* ».

3.3 L'art de *l'elocutio* : « Pères et mères » (2008) et « J'ai mis des mots » (2013)

Cet art du balancement s'appuie en outre sur un jeu de rythme mettant en relief une structure essentiellement binaire, Grand Corps Malade tournant souvent autour de l'alexandrin. Dans ce slam en hommage à ses parents, les vers s'organisent selon une structure très régulière (6 / 5), avec des rimes brisées à la césure qui soulignent les oppositions :

> Il y a une mère *candide* et un père aimable
> Il y a une mère *rigide* et imperméable
> Il y a des pères *absents* et des mères usées
> Il y a des mères *présentes* et des perfusées

La répétition anaphorique[24] crée ici un effet de liste, caractéristique de la poésie orale qui progresse par addition plus que par subordination (cf. Zumthor 1987). Si l'on entend par *elocutio* l'attention portée à la sélection et à l'arrangement des

---

24 L'anaphore évoque le poème d'Apollinaire « Il y a » (*Poèmes à Lou*, 1955), formule couramment reprise dans la chanson.

mots dans le discours, alors « Pères et mères » se révèle particulièrement éloquent. La répétition – fondatrice de la poésie orale – prend ici des formes variées dont l'homonymie et la paronymie, l'homophonie partielle, l'allitération et l'anaphore. Ainsi se trouve-t-elle renforcée phonétiquement dans un slam dont la texture phonologique compte autant que l'architecture. En outre, la répétition des deux mots-clés donne lieu à des formes néologiques créées par composition (*père-fiction*, *père-primaire*, *père-crédit*, *père-pulsion*) ou verlanisation (*reu-mères*, en balancement paronymique avec *repères*). La paronomase représente, là encore, un procédé privilégié. Enfin, la prosodie joue un rôle important : la forme *reu-mères* est préférée à *reum* pour les raisons rythmiques évoquées.

> Il y a les reu-mères qui cherchent des repères
> Refusant les pépères amorphes
> Mais les pauvres se récupèrent les experts du divorce
> Il y a les pères outre-mer qui foutent les glandes à ma mère
> Les pères-primaires, les perfides, les personnels qu'ont le mal de mer
> Ceux qui laissent les mères vexent et les perplexes

Il suffit d'oraliser ce texte pour que résonnent les équivoques, entre « pères-fusées » (*supra*), « ex-pères » (*experts*) et « mal de mère » (*mal de mer*). C'est d'ailleurs la raison pour laquelle Grand Corps Malade a refusé, sur le livret de l'album *Enfant de la ville* (2008), de transcrire ce texte, précisant qu'il ne souhaitait pas lever certaines ambiguïtés inhérentes au code oral.

Plus récent, « J'ai mis des mots » résonne comme une nouvelle prouesse verbale. En effet, ce slam peut s'entendre comme une véritable *démo* (de mots) qui entremêle les syllabes autour d'une allitération en [m] : « la langue française est tellement bien taillée pour ce genre de jeu », commente le slameur en guise de prolégomènes dans le livre-album (2013). De fait, les mots sont la matière première, le medium se faisant de plus en plus malléable au fil d'un *flow* qui s'emballe pour l'occasion : « Les mots vont vite faut qu'on s'accroche, j'ai pris le tempo à la croche ». Dans ce slam, le rythme s'avère significatif, proche du *staccato*, du fait d'une majorité de mono- et bisyllabiques nés de la contrainte d'une variation sur les syllabes *mi* et *mo* qui donne lieu à des combinaisons multiples : « J'ai mis des mots j'ai pas médit / J'ai mis des do j'émets des mi ». La « mélodie des mots » se trouve mise en avant, le jeu sur les notes tendant à attirer l'attention sur la musicalité intrinsèque au texte : « Et quand la musique accompagne, les mots pétillent comme du champagne ». Du pétillement à l'effervescence en passant par l'ivresse lexicale ressort l'envie de faire claquer les mots, pour mieux leur donner vie en leur donnant voix : « J'ai mis des mots dans tous les sens[25], à l'envers à l'effervescence ». De fait, c'est au public de décrypter *les sens* et de reconstruire le *sens* des mots livrés à l'état brut, dans un pêle-mêle aussi sonore qu'*insensé*, et l'on retrouve ici notre pacte colludique qui invite l'auditeur à entrer dans le jeu, la danse des mots. Impliquant le public dans l'acte de création, le slam de Grand Corps Malade s'avère résolument créatif, non seulement au travers des jeux de mots, dans *l'inventio*, la *dispositio* et *l'elocutio* verbales, mais aussi dans la rythmique de *l'actio*. La créativité prend donc dans le slam des formes originales et diverses, faisant parfois appel à des ressources multimodales afin d'étayer certains jeux de mots.

4 Des mots-valises aux mots-lierre avec Ivy

Ivy est un artiste québécois qui se distingue par la variété des figures mises en jeu au gré de ses slams, des formes et media divers de publication auxquels il recourt – performance scénique mais aussi édition d'albums et livres-album, clips vidéo accessibles en ligne, etc. : de l'anadiplose aux détournements phraséologiques, en passant par l'amalgamation lexicale.

4.1 Les mots-valises

Ivy affectionne particulièrement les amalgames, comme en témoignent l'intitulé des soirées *SlaMontréal* qu'il a initiées dans la capitale, le titre de son album *Slamérica*, ainsi que les titres de certains de ses textes et chansons tels *Immi_grand_slam* – 'Immigrant + Grand slam' (ce dernier terme désignant un tournoi). Notons que dans ce titre, l'artiste use d'un tiret bas entre les formants, procédé typographique qu'il réinvestit dans « Va faire ta guerre », étudié ci-après.

4.1.1 « Dire » (2008)

« Dire » se présente comme une sorte de prologue au livre-album *Slamérica* (2007), autant qu'un manifeste poétique sur les jeux et enjeux du slam :

---

[25] On observe un jeu sur l'homonymie et la polysémie de ce lexème (repris oralement par homophonie dans *effervescence*) : au sens de 'direction', mais aussi de 'sensation' et enfin au sens 'sémantique'.

> Dire directement sans salmigon... DIRE
> Avant que la mort vienne nous rai...DIRE
> Ce que la vie aura voulu nous DIRE
> Du tout au tout sans jamais défaillir

Le lexème DIRE, mis en relief par l'usage de majuscules, sert de base à toute une chaîne de mots-valises soudés autour de la syllabe commune *di*, des points de suspension – traduits par un allongement vocalique à l'oral – attirant l'attention sur le lieu de la fusion : *après-midi* + *DIRE* = *après-mi...DIRE* ; *paradis* + *DIRE* = *para...DIRE*. Lors de la performance scénique et sur l'enregistrement, c'est un accent prosodique qui permet de mettre en valeur la syllabe DIRE. La répétition, qui tend ensuite vers l'anaphore rhétorique, revêt ici une valeur incantatoire, illustrant la « sorcellerie évocatoire » chère à Baudelaire[26].

Certains néologismes s'apparentent à des néographies comme *raiDIRE* ou encore *NOUS-rire* qui s'entend *nourrir*, le *nous* étant, au demeurant, mis en balancement avec le MOI : « la fin du MOI et le début du NOUS-rire ». Formule que l'on peut interpréter comme mettant l'accent sur la dimension collective du slam dont on perçoit les caractéristiques : une expression libre et directe, sans détours, la dimension scénique (« DIRE des gros mots pour se faire applaudir »), l'esthétique du rebond (voir *infra* : « la belle balle apprendre à rebondir »), les effets d'allitération (« les mots montent en mottons ») et de détournement phraséologique (« des alcooliques UNANIMES »). L'usage des majuscules confère une valeur iconique à ces formes néologiques qui attirent l'œil et l'oreille :

> [le néologisme] À son contenu sémantique s'ajoute une valeur iconique : il semble être une extension au-delà du domaine des signifiants possibles et comme l'image des bornes franchies ; le langage, littéralement, se surpasse. (Riffaterre 1973 : 69)

À la fin de ce slam, la formule-palimpseste *Verbes d'éta...ble de conjugaison* fait se superposer trois formants, à l'instar de *La tribut du verbe* (voir *supra*) : 'verbes d'état + tables de conjugaison + étable'. Une dernière occurrence d'amalgame lexical souligne la prégnance du sonore dans le slam en faisant écho à une célèbre comptine : *Am stram grammatical et collé gram* (voir la reproduction du texte en annexe). Entre autres procédés typographiques contribuant à l'effet de palimpseste, on observe la présence de notes de bas de page permettant de déployer une nouvelle équivoque : « S'enlacer, c'est pas assez, c'est si bon – *cécité* », dit le texte ; « S'enlacer, c'est pas assez, c'est si bon, *c'est cité* », précise la

---

26 « Manier savamment une langue, c'est pratiquer une sorte de sorcellerie évocatoire. » (Baudelaire, *L'Art romantique*, 1869)

note, développant, tel un palimpseste qui comporte plusieurs strates, ce que l'oral fait entendre mais que le choix d'une transcription écrite occulte. Un tel procédé permet donc de ne pas trancher entre plusieurs graphies possibles et de mettre en relief graphiquement l'équivoque, les mots cachés sous les mots.

4.1.2 Des mots qui se croisent pour la paix

Dans un tout autre registre, le slam « Va faire ta guerre » illustre la portée polémique, voire politique, du néologisme. Composé par Ivy en 2011 dans le cadre d'un projet *Partenaires pour la Paix* pour Amnesty International, le clip fait apparaître une transcription caractérisée par le recours à des tirets bas dans les amalgames[27]. On en relève cinq[28] :

> Depuis le temps que tu nous endors
> Monsieur le marchand
> *D'arme_men_songes* de sécurité
> Quand tu *Rêves_olver*
> Un nouveau demain
> [...]
> T'as pas honte ?
> Croiser le fer
> Semer les feux de l'enfer
> Juste pour satisfaire tes *amis_litaires* ?
> [...]
> Un sauvage de ton espèce
> N'éprouve nulle tendresse pour les démunis
> À moins que ce ne soit *démuni_tions* ?
> [...]
> T'as la chance d'avoir des *amis_siles*
> Qui tirent à boulets rouges
> Sur tout ce qui bouge

Dans la première occurrence, la syllabe homophone permettant la fusion est mise en relief par la typographie qui isole cette syllabe centrale. Il s'agit d'un « mot monstre », hydre à trois têtes, pour le dire avec les mots d'Almuth Grésillon (1984) qui a souligné la monstruosité du mot-valise. La dernière syllabe-mot (*songe*) se trouve mise en valeur par le cotexte amont avec l'usage polysé-

---

27 Voir en annexe. Clip disponible sur https://www.youtube.com/watch?v=drrdBGA78fo.
28 On remarquera en passant que le mot *game* est inclus dans l'*amalgame* au potentiel ludique indéniable.

mique du verbe *endormir* ('tromper, faire dormir'). Quant au deuxième néologisme, il s'agit d'un verbe (*rêver*), annoncé par le rejet de *songe* au sein de l'amalgame précédent (*arme_men_songes*)[29] : (tu) *rêves* se voit alors transformé en *révolver* dont la typographie – et la micropause marquée à l'oral – montre l'hybridité. Soulignons le sens du verbe *to revolve*, 'tourner autour de', qui fait sens ici, notamment par rapport au début du couplet : « Depuis le temps que... ». Le troisième amalgame (*amis_litaires*) préfigure le cinquième (*amis_siles*), qui lui fait clairement écho en étant basé sur le même mode de formation lexicogénique. Quant au quatrième (*démuni_tions*), il est annoncé par *démunis* qui, figurant dans le cotexte amont, se trouve allongé morphologiquement et de ce fait resémantisé. Ces cinq amalgames répondent donc au même schéma morphologique, à l'exception du deuxième dont le segment homophone est en position initiale alors qu'il est en position médiane pour les autres :

Rêves + révolver
Arme<u>ments</u> + <u>men</u>songes + songes
A<u>mis</u> + <u>mi</u>litaires
A<u>mis</u> + <u>mi</u>ssiles
Dé<u>muni</u> + <u>muni</u>tions

L'ensemble de ces créations constitue une chaîne (néologique et isotopique, autour des armes) – tel le lierre (*Ivy*), du nom de scène métaphorique de cet artiste –, répondant à une esthétique oxymorique qui vise à dénoncer les paradoxes : l'amalgamation autour d'une syllabe commune rend l'opposition sémantique d'autant plus criante entre *amis* et *militaires / missiles*, *rêve* et *révolver*. Notons d'ailleurs que le sens de lecture du clip (soit le sens d'apparition des lignes à l'écran) est inversé, c'est-à-dire que les lignes apparaissent de bas en haut (cf. fig. 1), ce qui peut être interprété comme la dénonciation d'un monde à l'envers. Le clip, comme la gestualité associée à l'interprétation lors de la performance, constitue un environnement intersémiotique pour le jeu de mots qui fait sens dans ce contexte et en association avec le cotexte qui s'affiche à l'écran[30].

---

29 Nous adoptons aussi ce terme de 'rejet' pour signifier le détachement de cette syllabe orale correspondant à un lexème au sein de l'amalgame cité.
30 Au sens où Lipka (2007 : 8) évoque « an inter-semiotic environment which combines both verbal and visual communication ».

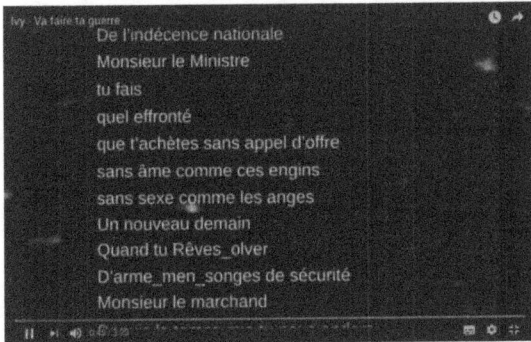

Fig. 1 : « Va faire ta guerre » d'Ivy (image extraite du clip)[31]

Dans un mail du 4 juin 2015, Ivy nous a expliqué son utilisation assez systématique du mot-valise qu'il qualifie d'« image sonore » et dont la fonction phatique semble essentielle : « C'est une figure d'oralité. Le but est double : relancer l'intérêt de l'auditeur et savoir du même coup s'il écoute bien ». Propos réflexif qui corrobore l'ancrage dans un code essentiellement oral – exception faite des titres et des clips – et la fonction interpellative du mot-valise. Non seulement il attire l'attention, que ce soit sur le plan auditif ou visuel – par exemple dans le clip où le néologisme joue le rôle *d'eye catchers*, « attirant l'œil » –, mais il offre aussi une sorte de « précipité » du texte :

> Le néologisme littéraire, loin d'être arbitraire, loin d'être un corps étranger dans la phrase, est le signifiant le plus motivé qu'on puisse trouver dans un texte. Il a toujours une double ou multiple appartenance. [...] Sa fonction est donc de réunir ou de condenser en soi les caractéristiques dominantes du texte. (Riffaterre 1973 : 76)

Dans ce slam, le néologisme revêt en outre une valeur polémique : il déconstruit les évidences, les *a priori*, pour mieux dénoncer et interroger la société contemporaine. Il fonctionne comme 'mot-emblème' tels les titres *Immi_grand_slam* et *Slamérica*.

---

[31] Lyric Video de cette pièce enregistrée en 2011 sous la direction de Philippe Brault dans le cadre du projet *Partenaires pour la Paix* – paroles et musique : ivy // arrangements : Philippe Brault. Clip accessible en ligne : https://www.youtube.com/watch?v=drrdBGA78fo.

4.2 Les mots-lierre

Le nom de scène d'Ivy, dérivé de son prénom Ivan, s'avère éminemment métaphorique. De fait, notre analyse du texte « Merci » révèle la prégnance de ce que nous nommerons 'mots-lierre', à savoir des mots qui s'enchaînent phonologiquement à la façon des anadiploses des comptines et chansons enfantines (« Chapeau de paille, paille, paille... Paillasson, etc. »). En témoigne ce refrain, dont la structure apparaît emblématique d'un tel procédé, qui joue sur l'axe syntagmatique :

> Grand ouvert je <u>suis</u>
> Et grand ouvert, je <u>suivrai</u> le <u>chemin</u>
> Merci au <u>chemin</u> qui m'indique ton <u>cœur</u>
> Merci à ton <u>cœur</u>, il n'en<u>chaîne</u> à rien
> Et sans <u>chaine</u>, je t'<u>ai</u>
> Sans chaine, je t'<u>aime</u> (nous soulignons)

Une telle structure illustre parfaitement le jeu de mots « par enchaînement » décrit par Guiraud (1976 : 7). En outre, il tend vers l'autoréflexivité puisqu'il y est question de *chaîne*. De fait, on observe que les mots s'enchaînent, qu'ils soient repris littéralement d'un vers à l'autre (*chemin, cœur*), ou dérivés phonétiquement par ajout d'une syllabe (*ai / aime, vais / veille, suis / suivrai*) ou à l'inverse par troncation (*payer / paix, tranquille / île*), ce qui amène en l'occurrence à une sorte de chute ou de climax, la déclaration finale étant mise en relief par la structure anaphorique. La phrase suivante finit par un jeu sur le rapport phonie / graphie puisque la transcription écrite nous révèle une belle surprise : « Merci pour l'amour avec un grand Aime »...

Ainsi Ivy se joue-t-il de nos attentes qu'il se plaît à surprendre. En témoigne encore ce détournement, selon la matrice que nous nommons 'phraséologique' : « Pour le meilleur et *pour le pour* » ('pour le pire') offre un effet de redondance et de circularité intéressant (trois occurrences de 'pour'). Le poète brouille les frontières des mots pour en laisser entendre d'autres, en palimpseste sonore : sous « *Express au* saut du lit », on entend bien sûr « *Expresso* ». L'ensemble de ces mots-lierre exemplifie à merveille ce que nous avons pu analyser en termes d'« esthétique du ricochet » (Vorger 2016b : 188), le texte progressant par rebonds successifs tout en laissant au lecteur / auditeur – selon le medium envisagé – le soin (le jeu) de *saisir la balle au bond*, suivant le pacte colludique. Voyons à présent comment cette esthétique prend forme au travers d'autres langues.

5 Deux exemples exolingues : Bas Böttcher et Dani Orviz

Nous avons choisi de nous intéresser à deux slameurs européens qui se produisent régulièrement dans un contexte exolingue – l'un étant germanophone, l'autre hispanophone –, afin d'envisager le potentiel translingue de certains jeux de mots.

5.1 L'exemple de Dani Orviz

5.1.1 Épislam

Par 'épislam' nous désignons l'épitexte[32] recueilli au moyen d'un questionnaire écrit que nous avons soumis par courriel à ces deux slameurs nomades qui se produisent dans le monde entier, *a fortiori* en Europe, au fil des tournois européens. Selon Daniel Orviz, slameur espagnol, l'enjeu est d'exprimer des sensations avec le son et le rythme ce qui peut se traduire, à l'écrit, par le recours à des procédés typographiques :

> À l'écrit, oui, j'utilise beaucoup de procédés pour essayer de faire remarquer un peu plus le jeu de mots. J'ai des poèmes avec des typographies différentes, avec des mises en espace originales, avec l'utilisation de logotypes de marques commerciales, avec des dessins, etc. Mais c'est à l'oral qu'il est, je crois, toujours crucial de bien marquer les jeux et le contenu du poème, parce que, en lisant le texte, le lecteur a tout le temps qu'il veut pour lire et comprendre, mais sur scène le récepteur n'a qu'une opportunité pour tout comprendre, et c'est pour ça qu'on doit faciliter cette transmission avec toutes nos ressources.

De fait, la performance scénique suppose une compréhension immédiate, là où la médiation de l'écrit peut faciliter la perception des jeux de mots dans une publication ou un clip.

---

[32] Nous entendons ce terme au sens de Genette (1987) comme l'ensemble des textes qui se trouvent « autour » du livre. Il s'agit ici de correspondances avec les auteurs visant à susciter des commentaires des textes étudiés.

5.1.2 « Pin pan pun »

Le texte « Pin pan pun »[33] – comme le suggère en anglais ce dernier mot que l'on pourrait traduire par 'jeu de mots' ou 'calembour' – nous semble représentatif pour ses multiples jeux de mots basés sur des onomatopées. L'extrait reproduit en annexe révèle la plupart des procédés mis en œuvre. Force est de constater qu'un tel texte s'avère éminemment sonore puisque les syllabes onomatopéiques sont à la base des principaux jeux de mots qui l'émaillent. Le slam se tisse ainsi à partir de lexèmes contenant les syllabes choisies ou des syllabes proches (*PON*), tout en jouant sur les oppositions *b* / *p*. Dans la version originale comme dans sa traduction, on observe une allitération en [p] qui engendre des effets de frappe sonore. Si l'on considère que *slam*, dans son sens originel, signifie 'claquer' (*to slam*), que celle-ci soit sonore ou symbolique, on comprend qu'il s'agit, dans ce texte, de dénoncer la société de consommation et de marchandisation. Dans cette perspective, les marques jouent un rôle crucial, tels *Pentium* (marque d'ordinateur), *Pendrive* (marque de clés USB) et *Panda* (antivirus). Notons d'ailleurs que la métonymie ou antonomase – en l'occurrence, l'utilisation du nom d'une marque pour désigner un objet de cette marque – est une figure couramment utilisée dans le rap où elle revêt une dimension sociolectale. Dans le slam en général et dans le présent texte en particulier, elle est surtout employée, nous semble-t-il, à des fins de musication du signifiant. Or d'après nos recherches, il s'agit là de l'une des manifestations de la fonction colludique qui contribue à la dimension conniventielle.

5.2 L'exemple de Bas Böttcher

5.2.1 Épislam

D'après les réponses apportées à notre enquête écrite, l'artiste allemand affectionne les jeux de mots combinant des enjeux sémantiques et sonores, selon la distinction qu'il énonce. Il aime beaucoup l'idée de ce qu'il nomme les « mots-marathon » qui comportent plus de trois syllabes : « It's a wonderful challenge to find 4-syllable-rhymes with a meaning that matches ». Assurément, il est à la recherche de « la bonne *phase* » – ou *punch-line* –, de mots qui matchent (qui

---

[33] Traduit en français par « Pim pam poum », la traduction figurant en vis-à-vis du texte espagnol dans la version publiée ici analysée (2015). Voir l'extrait en annexe.

« s'associent, se combinent » efficacement). Or l'allemand se prête selon lui à toutes les combinaisons possibles :

> We can combine words infinitely in the german language. – Therefore we have words like 'Donaudampfschifffahrtskapitänsmützenverkäufer'. Also I like swapping syllable or word units like 'Tagtraum – Traumtag'.

5.2.2 « Taktik »

Le texte intitulé « Taktik », qui thématise la fuite du temps (« Die Zeit verstreicht ») tout en la suggérant à travers le « tic tac » d'une horloge caché derrière le titre, repose sur un corpus de mots comprenant ces deux syllabes en position finale. Dans ce slam, on peut dire que l'artiste joue 'avec les mots' plutôt que 'sur les mots', selon la distinction établie par Guiraud (1976 : 6).

Fig. 2 : Bas Böttcher, photo © Paweł Woźnicki

Sa gestuelle (fig. 2) fonctionne comme un appui prosodique, marquant le *beat*, le rythme binaire de la déclamation, ainsi que comme un appel à la connivence du public qui est alors enrôlé dans le jeu, dans la 'danse avec les mots'. Il s'ensuit du 'mécanique plaqué sur du vivant', pour paraphraser Bergson (2007), qui appelle, sinon le rire, du moins la complicité active du public. Celui-ci, réparti en deux groupes devant scander à tour de rôle (selon la répartition géographique dans l'amphithéâtre) les syllabes *tac* et *tic*, devient partie intégrante du jeu. Ce faisant, il contribue à une créativité multimodale qui prend appui sur différents canaux : à la fois sur les constituants lexicaux du texte et sur des éléments vocaux et gestuels mis en œuvre dans le contexte de la performance.

5.3 Synthèse

5.3.1 Traduction et performance

Bas Böttcher explique la difficulté de traduire ses textes : il use de sous-titres, lors de ses performances en contexte exolingue, en se focalisant sur les contenus et en se refusant à essayer de traduire les effets sonores. La seule possibilité, suggère-t-il, serait qu'un autre poète s'y essaie, en recréant le texte. Quant à Dany Orviz dont le recueil cité ci-dessus présente une version bilingue de ses slams, voici comment il dit procéder en vue d'une traduction :

> Je fais toujours la première traduction de mes poèmes (en français et en anglais), parce que si le traducteur se trouvait devant mes textes sans aucune explication il pourrait devenir fou ! J'utilise beaucoup de mots de *slang*, des jeux de mots et de mots-valises qui seraient impossibles à traduire si je n'en expliquais pas le sens... Pour traduire les jeux de mots, j'ai normalement trois options : premièrement, essayer de trouver un jeu de mots équivalent dans l'autre idiome, deuxièmement chercher un jeu de mots différent mais qui sonne de manière semblable, et troisièmement, oublier le jeu de mots et traduire littéralement.

Aussi l'amalgame *PANhambruna* (littéralement 'famine de pain') est-il traduit et transcrit par *PENurie* de PAIN, ce qui permet une double allitération en [p] en écho à *PANique* ainsi qu'un jeu sur les onomatopées.

5.3.2 Autoréflexivité et matrice onomatopéique

Les slams de Dani Orviz et Bas Böttcher peuvent être lus – ou entendus – comme autoréflexifs voire autotéliques : à une oreille attentive, ils résonnent en effet comme des slams sur le slam. D'un côté, celui de l'artiste espagnol évoque non seulement une partie de ping-pong, mais aussi une composition musicale qui trouve une parfaite illustration dans les sonorités du texte, tournant autour du [p]. Rappelons que le slam se présente, dans sa forme originale qui perdure à travers les tournois, comme une joute. De l'autre, le texte de Bas Böttcher est basé sur une tactique sonore, un *tic tac* central qui peut être interprété, par des oreilles francophones, comme le rappel de l'une des règles définitoires : celle d'un temps compté. Notons, en passant, que le verbe allemand 'ticken' se rapproche du *tic tac* français.

Ainsi les deux textes et auteurs non francophones étudiés tendent-ils à montrer que les onomatopées – accentuées par des majuscules à l'écrit et par des accents d'intensité à l'oral – peuvent constituer une base intéressante pour les jeux de mots slamologiques, *a fortiori* dans un contexte exolingue. En effet, Bas Böttcher et Dani Orviz se sont distingués lors de tournois à travers l'Europe, si bien qu'ils ont eu l'occasion d'interpréter leurs slams dans des contextes exolingues. Pour avoir assisté à l'une de ces performances dans un contexte francophone, nous avons pu constater que « Taktik » fonctionne particulièrement bien – au sens où le public investit l'espace colludique et le manifeste par un *feed-back* enthousiaste.

Par essence nomade et hospitalier, le slam se prête à tous les jeux de mots et de sonorités, devenant un lieu de rencontres, voire de fusion, qui n'est pas sans rappeler les jeux surréalistes : « Qu'on comprenne bien que nous disons jeux de mots quand ce sont nos plus sûres raisons d'être qui sont en jeu. Les mots, du reste, ont fini de jouer. Les mots font l'amour » (Breton 1922 : 14). Ainsi, s'il nous fallait répondre, en guise de conclusion, à notre propre enquête intitulée « Le slam en un mot »[34], nous répondrions aujourd'hui qu'il est JEU, et ce, dans tous les sens de ce terme : au sens de *marge* ('avoir du jeu'), au sens d'interprétation (*play*) et au sens, premier, d'un espace ludique – ou en l'occurrence colludique qui combine le *play* et le *game*. Un jeu qui suppose la complicité du public et prend appui sur des ressources mimogestuelles pour souligner les enjeux lexicaux. Il s'agit là d'une forme originale de créativité multimodale, les mots prenant corps, littéralement, sur une scène qui les expose.

Au fil de nos précédentes études, nous avons souligné l'importance de la matrice que nous avons nommée 'phraséologique' et de l'amalgamation lexicale – pour des raisons de rythme et de condensation des effets sonores. Or la présente contribution nous amène à distinguer une matrice onomatopéique qui peut avoir une portée translingue. Ainsi, à la question que pose Munat (2007) sur les relations entre genre – dans son cas, science-fiction et littérature jeunesse – et types de procédés, nous pouvons apporter quelques éléments de réponse :
- les amalgames s'avèrent particulièrement appropriés au slam en raison de leur potentiel de condensation et d'expressivité sonore – et visuelle le cas échéant ;
- la matrice phraséologique se manifeste fréquemment dans le slam en référence à une culture 'populaire' partagée ;
- la matrice onomatopéique se révèle saillante dans certains textes qui ont vocation, semble-t-il, à voyager, c'est-à-dire à s'offrir (et s'ouvrir) à un public exolingue.

---

34 Enquête menée dans le cadre de notre thèse, *Poétique du slam. Néologie, néostyles et créativité lexicale*, Université Stendhal, Grenoble, 2011.

Nous nous trouvons ici dans un lieu d'intersection avec la poésie sonore, dont certains représentants contemporains, tels la poétesse sonore et visuelle suisse Heike Fiedler, se produisent souvent dans des contextes exolingues, intégrant parfois des alternances codiques. À cet égard, le titre *Langues de meehr* (2010), basé sur trois strates au sein du mot « meehr », est éloquent : on y trouve en effet *mehr*, 'plus', indiquant l'addition et la quantité supérieure, ainsi que *Meer*, 'la mer', étendue illimitée, et enfin, par homonymie, 'mère'.

6 Références bibliographiques

Études et textes cités

Barret, Julien. 2008. *Le Rap ou l'artisanat de la rime* (= Coll. « Langue et Parole »). Paris : L'Harmattan.

Barthes, Roland. 1993. Qu'est-ce que l'écriture. In *Œuvres complètes*, tome 1. Paris : Éditions Le Seuil.

Baudelaire, Charles. 1869. *L'Art romantique*. Paris : Michel Lévy Frères.

Bergson, Henri. 2007. *Le Rire. Essai sur la signification du comique*. Paris : PUF.

Breton, André. 1922. Les Mots sans rides. *Littérature Nouvelle série* 7. 12–14.

Charaudeau, Patrick. 2001. Visées discursives, genres situationnels et construction textuelle. In Patrick Charaudeau *Analyse des discours. Types et genres*. Toulouse : Éd. Universitaires du Sud, http://www.patrick-charaudeau.com/Visees-discursives-genres,83.html#nb47 (consulté le 09/09/2016).

Dufay, François. 02/03/2006. « Le Villon du 93 ». *Le Point* : http://www.lepoint.fr/actualites-musique/2007-01-17/le-villon-du-neuf-trois/1112/0/27045 (consulté le 06/07/17).

Frontier, Alain. 2012. *La Poésie*. Paris : Belin.

Genette, Gérard. 1987. *Seuils*. Paris : Éditions Le Seuil.

Goudaillier, Jean-Pierre. 1997. *Comment tu tchatches ! Dictionnaire du français contemporain des cités*. Paris : Maisonneuve et Larose.

Grésillon, Almuth. 1984. *La Règle et le monstre : le mot-valise. Interrogations sur la langue, à partir d'un corpus de Heinrich Heine*. Tübingen : Niemeyer.

Guiraud, Pierre. 1976. *Les Jeux de mots* (= coll. « Que sais-je ? »). Paris : Presses Universitaires de France.

Lejeune, Philippe. 2006. Qu'est-ce que le pacte autobiographique ? *Autopacte* : http://www.autopacte.org/pacte_autobiographique.html (consulté le 06/07/17).

Lipka, Leonhard. 2007. Lexical creativity, textuality and problems of metalangage. In Judith Munat (éd.), *Lexical Creativity, Texts and Contexts*, 3–12. Amsterdam : John Benjamins Publishing Company.

Ost, Isabelle, Pierre Piret & Laurent Van Eyde (éds). 2004. *Le grotesque : théorie, généalogie, figures*. Bruxelles : Publications des Facultés Universitaires Saint-Louis.

Riffaterre, Michaël. 1973. Poétique du néologisme. *Cahiers de l'Association Internationale des Études Françaises* 25. 59–76. http://www.persee.fr/doc/caief_0571-5865_1973_num_25_1_1023 (consulté le 10/09/16).

Sablayrolles, Jean-François. 2006. La néologie aujourd'hui. In Claude Gruaz (éd.), *À la recherche du mot : De la langue au discours*, 141–157. Limoges : Lambert-Lucas.
Vaillant, Alain. 2013. Le déni du calembour. *Le Veau de Flaubert*. Paris : Éditions Hermann.
Villon, François. 2014. *Testament*, « Débat du cœur et du corps » [Debat du cuer et du corps]. Trad. de l'ancien français par Jacqueline Cerquiglini-Toulet. In *Œuvres complètes*. Paris : Gallimard, Bibliothèque de la Pléiade.
Vorger, Camille. 2011a. Le slam est-il néologène ? *Neologica* 5. 73–90.
Vorger, Camille. 2011b. *Poétique du slam, de la scène à l'école. Néologie, néostyles et créativité lexicale*. Grenoble : Thèse de doctorat de l'Université Stendhal, sous la direction de Dominique Abry & Francis Grossmann.
Vorger, Camille. 2016a. *SLAM Une poétique. De Grand Corps Malade à Boutchou* (= coll. « Cantologie »). Paris : Presses universitaires de Valenciennes et Belles Lettres.
Vorger, Camille. 2016b. La néologie en chantant. Quand la chanson ouvre la voie aux néologismes. In Christine Jacquet-Pfau & Jean-François Sablayrolles (éds.), *La fabrique des mots français*, 177–195. Paris : Éditions Lambert-Lucas.
Zumthor, Paul. 1978. *Le Masque et la lumière, La poétique des grands rhétoriqueurs*. Paris : Éditions Le Seuil.
Zumthor, Paul. 1987. *La Lettre et la voix*. Paris : Éditions Le Seuil.

Sitographie

Ivy, clip vidéo « Va faire ta guerre » : https://www.youtube.com/watch?v=drrdBGA78fo (consulté le 06/07/17).
La Tribut du verbe : http://www.latributduverbe.com/bio (consulté le 06/07/17).
Uppercut. 2010. « Sur le ring » : https://www.youtube.com/watch?v=lF3chsUnX18 (consulté le 06/07/2017).

Dictionnaires

ATILF, CNRS. *Le Trésor de la Langue Française Informatisé (TLFi)* [en ligne] http://atilf.atilf.fr/tlf.htm.

Recueils, récits et albums

Fiedler, Heike. 2010. *Langues de meehr*. Luzern : Der gesunde Menschenverstand.
Grand Corps Malade. 2008. *Enfant de la ville*. Paris : AZ.
Grand Corps Malade. 2012. *Patients*. Paris : Don Quichotte.
Grand Corps Malade. 2013. *Funambule*. Believe Recording et Anouche Productions.
Ivy. 2008. *Slamérica*. Montréal : Éditions Ad litteram, Ho-tune music & Le Lézard amoureux.
SanDenKR. 2011. In La Tribut du verbe (éds.), *Château de cartes*. Lyon : La passe du vent.

Marco DSL. 2009. *Allons à l'essentiel, il suffit de décrocher la lune.* Lyon : La Chaudière production.
Dani Orviz. 2015. *Génération ON / Generacion ON.* Barjols : Éditions PLAINE Page, coll. « Connexions ».
Rouda. 2007. *Musique des lettres.* Paris : Le Chant du monde.

7 Annexes

« Dire » d'Ivy (extrait de *Slamérica* 2007, 14–15)

[...] DIRE le petit enfant combien il va gran...DIRE
La belle balle apprendre à rebon...DIRE
Qu'il était pas plus grand que mon bras
Et dure que bientôt il m'arrivera là ou là
La la la human step by step bye bye bébé

Dire tendrement tu sais c'est dur à dire
L'amour qu'on éprouve jusqu'à nous étourdir
Que s'il nous arrive parfois de le maudire
Combien on est pressés
De recommencer
S'enlacer, c'est pas assez, c'est si bon – cécité
À quoi bon s'exciter ?
L'amour est aveugle, voilà la vérité

DIRE les yeux noirs de la mère en colère
Les kids en kaki qui suivent les va-t-en guerre
Et taire ces vagues qui ne cessent d'assourdir
Les appels à la paix qu'on voudrait rétablir
TAIRE

Ces nations iniques sur un modèle aryen
Ces peuples qu'on voit s'étriper pour rien
Ce tumulte de cris, de verres et de noyés
Dire Manhattan et le ciel foudroyé

DIRE tant de mots tsé veut dire on a beau
Dire et beau jeu de se croire pas si pire
Les mots montent en mottons
Mettons au coton
Moitié notés au ton ouaté
Les mots démons
Les maudits anges médisants bizarres et zézéyants
Les mosaïques des mausolées – mots isolés des alcooliques

UNANIMES
Dire les raisons et les verbes d'éta...ble de conjugaison
Les excuses et les exceptions
Am stram grammatical et collé gram
Tous les mots de la langue s'empilent l'un l'autre et me montent au cerveau [...]

« Taktik » de Bas Böttcher (extrait de la partition de l'auteur)

Wir sind versACKt
auf dieser **Par**ty nach meim GIG.
Meine Be**glei**tung ist geschmACKvoll
einge**klei**det ohne SchnICK-
schnack **Schick**. Ich nick im TACKt
der elek**tron**ischen MusIK.
Häng aufm **So**fa so beknACKt,
dass mich kein **Mensch** mehr anblICKt.
Die Lage **is** richtig vertrACKt.
Ich bin schon **qua**si eigenICKt.
Ich werd von **neu**em Mut gepACKt,
das hat kein' **Zweck** es is verzwICKt!
Ich knacke **ein** und denke f***!
Was pa**ssiert**? Voll ungeschICKt
bin ich am **lall**en. Der KonTAKt

zur Außen**welt** ist voll verflIXt
am zer**fall**n. – ZACK! [...]

« Pin Pan Pun » de Dani Orviz (*Generacion ON* 2015, 30–31)

[...] del PÁNico a la PANdemia
del PÁNico a la PANtocracia
del PÁNico a la PANhambruna
del PÁNico al POP ! de las PENsiones
del PÁNico a los indePENdentistas que comen PANtumaca
del PÁNico a todo le PÉRfido que sacó PANdora
y PON PON PON PON PON PON PON PON PON PON

PON buena cara ante la tormenta que cae a CA-
PON tu sonrisa y olvida que se abre el TA-
PON tu dinero en su bolsa y mas tarde RE-
PON más esfuerzo en chupar de esa teta que va hacer CHIM
PON tu semilla una vez y otra vez y otra vez y olvida ese
PÓNtelo PÓNselo [...]

[...] PANique à la PANdémie !
PANique à la PANtocratie !
PANique à la PÉNuirie de PAIN !
PANique au PLOUF des fonds de PENsions !
PANique aux indépendantistes qui mangent des PIzzas
PANique à toutes les PErfidies échaPPÉES de PANdore !
Et... POSE POSE POSE POSE

POSE ta belle gueule face à l'orage qui éclate et EAU-
POSE ton sourire et oublie le tonnerre et DIS-
POSE ton argent dans ta POche et plus tard IM-
POSE plus d'effort pour sucer l'oiseau qui
DÉ-
POSE ton grain une fois et une autre et
encore une fois

et oublie cette PAUSE et comPOSE [...]

Esme Winter-Froemel
Traditions discursives et variantes du jeu : la dynamique des blagues en comble dans les langues romanes

Résumé : Cette contribution vise à explorer les potentiels, la dynamique et les marges de la créativité verbale à partir d'une analyse des blagues en comble (BEC du type « Quel est le comble du juge ? – C'est de manger un avocat ». On essaiera de dégager les caractéristiques fondamentales qui définissent ces textes courts pour identifier les convergences et les divergences entre les réalisations des BEC dans quatre langues romanes, à savoir le français, l'italien, l'espagnol et le portugais. Dans nos analyses, nous partirons du concept de tradition discursive élaboré par Koch (1997), qui permet de décrire les traits conventionnels des BEC au niveau pragmatique, au niveau de la forme et au niveau du contenu. La comparaison des réalisations de cette tradition dans les quatre langues analysées ainsi que les déviations et transgressions observées nous permettront de constater qu'il s'agit d'une tradition discursive en constante évolution. Ainsi, cette étude contribue à déterminer l'importance de la dimension historique des faits langagiers, et nous montre un champ de tension entre liberté et créativité, d'une part, et traditions et conventions, d'autre part. Cette tension entraîne une dynamique permanente, qui se reflète dans le fait que la tradition discursive des BEC est caractérisée par une renégociation constante de la part des locuteurs.

Mots clés : blague, comble / blague en comble, déviation, devinette, dynamique, langues romanes, pragmatique, tradition discursive, transgression, variante

1 Les blagues en comble – un phénomène roman ?

Les blagues en comble (BEC) qui peuvent être illustrées par les ex. (1) et (2) représentent un sous-type de blague bien établi en français, ce qui se reflète dans le fait que, dans les recueils, les « combles » figurent souvent comme une sous-catégorie de blagues à côté d'autres sous-catégories comme les « blagues belle-mère », les « blagues sur les fonctionnaires », « sur les hommes » ou « les blagues Monsieur et Madame », etc.

(1) [FR] Quel est le comble du juge ? – C'est de manger un avocat.

(2) [FR] Quel est le comble pour un footballeur ? – C'est de ne pas avoir de but dans sa vie.

Les BEC reposent sur le sens figuratif du mot *comble* 'le plus haut degré', qui peut basculer dans un sens négatif, comme on le note dans l'expression idiomatique *c'est le comble, c'est un comble !* 'il ne manquait plus que cela (se dit d'une chose désagréable)' (PR, s.v. *comble*₁). Nous verrons par la suite que cette ambivalence du mot est largement exploitée dans les BEC. En même temps, le mot français garde le sens concret de 'construction surmontant un édifice et destinée à en supporter le toit', de sorte que la dimension figurative des sens indiqués ci-dessus reste perceptible.

Pour l'allemand, on a également une polysémie entre le sens concret de *Gipfel* 'sommet, cime' et le sens figuratif de 'comble', qui peut s'interpréter aussi dans un sens positif ou négatif. On trouve quelques rares occurrences de blagues qui se basent sur le sens figuratif du mot allemand *Gipfel*, mais, du moins pour le moment, il ne s'agit pas d'un sous-type de blague établi. Pour l'anglais, le mot *summit* montre une polysémie analogue ('sommet', 'le plus haut degré', voir *OED*), mais il est concurrencé par d'autres expressions (*the height of perfection* ~ *le comble de la perfection* vs. *that's the limit!* / *that beats everything!* / *that takes the biscuit!* ~ *c'est le comble !*), et nous n'avons pu repérer aucun équivalent des BEC.

Dans les autres langues romanes, par contre, les BEC existent comme un sous-type de blagues, et il semble possible d'affirmer qu'il s'agit d'un phénomène bien établi. Ce type de blagues est fortement lié aux équivalents du mot fr. *comble* – p.ex. it. *colmo*, esp. *colmo*, port. *cúmulo*, roum. *culme* – qui fonctionnent également comme des mots-clés indicateurs de ce genre de blagues[1]. Toutefois, on peut également constater certaines divergences entre les réalisations observées. De

---

[1] Il est intéressant de noter que pour le catalan, les recueils de blagues sur internet citent des blagues « de colmos » entièrement en espagnol ou des blagues / *acudits* en catalan se basant sur le mot-clé de *súmmum* (« Quin és el súmmum d'un pilar? – Haver-lo de desmuntar perquè està desquadrat. » / 'Quel est le comble d'un pilier ? – C'est d'être obligé de le démonter parce qu'il est déséquilibré.') ou encore sur le mot espagnol *colmo*, de sorte qu'on observe des alternances codiques et des emprunts lexicaux : « Quin és el ‹ colmo › d'un casteller de la Joves? – Tenir la camisa vella... » (blague basée sur l'expression *casteller de la Joves* et le contraste *jove* 'jeune' – *vello,a* 'vieux', http://boards4.melodysoft.com/castellersdesantandreu/acudits-castellers-645.html, consulté le 17/07/2017).

plus, si on compare les BEC dans différentes langues, on peut se demander quelle est l'influence respective des structures des langues particulières et du contexte social et interactionnel. Comme les BEC représentent une tradition bien circonscrite, elles offrent des perspectives intéressantes pour la thématique de ce volume, à savoir les relations dynamiques entre jeux de mots et créativité, dans un champ de tension entre tradition et transgression : l'étude des BEC permet de voir comment les inventeurs des blagues négocient la nécessité d'annoncer la tradition – ce qui veut dire qu'ils la confirment et la renforcent, du moins partiellement –, et un désir de montrer leur créativité – ce qui les motive à introduire des éléments non attendus.

Dans cette optique, cette contribution vise à analyser les convergences et les divergences entre les réalisations des BEC en quatre langues romanes (français, italien, espagnol et portugais). Notons d'emblée que, bien qu'on puisse supposer une origine commune de la tradition des BEC, celle-ci reste à confirmer par des études ultérieures, ce qui se heurte aux difficultés posées par la transmission orale des BEC et par leur caractère informel, « de circonstance ». En conséquence, nous adopterons ici une perspective synchronique et nous analyserons les BEC dans l'usage contemporain. Pour décrire les éléments traditionnels des BEC, nous nous baserons sur le concept de tradition discursive élaboré par Koch (1997 ; voir aussi Koch 1988a [1985], 1988b). Ce concept permet d'intégrer les normes et règles discursives, qui représentent des phénomènes historiquement situées, à une théorie compréhensive du langage et des différents types de savoirs linguistiques que possèdent les locuteurs. Plus spécifiquement, nous décrirons les BEC à partir des éléments conventionnels au niveau de la forme et au niveau du contenu. Ces éléments fonctionnent pour les locuteurs comme des points de repère qui permettent d'identifier la tradition dans laquelle l'énoncé concret s'insère[2]. Ainsi, la comparaison des réalisations de la tradition des BEC dans les quatre langues choisies permettra de dégager un cadre restrictif qui spécifie certaines règles ou normes discursives qui doivent être observées pour que l'énoncé soit reconnu comme appartenant à la tradition des BEC. Toutefois, on peut également observer là un potentiel de créativité verbale, puisqu'on note des variantes, des déviations et des transgressions, qui peuvent être caractérisées comme des jeux au second degré, jouant non seulement sur le contenu du message et des mots particuliers,

---

2 Le terme de 'locuteur' sera employé ici comme incluant également des situations d'échanges communicatifs par écrit. J'emploierai également les termes 'd'émetteur' et de 'récepteur' pour désigner les interlocuteurs indépendamment de la réalisation phonique ou graphique du message.

mais également sur les attentes du récepteur quant à l'actualisation d'un message s'insérant dans la tradition discursive connue des BEC. La déception de ces attentes montre que les BEC sont, comme toutes les traditions discursives, des réalités historiques en constante évolution. Par là, cette étude contribue à souligner l'importance d'une dimension historique des faits langagiers à côté du système linguistique des langues particulières, en décrivant les traditions historiques comme étant caractérisées par une renégociation constante de la part des locuteurs : le potentiel créatif qui s'observe pour la tradition discursive des BEC, dans ses tensions avec les contraintes et restrictions observées, entraîne une dynamique permanente, de sorte que la créativité verbale se présente comme une source de la dynamique linguistique et de l'évolution des traditions historiques. Cette contribution adopte ainsi une perspective complémentaire de celle d'Alain Rabatel (ce volume), qui s'intéresse également aux BEC, mais en se centrant sur la dimension énonciative et interactionnelle.

Dans ce qui suit, nous commencerons par introduire le concept de tradition discursive, qui permettra de donner un premier aperçu de la dimension pragmatique des BEC et de l'évolution historique de cette tradition (§ 2). Ensuite, après avoir présenté le corpus principal sur lequel se basent nos analyses, nous décrirons les BEC par rapport à leur forme et à leur contenu (§ 3). Finalement nous nous pencherons sur les déviations et transgressions qui témoignent de la dynamique inhérente aux BEC (§ 4) et présenterons quelques conclusions qui se dégagent à partir de nos réflexions (§ 5)[3].

2 Blagues en comble et traditions discursives

2.1 La notion de tradition discursive

La notion de tradition discursive, introduite par Koch (1997) sur la base des réflexions développées dans une monographie traitant de l'*ars dictaminis* (1987, non publiée), peut être considérée aujourd'hui comme une notion-clé de la romanistique allemande. Cette notion a suscité des discussions théoriques intenses

---

[3] Je tiens à remercier Michelle Lecolle, Bettina Full et Alain Rabatel des échanges et discussions, qui m'ont permis d'approfondir certaines réflexions et analyses. De même, je tiens à remercier Álvaro Octavio de Toledo y Huerta, Albert Wall et Eva Alario pour leurs commentaires sur certaines de mes réflexions et analyses. Finalement, je voudrais remercier cordialement Samira Jung qui m'a assistée pour la mise en forme du texte, et Sara Ohlmann et Sophia Fünfgeld qui m'ont aidée à compiler le corpus d'exemples.

aussi bien que de nombreuses études historiques sur des changements linguistiques particuliers[4]. Malgré ces réactions et développements, le concept reste très peu connu en dehors de ces contextes de recherche, de sorte qu'il semble utile de rappeler ici la définition générale du concept ainsi que certains aspects qui s'avèreront fondamentaux pour les réflexions suivantes.

Pour justifier l'introduction du concept de tradition discursive, Koch (1997) part d'une réflexion théorique générale sur les différents types de faits langagiers tels qu'ils ont été décrits par Eugenio Coseriu (1958 ; 1981). Ce dernier propose une distinction tripartite entre faits universels, historiques et individuels, qui sont respectivement liés aux concepts saussuriens de langage, langue et parole. Selon Coseriu, toute manifestation du langage peut s'envisager à partir de ces trois niveaux d'analyse, et leur distinction est ainsi fondamentale pour toute analyse linguistique.

Renouant avec ces réflexions, Koch (1988b) s'intéresse particulièrement aux contextes situationnels, actionnels et épistémiques, et aux règles et normes auxquelles les locuteurs se réfèrent pour formuler et interpréter des énoncés concrets quand ils participent aux échanges communicationnels – qui sont conçus comme des actions sociales. À cet égard, Koch insiste d'abord sur le fait qu'il est impossible de formuler des règles et normes pour le niveau individuel, puisque ce niveau est précisément défini par l'individualité des phénomènes. Le niveau historique, par contre, tout comme le niveau universel, peut être considéré comme fondamental quant aux règles et normes déterminant les réalisations concrètes des énoncés.

Ensuite, Koch souligne la nécessité d'une modification partielle du système cosérien en ce qui concerne le niveau historique : dans la mesure où les normes et règles au niveau historique ne se restreignent pas aux normes et règles des langues particulières, un élargissement de ce niveau s'impose, et le concept de tradition discursive est introduit pour répertorier justement toutes les normes et règles historiques qui existent au-delà des systèmes des langues particulières (voir aussi Koch 1988b : 343 ; Koch 1988a) :

---

[4] Voir p.ex. les contributions dans Jacob & Kabatek (2001), Aschenberg & Wilhelm (2003), Kabatek (2008), Schrott & Lebsanft (2015), Winter-Froemel et al. (2015) et Kabatek (2005), López Serena (2011 ; 2012), ainsi que les études de linguistique historique sur l'évolution de l'espagnol et du portugais surtout.

> [...] wir brauchen in Ergänzung von Coserius Drei-Ebenen-Modell einen weiteren historisch gegebenen, aber nicht einzelsprachlichen Typ von Traditionen des Sprechens (Koch 1997 : 45)[5]

> Ich halte es also für unerläßlich, Coserius Modell auf der historischen Ebene zu doppeln. Neben oder besser gesagt: quer zu den einzelsprachlichen Traditionen bzw. Normen sind hier die Texttraditionen oder – wie ich es nenne – die Diskurstraditionen bzw. Diskursnormen anzusetzen. (Koch 1997 : 45)[6]

Ainsi, la notion de tradition discursive est introduite comme un terme générique comprenant un large ensemble de phénomènes de différents ordres. Cela devient plus concret si l'on considère les phénomènes qui sont cités pour illustrer le concept de tradition discursive : la notice explicative, le sonnet, le maniérisme, l'éloge, le débat télévisé, le serment de fidélité, etc. (voir Koch 1997 : 45). Ces phénomènes ont pu être analysés antérieurement à partir de différents concepts et approches comme les types de textes, les genres textuels et littéraires, les styles, les genres rhétoriques, les formes de discours, les actes de langage, etc. Cela montre la grande envergure des traditions discursives et le potentiel de cette notion pour décrire ces phénomènes différents dans un cadre unifié qui souligne le trait fondamental qu'ils partagent : leur caractère historique (voir aussi Koch 1997 : 59).

Or, l'hétérogénéité relative des phénomènes – une formule de salutation comme *Bonjour* étant analysable comme une tradition discursive au même titre que des énoncés très longs et complexes, p.ex. un roman – a aussi soulevé des discussions qui se sont tournées vers des tentatives d'introduire des subdivisions et des sous-types de traditions discursives (voir López Serena 2011 ; 2012). De plus, un problème immédiat qui se pose pour les études concrètes est celui de déterminer quand on peut parler de la création d'une tradition discursive nouvelle : les traditions discursives ne naissant jamais *ex nihilo* et étant en constante évolution, elles peuvent se différencier en plusieurs traditions distinctes, être créées par des mélanges et des entrecroisements de plusieurs traditions existantes ou encore converger au fil du temps (Koch 1997 : 59-70, voir Fig. 1).

---

[5] 'Pour compléter le modèle cosérien des trois niveaux, il nous faut encore un autre type de traditions langagières qui soit historiquement donné, mais ne s'identifie pas aux traditions des langues particulières' (traduction EWF).

[6] 'Je retiens donc comme indispensable de dédoubler le modèle cosérien au niveau historique. À côté de, ou mieux, transversalement aux traditions ou normes liées aux langues particulières on doit prévoir ici les traditions textuelles [terme repris par Schlieben-Lange 1983, EWF] ou, comme je les appellerai, les traditions discursives ou normes discursives' (traduction EWF).

Cela implique toutefois qu'il est difficile de décider, surtout pour les étapes intermédiaires, si on a encore affaire à des variantes mineures d'une tradition existante ou si on observe déjà les premières attestations d'une nouvelle tradition à part entière ou, du moins, suffisamment distincte des traditions jusquelà existantes. Dans ce contexte, Koch (1997 : 61) souligne aussi les tensions entre conservatisme et innovation dans la pratique des traditions discursives, et il constate une stabilité relative de la désignation des genres textuels, qui s'oppose à l'instabilité relative de leur réalisation (Koch 1997 : 59).

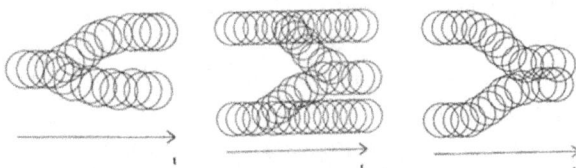

Fig. 1 : Évolution des traditions discursives à travers le temps (t) : différenciation, entre-croisement, convergence (Koch 1997 : 66, 67, 69).

Une autre problématique liée à cette question se pose pour des études contrastives. Cela peut être montré pour le sonnet, cité par Koch (1997) comme un cas classique de tradition discursive, dans la mesure où le sonnet montre d'emblée que les traditions discursives peuvent « voyager » à travers différentes langues historiques, qu'elles dépassent souvent les limites des langues historiques particulières et qu'elles peuvent être partagées par des auteurs de différents pays et langues. Par exemple, au XVIe siècle, on peut constater des évolutions du sonnet français qui marquent également des divergences par rapport à la tradition du sonnet instaurée par la Scuola siciliana au XIIIe siècle ; de même, les types de vers employés dans le sonnet ne sont pas les mêmes selon les langues (hendécasyllabes pour le sonnet italien, alexandrins pour le sonnet français, pentamètres iambiques pour l'allemand, etc.[7]). Peut-on parler de variantes mineures à l'intérieur de la tradition discursive du sonnet, ou devrait-on parler plutôt de différents sous-types du sonnet et de différentes traditions discursives ? La question nous paraît épineuse, et au lieu de proposer une solution (trop) facile, on se contentera ici de signaler la problématique ainsi que des stratégies possibles pour la manier.

---

[7] Voir aussi la façon dont les auteurs de l'Oulipo s'approprient la tradition du sonnet, en y introduisant des innovations (voir la contribution d'Astrid Poier-Bernhard, ce volume).

Une autre réaction face à ces différents défis que l'on peut observer dans la recherche récente a été celle de se tourner vers les textes et discours concrets pour voir ce que la notion de tradition discursive peut apporter à leur analyse. Ainsi, on a essayé de tirer au clair dans quelle mesure cette notion permet de décrire les régularités complexes qui définissent certains ensembles de textes et discours dans une période historique donnée[8]. Par conséquent, on s'est intéressé moins aux traditions discursives elles-mêmes qu'aux éléments discursivo-traditionnels à l'intérieur des textes[9]. Dans ce cadre, les études concrètes visent à analyser la fonctionnalité de ces éléments au sein des textes et discours : concernant le locuteur, il s'agit de déterminer de quelle manière ils l'obligent à s'y orienter tout en lui laissant certaines libertés, et concernant le récepteur, il s'agit d'analyser de quelle manière ils contribuent au décodage de l'énoncé en lui permettant d'interpréter le texte ou discours concret en partant de la tradition discursive dans laquelle il s'insère. C'est dans cette optique que s'insère également la présente contribution, puisqu'elle vise d'abord à concrétiser le potentiel de la notion de tradition discursive en l'appliquant au domaine de l'humour verbal, et plus particulièrement aux BEC[10]. Dans un deuxième temps, une analyse des déviations et transgressions des moules établis nous permettra de revenir au défi que nous venons de décrire, celui de manier la dynamique constante des faits historiques.

2.2 Les blagues en comble comme tradition discursive : structure générale et dimension pragmatique

Pour caractériser les BEC sous l'angle des traditions discursives, il convient d'abord de constater qu'il s'agit d'un sous-type de blague, c'est-à-dire d'un énoncé court se terminant par une chute inattendue qui vise à amuser le récepteur, à faire preuve d'esprit de la part du locuteur et à créer une connivence entre récepteur et locuteur. Ainsi, les blagues ont une forte dimension pragmatique ; elles s'inscrivent dans le contexte social et interactionnel, pouvant engager, ou non,

---

8 Voir p.ex. les contributions dans Winter-Froemel et al. (2015).
9 Cf. le terme allemand de *Diskurstraditionelles* (voir l'introduction au volume de Winter-Froemel et al. 2015).
10 Pour d'autres réflexions sur les possibilités d'approcher des phénomènes de l'humour verbal à partir des traditions discursives, voir Kabatek (2015), qui souligne l'importance du trait de la répétition qu'il considère fondamental.

la dérision d'un tiers[11]. Les blagues s'échangent typiquement dans des situations où l'émetteur et le récepteur sont co-présents, dans des situations de l'immédiat communicatif (Koch & Oesterreicher 2011 ; 2012 ; Oesterreicher & Koch 2016). Ainsi, notre corpus est constitué de blagues mises par écrit et destinées à la lecture et à un futur ré-emploi possible de la part du lecteur des recueils de blagues sur internet.

De plus, on note dans les BEC une structure bipartite : les blagues se composent d'une partie introductive et d'une partie solution, cette dernière contenant une chute. La chute se fonde souvent sur un jeu de mots ou sur une ambiguïté par lesquels se manifeste une interprétation inattendue et surprenante, qui est en contraste avec les attentes créées dans la partie introductive de l'énoncé. L'interprétation évoquée par la chute peut renvoyer à des tabous (sexualité, corporéité, etc.), mais ce n'est pas une condition nécessaire. Pour les blagues qui ne contiennent pas de jeux de mots, le comique se situe uniquement au niveau du contenu et des concepts auxquels on renvoie, p.ex. en présentant des exagérations absurdes (voir § 3.3.2). Dans nos analyses, nous distinguerons entre les BEC qui contiennent des jeux de mots (liés au plan de l'expression de la langue particulière) et les BEC qui ne se fondent que sur un jeu conceptuel. Les deux catégories peuvent être illustrées par les ex. (3) et (4). Comme le montrent les traductions des deux sens du fr. *défense* en italien (*difesa* 'action de défendre' vs. *zanna* 'dent saillante') et en espagnol (*defensa* vs. *colmillo*), la traduction peut représenter un test heuristique utile pour faire la distinction entre les deux catégories. Soulignons toutefois qu'il y a également des BEC qui peuvent être rendues dans d'autres langues sous une forme analogue (p.ex. le pt. *defesa* présente la même polysémie que le fr. *défense*) ou grâce à différentes stratégies de traduction, de sorte que le test heuristique ne réussit qu'à identifier les BEC se basant sur des jeux de mots qui ne peuvent *pas* se traduire facilement (voir aussi Winter-Froemel 2016 : 20).

(3)   [FR] Quel est le comble pour un éléphant ? – C'est d'être sans défense. (avec jeu de mots sur fr. *défense* 'action de défendre', 'dent saillante')

(4)   [FR] Quel est le comble de la patience ? – Traire une puce avec des gants de boxe. (sans jeu de mots)

---

[11] Pour des réflexions plus approfondies sur les blagues et devinettes en tant que genres textuels, voir p.ex. les ouvrages fondamentaux de Freud (2012) [1905], Preisendanz (1970), Marfurt (1977), Chiaro (1992), Attardo (1994), Hirsch (2002) et Ritchie (2004).

Parmi les BEC de notre corpus, on constate que de nombreuses blagues sont réalisées comme des devinettes. Les devinettes représentent un sous-type répandu des blagues en général, caractérisé par une structure bipartite qui se réalise comme une séquence de question et réponse. Toutefois, on a affaire ici à une dialogicité « feinte », puisque seul le locuteur est censé connaître la réponse à la question qu'il pose, et par conséquent sa question doit s'interpréter comme une pseudo-question ayant une finalité pragmatique : le locuteur feint de donner le droit de la parole à son interlocuteur pour donner la réponse ou avouer son ignorance, et affirmer son intérêt à connaître la réponse. Ainsi, le locuteur obtient le droit de reprendre la parole pour donner la réponse, et la structure globale des devinettes se rapproche de celle des (autres) blagues « monologiques ». Pour ces dernières, on trouve en général une phrase déclarative pour la partie introductive, qui est souvent constituée par un syntagme nominal suivi par un deux-points, après lequel est donnée la solution. Du point de vue de l'expression, cette dernière option se rapproche ainsi de titres (de journaux, de magazines, etc.).

2.3 Aperçu historique

Les blagues et les devinettes peuvent être considérées aujourd'hui comme des traditions bien établies dans les quatre langues étudiées. Sans pouvoir traiter de manière exhaustive la dimension historique de ces traditions, et plus particulièrement celle des BEC, il paraît important de noter que différentes traditions antérieures s'entrecroisent dans les BEC. Il s'agit d'abord de la tradition rhétorique et dialectique de la pointe (lat. *acumen*, it. *arguzia*), qui est discutée dès l'Antiquité dans le contexte de l'humour verbal et dans les réflexions sur l'argumentation. La pointe consiste à faire ressortir de manière brève et inattendue des analogies surprenantes et amusantes entre des concepts éloignés (cf. Battistini 1992 : 88), et cette description s'applique très bien à une très grande partie des chutes des blagues (des BEC, mais aussi des blagues en général ; cf. aussi le fait qu'en allemand, c'est le terme de *Pointe* qui désigne la chute d'une blague).

De plus, les BEC présentent un raisonnement logique qui est conduit à l'absurdité, par exagération et/ou par le recours au double sens qui peut se cacher dans l'énoncé ; par là, les BEC renvoient également à la tradition de l'enthymème, qui requiert par sa brièveté la participation active du récepteur qui doit compléter les informations implicites requises pour interpréter le message (cf. Kraus 1994). Cette participation active du récepteur est mise en relief de manière explicite dans les BEC réalisées sous forme de devinette, mais se note également dans les autres BEC.

Les premières attestations d'une tradition de jeu conversationnel se basant sur la notion d'un comble peuvent se situer vers la fin du XIXe et le début du XXe siècle, comme le montre le passage suivant, où Marcel Proust décrit les « combles » comme « surannées » déjà, dans un texte de 1921–1922 (*Sodome et Gomorrhe*) :

> Le trait d'esprit était ce qu'on appelait un « à-peu-près », mais qui avait changé de forme, car il y a une évolution pour les calembours comme pour les genres littéraires, les épidémies, qui disparaissent remplacées par d'autres, etc. Jadis la forme de l'« à-peu-près » était le « comble ». Mais elle était surannée, personne ne l'employait plus, il n'y avait plus que Cottard pour dire encore parfois au milieu d'une partie de « piquet » : « Savez-vous quel est le comble de la distraction ? c'est de prendre l'édit de Nantes pour une Anglaise. » Les combles avaient été remplacés par les surnoms. Au fond, c'était toujours le vieil « à-peu-près », mais comme le surnom était à la mode, on ne s'en apercevait pas. (Proust 1988 [1921–1922] : 328, cf. Frantext)

Les « combles » sont décrits ici comme une tradition spécifique à certains groupes sociaux, à savoir la moyenne bourgeoisie qui participe à la conversation dans le salon de Madame Verdurin. De plus, le passage souligne l'instabilité des traditions de l'humour verbal, et la comparaison avec les épidémies montre une prise de distance critique par rapport à cette tradition, décrite ici dans sa forme de devinette.

Sur Frantext, une recherche de la séquence « quel est le comble » donne 7 résultats (recherche du 05/02/2018), dont 5 représentent des cas d'humour verbal[12] ; ces 5 occurrences (datant d'entre 1922 et 1994) présentent déjà les mêmes caractéristiques que les blagues de notre corpus. Une recherche de la séquence « le comble » donne 1.741 résultats, dont certains se rapprochent également des BEC sans jeux de mots relevés dans notre corpus (cf. § 2.2).

Ces caractéristiques des « combles » français sont également confirmées par Gagnière, qui constate une forte diffusion de cette tradition déjà vers la fin du XIXe siècle et donne une description relativement détaillée de ses traits fondamentaux :

> À la fin du siècle dernier, un jeu faisait fureur, celui des *combles*. Dans toute bonne réunion, un moment venait inévitablement où l'on se racontait les derniers *combles* en vogue en s'esclaffant.
> Le jeu est simple : A la question « *quel est le comble de... ?* », il convient de trouver une réponse amusante à base de calembour, d'à-peu-près, d'absurde ou de grivoiserie. Il n'était

---

[12] Outre le passage de Proust que nous venons de citer, les sources relevées sont : Alain Robbe-Grillet, *Les Gommes* (1952), Georges Perec, *Je me souviens* (1978) (2 occurrences), Sarah Kofman, *Rue Ordener, rue Labat* (1994).

pas un almanach populaire qui ne présentât une rubrique comble à côté des devinettes, rébus, ou autres inévitables énigmes.
Alphonse Allais s'empara de cette mode à laquelle il donna ses lettres de noblesse. Les deux tiers au moins de « combles » connus sont de lui [...]. (Gagnière 1989 : 229)

Gagnière s'intéresse également à l'évolution ultérieure de la tradition et souligne à cet égard le rôle important de l'humoriste et écrivain Alphonse Allais (1854–1905) pour la diffusion de cette tradition. De plus, il cite des exemples de *combles* de Raymond Queneau, de Jules Renard et de José Artur, et on constate que, dans ces reprises, la structure en devinette peut être abandonnée[13], ce qui s'explique par le nouveau contexte d'emploi dans lequel les combles sont introduits : il s'agit maintenant d'énoncés d'auteurs connus qui ne sont pas réalisés dans des situations proches du pôle de l'immédiat communicatif, mais les énoncés sont transmis sous forme écrite et s'adressent à un public large, le moment de la lecture ne coïncidant plus avec le moment de l'écriture, de sorte que le jeu de question-réponse est moins fortement motivé.

Pour l'italien, une recherche dans les corpus du LIS (*Lessico dell'Italiano Scritto*) et du TLIO (*Corpus del Tesoro della Lingua Italiana delle Origini*) donne respectivement 62 et 156 occurrences de la séquence « il colmo » (recherches du 08/12/2017), mais ces emplois ne s'insèrent pas dans des contextes d'humour verbal et ne représentent pas de BEC.

Pour le portugais, on trouve 121 occurrences de « cúmulo » dans le *Corpus du português* dans la section du XIXe et XXe siècle (« Genre / historical ») et 3.935 occurrences dans la section « Web / dialects », dont 65 sont des emplois de la séquence « qual é o cúmulo » et correspondent à des BEC. Ces exemples témoignent de la diffusion de la tradition des BEC sur internet et du fait que l'on trouve également des réalisations qui divergent des réalisations observées dans notre corpus.

Pour l'espagnol, une recherche de la séquence « el colmo » dans le corpus du CORDE donne 340 résultats, dont 153 sont des occurrences de « en el colmo de », où le mot est généralement suivi d'un nom abstrait, p.ex. ...*la desesperación, la sorpresa, la alegría, la demencia, la angustia, la desolación, la euforía*, etc., et fonctionne comme une apposition décrivant l'état d'âme d'un individu, sans qu'il y ait d'humour verbal. Pour les 187 occurrences restantes, il n'y en a qu'une seule, datant de 1949, qui s'insère dans un contexte d'humour verbal ; pourtant, il s'agit

---

13 L'exemple de Queneau est « Le comble de l'inattention, c'est de prendre l'Édit de Nantes pour une Anglaise. » ; cet exemple peut s'analyser comme une reprise et une reformulation d'un comble déjà existant (voir la citation de Proust ci-dessus). L'exemple de Renard est le suivant : « Le comble, pour un journaliste, c'est d'être à l'article de sa mort. » (Gagnière 1989 : 230).

d'un exemple extrêmement intéressant, dans la mesure où il peut s'interpréter comme indiquant une diffusion bien plus large de la tradition des « combles » en espagnol :

> Quise gastarle una broma, hacerle un viejo chiste, y le pregunté con jovialidad : « Vamos a ver, dime, *¿a que no sabes cuál es el colmo de un sorbete?* ». Se me quedó serio, concentrado, con la cucharilla en alto, como si el profesor de matemáticas le hubiera sorprendido en un teorema sin preparar. « No lo sé, no caigo », me confesó a poco, lleno de cómica aflicción. « ¿No? ¡Caramba! Pues es que eres memo : *¡estás rascando precisamente el colmo de un sorbete, y no sabes lo que es!* » Se puso colorado hasta las orejas ; casi se le saltan las lágrimas de mortificación. « Anda, hombre, Gabrielillo, cómete el colmo de tu sorbete », me reí, palmeándole la desnuda rodilla... Creo que, sin querer, le amargué con esa tontería el convite. ¡Pobre muchacho! ¡Pobre criatura! (Francisco Ayala, 1949, La cabeza del cordero [relato breve culto], Madrid : Rosario Hiriart, Cátedra, 1993 / CORDE ; italiques EWF)

La blague en question (cf. les expressions *broma* et *chiste*, signifiant toutes les deux 'blague', qui sont utilisées pour introduire l'épisode raconté) peut être paraphrasée de la manière suivante : le locuteur demande « Quel est le comble d'un sorbet ? », son interlocuteur admet qu'il ne trouve pas la réponse et lui redonne la parole, ce à quoi le locuteur donne la solution : « tu es en train de manger justement le comble / la partie supérieure du sorbet, et tu ne sais pas ce que c'est ! ». Ainsi, on constate un jeu sur le sens abstrait et concret du mot *colmo* ; alors que les BEC se basent en général sur le sens abstrait, c'est le sens concret de 'partie supérieure' qui est réaccentué ici de manière inattendue dans la chute. Cela montre que le locuteur joue sur les attentes du récepteur par rapport au schéma « classique » des BEC, qui doit donc être déjà connu par les deux interlocuteurs. Cette blague peut ainsi être qualifiée de transgressive (cf. § 4), et elle indique que la tradition des BEC est connue, même si elle n'est pas documentée dans le corpus.

Ces brèves remarques permettent de voir certains défis de l'analyse diachronique des BEC ; par la suite, nous nous pencherons sur une étude synchronique des blagues dans l'usage contemporain, qui permettra de constater la vitalité (ou, peut-être, une sorte de re-naissance) de la tradition des BEC, et une diffusion dans de nouveaux domaines et contextes d'emploi, dans laquelle les nouveaux médias jouent un rôle non négligeable.

3 Éléments discursivo-traditionnels des blagues en comble dans les quatre langues étudiées

Par la suite, nous essaierons de définir les caractéristiques fondamentales des BEC qui se dégagent de notre corpus et qui peuvent être considérées comme des éléments relevant des traditions discursives, dans la mesure où ils annoncent la tradition et permettent de reconnaître immédiatement que l'énoncé fera partie des BEC. Après une brève présentation du corpus, seront analysés le côté formel des blagues (structures syntaxiques et, pour les BEC se basant sur des jeux de mots, la position syntaxique de l'expression-clé de la chute) et leur contenu (sujet annoncé, présence de jeu de mots et, le cas échéant, sous-type de jeu de mots, relations sémantiques), en envisageant chaque fois la partie introductive et la partie solution des blagues.

Concernant la méthodologie adoptée, nous partons de l'hypothèse que les éléments discursivo-traditionnels, pour pouvoir fonctionner comme tels, doivent être suffisamment conventionnels, et nous prendrons la répétition des structures, reflétée dans le nombre d'occurrences, comme un indice du statut conventionnel. Ainsi, nous indiquerons les nombres d'occurrences et les taux respectifs pour les éléments relevés. Pour trancher entre les catégories non majoritaires, mais quand même solidement représentées (« variantes »), d'une part, et les catégories plus marginales, transgressives, d'autre part, il paraît d'abord nécessaire de se demander quelle est l'importance des déviations observées pour le récepteur : pour les déviations purement formelles, même si elles facilitent peut-être à un moindre degré la reconnaissance immédiate de la tradition des BEC dans laquelle l'énoncé concret s'insère, on peut souvent supposer qu'elles ne représentent pas de transgressions consciemment introduites par le locuteur. Ces dernières portent en général sur le contenu des blagues, et nous définirons ici un seuil « critique » de fréquence relative de 5 %, de sorte que les traits relatifs au contenu des BEC qui se présentent avec une fréquence inférieure pour chacune des langues seront considérés comme des déviations ou transgressions des structures traditionnelles établies. Ces déviations et transgressions peuvent toutefois représenter des points de départ pour une évolution future des BEC ; elles seront traitées dans le § 4.

3.1 Le corpus

Le corpus principal sur lequel les réflexions suivantes se baseront est constitué de 563 blagues en comble en quatre langues romanes (français, italien, espagnol, portugais). Les blagues ont été recueillies sur internet le 11 septembre 2015 et le 1er juillet 2017 à l'aide de différents sites spécialisés dans les blagues et devinettes et offrant un étiquetage où figure la catégorie des « combles »[14]. Dans la recherche additionnelle faite pour l'espagnol en 2017 n'ont été pris en compte que des exemples de blagues ayant été publiées avant 2016, afin de garantir l'homogénéité temporelle des données analysées. Pour ces quatre langues, un nombre comparable de devinettes a été recueilli (151 devinettes pour le français, 131 pour l'italien, 138 pour l'espagnol, 143 pour le portugais). En cas d'exemples documentés plusieurs fois sous une forme tout à fait identique, les occurrences additionnelles n'ont pas été prises en compte. Pour les réalisations semblables – ou très semblables mais présentent certaines divergences au niveau de la forme (et, éventuellement, également au niveau du contenu) –, ces occurrences ont toutefois été comptées comme plusieurs occurrences distinctes, puisque les variantes relèvent d'une des thématiques abordées dans cet article.

Pour établir le corpus d'exemples, les blagues ont été extraites des sites consultés. Par contre, les commentaires additionnels (p.ex. <xD>) qui accompagnent les blagues sur certains sites n'ont pas été pris en compte. Pour faciliter la lecture des exemples qui seront donnés par la suite, la ponctuation a été harmonisée et des fautes éventuelles de frappe / d'orthographe ont été corrigées. De même, les abréviations (p.ex. esp. <q>, <k> pour <que>) ont été remplacées ici par les formes non abrégées respectives. Des recherches additionnelles sur internet ont été conduites en juin et juillet 2017. Ces recherches permettent de constater certains changements par rapport à la tradition des BEC, sur lesquels nous reviendrons dans le § 4.

---

[14] Fr. « combles », it. « colmi », esp. « chistes colmos »/« colmos », port. « cúmulos » ; outre ces dénominations, on trouve aussi fr. « blagues combles », « combles drôles », « combles comiques », « devinettes comble », it. « barzellette colmi », esp. « chistes de colmos », port. « piadas de cúmulos », « anedotas de cúmulos ». Les sites consultés sont les suivants : http://www.blague.info/blagues/combles-4.html?cat=4&p=0 (11/09/2015) et http://theblagues.free.fr/combles/combles.htm (08/12/2015) (français), http://www.lecomiche.it/umorismo_ris.php?start=0&cat=COL&ric (italien), https://www.euroresidentes.com/chistes/chistes-colmos.htm (11/09/2015) et http://www.chistescortos.eu/category/6/colmos (01/07/ 2017) (espagnol), http://www.eusei.com/anedotasonline/Anedotas_Index.asp?Categoria=C%FA mulos (portugais). Actuellement (juin 2017), la page consultée pour l'italien n'est plus accessible.

3.2 Forme des blagues en comble

En ce qui concerne le plan de l'expression des BEC, on peut constater, outre la présence du mot-clé pour chaque langue, une série d'éléments réguliers qui caractérisent les BEC (voir le Tab. 1 : § 3.2.2)[15]. Cela concerne d'abord la structure générale de l'énoncé, à savoir la présence ou absence d'une structure en devinette. Bien qu'*a priori* les deux options paraissent possibles pour les quatre langues analysées, ces possibilités ne sont pas systématiquement exploitées : pour chaque langue, c'est soit l'une, soit l'autre de ces deux options qui prédomine très clairement, le français et l'espagnol optant pour une structure en devinette avec une forme interrogative dans la partie introductive et l'italien et le portugais optant pour une déclarative (voir les ex. (5) à (8)). En outre, ce n'est que pour l'espagnol que nous avons relevé des déviations de la structure standard respective, mais ces déviations (en l'occurrence, les *combles* exprimées par une phrase déclarative) sont très clairement marginales et n'atteignent que 3,6 % du nombre total de BEC analysées[16]. De plus, le fait que les choix adoptés par les différentes langues divergent est à un certain degré surprenant, dans la mesure où cela prouve que, même si on peut supposer une origine commune de la tradition des BEC, cette tradition partagée peut être soumise à certains changements dans le cadre des langues particulières.

(5) [FR] Quel est le comble pour une sauterelle ? – C'est qu'on lui fasse faux bond.

(6) [IT] Il colmo per un barista: ritirarsi per fare il cappuccino. ('Le comble pour un barman : de se retirer pour faire le cappuccino / pour se faire capucin (au sens religieux du mot).')

(7) [ES] ¿Cuál es el colmo de un enano? – Que un policia le diga ¡ALTO! ('Quel est le comble d'un nain ? – Qu'un agent de police lui dise : Halte ! / Grand (de taille) !')

(8) [PT] Cúmulo da habilidade: atar presentes com fio de azeite. ('Le comble de l'habileté : de ficeler les paquets avec un fil d'huile d'olive.')

---

[15] Pour tous les taux, nous indiquons des valeurs arrondies, de sorte que leur total ne donne pas nécessairement 100 %.

[16] Toutefois, il faut admettre que ces observations sont basées sur les données recueillies dans notre corpus et qu'il serait possible de trouver pour chaque langue d'autres occurrences de combles qui réalisent également la variante non préférée. En outre, il faut tenir compte de la dynamique permanente des blagues en tant que tradition(s) historique(s), qui implique que les caractéristiques relevées peuvent être soumises à des changements diachroniques.

3.2.1 Partie introductive

Une très grande régularité et homogénéité des BEC à l'intérieur de chaque langue se manifeste également pour la partie introductive, où l'on constate à nouveau qu'il existe pour chaque langue une réalisation standard. Pour le français et l'espagnol, il y a une formulation standardisée de l'interrogative (*Quel est le comble*... ? / *¿Cuál es el colmo*...?), de même pour les déclaratives en italien et en portugais (*Il colmo*....: / *Cúmulo*....:)[17]. Au total, on ne relève que 9 déviations pour la partie introductive en espagnol (4 occurrences pour l'interrogative *¿Colmo de*...?, 5 occurrences pour la déclarative *Colmo de*...) et 2 déviations et transgressions pour la partie introductive en français (une occurrence pour *C'est quoi le comble de*... ? et pour *Vous connaissez le comble de*..., respectivement). De plus, il semble intéressant de noter que cette dernière occurrence présente également une déviation par rapport à la structure globale de la blague. Nous y reviendrons dans le § 4 (ex. (53)).

3.2.2 Partie solution

Pour la partie solution, on trouve également des régularités. Pour l'italien, c'est l'infinitif qui prédomine très clairement (ex. (9)). Pour les autres langues, on relève plusieurs variantes fortement établies. Ces variantes (une ou deux selon les langues) se partagent au moins les trois quarts de toutes les occurrences pour chaque langue. Il s'agit surtout de structures infinitives (voir les indications dans le Tab. 1 : et les exemples (10) et (11)).

(9)   [IT] Il colmo per un dentista: essere incisivo. ('Le comble pour un dentiste : d'être énergique / d'être une incisive.')

(10) [FR] Quel est le comble pour un cordonnier ? – C'est d'être dans le cirage.

(11) [ES] ¿Cual es el colmo de un policía? – Tener dos esposas. ('Quel est le comble pour un policier ? D'avoir deux épouses / deux menottes.')

Pour les BEC portugaises, il y a deux variantes standard : 1) l'infinitif, 2) la 3ᵉ personne du singulier du verbe *ser* 'être' suivie d'un infinitif. Nous avons inclus dans

---

[17] L'absence d'article défini pour le nom portugais représente une tendance bien attestée dans le portugais brésilien ; elle ne sera pas commentée en détail ici (cf. Wall 2017).

chaque catégorie les infinitifs « normaux » ainsi que les structures à infinitif personnel (voir les exemples (12) / (13), et (14) / (15), respectivement). C'est-à-dire que les constructions du type *infinitif, infinitif personnel* et *substantif + infinitif personnel*, ainsi que celles du type *é + infinitif* et *é + substantif + infinitif personnel* ont été regroupées, parce que, dans les deux cas, les deux constructions se distinguent uniquement pour des raisons liées au système grammatical du portugais[18].

(12) [PT] Cúmulo da burrice: ser reprovado no exame da urina. ('Le comble de la bêtise : échouer à un examen d'urine.')

(13) [PT] Cúmulo da seca: uma vaca dar leite em pó. ('Le comble de la sécheresse : une vache qui donne du lait en poudre.')

(14) [PT] Cúmulo da poupança: é olhar por cima dos óculos para não gastar as lentes. ('Le comble des économies : c'est de regarder au-dessus des jumelles pour ne pas abîmer les lentilles.')

(15) [PT] Cúmulo da perfeição: é um sujeito comer serradura e cagar contraplacado. ('Le comble de la perfection : une personne qui mange de la sciure et chie du contreplaqué.')

Pour les réalisations non typiques, on trouve pour le français les formulations suivantes : *de + infinitif* (9 occurrences), *c'est que + syntagme nominal + verbe fini au subjonctif* (4 occurrences), *que + syntagme nominal + verbe fini au subjonctif* (2 occurrences), *c'est quand* (1 occurrence), *c'est + syntagme nominal* (1 occurrence) et un cas particulier, qui sera commenté dans le § 4.4 (ex. (53)). De même, pour l'italien, on n'observe qu'un seul cas particulier. Pour l'espagnol, on trouve 2 occurrences pour *pues que + verbe fini à l'indicatif*, 2 occurrences d'un *syntagme nominal* et une occurrence de *en que + verbe fini au subjonctif*. Pour le portugais, on trouve les formulations suivantes : *syntagme nominal* (10 occurrences), *syntagme nominal + a + infinitif (+/- personnel)* (7 occurrences), *syntagme nominal + de + infinitif* (1 occurrence), *phrase principale* (3 occurrences), ainsi que 3 cas particuliers, qui montrent également des déviations à d'autres niveaux. Ainsi, on constate dans l'ensemble une très grande régularité des réalisations à l'intérieur de chaque langue. Pour les BEC qui divergent des structures standard sur le plan

---

[18] En portugais, l'infinitif dit « personnel » (*infinitivo pessoal*) permet d'employer un infinitif accompagné d'une désinence flexionnelle qui s'accorde au sujet qui précède l'infinitif et qui est différent du sujet du verbe principal.

de l'expression, on note souvent aussi d'autres divergences concernant le contenu des blagues.

Finalement, en ce qui concerne la chute des blagues reposant sur un jeu de mots, on peut constater dans les quatre langues analysées une tendance très claire à exprimer la chute dans le tout dernier mot ou dans le dernier élément syntaxique de l'énoncé (ci-dessous, d = chute sur le dernier élément). Dans certains cas, le mot ou l'expression en question est suivi d'un ou, plus rarement, de plusieurs éléments syntaxiques (en général, pas plus de deux ; d-1 = chute sur l'avant-dernier élément, etc.) ; en outre, on relève quelques cas où le mot de la chute est suivi par une phrase entière (d-s), mais ces réalisations sont très clairement minoritaires. Ainsi, les BEC de notre corpus confirment un principe fondamental des blagues en général, à savoir le fait de terminer par une chute inattendue (cf. § 2.2 et § 2.3).

Tab. 1 : Éléments discursivo-traditionnels des BEC (I) : Forme

	Français	Italien	Espagnol	Portugais
Structure générale / type de phrase	interrogative (151/151) 100 %	déclarative (131/131) 100 %	interrogative (133/138) 96,4 % déclarative (5/138) 3,6 %	déclarative (143/143) 100 %
Formulations pour la partie introductive	Quel est le comble... ? (149/151) 98,7 %	Il colmo...: (131/131) 100 %	¿Cuál es el colmo...? (129/138) 93,5 %	Cúmulo...: (143/143) 100 %
Formulations pour la partie solution	c'est de + infinitif (101/151) 66,9 % infinitif (32/151) 21,2 %	infinitif (130/131) 99,2 %	que + v fini (subj) (75/138) 54,3 % infinitif (58/138) 42,0 %	infinitif (101/143) 70,6 % é + infinitif (18/143) 12,6 %
	Autres (18/151) 11,9 %	Autres (1/131) 0,8 %	Autres (5/138) 3,6 %	Autres (24/143) 16,8 %
Position de la chute (pour	d (111/127) 87,4 %	d (99/122) 81,8 %	d (81/93) 87,1 %	d (15/19) 78,9 %

combles avec jdm)	d-1 (16/127)	d-1 (17/122)	d-1 (3/93)	d-1 (3/19)
		d-2 (1/122)	d-2 (1/93)	d-4 (1/19)
		d-s (5/122)	d-s (7/93)	
			cas partic. (1/93)	

L'analyse des structures des BEC dans les quatre langues montre qu'il y a en général une homogénéité assez grande, et qu'on peut constater en général plus de variabilité pour la formulation de la partie solution (taux de déviations et transgressions entre 0,8 et 16,8 %), tandis que la partie introductive des blagues est très homogène pour chacune des langues (taux de déviations et transgressions entre 0 et 6,5 %). Cette observation peut s'expliquer de manière immédiate par la fonction textuelle qu'a la partie introductive : elle permet au récepteur de reconnaître la tradition discursive des BEC, et elle crée et confirme ainsi des attentes par rapport à la suite de l'énoncé. Pour la partie solution, par contre, la tradition discursive qui permet de catégoriser l'énoncé étant déjà établie, il y a plus de liberté pour préparer et exprimer la chute. Ce qui compte ici, par contre, c'est le fait que la chute de la blague arrive vite et qu'elle soit inattendue. Dans un très grand nombre de cas, la chute est représentée par un jeu de mots sur le tout dernier élément de la phrase.

Signalons encore des structures syntaxiques et sémantiques particulières qui ne représentent pas la réalisation standard des BEC, mais qui s'observent avec une certaine fréquence, de sorte qu'il semble possible de les analyser comme des éléments ayant également un statut traditionnel (relevant de la tradition discursive ou contribuant à identifier la tradition discursive). Dans certains cas, la partie solution présente une structure complexe qui prépare la chute, p.ex. en introduisant un contraste sémantique (voir l'ex. (16) *salir – laver*) ou un jeu additionnel fondé sur l'homonymie ou la paronymie (voir l'ex. (17) *enseigner – en saignant*).

(16) [FR] Quel est le comble de la propreté ? – Salir une réputation, pour s'en laver les mains

(17) [FR] Quel est le comble du prof de banlieue ? – C'est de partir le matin enseigner et de rentrer le soir en saignant !

Dans les exemples suivants, chacune des blagues exploite un champ sémantique et les ambiguïtés lexicales qui s'y présentent pour enchaîner plusieurs jeux de mots qui construisent la chute : noms de couleurs en (18) (*rosso* 'rouge' – *verde* 'vert' – *bianco* 'blanc'), désignations de types de pizzas en (19), noms d'insectes en (20), champ sémantique de la couleur noire en (21). Alors que les ex. (19) et (20) se basent sur des jeux de mots proprement dits, ce dernier exemple combine un jeu de mots sur le sens littéral et figuratif de *mercado negro* 'marché noir' et un jeu qui se base sur l'enchaînement d'expressions avec un référent de couleur noire ou sombre (cf. les sens de 'prêtre (portant un habit noir)', 'charbon', 'noir', 'olives noires', 'nuit obscure')[19].

(18) [IT] Il colmo per un sciatore: diventare rosso di vergogna per essere rimasto al verde dopo una settimana bianca. ('Le comble pour un skieur ? De rougir de honte pour être sur la paille [lit. être resté sur le vert] après une semaine blanche.')

(19) [IT] Il colmo per un pizzaiolo: avere una moglie che si chiama Margherita che fa la capricciosa ogni 4 stagioni. ('Le comble pour un pizzaïolo : d'avoir une femme qui s'appelle Margherita qui fait la capricieuse toutes les quatre saisons.')

(20) [IT] Il colmo per un'ape: andare a Mosca in vespa. ('Le comble pour une abeille : d'aller à Moscou [jeu sur le sens double de *mosca* signifiant également 'mouche'] en scooter [*vespa* 'scooter', 'guêpe'].')

(21) [PT] Cúmulo da escuridão: um preto sentado num monte de carvão, a cantar o black is black, vendendo azeitonas pretas no mercado negro, numa noite escura. ('Le comble de l'obscurité : un prêtre assis sur un tas de charbon, qui chante « black is black » et vend des olives noires sur le marché noir, dans une nuit obscure.')

Un autre exemple de structure complexe opérant un enchaînement qui aboutit à une chute double ou multiple s'observe dans (22) (interprétation « électrique » vs. sexuelle de *branler, poteau, jus*). On observe ici également l'importance de la dimension sociale et interactionnelle des BEC, qui visent à créer une connivence entre l'émetteur et le(s) récepteur(s), cette connivence pouvant impliquer à différents degrés des « jeux » d'inclusion / d'exclusion (p.ex. blagues sexuelles, blagues mettant en avant des références identitaires partagées, ce qui se note dans les références culinaires dans l'ex. (19), mais aussi dans les blagues ayant des cibles précises, p.ex. les blagues misogynes ou les blagues sur les handicaps, voir ex. (24) à (27) ci-dessous).

(22) [FR] Quel est le comble de l'électricien ? – C'est de branler le poteau pour voir s'il y a du jus.

---

19 Les concepts désignés sont indiqués ici par des petites capitales.

En outre, on trouve aussi des motifs productifs dans les langues particulières, qui sont illustrés par des séries de blagues reposant sur les mêmes associations sémantiques. On peut citer ici p.ex. les jeux sur les ambiguïtés lexicales dans le champ sémantique du jardinage et des noms de fleurs (ex. (23)) ; ce champ est exploité dans 16 blagues de notre corpus.

(23) [ES] ¿Cuál es el colmo de un jardinero ? – Casarse con una mujer llamada Rosa y tengan una hija llamada Margarita Rosa Jardines Céspedes y la dejen plantada. ('Quel est le comble pour un jardinier ? De se marier à une femme qui s'appelle Rosa [rose] et qu'ils aient une fille qui s'appelle Margarita Rosa Jardines Céspedes [lit. marguerite, rose, jardins, pelouses].')

D'autres exemples encore exhibent une logique de l'absurdité croissante, qui réaccentue le sens de *comble* de 'plus haut degré' et la notion d'une échelle sous-jacente. Cela se confirme aussi par le fait que ces blagues sont souvent introduites comme indiquant le COMBLE DES COMBLES. Souvent, elles reposent uniquement sur le niveau conceptuel, ce qui se reflète dans les blagues sur les handicaps, blagues qui sont attestées dans les quatre langues (voir ex. (24) à (29), qui ne représentent qu'une sélection des attestations dans notre corpus ; voir aussi la catégorie des « jeux avec une logique hyperbolique poussée à l'absurde » dans la classification de Rabatel, ce volume). À nouveau, on note dans ces exemples que jeux de mots proprement dits (ex. (28) et (29)) et jeux purement conceptuels (ex. (24) à (27)) alternent. En même temps il est intéressant de constater que pour chaque langue on peut relever des variantes qui témoignent d'une certaine créativité par la déviation et le remaniement des réalisations existantes.

(24) [FR] Quel est le comble du comble ? – C'est qu'un muet téléphone à un sourd pour dire qu'un aveugle les espionne.

(25) [ES] ¿Cuál es el colmo de los colmos? – Que un mudo le diga a un sordo que un ciego está mirando los pelos de un calvo. ('Quel est le comble des combles ? Qu'un muet dise à un sourd qu'il y a un aveugle qui regarde les cheveux d'un chauve.')

(26) [ES] ¿Cuál es el colmo de los colmos? – Que un muerto se caiga al agua, que un ciego lo vea caer y que un mudo le diga a un sordo mira como nada aquel. ('Quel est le comble des combles ? Qu'un mort tombe à l'eau, qu'un aveugle le voie tomber et qu'un muet dise à un sourd « Regarde comme il nage ».'

(27) [PG] Cúmulo da estupidez: um mudo telefonar a um surdo a dizer que o cego viu dois carecas à luta por um pente. ('Le comble de la bêtise : un muet qui téléphone à un sourd pour dire que l'aveugle a vu deux chauves qui se disputaient pour un peigne.')

(28) [ES] ¿Cuál es el colmo de un ciego? – Vivir en la 1º planta del hotel buenavista de noveno B. ('Quel est le comble d'un aveugle ? De vivre au 1er étage de l'hôtel Buenavista [lit. bonne vue] du neuvième B [jeu sur l'homophonie avec esp. *no ve, no ve* 'il ne voit pas, il ne voit pas'].')

(29) [ES] ¿Cúal es el colmo de alguien que no ve? – Que su madre le haya puesto de nombre Casimiro y que su primer apellido sea Miraflores. ('Quel est le comble pour quelqu'un qui ne voit pas ? Que sa mère l'ait appelé Casimiro [lit. je regarde presque] et que son premier nom de famille soit Miraflores [lit. il regarde des fleurs].')

Finalement, on trouve aussi quelques exemples de BEC qui contiennent des jeux de mots et qui reposent sur un enchaînement et une logique progressive : l'exemple (30) se base sur le contraste d'une interprétation « musicale » vs. sexuelle de *morceau long, concours / con court, concert dure / con serre dur* ; pour l'exemple (31), on a une opposition entre les sens mathématiques et les autres interprétations des formes polysémiques *moitié* et *tiers* et des homonymes *quart / car* ; en outre, l'effet humoristique s'accroît du fait que la blague respecte la série mathématique (2, 3, 4).

(30) [FR] Quel est le comble pour un musicien ? – C'est d'introduire un morceau long dans un concours, car plus le morceau est long, plus le concert dure.

(31) [FR] Quel est le comble du mathématicien ? – Se faire piquer sa moitié par un tiers dans un car !

3.3 Contenu des blagues en comble

3.3.1 Partie introductive

Les convergences à travers les quatre langues se confirment également dans le contenu des BEC. Cela se note d'abord au niveau des compléments de *comble* et de ses équivalents : en français, italien et espagnol, ce sont les noms agentifs qui prédominent très clairement, c'est-à-dire que les BEC décrivent en premier lieu des types de situations « de comble » pour des groupes ou types d'individus.

Parmi ces noms, les désignations de professions sont très fréquentes ; de plus, sont attestés quelques substantifs qui se réfèrent à des traits de caractère ou à la nationalité des personnes et quelques noms propres. Pour les BEC portugaises, par contre, on ne trouve que 10 blagues où le complément du comble désigne un référent humain (voir le Tab. 4 :dans l'Appendice, qui donne une liste exhaustive des désignations de professions attestées dans le corpus).

Les blagues qui décrivent des combles pour certains agents humains illustrent bien l'ambivalence du « comble », qui peut être perçu comme un « bonheur absolu » ou, à l'opposé, comme une vision négative pour l'individu en question (voir § 1). De plus, l'interprétation peut osciller entre ces deux pôles, p.ex. quand il s'agit de BEC qui renvoient à une sorte de déformation professionnelle suite à laquelle l'individu a une perception biaisée de la réalité et interprète la réalité en partant de son univers professionnel. Ainsi, dans l'ex. (32), le fait d'être dans la lune, qui représente quelque chose de négatif d'après le sens conventionnel quotidien, pourrait être interprété comme un bonheur par l'astronome. Dans d'autres cas, par contre, l'interprétation conventionelle quotidienne s'aligne avec une interprétation négative du point de vue du professionnel, de sorte que la vision inquiétante s'accroît (voir l'ex. (33)). Dans d'autres cas encore, les blagues mettent en jeu des comportements inadéquats, exagérés ou obsessionnels dûs à une déformation professionnelle (ex. (34)).

(32) [FR] Quel est le comble pour un astronome ? – C'est d'être dans la lune.

(33) [FR] Quel est le comble pour un professeur de géographie ? – C'est de perdre le nord.

(34) [FR] Quel est le comble pour un barbier ? – C'est de raser les murs.

Ainsi, les BEC évoquent des lieux communs, des visions stéréotypées de certains types ou groupes d'individus, qui sont à la fois confirmées et remises en question. Pour les autres catégories de compléments, on trouve les noms abstraits, qui désignent dans la très grande majorité des cas des comportements humains et des traits de caractère (les concepts désignés par les compléments dans les quatre langues sont, entre autres : AVARICE, BETISE, CONFIANCE EN SOI, COURTOISIE, DISTRACTION, ECONOMIE, EGOÏSME, ESPERANCE, GASPILLAGE, HABILETE, IGNORANCE, IMPOLITESSE, JALOUSIE, MECHANCETE, OPTIMISME, PARESSE, PATIENCE, POLITESSE, PROPRETE, SOUPLESSE, STUPIDITE), de sorte que le fonctionnement sémantique des blagues reste proche de celui des blagues « professionnelles ». En outre, les animaux (AGNEAU, ARAIGNEE, BOURDON, CANARD, CHAT ET CHATTE, CHEVAL, COCHON, COQ, CRABE, CREVETTE, ELEPHANT, etc.) et, avec une fréquence moins importante, les plantes, les fruits et les légumes (JEUNE ARBRE, PASTEQUE, PETITS POIS, PIMENT, POIREAU, POMME DE TERRE,

POMMIER, etc.) sont également documentés ; ici, on constate en général une personnification, de sorte que ces noms pourraient être classifiés comme « pseudo-agentifs humains » et s'insèrent dans la même logique que les BEC analysées jusqu'ici (voir les exemples (35) à (38)). L'exemple (39) présente un cas intéressant de pseudo-motivation sémantique : partant du mot *balena* 'baleine', le mot it. *baleno*, qui est lexicalisé avec le sens de 'rayon lumineux' et apparaît dans l'expression *in un baleno* 'en un rien de temps', est réinterprété comme la désignation d'une baleine mâle ; en même temps, l'interprétation conventionnelle de *in un baleno* reste possible et tout à fait plausible d'un point de vue sémantique.

(35) [FR] Quel est le comble pour un agneau ? – C'est d'avoir une faim de loup.

(36) [IT] Il colmo per una gallina: avere la pelle d'oca. ('Le comble pour une poule : d'avoir la chair de poule [en it., lit. la chair d'oïe].').

(37) [FR] Quel est le comble pour une pastèque ? – C'est de porter un chapeau melon.

(38) [IT] Il colmo per un tarlo: rispettare le antiche credenze. ('Le comble d'un ver du bois : de respecter les anciennces crédences / croyances.')

(39) [IT] Il colmo per una balena: innamorarsi in un baleno. ('Le comble d'une baleine : de tomber amoureuse d'une baleine mâle / par un coup de foudre.')

De plus, on trouve des désignations d'objets ou d'autres catégories sémantiques (lieux, numéraux, autres, parfois également avec une personnification, voir l'exemple (40)). Toutefois, il s'agit ici de cas relativement peu fréquents.

(40) [FR] Quel est le comble de la clef ? – C'est de se faire mettre à la porte !

Pour les blagues portugaises, par contre, on peut constater qu'elles se distinguent clairement de celles des trois autres langues en ce qui concerne les compléments de *cúmulo* : ici, la grande majorité des compléments est représentée par des noms abstraits, les noms agentifs venant en second lieu, et sans que d'autres catégories apparaissent. Ainsi, les BEC portugaises restent plus proches des emplois du mot-clé *cúmulo* dans des contextes non humoristiques, où le mot apparaît souvent avec des compléments abstraits désignant des états d'âme, etc. En même temps, toutefois, la présence de noms agentifs dans les BEC portugaises montre certaines convergences avec les BEC analysées dans les autres langues.

3.3.2 Partie solution

Un statut en partie particulier des BEC portugaises se manifeste également très clairement si on analyse la fréquence de jeux de mots dans les BEC : tandis que pour le français, l'italien et l'espagnol on peut clairement affirmer que la présence d'un jeu de mots peut être considérée comme un élément constitutif de cette tradition, les blagues portugaises fonctionnent pour la très grande majorité sur un niveau purement conceptuel, sans qu'il y ait de jeu de mots. Les origines de cette divergence seraient à expliquer dans des études ultérieures, la présente étude se limitant à observer certaines tendances. De fait, on peut constater une forte corrélation entre les blagues où le complément du mot pt. *cúmulo* est un nom abstrait et l'absence de jeu de mots : parmi les 204 blagues qui ne contiennent pas de jeu de mots, 149 (73,0 %) ont un complément de ce type. De plus, on note que la dimension sexuelle et fécale est très importante pour les BEC portugaises, et en particulier pour les BEC ne contenant pas de jeux de mots (16 blagues avec une thématique fécale, toutes sans jeux de mots, 43 blagues avec une thématiques sexuelle, dont 37 sans jeux de mots, sur le total des 143 BEC portugaises).

Pour les sous-types de jeux de mots, nous distinguerons 1) les jeux qui se basent sur des ambiguïtés lexicales (homonymie, polysémie), dans lesquelles plusieurs sens lexicalisés sont mis en jeu (voir l'exemple (41) qui joue sur la polysémie de l'it. *grattare* 'voler', 'gratter'), 2) les jeux paronymiques qui jouent sur des unités lexicales proches, mais pas identiques au niveau de l'expression (voir le jeu sur *s'effriter / frites* dans l'exemple (42)), et 3) les jeux reposant sur une remotivation d'unités complexes (expressions figées / idiomatiques, locutions, etc.), qui sont lexicalisées avec leur sens figuré, mais dont l'interprétation « littérale » compositionnelle peut être réévoquée (voir l'exemple (43), qui joue sur l'expression idiomatique esp. *estar como una regadera* et le sens littéral de *regadera*).[20] Parmi ces trois groupes, les jeux paronymiques sont clairement minoritaires pour toutes les langues analysées (pour l'italien, ils n'atteignent même pas le seuil de 5 %) ; pour les deux autres catégories, leur importance relative varie entre les langues.

(41) [IT] Il colmo per un ladro: rubare del formaggio già grattato. ('Le comble pour un voleur : de voler du fromage déjà volé / râpé.')

(42) [FR] Quel est le comble d'une pomme de terre ? – Qu'elle s'effrite.

---

[20] Pour ces catégories, voir aussi Winter-Froemel (2009, 2016).

(43) [ES] ¿Cuál es el colmo de un jardinero? – Estar como una regadera. ('Quel est le comble d'un jardinier ? – D'être à la masse [lit. d'être comme un arrosoir].')

En ce qui concerne les relations sémantiques entre la partie introductive et la partie solution des blagues, on peut constater un rôle clairement prédominant des relations de contiguïté pour la préparation de la chute. En termes de sémantique cognitive, les BEC illustrent ainsi l'importance des scénarios conceptuels (angl. *frame*) annoncés par les compléments du mot *comble* et de ses équivalents. Ainsi, les compléments préparent une piste pour l'interprétation du mot-clé de la chute ; cette interprétation se verra ensuite confrontée à une deuxième interprétation (pour les exemples cités ci-dessus, les concepts désignés sont les suivants : ASTRONOME – LUNE, (PROFESSEUR DE) GEOGRAPHIE – NORD, BARBIER – RASER, VOLEUR – VOLER, JARDINIER – ARROSOIR, etc.). En même temps, on trouve aussi des relations de contraste (AGNEAU – LOUP) et de contraste / similarité cotaxinomique (POULE – OÏE, PASTEQUE – MELON), et, plus rarement, des relations de sub- / superordination taxinomique.[21] Or, du point de vue du récepteur qui décode la blague, il semble tout à fait plausible de ne pas considérer ces relations comme étant mutuellement exclusives. Par exemple, pour la relation conceptuelle AGNEAU – LOUP on peut également penser à un scénario conceptuel où les deux animaux sont co-présents, de sorte que la contiguïté s'ajoute au contraste. Ainsi, ce qui semble être prioritaire, c'est la présence d'une motivation sémantique en tant que telle, et il n'y a que très peu d'exceptions à ce principe pour toutes les langues représentées ici (aucune exception pour l'italien).

---

[21] Pour une vue d'ensemble des relations sémantiques possibles, voir l'inventaire élaboré par Blank (1997) et Koch (2000).

Tab. 2 : Éléments discursivo-traditionnels des BEC (II) : Contenu

	Français	Italien	Espagnol	Portugais
complé- ments de comble	nom agentif (82/151) 54,3 %	nom agentif (108/131) 82,4 %	nom agentif (96/138) 69,6 %	nom abstrait (130/143) 90,9 %
	nom abstrait (25/151) 16,6 %	animal (12/131) 9,2 %	nom abstrait (15/138) 10,9 %	nom agentif (10/143) 7,0 %
	animal (22/151) 14,6 %	nom abstrait (7/131) 5,3 %	objet (10/138) 7,2 %	
	objet (14/151) 9,3 %		animal (8/138) 5,8 %	
	plante/fruit (8/151) 5,3 %	*Déviations et transgressions* (4/131) 3,1 %	*Déviations et transgressions* (9/138) 6,5 %	*Déviations et transgressions* (3/143) 2,1 %
jeux de mots	127/151 84,1 %	122/131 93,1 %	93/138 67,4 %	19/143 13,3 %
Sous- type de jeu de mots	remotivation (78/127) 61,4 %	ambiguïté lexi- cale (66/122) 54,1 %	ambiguïté lexi- cale (53/93) 57,0%	ambiguïté lexi- cale (8/19) 42,1 %
	ambiguïté lexi- cale (41/127) 32,3 %	remotivation (53/122) 43,4 %	remotivation (31/93) 33,3 %	remotivation (8/19) 42,1 %
	paronymie (8/127) 6,3 %	*Déviations et transgressions* paronymie (3/122) 2,5 %	paronymie (9/93) 9,7 %	paronymie (3/19) 15,8 %
Relation séman- tique	oui (121/127) 95,3 %	oui (122/122) 100 %	oui (87/93) 93,5 %	oui (18/19) 94,7 %

3.4 Résumé

Pour résumer les résultats des paragraphes précédents, on peut caractériser la réalisation standard d'une BEC pour les quatre langues analysées selon 4 critères pour la forme et 4 critères pour le contenu, comme indiqué dans le Tab. 3 : (pour les sous-types de jeux de mots, les chiffres signifient : 1) ambiguïté lexicale, 2) paronymie, 3) remotivation).

Tab. 3 : Structure prototypique des BEC

	Forme	Contenu
Français	• interrogative : • *Quel est le comble... ?* • *c'est de* + infinitif / infinitif • chute sur le dernier élément	• jeu de mots, • sous-type 3 (ou 1 / 2) • nom agentif • contiguïté (ou autre relation)
	Exemple typique (avec jeu de mots du type 3) : [FR] Quel est le comble pour un serveur de restaurant ? – C'est de mettre les pieds dans le plat.	
Italien	• déclarative : • *Il colmo...:* • infinitif • chute sur le dernier élément	• jeu de mots, • sous-type 1 (ou 3 / 2) • nom agentif • contiguïté (ou autre relation)
	Exemple typique (avec jeu de mots du type 1) : [IT] Il colmo per un dottore: essere molto paziente. ('Le comble d'un médecin : être très patient.')	
Espagnol	• interrogative : •¿*Cuál es el colmo...?* • *que* + v fini (subj) / infinitif • chute sur le dernier élément	• jeu de mots, • sous-type 1 (ou 3 / 2) • nom agentif • contiguïté (ou autre relation)
	Exemple typique (avec jeu de mots du type 3) : [ES] ¿Cuál es el colmo de un calvo? – Que sus amigos le tomen el pelo. ('Quel est le comble d'un chauve ? Que ses amis le chambrent.')	
Portugais	• déclarative : • *Cúmulo...:* • infinitif / *é* + infinitif	• sans (ou avec) jeu de mots • nom abstrait • contiguïté (ou autre relation)
	Exemple typique (sans jeu de mots) : [PT] Cúmulo da burrice: olhar pela fechadura de uma porta de vidro. ('Le comble de la bêtise : regarder par la serrure d'une porte vitrée.')	

On constate à la fois des convergences et des divergences, et les BEC illustrent ainsi un champ de tension entre tradition et transgression. En même temps, l'analyse des BEC comme une tradition discursive se justifie par la très grande régularité et la relative homogénéité des réalisations : pour les 420 blagues françaises, italiennes et espagnoles, on trouve 253 blagues qui ne présentent aucune déviation par rapport aux huit traits caractéristiques énumérés dans le Tab. 3 : ce qui équivaut à 60,2 %. Ce chiffre paraît d'autant plus remarquable que nous avons adopté le critère relativement restrictif d'une fréquence minimale de 5 % pour les traits caractéristiques. Pour le portugais, par contre, la régularité et l'homogénéité apparaissent comme moins fortes : nous n'avons relevé que six traits identificateurs et, parmi les 143 blagues, il n'y a que 14 (9,8 %) qui respectent tous ces traits. Ainsi, la tradition des BEC en portugais doit être considérée comme un cas à part à un certain degré.

4 Déviations et transgressions : tendances dynamiques

Pour donner quelques pistes de réflexion concernant la dynamique inhérente aux traditions discursives, nous commenterons maintenant quelques déviations et transgressions documentées dans notre corpus. Comme nous avons pu le constater dans les analyses précédentes, certaines blagues contiennent des déviations multiples des structures établies. On pourrait qualifier ces exemples de jeux au second degré, puisqu'ils ne se déroulent pas seulement selon les règles de la tradition discursive des BEC, mais mettent en jeu ces règles elles-mêmes. Les déviations et transgressions peuvent affecter tous les éléments constitutifs des blagues.

4.1 Déviations par rapport à la formulation de la partie introductive

On constate d'abord des déviations mineures qui se caractérisent par le choix d'une formulation comme *C'est quoi le comble de… ?*, plus proche de ce que Koch & Oesterreicher (2011) nomment le pôle de « l'immédiat communicatif » (voir aussi Oesterreicher & Koch 2016). C'est-à-dire que l'on trouve ici des éléments typiques de conversations informelles, qui ne correspondent toutefois pas à la réalisation la plus fréquente des BEC dans le corpus (*Quel est le comble de… ?*). Or, il faut rappeler à cet égard que les recueils de blagues consultés sur internet représentent surtout des dépôts d'énoncés échangés d'abord dans la communication orale, face à face, et ensuite mis par écrit ; on peut donc facilement imaginer que, pour les autres blagues aussi, de tels éléments soient employés quand les blagues du corpus sont énoncées dans des échanges communicatifs face à face.

Dans l'ex. (44) par contre, on note une déviation dans la partie introductive accompagnée d'autres déviations : il n'y a pas de complément nominal du mot *colmo*, mais on demande quel est le « comble » le plus petit. La réponse est maximalement courte pour arriver tout de suite à la chute, qui consiste à jouer sur l'expression *colmo* en ajoutant le suffixe diminutif, ce qui est la réponse « logique » et tout à fait correcte d'un point de vue de sémantique compositionnelle. Mais cette réponse se « heurte » au fait que le mot *colmillo* est lexicalisé en espagnol avec un sens bien différent, à savoir '(dent) canine'. Ainsi, en jouant sur le mot *colmo* même, cette blague aboutit à une déception de l'attente du récepteur, qui était préparé à recevoir une réponse selon le schéma « classique ».

(44)   [ES] ¿Cuál es el colmo más pequeño? – El colmillo... ('Quel est le comble le plus petit ? La canine [le petit comble].')

4.2 Déviations par rapport au contenu : les compléments de *comble*

Pour les compléments du mot *comble* dans la partie introductive, on peut également relever des déviations. Nous avons vu que la tradition discursive des BEC requiert normalement un nom agentif (ou éventuellement un nom abstrait renvoyant à des comportements humains ou à des traits de caractère, ou encore un nom d'animal). Pour les compléments déviant de cette règle, on note une forte tendance à assimiler leur interprétation à ce schéma et à choisir une interprétation personnifiante. Cela peut s'illustrer aussi par l'exemple (45) : le *vieux croûton* peut évoquer soit l'interprétation 'personne âgée', soit l'interprétation 'pièce de pain qui n'est plus fraîche'. Seule la première interprétation est conforme à la règle qui exige que le complément de *comble* appartienne à la catégorie des humains, et si on part de cette interprétation, il n'y a pas de problème interprétatif au sens d'une rupture des attentes / d'une incompatibilité des sens des lexèmes : stéréotypiquement, le comble – dans le sens positif du mot – d'une personne âgée est de pouvoir être assis. Si, par contre, on part de l'interprétation *croûton* 'pièce de pain', encouragée par la nature concrète du référent et par le fait qu'il s'agit d'un référent qui fait partie de la vie quotidienne, on peut constater un jeu de mots ingénieux reposant sur l'homophonie de [ɛtʁasi] *être assis* / *être rassis* : un vieux croûton est rassis « par définition », de sorte qu'il y a une deuxième interprétation tout aussi plausible et justifiable, et on observe ici (dans la réalisation phonique de la blague) un cas d'ambiguïté qui ne se dissout pas par la chute, c'est-à-dire que les deux cadres interprétatifs sont maintenus.

(45) [FR] Quel est le comble pour un vieux croûton ? – C'est d'être assis.

En outre, un important sous-ensemble des compléments déviants est celui des COMBLES DES COMBLES (voir les exemples (24), (25) et (26), analysés dans le § 3.2.2, et l'exemple (51) ci-dessous). Pour ces blagues, il n'y a pas de complément qui annonce un certain scénario conceptuel (p.ex. un scénario lié à une certaine profession) et prépare une piste interprétative ; très souvent, les blagues qui correspondent à ce schéma ne présentent pas de jeux de mots, mais fonctionnent au niveau conceptuel seulement, en évoquant des situations absurdes, souvent par enchaînements.

4.3 Déviations par rapport au contenu : relation sémantique absente ou non explicite / jeux sur le plan formel

Les déviations par rapport au contenu sont illustrées par le jeu basé sur la similarité formelle du complément du mot *comble* (*colmenero*) et du mot de la chute en (46), et par la blague en (47), qui fonctionne comme une énigme, puisqu'il faut trouver l'expression *escalier en colimaçon* pour comprendre la chute ; celle-ci se base sur une remotivation de l'élément *escalier* dans l'expression idiomatique *avoir l'esprit d'escalier*. De même, la blague en (48) ne se base pas sur des relations sémantiques ou conceptuelles entre *poids* et *chiche*, mais sur les homophones *poids* et *pois*, et sur la contiguïté syntagmatique de ces mots dans l'expression *pois chiche*. Pour comprendre la blague en (49), le récepteur doit penser à l'expression *faire le poireau* 'attendre (longtemps)'.

(46) [ES] ¿Cuál es el colmo de un colmenero? – Que tenga muchos colmos.
('Quel est le comble d'un apiculteur ? D'avoir beaucoup de combles.')
(47) [FR] Quel est le comble pour un colimaçon ? – C'est d'avoir l'esprit d'escalier.
(48) [FR] Quel est le comble pour un poids ? – C'est d'être chiche.
(49) [FR] Quel est le comble pour un poireau ? – C'est d'attendre.

Dans d'autres cas encore, les blagues contiennent des séquences homophones dans la partie introductive et la partie solution, de sorte que c'est également la dimension formelle qui passe au premier plan ici, au détriment de la dimension sémantique :

(50) [FR] Quel est le comble pour une araignée ? – C'est de croire qu'elle a été reine et a régné.

(51) [PT] Cúmulo dos cúmulos: mulo salta para cima da mula e esta grita-lhe: Isso é o cú, mulo. ('Le comble des combles : un mulet monte sur une mule et celle-ci lui crie : "C'est le cul [o cú], mulet [mulo]."')

(52) [ES] ¿Cuál es el colmo de los colmos? – Vivir en estocolmo. ('Quel est le comble des combles ? De vivre à Stockholm / ~ dans ce comble [en este colmo].')

4.4 Déviations par rapport à la structure globale de l'énoncé

Finalement, notre corpus contient aussi des blagues présentant des déviations par rapport à la structure globale de l'énoncé (voir les exemples (53) à (55)). Ces blagues présupposent que le récepteur reconnaisse la tradition des BEC, pour opérer une rupture de ses attentes quant à la structure de l'énoncé et à la chute, de sorte qu'il paraît possible de les analyser comme des transgressions stratégiques globales. On note ici une dimension métadiscursive ; les énoncés deviennent auto-référentiels et commentent l'acte énonciatif même.

(53) [FR] Vous connaissez le comble de la contradiction ? – Non ! – ... Oui !

(54) [PT] Cúmulo do egoísmo: não vos digo. ('Le comble de l'égoïsme : je ne vous le dis pas.')

(55) [PT] Cúmulo da rapidez: é bom, não foi! ('Le comble de la rapidité : elle est bonne, n'est-ce pas ?')

D'une manière générale, on voit donc que les déviations et transgressions présupposent la connaissance des règles mises en jeu (au niveau de la forme aussi bien qu'au niveau du contenu), et qu'il se dessine ainsi un domaine dynamique en permanente évolution.

5 Conclusion

Les analyses précédentes des 563 blagues en combles (BEC) recueillies pour le français, l'italien, l'espagnol et le portugais ont confirmé que ces blagues peuvent s'analyser à partir d'une approche discursivo-traditionnelle. Nous avons vu qu'il existe des règles clairement établies, avec de mineures divergences entre les trois premières langues – les convergences s'exprimant entre autres par le taux très élevé de 60 % de blagues respectant toutes les règles identifiées – et des particularités plus marquées pour les BEC portugaises. En ce qui concerne la question de savoir quand on peut parler d'*une* tradition discursive *partagée* et quand on devrait mieux parler de *plusieurs* (sous-)types de traditions discursives, il n'y a pas de critère incontestable qui émerge de nos analyses. Néanmoins, le fait que les traits fondamentaux pour le français sont majoritairement documentés comme des structures bien établies aussi pour l'italien et l'espagnol justifierait d'assumer qu'il s'agit d'une tradition discursive partagée. Pour le portugais, par contre, on pourrait voir une tradition discursive en partie différente. Ces observations confirment la nécessité d'intégrer les traditions discursives comme des conventions historiques à côté des langues particulières dans une théorie compréhensive des faits langagiers.

Toutefois, nous avons également vu que toutes les règles peuvent être mises en question. Par là, les BEC illustrent que les traditions discursives sont un espace de conventions historiques et un espace de la créativité verbale, ces deux aspects se conditionnant mutuellement. En même temps, nous avons vu que ces tensions insolubles créent une dynamique permanente, de sorte qu'il faut concevoir les traditions discursives comme des entités historiques en constante évolution. Nos analyses sont à interpréter seulement comme un diagnostic instantané basé sur un corpus relativement restreint, et il serait intéressant d'approfondir les réflexions par des analyses visant à retracer les changements et les micro-changements dans l'évolution diachronique, ainsi que l'importance des médias qui diffusent les BEC. Par exemple, pour les BEC en italien, on trouve aujourd'hui un nombre bien plus élevé de sites spécialisés que lors de notre première enquête en septembre 2015, et parmi les exemples cités sur ces sites, on trouve beaucoup plus de variantes au niveau de la formulation. De plus, on peut constater que, outre les sites consultés offrant des recueils de blagues (BEC et autres), les BEC sont également employées dans de nouveaux contextes d'emplois, p.ex. dans des contextes didactiques sur des sites s'adressant aux enfants, etc.

6 Références bibliographiques

Dictionnaires et corpus

CORDE. http://corpus.rae.es/cordenet.html (consulté le 08/12/2017).
Corpus do português (Mark Davies). http://www.corpusdoportugues.org/ (consulté le 15/12/2017).
Frantext = *Frantext intégral.* www.atilf.fr (consulté le 30/07/2017).
LIS = *Lessico dell'Italiano Scritto* (Accademia della Crusca). http://193.205.158.204:8983/solr/collection1/browse (consulté le 08/12/2017).
PR 2016 = *Le Petit Robert de la Langue Française. Version numérique du Petit Robert / Dictionnaire alphabétique et analogique de la langue française,* Nouvelle édition (version 4.2) – millésime 2016. http://pr.bvdep.com/ (consulté le 03/08/2017).
TLIO = Corpus del Tesoro della Lingua Italiana delle Origini. http://tlioweb.ovi.cnr.it/ (consulté le 08/12/2017).

Études et textes cités

Aschenberg, Heidi & Raymund Wilhelm (éds.). 2003. *Romanische Sprachgeschichte und Diskurstraditionen.* Tübingen : Narr.
Attardo, Salvatore. 1994. *Linguistic theories of humor.* Berlin : Mouton De Gruyter.
Battistini, Andrea. 1992. Acutezza. In Gert Ueding (éd.), *Historisches Wörterbuch der Rhetorik.* Vol. 1, 88–100. Tübingen : Niemeyer.
Blank, Andreas. 1997. *Prinzipien des lexikalischen Bedeutungswandels am Beispiel der romanischen Sprachen* (= Beihefte zur Zeitschrift für romanische Philologie, 285). Tübingen : Niemeyer.
Chiaro, Delia. 1992. *The Language of Jokes: Analysing Verbal Play.* London : Routledge.
Coseriu, Eugenio. 1958. *Sincronía, diacronía e historia. El problema del cambio lingüístico.* Montevideo : Universidad de la República (Reimpresión fotomecánica, Tübingen 1969).
Coseriu, Eugenio. 1981. *Textlinguistik. Eine Einführung.* Éd. Jörn Albrecht (= Tübinger Beiträge zur Linguistik, 109) Tübingen : Narr.
Freud, Sigmund. 2012 [1905]. Der Witz und seine Beziehung zum Unbewußten. In Sigmund Freud (éd.), *Der Witz und seine Beziehung zum Unbewußten. Der Humor.* Einleitung von Peter Gay, 23–249. Frankfurt a.M. : Fischer.
Gagnière, Claude. 1989. *Au bonheur des mots.* Paris : Laffont.
Hirsch, Eike Christian. 2002. *Der Witzableiter oder Schule des Lachens.* München : Beck.
Jacob, Daniel & Johannes Kabatek (éds.). 2001. *Lengua medieval y tradiciones discursivas en la Península Ibérica: descripción gramatical – pragmática histórica – metodología* (= Lingüística Iberoamericana, 12). Frankfurt a.M./Madrid : Vervuert/Iberoamericana.
Kabatek, Johannes. 2005. A propos de l'historicité des textes. In Adolfo Murguía (éd.), *Sens et références. Mélanges Georges Kleiber,* 149–157. Tübingen : Narr.

Kabatek, Johannes. 2015. Wordplay and Discourse Traditions. In Angelika Zirker & Esme Winter-Froemel (éds.), *Wordplay and Metalinguistic / Metadiscursive Reflection. Authors, Contexts, Techniques, and Meta-Reflection* (= The Dynamics of Wordplay, 1), 213–228. Berlin/Boston : De Gruyter.

Kabatek, Johannes (éd.). 2008. *Sintaxis histórica del español y cambio lingüístico: Nuevas perspectivas desde las Tradiciones Discursivas*. Frankfurt a.M./Madrid : Vervuert/Iberoamericana.

Kraus, Manfred. 1994. Enthymem. In Gert Ueding (éd.), *Historisches Wörterbuch der Rhetorik*. Vol. 2, 1197–1222. Tübingen : Niemeyer.

Koch, Peter. 1987. *Distanz im Dictamen. Zur Schriftlichkeit und Pragmatik mittelalterlicher Brief- und Redemodelle in Italien* (Habilitationsschrift, Universität Freiburg, non publié).

Koch, Peter. 1988a [1985]. Norm und Sprache. In Jörn Albrecht, Jens Lüdtke & Harald Thun (éds.), *Energeia und Ergon. Sprachliche Variation – Sprachgeschichte – Sprachtypologie. Studia in honorem Eugenio Coseriu*. Vol. 2 (= Tübinger Beiträge zur Linguistik, 300), 327–354. Tübingen : Narr

Koch, Peter. 1988b. Italienisch. Externe Sprachgeschichte I. In Günter Holtus, Michael Metzeltin & Christian Schmitt (éds.), *Lexikon der Romanistischen Linguistik (LRL)*. Vol. 4, *Italienisch, Korsisch, Sardisch*, 343–360. Tübingen : Niemeyer.

Koch, Peter. 1997. Diskurstraditionen: zu ihrem sprachtheoretischen Status und ihrer Dynamik. In Barbara Frank, Thomas Haye & Doris Tophinke (éds.), *Gattungen mittelalterlicher Schriftlichkeit* (= ScriptOralia, 99), 43–79. Tübingen : Narr.

Koch, Peter. 2000. Pour une approche cognitive du changement sémantique lexical : aspect onomasiologique. In Jacques François (éd.), *Théories contemporaines du changement sémantique* (= Mémoires de la Société de Linguistique de Paris, N. S., 9), 75–95. Leuven : Peeters.

Koch, Peter & Wulf Oesterreicher. 2011. *Gesprochene Sprache in der Romania. Französisch, Italienisch, Spanisch*. Vol. 2. Berlin/Boston : De Gruyter.

Koch, Peter & Wulf Oesterreicher. 2012. Language of immediacy – language of distance. Orality and Literacy from the perspective of language theory and linguistic history. In Claudia Lange, Beatrix Weber & Göran Wolf (éds.), *Communicative Spaces. Variation, Contact, and Change. Papers in Honour of Ursula Schaefer*, 441–473. Frankfurt a.M. et al. : Lang.

López Serena, Araceli. 2011. La doble determinación del nivel histórico en el saber expresivo. Hacia una nueva delimitación del concepto de 'tradición discursiva'. *Romanistisches Jahrbuch* 62. 59–97.

López Serena, Araceli. 2012. Lo universal y lo histórico en el saber expresivo: variación situacional vs. variación discursiva. *Analecta Malacitana* 86(1). 261–281.

Marfurt, Bernhard. 1977. *Textsorte Witz: Möglichkeiten einer sprachwissenschaftlichen Textsorten-Bestimmung*. Tübingen : Niemeyer.

Oesterreicher, Wulf & Peter Koch. 2016. 30 Jahre 'Sprache der Nähe – Sprache der Distanz'. Zu Anfängen und Entwicklung von Konzepten im Feld von Mündlichkeit und Schriftlichkeit. In Mathilde Hennig & Helmuth Feilke (éds.), *Zur Karriere von 'Nähe und Distanz'. Rezeption und Diskussion des Koch-Oesterreicher-Modells*, 11–72. Berlin/Boston : De Gruyter.

Preisendanz, Wolfgang. 1970. *Über den Witz* (= Konstanzer Universitätsreden, 13). Konstanz : Universitätsverlag.

Proust, Marcel. 1988 [1921–1922]. *À la recherche du temps perdu*. Édition publiée sous la direction de Jean-Yves Tardié [...]. Paris : Gallimard.

Ritchie, Graeme D. 2004. *The Linguistic Analysis of Jokes*. London : Routledge.

Schlieben-Lange, Brigitte. 1983. *Traditionen des Sprechens. Elemente einer pragmatischen Sprachgeschichtsschreibung*. Stuttgart : Kohlhammer.

Schrott, Angela & Franz Lebsanft (éds.). 2015. *Diskurse, Texte, Traditionen. Modelle und Fachkulturen in der Diskussion*. Göttingen : Vandenhoeck & Ruprecht/Bonn University Press.

Wall, Albert. 2017. *Bare nominals in Brazilian Portuguese. An integral approach*. Amsterdam : John Benjamins.

Winter-Froemel, Esme. 2009. Wortspiel. In Gert Ueding (éd.), *Historisches Wörterbuch der Rhetorik*. Vol. 9, 1429–1443. Tübingen : Niemeyer.

Winter-Froemel, Esme. 2016. Approaching Wordplay. In Sebastian Knospe, Alexander Onysko & Maik Goth (éds.), *Crossing Languages to Play with Words. Multidisciplinary Perspectives* (= The Dynamics of Wordplay, 3), 11–46. Berlin/Boston : De Gruyter

Winter-Froemel, Esme, Araceli López Serena, Álvaro Octavio de Toledo y Huerta & Barbara Frank-Job (éds.). 2015. *Diskurstraditionelles und Einzelsprachliches im Sprachwandel / Tradicionalidad discursiva e idiomaticidad en los procesos de cambio lingüístico* (= ScriptOralia, 141). Tübingen : Narr.

7 Appendice

Tab. 4 : Désignations d'humains parmi les compléments de *comble* / *colmo* (pour les expressions attestées plusieurs fois, le nombre d'occurrences est indiqué entre parenthèses)

Français	agent de police, Alsacien, amputé des jambes, apprenti boulanger, arbitre, astronome, barbier, blanchisseuse, blonde (2), boulanger, boxeur, bricoleur, bûcheron, chasseur, chef d'orchestre, cordonnier (2), cuisinier, curé, cycliste, danseuse classique, dentiste, dermatologue, dragueur, droitier, Écossais, électricien (4), Eskimau, facteur, fleuriste, footballeur, grand couturier, gynécologue, imprimeur, Indien, insulaire, jardinier (4), joueur de pétanque, joueur de rugby, joueur de tennis, juge (2), laborantin, mafioso, magicien (2), maraîcher, marronnier, mathématicien (3), médecin, musicien, nageur, paresseux, peintre, peureux, pilote de ligne, plongeur, pompier (3), pompiste, prof de banlieue, professeur de géographie, roi, serrurier, serveur de restaurant, tailleur, teinturier, torero, urbaniste, vieux croûton, vitrier
Italien	angelo, astronauta (2), attore, autista, avvocato (2), ballerina classica, bambino sporco, barbiere, barista, batterista, biologa, boia, cacciatore, calciatore, calvo, calzolaio, cameriere, cantante (2), chiromante, chirurgo, cieco, contadino (2), costruttore di botti, criminale, cuoco (3), dattilografa, dentista (2), dermatologo, disoccupata, dottore (3), elettricista (3), esquimese, evaso, fabbro, falegname (2), fante, fantino, fioraia, fotografo (3), fumatore, generale, giardiniere (2), graduato dell'esercito, hostess, idraulico (3), innamorato, ladro, lavandaio, macellaio (2),

	maestra, marinaio, marziano, maschera del cinema, matematico, miliardario, muratore (2), musicista, obeso, oculista, orologiaio, pagliaccio, paracadutista (2), pasticciere, pescatore (2), pilota, pilota di Formula 1, pizzaiolo, pompiere, postino, Premier Britannico, programmatore, pugile, regina, ricettatore, sacerdote, santo (2), sarta, sciatore, scozzese, scultore, sindaco, sordo, subacqueo, suora, taglialegna, tipografo, venditore di camicie, veterinario, viaggatore
Espagnol	abogado, Aladino, albañil (2), alguien que no ve, árabe, astronauta (2), astrónomo, bombero (4), boxeador (2), busero, calvo (4), cantante lírico, carnicero, carpintero (2), chino, ciego (5), cocinera, colmenero, constructor (2), doctor, electricista (4), enano (2), enano boxeador, fontanero, fotógrafo (2), gay, gordo, jardinero (10), jorobado, jugador de futbol, ladrón (3), loco, matemático, médico, meteorólogo, motorizado, panadero (2), payaso (4), pelado, periodista, persona con mala suerte, piloto, piloto aviador, plomero, policía (3), Robot, sacerdote, sordo, tacaño, taxista, tonta, tuerto, vaquero, vidriero, viejito, zapatero
Portugais	astrónomo, benfiquista, Daniela de (Vila-Chã) Amarante (2), farmacêutico, futebolista, pessoa (2), vegetariano (2)

Alain Rabatel
La créativité verbale dans les devinettes : points de vue cumulatifs, assertions non sérieuses et sous-énonciation

Résumé : Cet article analyse les phénomènes de créativité verbale dans des énoncés plurisémiques, les devinettes, contenant des syllepses et antanaclases *in absentia*. Il fait l'hypothèse que la confrontation de points de vue inattendus basés sur des doubles sens oblige à un surcroît de travail interprétatif qui a à voir avec une forme de créativité verbale faisant ressortir la complexité intrinsèque des objets du discours mis en jeu. Pour examiner cette hypothèse, il examine d'abord les processus à l'œuvre dans ces figures ainsi que les jeux de mots (JDM) qui émergent dans des devinettes introduites par la question *Quel est le comble de / pour* ? L'article caractérise d'abord ce genre de devinettes (1), puis dégage la dynamique du jeu des points de vue (PDV) sur laquelle repose le jeu des doubles sens implicites et explicites (2). Il analyse ensuite les jeux de mots dans les antanaclases *in absentia* (3), ainsi que dans les syllepses ou antanaclases *in absentia* (4). Dans un quatrième temps, il précise les mécanismes interprétatifs à l'œuvre dans les syllepses et les antanaclases, et plus spécifiquement dans les antanaclases *in absentia*, qui répondent à une logique cumulative plus que substitutive (5). Enfin, il précise la posture énonciative de ces figures dans les assertions non sérieuses des blagues en comble. Dans des contextes plus sérieux, la posture la plus fréquente est celle de la co-énonciation, mieux à même de rendre compte du choix d'une énonciation qui revendique le double sens (6). L'article met ainsi en relief différentes dimensions de la créativité verbale, en lien avec les jeux de défigement, de remotivation, avec des jeux de connivence, créant une attente doxale et sa déception ; enfin, reposant sur une logique interprétative en rupture avec les approches dichotomiques de la signification.

Mots clés : antanaclase *in absentia*, assertions non sérieuses, créativité verbale, devinette, double sens, points de vue cumulatifs, postures énonciatives (co-énonciation, sur-énonciation, sous-énonciation), substitutifs, syllepse

1 Introduction

L'objectif de ce texte est d'analyser les phénomènes de créativité verbale dans des devinettes introduites par la question *Quel est le comble de / pour* ? contenant des syllepses et antanaclases *in absentia*[1]. Je fais l'hypothèse que la confrontation de points de vue inattendus, basés sur des doubles sens, dans des jeux de mots (JDM), oblige à un surcroit de travail interprétatif qui a à voir avec une forme de créativité verbale qui, pour l'essentiel, est en lien avec les jeux de défigement, de remotivation ; joue sur la connivence, en décevant des attentes construites par le texte, à travers l'art du contrepied envers la doxa ; repose, enfin, sur une logique interprétative en rupture avec les approches dichotomiques de la signification. Mais, pour pouvoir aller au bout de cette hypothèse, j'ai besoin de m'appuyer sur un certain nombre de concepts linguistiques. Je sais que les spécialistes de littérature sont souvent réticents envers le jargon linguistique : aussi fais-je l'effort de définir et d'exemplifier au mieux les notions indispensables, en faisant le pari que le lecteur non linguiste trouvera de l'intérêt à transposer ces analyses pour des textes littéraires jouant avec les doubles sens.

Les JDM des devinettes reposent sur la plurisémie, c'est-à-dire des doubles sens englobant la polysémie et l'homonymie. Ces phénomènes s'expriment notamment à travers des syllepses et des antanaclases, aussi n'est-il pas inutile de revenir d'abord sur ces figures. Dans un article précédent consacré aux syllepses et antanaclases (Rabatel 2015d) j'ai croisé le critère syntaxique *occurrence unique* (syllepse) ou *répétée* (antanaclase) et le critère sémantique *polysémie* ou *homonymie*, pour distinguer la syllepse – reposant sur des relations de polysémie, le plus souvent dans une occurrence unique (syllepse *in absentia*), parfois dans des occurrences répétées (syllepse *in praesentia*) – de l'antanaclase – reposant sur une homonymie qui, si elle passe le plus souvent par la répétition de l'occurrence (antanaclase *in praesentia*), peut aussi se produire avec une occurrence unique (antanaclase *in absentia*). Je voudrais, dans une perspective énonciative qui combine sémantique lexicale et sémantique discursive, mettre ces résultats à l'épreuve de la créativité verbale dans les devinettes[2], en m'attardant d'abord sur la caractérisation de ce genre de blagues (§ 2), puis en dégageant la dynamique du jeu des points de vue (PDV) sur laquelle repose le jeu des doubles sens implicites et explicites (§ 3). J'analyserai ensuite les JDM dans les antanaclases *in absentia*, autour du figement et du défigement, de la motivation (§ 4), ainsi que dans les syllepses *in absentia* qui jouent avec des situations inat-

---

[1] Cette distinction, qui recoupe celle entre jeux de mots horizontaux et verticaux introduite par Hausmann (1974), renvoie à la question de savoir si les deux interprétations apparaissent dans l'énoncé (jeux de mots *in praesentia*, ou « horizontaux ») ou non (jeux de mots *in absentia*, ou « verticaux »).
[2] Désormais *devinette* doit s'entendre pour les devinettes introduites par la question *Quel est le comble de / pour... ?*

tendues (§ 5). Puis je préciserai les mécanismes interprétatifs à l'œuvre dans les syllepses et les antanaclases *in absentia*, qui répondent à une logique cumulative, plus que substitutive, à même de révéler l'ampleur du jeu avec les mots et toutes sortes de stéréotypie mondaine ou linguistique (§ 6). Je montrerai enfin que la posture énonciative liée aux antanaclases et syllepses relève, dans les devinettes, de la sous-énonciation, en raison des assertions feintes et du contexte ludique non sérieux de ces *jokes* (§ 7).

2 Caractérisation des devinettes en comble

Les devinettes reposent sur des réponses non sérieuses, exacerbées et inattendues, à une question du type *Quel est le comble de / pour* ? Cette première définition très générale repose sur l'emploi du mot *comble*, qui provient de *cumulus* (monceau) et qui a été sémantiquement rapproché de *culmen* (sommet) signifiant « ce qui peut tenir au-dessus des bords d'une mesure déjà pleine » (*Grand Larousse de la langue française*)[3]. Il est ici employé au sens figuré de « ce qui dépasse la mesure, ce qui apporte un excès de ». Au sens figuré, le *GLLF* donne comme synonymes, pour ce sens deux, *apogée, pinacle, summum, faîte*. Dans les devinettes, *le comble de* convoque les deux sens figurés, reliés par l'idée de haut degré, voire d'excès. Ce comble s'appuie sur une dimension hyperbolique qui repose moins sur des termes exprimant l'intensité ou le haut degré (en quantité ou en qualité) – excepté bien évidemment le terme *comble* et son déterminant défini *le*, renforçant l'idée d'un comble superlatif – que sur des situations qui surenchérissent sur une norme elle-même en excès. Le corpus est constitué de blagues récoltées sur des sites internet, tels http://www.fun-meninges.com ou www.blague.info[4], rubrique « Comble », représentant une quatre-vingtaine d'occurrences, dont plusieurs communes aux deux sites. D'autres sites ont été sondés et permettent de dire que le petit corpus rassemblé ici est représentatif du genre des devinettes[5], comme dans l'exemple ci-dessous :

---

[3] Il existe une autre signification, au pluriel, renvoyant à la charpente (qui est au faîte d'une construction), signification non pertinente ici.
[4] Dernière consultation le 21/09/2015. Dans ce qui suit, sont employés les sigles : fm et bl.
[5] Dendale (2008) a analysé des blagues-devinettes avec question et réponses – des *riddles*, dans la littérature anglo-saxonne (Ritchie 2004 : 164 ; Chiaro 1992 : 68) – du type : « Pourquoi les ambulances belges ont-elles une baignoire sur le toit ? C'est pour la sirène ! » (Dendale

(1) Quel est le comble de la courtoisie ?
Ne pas vouloir battre un jeu de cartes parce qu'il y a des Dames dedans ! (bl)

Les devinettes concernent le plus souvent un actant sujet unique, caractérisé par un trait prototypique ou stéréotypé (moral, physique ou professionnel), soumis à la logique du comble. L'actant est souvent un animé humain, parfois non humain (exemples (16), (23)), ou un inanimé (13). Lorsque le comble porte sur des notions, telles que l'avarice ou l'horreur ((9) ou (11)), ces dernières sont envisagées dans des scenarios avec des humains. D'où une répartition avec les prépositions *pour*, concernant le trait / + animé / et *de*, concernant le trait / -animé /, répartition partout observée, excepté en (16) ou en (22). Dans beaucoup de cas, la réponse comprend un jeu de mots (JDM) non sérieux, qui exagère tout en prenant le contrepied de réponses attendues, jouant avec le préconstruit linguistique ou avec des clichés. Cependant, ces JDM non sérieux ne sont pas sans une certaine profondeur, questionnant prêt-à-dire et prêt-à-penser.

Je donne ci-dessous un échantillon représentatif des devinettes en les regroupant[6] selon certaines caractéristiques thématiques ou formelles qui montrent qu'elles sont loin de ne comprendre que des syllepses ou des antanaclases sur lesquelles je me concentrerai par la suite.

Jeux avec des ruptures d'isotopies en appui sur des scenarios prototypiques ou des stéréotypes mondains

(2) Quel est le comble d'un laborantin ?
De passer toute la nuit à réviser avant un examen d'urine. (bl)

(3) Quel est le comble d'un mathématicien ?
Se coucher avec une inconnue et se réveiller avec un problème. (bl)

(4) Quel est le comble pour un électricien ?
Avoir des ampoules aux mains. (bl)

(5) Quel est le comble pour un footballeur ?
C'est de ne pas avoir de but dans sa vie. (fm)

2008 : 75). Ces blagues reposent dans la quasi-totalité des cas sur des questions partielles portant sur l'humour ethnique ou sexuel.

6 Regroupement indicatif, les devinettes pouvant relever de plusieurs figures.

(6)   Quel est le comble pour un capucin ?
      Tendre des fils à sa fenêtre pour faire monter des capucines.
      (fm)
(7)   Quel est le comble d'un électricien ?
      C'est de branler le poteau pour voir s'il y a du jus. (bl)
(8)   Quel est le comble d'une blonde ?
      Se teindre les cheveux en brun ! (bl)

Jeux avec une logique hyperbolique poussée à l'absurde

(9)   Quel est le comble de l'avarice ?
      Offrir son corps à la science pour éviter les frais
      d'enterrement. (fm)
(10) Quel est le comble de l'économie ?
      Ne pas regarder à travers ses lunettes de peur de les user.
      (fm)
(11) Quel est le comble de l'horreur ?
      Glisser sur une rampe d'escalier et s'apercevoir que c'est
      une lame de rasoir. (fm)
(12) Quel est le comble de la technologie ?
      Un préservatif avec une fermeture-éclair. (fm)

Jeux avec des à-peu-près, calembours, des polyptotes

(13) Quel est le comble d'une pomme de terre ?
      Qu'elle s'effrite. (bl)
(14) Quel est le comble de l'aviateur ?
      C'est d'avoir les oreilles décollées (mieux vaut entendre ça que
      d'être sourd). (fm)

Jeux avec des expressions figées

(15) Quel est le comble pour un agent de police ?
      Souffrir de troubles de la circulation. (bl)
(16) Quel est le comble d'un coq ?
      C'est d'avoir la chair de poule. (bl)
(17) Quel est le comble pour un cycliste ?

C'est de se faire recycler. (bl)

(18) Quel est le comble pour un professeur de géographie ?
C'est de perdre le Nord. (bl)

(19) Quel est le comble pour un électricien ?
Ne pas être au courant. (bl)

(20) Quel est le comble de l'impolitesse ?
Mener une guerre sans merci. (bl)

(21) Quel est le comble d'un astrologue ?
C'est d'être mal luné. (fm)

(22) Quel est le comble pour un jockey ?
Être à cheval sur les principes. (fm)

(23) Quel est le comble pour un loup ?
De jouer à saute-moutons. (fm)

(24) Quel est le comble pour un magicien ?
Se nourrir d'illusions ! (fm)

Comme le but de cet ouvrage est d'analyser la créativité verbale dans les JDM, je n'exploiterai que les exemples qui relèvent des JDM, au sens restreint, lorsque les mots jouent avec les signifiants (phoniques et/ou graphiques) *et* avec les signifiés[7] (de Foucault 1988 ; Wahl 2009 ; Winter-Froemel 2016 ; Thaler 2016 ; Lecolle 2016). Je me focaliserai donc sur quelques antanaclases et syllepses *in absentia*, qui posent d'intéressantes questions sur la plurisémie. Toutefois, du fait que la plurisémie opère dans le cadre d'assertions non sérieuses, loufoques, elle joue sur des inappropriétés, des incongruités, rapportées aux collocations, défigements, bref, à la stéréotypie linguistique (Schapira 1999) – sans exclure le jeu avec des stéréotypes mondains (Rabatel 2016 : 239–240).

3 Le jeu des points de vue dans les devinettes

Les devinettes commencent par une question ouverte introduite par l'adjectif interrogatif *Quel* ? L'énoncé indique que le locuteur utilise *en principe* une into-

---

[7] En un sens étendu, le JDM joue avec un seul des plans de l'expression ou du contenu et avec la situation, comme dans les énoncés ironiques, humoristiques ou hyperboliques ou dans les exemples (9) à (12), que je n'examinerai donc pas ici, puisqu'ils ne jouent qu'avec des représentations mondaines.

nation montante associée à une mimique adressée à son interlocuteur, marquant une pause, dans l'attente d'une réponse – à moins qu'il ne s'agisse d'une demande indirecte de pouvoir continuer, avec l'assurance d'être écouté. En réalité, le corpus ne comprend que quelques exemples avec le marquage d'un changement d'interlocuteur, dans les exemples (7), (8), (10), (21), (23), (24). Au fond, que la réponse émane d'un interlocuteur ou de l'auteur de la question a peu d'importance. Dans les deux cas, l'interprétation de la blague présuppose, sinon une réponse effective, du moins une tentative (muette) de répondre à la question : le plaisir du JDM repose *a minima* sur le contraste entre la réponse effective et une réponse imaginaire censée rater son objet, car, en bonne logique, la « bonne » réponse est aussi improbable qu'incongrue.

Pour expliquer cette dynamique interprétative, je m'appuie sur la notion de point de vue (PDV), qui fait sens dans des prédications[8] effectives ou implicites, en discours et permet d'échapper à une approche purement lexicale du sens. Je me situe dans le cadre d'une sémantique référentielle[9] qui ne durcit pas la distinction entre sens littéral et sens figuré, dans la mesure où le mode de donation de la référence (la référenciation), avec ses visées énonciativo-pragmatiques, signifie que les lexies prédiquées ne décrivent pas (seulement) le monde réel, mais expriment les expériences et les représentations des locuteurs / énonciateurs sur les objets du discours. Partant de là, je distingue deux PDV. D'abord, un PDV exagérant des traits prototypiques ou stéréotypiques, dans la réponse imaginaire que le comble suscite. Je symbolise ce PDV par le sigle PDV2[10]. Ensuite, en fort contraste avec celui-ci, un PDV codé PDV1, correspondant à la réponse effective du locuteur / énonciateur de la devinette. PDV1 prend en principe le contrepied d'une réponse hyperbolique et stéréotypée attendue (telle qu'elle aurait pu donner naissance à PDV2). Par convention, PDV1 est le PDV manifeste, explicite, PDV2 le PDV à actualiser, implicite. On pourrait discuter cette convention, parce que d'un point de vue cognitif, la réponse explicite (PDV1) vient après une question qui présuppose une réponse antérieure à la réponse effective, puisque le comble joue avec des conventions, des normes, du

---

[8] Un PDV correspond le plus souvent à une prédication (Rabatel 2013b). Mais l'empan peut varier : d'une part, il peut englober plusieurs prédications ayant le même thème ou la même orientation argumentative ; d'autre part, un PDV peut se limiter à une lexie à laquelle la mémoire discursive associe des PDV (à l'instar du mot *racaille*, durant les « années Sarkozy », qui fut perçu comme l'emblème des discours racistes antimusulmans).
[9] Dont il semble impossible de faire l'économie pour penser la communication. Pour une présentation plus complète de mes conceptions sur le lien entre sémantique lexicale et discursive, sur la base de la polysignifiance et de la plurisémie, voir Rabatel (2015d : 136–139).
[10] La notion de point de vue est définie ci-après.

préconstruit. Cela étant, s'il y a bien un jeu avec des réponses attendues hyperboliques en amont, il y a aussi un jeu avec des double sens en aval : car, comme on le verra dans les sections 4 et 5, les réponses données, plurisémiques, loufoques, activent une dynamique interprétative alimentant la créativité verbale (peut-être plus forte *in absentia* qu'*in praesentia*). Bref, je nomme PDV2 tout PDV implicite – présupposé (en amont) ou inféré (en aval), à la charge de l'interprète –, second par apport à la priméité du dit. Ce jeu des PDV peut se formaliser ainsi :

Tab. 1 : Formalisation du jeu des points de vue (PDV)

PDV2 (amont)	PDV1	PDV2 (aval)
PDV imaginaire hyperbolique stéréotypé de l'interlocuteur ou de l'interprète	PDV manifeste hyperbolique (au carré) La réponse propose un PDV décalé par rapport à la doxa et reposant sur la plurisémie	PDV de l'interprète actualisant divers PDV jouant avec la plurisémie et avec des doxas

Ainsi, le destinataire de (1) n'a pas de peine à imaginer que la réponse possible à la question « Quel est le comble de la courtoisie ? » soit quelque chose du genre [être toujours respectueux des femmes], mais il sera incapable de produire raisonnablement la réponse effective qui consiste à refuser de battre les jeux de cartes parce qu'il y a des dames dedans, la réponse jouant sur deux sens différents des mots « battre » (maltraiter / mélanger) et deux référents différents de « dames » (des femmes, des cartes avec le symboles des Reines). La réponse inattendue[11] va plus loin que la mesure imaginaire d'un comble « normal », en allant à l'extrême d'une même logique (exemples (9), (10)), ou en prenant un net contrepied, exagéré à la puissance deux par rapport à des attentes elles-mêmes ancrées dans le haut degré. On peut faire la même analyse que (1) pour les exemples (12), (19), (22), (23).

Quant à la notion de PDV en confrontation, elle ne signifie pas nécessairement une opposition violente de PDV contradictoires : elle renvoie, dans le cadre d'une énonciation problématisante (Rabatel 2008 : 12–13 ; 2012b : 39–40 ; Jaubert 2008 : 106, 115 ; 2011 : 153–157), à une suite de PDV susceptibles d'indiquer des facettes complémentaires d'un objet du discours ou des jugements complémentaires ou opposés à son propos. Plaider pour des PDV en confronta-

---

11 Dans deux syllepses *in absentia*.

tion revient à refuser de considérer que PDV2 ne serait qu'un prétexte au véritable texte que serait PDV1 : par exemple, en (1), qu'un PDV2 tel que / être courtois avec les femmes implique de ne pas les battre / soit le prétexte à un PDV1 tel que / refuser de battre des cartes à jouer au motif qu'elles comprennent des dames /. Au contraire, la confrontation de PDV potentiels (PDV2 d'amont ou d'aval) et d'un PDV manifesté (PDV1) donne son intérêt à l'ensemble du processus figural, invitant à articuler les *deux* PDV, comme on le verra par la suite. Ainsi, en (16), le coq qu'envisage le comble est un coq typique, une sorte de parangon, *le* coq par excellence, un coq fier (de son plumage), de son pouvoir sur sa basse-cour, agressif, dominateur (= PDV2 d'amont). Quant à la réponse donnée (= PDV1), elle prend à contrepied cette représentation stéréotypée en proposant une situation excessivement antagoniste, avec ce coq qui a « la chair de poule », le double sens permettant de déconstruire les clichés relatifs au genre. Car la chair de poule peut s'entendre au sens propre comme une caractéristique descriptive de la peau de tous les gallinacés, ou comme jugement dépréciatif déniant au coq sa réputation de courage lié à son agressivité. En d'autres termes, le PDV existe autant à travers la caractéristique descriptive de la chair qu'à travers ce jugement, dépréciatif, d'autant plus que le jugement psychologique n'a de sens qu'en appui sur la description anatomique.

4 Antanaclases *in absentia* et jeu avec le figement ou le défigement

L'exemple précédent nous ramène à la problématique du figement / défigement ou du jeu avec des expressions idiomatiques ou des collocations[12]. L'expression ou la collocation correspond à PDV1 et l'expression qui joue avec elle, qu'il faut actualiser, à PDV2 (d'aval). Ce phénomène peut se produire *in praesentia* ou *in*

---

[12] Anscombre (2011) distingue le figement (caractérisé par une faible variabilité et un sens non compositionnel de l'unité, pouvant permuter le plus souvent avec une unité lexicale simple : « casser sa pipe » / « mourir ») des collocations, qui sont productives, même si cette productivité est parfois combattue par l'idiomaticité : ainsi, on peut être « raide comme la justice / comme un piquet / un manche à balai », « beau comme la nuit / le jour / un Adonis / le petit Jésus » : autant de structures qui ne sont pas figées, mais idiomatiques, dont la créativité lexicale repose sur « des structures productives qui coulent des relations sémantiques sur fond de parangon(s) dans un moule préétabli » (Anscombre 2011 : 32). Le moule doit être respecté, mais la créativité est possible, au plan sémantique, pourvu qu'elle exprime le haut degré, typique des constructions comparatives à parangon.

absentia, comme dans cet exemple du *Canard enchaîné*, à propos de la sortie d'un certain nombre de chômeurs des statistiques, *l'avenir radié* (16-03-1994), en référence à l'« avenir radieux » de l'utopie communiste, cette référence impliquant un « détour par un interprétant *in absentia* : la lexie dans sa forme canonique » (Rastier 2014 : 33-34). Dans cet exemple, la similarité des trois premiers phonèmes autorise le rapprochement sémantique entre *radié* et *radieux*, en jouant ludiquement avec la paronymie de la finale. Il n'en va pas de même dans les exemples (15), (16), (19), (20) à (24) qui jouent avec la lexie figée (PDV1) tout en invitant, vu la réponse, à l'interpréter dans un sens nouveau (PDV2)[13], abandonnant le sens non compositionnel de l'expression pour redonner un sens compositionnel à un des termes de l'expression, voire à la totalité de l'expression.

Ainsi, l'exemple (19) invite à interpréter la lexie figée « ne pas être au courant » (« ne pas être bien renseigné » = PDV1) dans un sens congruent avec la profession de l'électricien envisagée à la lumière du comble, et dès lors c'est l'ensemble de l'expression qui signifie que le comble, en ce cas, est de ne pas être branché sur le secteur, de ne pas avoir l'électricité (PDV2), situation qui revisite le topos des spécialistes mal lotis (*e.g.* « Ce sont toujours les cordonniers qui sont les plus mal chaussés »). Certes, l'expression est bizarrement formée, on dirait plutôt « de ne pas avoir le courant » que « de ne pas être au courant », mais cette approximation est fréquente, et est le prix à payer du JDM, qu'on peut trouver facile (si l'on juge l'approximation d'un point de vue normatif) ou réussie si l'on prend en compte le caractère non sérieux des devinettes, qui permet de dire des choses plus ou moins profondes via ces approximations et ces jeux sur la plurisémie. Ce phénomène se retrouve notamment dans les exemples suivants :

Tab. 2 : Exemples de défigement des expressions idiomatiques dans les JDM

Locution figée / idiomatique	Expression défigée
(15) Troubles de la circulation = troubles de la circulation du sang	troubles de la circulation = dysfonctionnements du trafic routier
(20) Guerre sans merci = sans pitié	guerre sans merci = sans dire merci
(24) Se nourrir d'illusions = rêver plutôt qu'affronter la réalité	se nourrir d'illusions = vivre / manger grâce aux tours de magie

---

13 Ce PDV2 d'aval étant en décalage (complémentaire ou en rupture) avec PDV1, comme on le verra dans la section 6.

J'interprète tous ces exemples comme des antanaclases *in absentia* et non comme des syllepses *in absentia*, parce qu'il y a d'un côté *une* lexie complexe, de l'autre *plusieurs* lexies de sens compositionnel avec un ou plusieurs termes qui sont interprétés de façon à motiver la signification pour qu'elle soit congruente avec le comble. Certes, il existe bien des relations de polysémie concernant tel ou tel terme, par exemple, en (24), *se nourrir* (se bercer d'illusions ≠ s'alimenter), ou *illusions* (songes creux ≠ tours de magie). À ce niveau-là, sans doute est-il légitime de parler de polysémie et, donc, de syllepses *in absentia*, plutôt que d'antanaclases *in absentia*, si l'on respecte le critère de l'homonymie dégagé dans Rabatel (2015d), car il n'y a pas d'équivalence entre une lexie complexe (« ne pas être au courant ») et un lexème (« courant »), donc pas d'homonymie. Mais l'interprétation globale de la devinette invite à considérer globalement ces lexies complexes figées (PDV1) et à les interpréter globalement dans le contexte du comble : et dans ce cas, on interprète deux fois le même ensemble homographe et homophone (« ne pas être au courant ») dans un sens figé et dans un sens défigé. On a là une homonymie très superficielle, ludique, qui relève d'une création verbale de fantaisie (Rabatel 2016), reposant sur la totalité de l'expression.

Il y a ainsi un jeu avec une expression figée, que la réponse invite à interpréter à la lettre de la lexie tout en imaginant combien l'expression défigée est cocasse si on l'analyse en référence à la représentation mentale stéréotypée que l'on se fait habituellement.

Tab. 3 : Exemples complémentaires de défigement des expressions idiomatiques dans les JDM

Locution figée / idiomatique	Expression défigée
(16) Avoir la chair de poule = trembler (de peur, de froid, d'émotion)	avoir la chair de poule = être ravalé à une poule
(23) Jouer à saute-moutons = sauter par-dessus ses partenaires de jeu	jouer à saute-moutons = se jeter sur les moutons pour les tuer

En (16), PDV1 renvoie, avec l'expression figée, à une manifestation physique de tremblement (de peur, de froid, d'émotion) qui contraste fortement avec le stéréotype du coq combatif qui inspire la peur plus qu'il ne la ressent ; mais la lexie interprétée invite à ravaler le maître de la basse-cour à une vulgaire poule (mouillée !). De même, en (23), l'expression figée « jouer à saute-moutons » doit aussi être mise en relation avec les situations prototypiques dans lesquelles les loups sautent (au sens propre) sur les moutons pour les saigner, en sorte que la blague renverse le topos sanguinaire en jeu innocent (à moins que ce ne soit l'inverse[14]).

En somme, il y a un jeu avec des expressions figées utilisées dans des contextes (d)étonnants, qui oblige à interpréter les devinettes en confrontant le sens des expressions figées et celui qu'elles acquièrent dans le contexte non sérieux du comble. Dans ce cadre-là, le jeu avec des lexies polylexicales repose sur la réinterprétation de la lexie unique dans sa globalité, produisant un effet d'homonymie ludique. Il s'ensuit que ce jeu alimente un processus de créativité lexicale basée sur des homonymies superficielles, non sérieuses, faisant violence à la syntaxe et reposant sur des à-peu-près qui sont la loi du genre. Cette créativité n'est pas que lexicale, elle porte sur des prédications, donc du discours, et elle concerne un ensemble de phénomènes réflexifs / récursifs :

- au sens où PDV1 joue avec PDV2 d'amont, en raison du jeu avec les attentes, la doxa, le préconstruit ;
- au sens où PDV2 d'aval déploie toutes les potentialités de PDV1 en appui sur leur plurisémie et sur le loufoque ;
- au sens où, dans toutes les situations, le jeu des PDV repose sur des défigements, des remotivations inattendues qui ne donnent certes pas naissance à des créations néologiques lexicalisées, mais à des manières de voir qui s'appuient largement sur une resémantisation des lexies en discours ;
- au sens, enfin, où cette resémantisation opère en prenant éventuellement ses aises avec la syntaxe, ce qui est une autre façon de jouer avec les mots et de faire preuve de créativité verbale !

5 Syllepses *in absentia* et jeu sur des confrontations d'isotopies inattendues

Les devinettes offrent également de nombreux exemples de syllepses *in absentia*. Ainsi, en (2) – avec le JDM sur l'examen / investigation médicale (*examen d'urine*) et l'examen / épreuve de contrôle (*passer toute la nuit à réviser*) –, on reste dans l'orbite de la syllepse, même si l'une des deux situations dans les-

---

14 En (22), PDV1 repose sur l'expression figée « être à cheval sur les principes » (= être très pointilleux), laquelle prend ses distances avec la vision stéréotypée des jockeys toujours à cheval, et très pointilleux dans leurs entrainements, en montrant que leur obsession peut les mener à enfourcher d'autres montures que les chevaux...

quelles se trouve le « laborantin » est saugrenue. Toutes choses égales, cela semble le même phénomène en (14) : « décoller » repose sur le rapprochement de deux isotopies très différentes, privilégiant une logique signifiante opacifiante[15] que le locuteur de la blague justifie dans son commentaire distancié. Il y a là un jeu de mots absurde, parce qu'il joue sur le même mot pris dans des contextes très différents, au prix d'un forçage syntaxique (« avoir décollé » vs « avoir les oreilles décollées ») et éventuellement d'un scenario absurde (décoller grâce à ses oreilles décollées ?)[16].

En revanche, le jeu est plus profond en (3). La syllepse articule l'inconnue / personne dont on ignore l'identité ou que l'on rencontre pour la première fois avec l'inconnue mathématique, la grandeur à déterminer. Ici, le tressage des deux isotopies (sexuelle / scientifique) est moins absurde que les exemples précédents, même si leur confrontation est apparemment incongrue. Le premier sens (femme), appelé par l'emploi du verbe *coucher* se télescope avec le sens mathématique, congruent avec le métier de l'actant. L'isotopie mathématique se prolonge sur le deuxième terme figuré, « problème » (de mathématique), sans annuler la situation sexuelle / amoureuse initiale.

En d'autres termes, la plurisémie de l'histoire repose non seulement sur les mots, mais sur le sens des prédications explicites ou implicites, ce qu'objectivent les prédications suivantes. Il y a plusieurs façons d'avoir des problèmes, quand on est mathématicien (et néanmoins homme) :
– on peut faire des infidélités à son épouse ;
– on peut avoir un enfant au cours d'une relation extraconjugale ;
– on peut encore être obnubilé par son travail (résoudre des inconnues d'équations mathématiques) au point d'en oublier la vie de couple. C'est ici, plus particulièrement, qu'est le comble du comble : car en s'engageant fortement dans des activités de résolution de problèmes (de mathématique), l'infortuné mari s'expose à créer d'autres problèmes, avec son épouse, qui se trouve négligée (et traitée comme une inconnue) au profit d'une rivale apparemment inoffensive...

Un tel exemple montre tout l'intérêt de combiner sémantique lexicale et sémantique discursive. Il confirme aussi l'importance de la créativité lexicale, sous son versant linguistique et mondain, encyclopédique, lorsque PDV1 joue avec des

---

15 C'est aussi le cas en (13), car il faut entendre que si le comble de la pomme de terre, c'est de terminer sa vie comme frite, le comble du comble, c'est que la frite s'effrite.
16 Bref, on frôle le calembour.

situations prototypiques, avec les stéréotypes ou les clichés, avec des confrontations d'univers, avec l'inattendu :
- ce processus s'appuie d'abord sur le fait de proposer des PDV décalés par rapport à la doxa, tout en s'appuyant sur le double sens, voire des approximations sémantiques ou syntaxiques ;
- l'alliance du double sens et des approximations joue un rôle important dans cette créativité loufoque, grâce au caractère non sérieux des assertions.

6 Des processus interprétatifs : points de vue substitutifs ou cumulatifs

Je rappelle que j'utilise PDV1 pour renvoyer au PDV explicite fourni par L1 / E1 et PDV2 au PDV implicite que doit actualiser[17] le destinataire de la question ou l'interprète de la réponse selon la mécanique du double sens. Cette répartition est conforme à celle utilisée dans des travaux antérieurs sur l'ironie, l'humour (Rabatel 2012c, 2013a, c) ou les contrepèteries *in absentia* (Rabatel 2015c), dans lesquels PDV1 correspondait au PDV explicite et PDV2 au PDV implicite qui était le véritable PDV de E1. L'approche reste la même : PDV1 est le PDV qui sert de support à un travail interprétatif que le texte suggère et que l'interprète actualise en fonction de ses choix, eux-mêmes contraints par les instructions du texte.

La signification d'un JDM repose sur la création d'une attente et sa déception. Ce genre de tension est construit au fil des énoncés. Selon Attardo (1994), dans le premier fragment, le *connector* donne lieu à deux lectures / significations (1994 : 96, 134–135) tandis que, dans le second, le *disjunctor* discrimine un sens en entrainant la réinterprétation du *connector* (1994 : 95–97). Autrement dit, dans la première étape, où les sens 1 et 2, *lexicalisés*, sont possibles, l'interprétation choisit le sens 1 (le plus attendu, le sens de base, le sens propre) et, après coup, le *disjunctor* fait choisir le sens 2, entrainant une réinterprétation de

---

[17] La notion d'actualisation, proche de la notion benvenistienne d'énonciation et de la conception saussurienne du passage du virtuel de la langue à ce qui est actualisé dans la parole, est ici étendue à une forme d'actualisation qui concerne l'interprétation (Barbéris 2001). Cette extension insiste sur la continuité du phénomène de l'actualisation, depuis la signification (virtuelle, actuelle) jusqu'à la construction du sens et des interprétations, pour des énoncés et des textes complexes dont la saisie repose sur l'activité des destinataires, en appui sur la sélection de certaines marques et leurs inférences.

l'énoncé. Romeborn s'appuie largement sur ce mécanisme[18] pour l'analyse des syllepses chez Ponge, en s'aidant aussi de la place des informations permettant de désambiguïser le sens ou, à mieux dire, d'expliciter deux sens différents. Mais si l'indice permet de sélectionner le sens 2, est-ce à dire que le sens 1 soit à rejeter, que le lecteur doive adopter une logique substitutive ? Si on[19] faisait cela, outre qu'on forcerait l'interprétation du cotexte qui ne fournit aucun indice en ce sens, on passerait aussi à côté de la logique du double sens à jouer avec des niveaux multiples et souvent complémentaires de signification, de façon à faire ressortir la complexité intrinsèque des choses ou la nouveauté du regard sur ces mêmes choses – comme souvent en poésie. Ce n'est certes pas la conception que défend Romeborn, qui privilégie le double sens, l'ambiguïté cumulative, mais il y a un hiatus entre l'exemple (et la conception de Romeborn) et la référence qu'il fait à l'analyse d'Attardo, dont les mécanismes – valables pour les jeux de mots dans lesquels un deuxième sens est plus pertinent que le premier et se substitue ainsi au premier, comme dans l'ironie ou dans des contrepèteries substitutives (Rabatel 2012c ; 2015c) – sont difficilement généralisables.

Il est selon moi dommageable de confondre les mécanismes locaux et processuels d'interprétation au fil du texte (et là, il est légitime de voir si les premières hypothèses sont confirmées, en étant spécifiées, si elles sont orientées vers une autre piste) et un mécanisme plus global et rétrospectif[20] qui laisse de côté le processus *on line* pour s'intéresser au message comme un tout, avec ses niveaux de complexité, les PDV en confrontation pouvant soit se substituer les uns aux autres parce qu'ils sont contradictoires, incompatibles, ou pouvant au contraire se cumuler, parce que les niveaux différents où ils fonctionnent les rendent complémentaires. On peut observer ces deux mouvements différents dans l'interprétation de l'exemple suivant (6), que je reproduis :

(6) Quel est le comble pour un capucin ?
Tendre des fils à sa fenêtre pour faire monter des capucines. (fm)

Si la question sur un religieux capucin active d'emblée, dans le genre des devinettes, une isotopie sexuelle, celle-ci est en effet confirmée par la première par-

---

18 Ce *disjunctor* équivaut à « l'interprétant » de Rouayrenc (2006), à « l'indicateur » ou « l'indice » de Romeborn (2013 : 62).
19 L'indéfini est bien commode, trop peut-être : *on*, c'est d'abord le lecteur, mais c'est surtout, dans mon esprit, l'analyste, du moins un certain analyste qui partagerait mes conceptions...
20 D'une certaine façon, cela renvoie aussi à la distinction entre lecture linéaire et lecture tabulaire.

tie de la réponse, « tendre des fils à sa fenêtre », qui peut s'accommoder d'une lecture double, dans le monde non sérieux des JDM : d'une part, on imagine un stratagème du capucin pour faire monter dans sa cellule des religieuses, d'autre part une tentative de sa part de cultiver une fleur de couleur orange, souvent tuteurée (*connector*), de façon à pouvoir contempler ces plantes de la fenêtre de sa cellule. Le complément final sélectionne l'hypothèse botanique (*disjunctor*). La réponse du comble fait abandonner le sens le plus attendu, selon les stéréotypes associés aux blagues avec des religieux, dans une lecture substitutive. Mais cette logique interprétative limitée ne saurait rendre compte du sens global de la blague. À ce niveau-là, certes, la devinette construit et déjoue nos attentes stéréotypées. Mais elle va plus loin, car les deux PDV peuvent se combiner. Après tout, qu'est-ce qui empêche de penser que le comble (du comble) serait de faire monter des capucines (fleurs) pour mieux pouvoir permettre à ces capucines (nonnes) de rejoindre sa cellule ? Bref, dans ce jeu bathmologique d'empilement de plusieurs degrés de signification (Barthes 1975 : 71) avec les attentes et les stéréotypes, rien n'indique explicitement, dans le texte, qu'un des sens, qu'une des isotopies et donc aussi qu'un des scenarios actionnels doive être totalement exclu. La substitution momentanée d'un mot ou d'un sens ne présage en rien du cumul des significations et des possibles « narratifs » (au sens large du terme). Ce niveau global est tout aussi important que le premier niveau, le jeu entre ces différents niveaux aussi, et ne pas le prendre en compte revient à se priver d'un réel plaisir. Cependant, ce plaisir-là n'empêche pas qu'existe aussi la possibilité d'une interprétation qui joue avec l'ambiguïté pragmatique, les deux interprétations étant possibles, mais ne se combinant pas : un peu comme « on » peut être pris en un sens inclusif ou exclusif, le « fil » peut, dans son ambiguïté, renvoyer à l'hypothèse sexuelle ou botanique, l'énonciateur religieux se jouant de cette ambivalence pour laisser la responsabilité du choix désambiguïsant à l'interprète[21].

Allons plus loin. Ce double niveau, local et global, processuel et rétrospectif est profondément en phase avec la nature polysémique de la syllepse. Par exemple il est certain qu'en (3), les deux isotopies et les deux mondes ne s'annulent pas. Car derrière les jeux sur les isotopies, derrière leur caractère substitutif local, se cache une autre interprétation : comme on l'a vu, le mathématicien peut avoir des « problèmes » de couple, s'il préfère coucher avec une autre femme (inconnue), ou encore parce qu'il délaisse son épouse pour s'adonner à une autre passion, en l'occurrence, celle des « problèmes » de résolution de l'« inconnue » des équations. De même pour les syllepses de (4) ou (5) : en effet,

---

21 Merci à Esme Winter-Froemel de cette suggestion.

le comble, pour l'électricien de (4), cela peut être de ne pas travailler (et donc de ne pas installer l'électricité, évoquée synecdochiquement[22] par l'ampoule électrique qui vient couronner l'installation) parce qu'il est physiquement empêché par des ampoules mal placées, sur la main, ou encore parce qu'il est fainéant (c'est le sens figuré de ce que le *TLFi* nomme un proverbe[23] : *Ne pas se faire d'ampoules aux mains.* 'Travailler mollement'). Toutes ces hypothèses peuvent s'entendre substitutivement. Mais elles peuvent tout aussi bien se cumuler : car un électricien fainéant travaille quand même de temps à autre, et il peut se trouver dans la pénible situation de faire des installations électriques et de mettre des ampoules tout en ayant des ampoules aux mains... Quant au footballeur de (5), assurément, le comble est de ne pas marquer de but, surtout pour un professionnel, et il est indifférent, selon une logique substitutive, que le footballeur heureux sur le terrain soit malheureux au dehors. Mais la logique cumulative n'est-elle pas tout aussi possible (et sans doute plus intéressante, du point de vue du jeu avec la polysémie et de la créativité verbale) ? Car quoi de plus terrible que de réussir sa vie professionnelle et de manquer sa vie tout court... C'est d'ailleurs cette interprétation cumulative qui est privilégiée : en effet, la formulation « ne pas avoir de but dans sa vie » prend le contrepied du stéréotype partagé par tous ceux qui ne voient les sportifs que comme des machines à performances physiques.

Partant de là, je propose d'intégrer les mécanismes interprétatifs locaux mis en relief par Attardo, Romeborn ou Rouyarenc dans un mécanisme plus global qui tienne compte rétrospectivement, de l'ensemble des données textuelles et génériques, dans un cadre qui soit de nature plurisémique, en dépassant l'opposition purement lexicale homophonie / polysémie. Et du même coup, c'est cette dimension globale qui donne des éléments permettant de conclure si tel mot unique ayant des sens différents relève plutôt d'un même univers envisagé sous différentes significations, différentes facettes (Croft & Cruse 2004), ou de deux univers très différents (homophonie ou polysémie forte). Une interprétation substitutive locale n'empêche pas une logique interprétative cumulative au niveau global[24]. Ce phénomène concerne *a fortiori* les PDV cumulatifs comme dans les exemples (15) à (24).

La créativité verbale opère ici à un niveau interprétatif qui interroge fondamentalement les relations traditionnelles de la signification basées sur un binarisme qu'on retrouve tant dans les relations entre signifiant et signifié que dans

---

22 Synecdoque de la partie (l'ampoule) pour le tout (l'installation).
23 Et qui correspond plutôt à une expression idiomatique, au sens d'Anscombre (2011).
24 Ce phénomène opère également dans les antanaclases (Rabatel 2015d).

les approches dichotomiques – ou substitutives du langage[25]. Comme si la valeur n'était que différentielle et ne reposait pas aussi sur des similitudes (Groupe μ 2015 : 173–177) et, parmi ces dernières, sur de possibles apparentements sur la base des jeux avec les signifiants ; comme s'il fallait absolument choisir entre un sens et un autre. La leçon de la plurisémie est d'interroger la relation univoque signifiant / signifié, dans l'ordre des lexies, comme dans celui du discours, puisque le(s) double(s) sens des syllepses et antanaclases se déploie(nt) pleinement lorsque l'interprète les actualise dans des prédications, lesquelles permettent de confronter des PDV différents, substitutifs ou cumulatifs. Et si le double sens n'était pas seulement synonyme d'équivoque, de ruse pour dire sans dire, mais aussi une manière de jouer avec des cumuls de sens, plus ou moins pertinents, certes, mais concourant tous à une « tentative d'épuisement de la complexité », en multipliant les PDV sur un objet du discours ? La créativité verbale, en appui sur des prédications non sérieuses, serait en ce sens une manière de prôner une liberté tous azimuts, à l'égard des représentations comme des normes langagières. Ce phénomène est directement en prise avec la plurisémie. Cependant il existe, sous l'angle des postures énonciatives, une différence notable entre la plurisémie des syllepses et antanaclases *in absentia* dans des assertions sérieuses (comme on l'a vu dans Rabatel 2015d) et dans des assertions non sérieuses. Ce sera l'objet de la section 7.

---

25 Je renvoie ici aux conceptions sémantiques relatives à la représentation du signe dans le *Cours de linguistique générale*, avec le signifié au-dessus du signifiant, dont il est séparé par une barre horizontale, le tout étant inscrit dans un cercle. Or cette représentation du signe, due à Bally et Sechehaye, n'est pas conforme à celle des notes de Saussure. La représentation du S, entouré d'un cercle, isole le signe des autres signes. Et surtout la ligne continue qui sépare le Sé du Sa, n'est pas chez Saussure : traitillé, parfois en oblique, avec cercle aplati pour renvoyer aux relations de signe à signe, en co(n)texte, et, plus fondamentalement, à la théorie saussurienne de la valeur (Rastier 2015 : 64–74). On peut voir dans la position dominante du Sé la prégnance de l'ontologie et la trace d'un dualisme, avec, en position surplombante, l'esprit (qui serait symbolisé par le Sé) sur la matière (symbolisée par le Sa) (ibid. : 66), mais, surtout, l'affirmation d'une « semiosis verticale » qui relie le signe au concept et au référent, le signifiant au signifié, en sous-estimant les relations qui unissent le signe à ses voisins – ce que Rastier (2015 : 84–85) nomme une « semiosis horizontale ». Cela minorise l'importance du signifiant, et, plus largement, des relations sémantiques entre signifiants approchants, que l'on peut penser sous la notion de signifiance, dont les travaux de Saussure sur les anagrammes donnent une illustration (voir Prak-Derrington, en lecture). Cette problématique a une portée théorique générale ; en l'occurrence, elle est fondamentale pour l'étude des jeux de mots.

7 Des postures énonciatives et des effets pragmatiques des antanaclases *in absentia* (et des syllepses)

Mon objectif final est de préciser les postures énonciatives des PDV cumulatifs et substitutifs dans le cadre de la plurisémie liée aux antanaclases *in absentia* et aux syllepses, dans le contexte non sérieux des devinettes. Je rappelle les définitions des différentes postures énonciatives. La co-énonciation correspond à la coproduction d'un PDV commun et partagé par deux locuteurs / énonciateurs. Ainsi définie, elle se distingue de la co-énonciation de Jeanneret (1999), qui équivaut à un phénomène de co-locution sans que le PDV co-construit soit effectivement partagé par les deux énonciateurs. La sur-énonciation est la coproduction d'un PDV surplombant de L1 / E1 qui reformule le PDV en paraissant dire la même chose tout en modifiant à son profit le domaine de pertinence du contenu ou son orientation argumentative. C'est une forme d'accord modulé par L1 / E1 en vue d'un avantage cognitif et/ou interactionnel, comme s'il se donnait le rôle de compléter le PDV initial, de lui donner son vrai sens, son véritable enjeu. Enfin, la sous-énonciation est la coproduction d'un PDV 'dominé', L1 / E1, le sous-énonciateur, reprenant avec réserve, distance ou précaution un PDV autre, auquel il confère un statut prééminent (Rabatel 2012b : 35–36). Y aurait-il *co-énonciation*, double PDV partagé, dans les PDV cumulatifs, et sur-énonciation dans les PDV substitutifs ? Y aurait-il place pour une sous-énonciation avec la mise à distance de la doxa (Rabatel 2012b, 2012c, 2013a, 2013c)[26] ? Mon hypothèse est que l'absence de sérieux de l'assertion[27] empêche une prise en charge sérieuse de

---
26 Dans le cas de l'ironie (Rabatel 2012c : 64–73), de l'hyperbole (Rabatel 2015a : 102–108) et de la contrepèterie *in absentia* (Rabatel 2015c : 58, 62), j'évoquais l'hypothèse d'une sur-énonciation, parce que PDV2 se donne comme plus pertinent que PDV1. Dans les répétitions des litanies (Rabatel 2015b : 32–33), j'ai dégagé les mécanismes d'une co-énonciation effective de l'orant qui répète et fait siennes les formules de la liturgie tout en les répétant avec d'autres, dans un cadre rituel, qui lui-même se répète. Et j'ai montré que l'humour (Rabatel 2013a : 39–41, 2013c : 106–110) relevait de la sous-énonciation, parce que E1 se moque d'un PDV1 jugé peu pertinent, sans aller jusqu'à prendre au sérieux le PDV2 implicite, qui se donne comme pourtant plus pertinent que PDV1 (comme dans l'ironie), parce que PDV2 lui-même fait l'objet d'une distanciation, quoique moindre, et d'une nature différente que celle qui frappe PDV1 (à la différence de l'ironie).

27 Voir Searle (1982) ou Genette (1991) à propos des assertions fictives / feintes, dont on suspend les conditions de vérité, parce qu'elles sont contradictoires ou mal formées, ou parce que, malgré leur apparente bonne formation, elles relèvent d'univers contrefactuels, hypothétiques,

PDV1. Et de même pour les PDV2, qui sont tout aussi farfelus. Le caractère non sérieux des assertions (réelles ou imaginées) plaide en faveur de l'hypothèse d'une distanciation implicite, d'une simple prise en compte (Roulet 1981 : 19), donc d'une sous-énonciation. Mais la distanciation peut aussi être explicitée, comme le montre le commentaire de (14) : « (mieux vaut entendre cela que d'être sourd) ». La réserve formulée dans l'énoncé parenthétique exprime explicitement une distance envers la réponse : mais cet ajout ne va pas jusqu'à entrainer une reformulation plus correcte de la réponse. La réponse est donc maintenue et son caractère loufoque est exhibé. Toutes choses égales, on pourrait considérer que toutes les réponses (PDV1) pourraient être suivies de cette parenthèse. Quant au PDV2, il ne peut lui-même que se limiter à une prise en compte sans prise en charge, parce qu'il n'est pas plus sérieux que PDV1. Ce serait le cas avec des PDV2 d'amont, qui feraient imaginer une situation difficilement compatible avec le métier d'aviateur, *e.g.* :

– [avoir le vertige], si on ne joue qu'avec le signifié ;
– [détester les vols-planés], [préférer le vol à voile] si l'on veut jouer avec les signifiés et les signifiants.

Et de même avec des PDV2 d'aval, qui chercheraient à prolonger la réponse farfelue de PDV1, tout en restant sur le terrain du jeu avec la plurisémie, en proposant des réponses qui jouent sur des signifiants approchants et relèvent d'une signifiance ludique (voir *supra*, note 26), avec des apparentements de signifiants avec *décollées / décollement* ou *voler / voler à la dérobée* qui peuvent nécessiter des justifications plus ou moins farfelues, comme dans le deuxième exemple[28] :

– [voler avec les oreilles <u>décollées</u> et en plus un <u>décollement de rétine</u>] ;
– [<u>voler</u> *avec les oreilles décollées, donc en faisant du rase-mottes,* <u>pour mieux voler à la dérobée</u> l'anatomie des dames]

Le caractère distancié de telles réponses imaginaires peut encore être confirmé par le fait que, si on suscite une réponse de la part d'un interlocuteur en contexte adressé, on obtient des réponses qui sont souvent précédées par des for-

---

du régime du *comme si*, comme dans l'énonciation ironique ou humoristique (Rabatel 2013a, 2013c, 2016). J'évoque ici des assertions sérieuses, mais ces figures et ces jeux de mots ne se limitent pas aux seules assertions : tous les actes de langage peuvent être sérieux ou feints, quels que soient le type et les formes de phrases.
28 Scenario qui entraine une justification tirée par les cheveux entre *voler avec les oreilles décollées* et *faire du rase-mottes*, comme si les oreilles décollées empêchaient de s'élever dans les airs... Évidemment, en contexte, *rase-mottes*, en lien avec *l'anatomie des dames*, prend un sens sexuel...

mules du type, « **je** *ne sais pas*, **moi, je** *dirais* », « **pour moi**, le comble, *ce serait* », qui restreignent le cadre de la vérité du propos et marquent une distanciation épistémique (Rabatel 2009), soulignant le caractère hypothétique de la réponse éventuelle (en italiques) intensifiée par sa dimension toute personnelle (gras)[29]. C'est la raison pour laquelle il n'y a pas de co-énonciation (qui présupposerait, selon la définition que j'en donne, une égale prise en charge *effective* des 2 PDV[30]), ni même de sur-énonciation, qui demanderait qu'un des PDV s'autorise d'une position assurée de supériorité cognitive, interactionnelle[31]. La sous-énonciation relève donc d'une mise à distance ludique qui tient compte du fait que l'énonciateur E1 n'est pas radicalement différent des énonciateurs seconds (particuliers ou collectifs), ni, surtout, supérieur à eux.

Ce mécanisme de mise à distance vaut pour toutes les devinettes du corpus, même si les degrés de distanciation sont variables, selon le caractère plus ou moins loufoque des assertions non sérieuses, comme on l'a vu *supra* avec les analyses de (1), (3), (4), (5), (6), (15), (16), (18), (20), (24), notamment. Certes la dimension problématisante du sens, via les jeux avec la plurisémie, met en lumière la complexité des choses, des sentiments, voire celle des mots pour les dire. C'est pourquoi l'hypothèse de la sous-énonciation invite à prendre ses distances avec la thèse (à mes yeux trop facile) selon laquelle tout jeu avec des doxas relèverait d'une contestation des normes :

> Dans la mesure où le lexique est de la doxa figée, le défigement des locutions aura un effet quelque peu subversif. Comme le paradoxe, il parait contester les normes qui ont présidé

---

[29] On peut rencontrer des réponses plus affirmatives (« je sais je sais, le comble c'est », « non, le comble c'est ») mais ces réponses interviennent lorsqu'on raconte la D/C à plusieurs auditeurs et que l'un se positionne par rapport à une réponse antérieure, proposant un comble qui semble plus acceptable. Les marques de prise en charge, notamment avec l'indicatif, témoignent de l'emprise du jeu sur les locuteurs, y compris lorsque le jeu relève du « comme si » (Benveniste 2015 : 179).

[30] Cependant, l'absence de co-énonciation ne vaut que pour les antanaclases et syllepses dans les devinettes farfelues. Mais lorsque les syllepses et antanaclases paraissent dans des contextes sérieux, avec des assertions sérieuses, la posture la plus fréquente, congruente avec le jeu sur des significations multiples toutes deux prises en charge par L1 / E1, est la co-énonciation : ainsi, j'ai dégagé (Rabatel 2015d) des cas de co-énonciation marqués par la fréquence des comparaisons (25), (26) ; par des structures syntaxiques comparatives – qui mettent sur le même plan les deux entités discursives comparées ou qui privilégient l'une sans annuler l'autre pour autant (1), (2), (8), (9), (10), (19).

[31] Certes, j'ai écrit ailleurs que la sur-énonciation n'était pas incompatible avec le fait de proférer des erreurs (Rabatel 2009), mais cela dans le cadre d'énonciations sérieuses, avec une force illocutoire importante et une forte prise en charge. Ici, le fait que les énonciations soient non sérieuses modifie radicalement la donne.

au figement ; ou encore, et corrélativement, il a un effet ludique et passe pour un jeu de mots. (Rastier 2014 : 29)

À première vue, la carnavalisation se moque de qui est en position haute, tels le mathématicien de (3), le capucin de (6), le professeur de géographie de (18). Elle est d'autant plus forte qu'elle concerne aussi des professions et des institutions, par une sorte de synecdoque de la partie pour le tout, avec les policiers (15), les religieux (6), les enseignants ((3) ou (18)). Mais, à y regarder de plus près, aucune vérité n'émerge, sinon le plaisir du jeu, d'autant plus fort qu'il se joue de tout, sans se prendre au sérieux.

Au total, les syllepses et antanaclases *in absentia* offrent un terrain d'investigation privilégié pour aborder des facettes diversifiées et complémentaires de la créativité verbale, tant au niveau du jeu avec le défigement et la remotivation, avec la plurisémie (par homophonie ou polysémie) ; du jeu avec la stéréotypie linguistique comme avec la stéréotypie mondaine (des prototypes aux clichés) ; du jeu avec des processus cumulatifs du sens ; du jeu avec des PDV émergeant dans des assertions non sérieuses (et, dans d'autres corpus, avec des assertions sérieuses), permettant à l'énonciateur de jouer avec la confrontation de divers PDV, les siens comme ceux des autres, ceux de la doxa ; du jeu libre (*play*) plutôt que du jeu réglé (*game*), car le loufoque autorise à prendre des libertés avec les règles de la néologie comme avec celles de la syntaxe ou de la sémantique ; du jeu partagé, enfin, que l'énonciateur connivent a en commun avec un interprète, lui aussi aux prises avec la complexité, lui aussi fortement sollicité par la ludicité loufoque de ce genre de *joke*. Il reste à espérer que les détours théoriques auxquels j'ai été contraint, comme les résultats qu'ils ont permis, n'intéresseront pas que le linguiste, l'amateur des devinettes ou des figures. Fondamentalement, le jeu avec les préconstruits linguistiques comme avec les prédiscours, les doubles sens qui en résultent viennent éclairer des mécanismes de créativité verbale, sous leurs versants interprétatif et productif et concernent bien des textes, sérieux ou non, littéraires ou non.

8 Références bibliographiques

Anscombre, Jean-Claude. 2011. Figement, idiomaticité, matrices lexicales. In Jean-Claude Anscombre & Salah Mejri (éds.), *Le figement sémantique : la parole entravée*, 17–40. Paris : Honoré Champion.

Attardo, Salvatore. 1994. *Linguistic Theories of Humor*. Berlin : Mouton de Gruyter.

Barthes, Roland. 1975. *Barthes par Roland Barthes*. Paris : Éditions du Seuil.

Benveniste, Émile. 2015 [1947]. Le jeu comme Structure. *Deucalion. Cahiers de philosophie* 2. 161–167. Repris dans : Benveniste, *Langues, cultures, religions*, choix d'articles réunis par Chloé Laplantine & Georges-Jean Pinault, 177-183. Limoges : Lambert-Lucas.

Chiaro, Delia. 1992. *The Language of Jokes. Analysing Verbal Play*. London/New York : Routledge.

Croft, William & D. Alan Cruse. 2004. *Cognitive linguistics*. Cambridge : CUP.

Dendale, Patrick. 2008. Rire à plusieurs voix : polyphonie, ironie et fiction dans les blagues de blondes. In Merete Birkelund, Maj-Britt Mosegaard Hansen & Coco Norén (éds.), *L'énonciation dans tous ses états. Mélanges offerts à H. Nølke à l'occasion de ses soixante ans*, 71–100. Berne : Lang.

Genette, Gérard. 1991. *Fiction et diction*. Paris : Éditions du Seuil.

Groupe μ (Francis Edeline & Jean-Marie Klinkenberg). 2015. *Principia semiotica*. Bruxelles : Les Impressions nouvelles.

Foucault, Bruno de. 1988. *Les Structures linguistiques de la genèse des jeux de mots*. Berne : Lang.

Jaubert, Anna. 2008. Dire et plus ou moins dire. Analyse pragmatique de l'euphémisme et de la litote. *Langue française* 160. 105–116.

Jaubert, Anna. 2011. La litote est-elle un contre-euphémisme ? In André Horak (éd.), *La litote. Hommage à Marc Bonhomme*, 145–158. Berne : Lang.

Jeanneret, Thérèse. 1999. *La coénonciation en français. Approche discursive, conversationnelle et syntaxique*. Berne : Lang.

Lecolle, Michelle. 2016. Some Specific Insights into Worplay Form: Sublexical vs. Lexical Level. In Sebastian Knospe, Alexander Onysko & Maik Goth (éds.), *Crossing Languages to Play with Words. Multidisciplinary perspectives* (= The Dynamics of Wordplay, 3), 63–70. Berlin : De Gruyter.

Prak-Derrington, Emmanuelle. *La signifiance de la répétition* [en lecture].

Rabatel, Alain. 2008. Figures et points de vue en confrontation. *Langue française* 160. 3–19.

Rabatel, Alain. 2009. Prise en charge et imputation, ou la prise en charge à responsabilité limitée. *Langue française* 162. 71–87.

Rabatel, Alain. 2012a. Sujets modaux, instances de prise en charge et de validation. *Le Discours et la langue* 3-2. 13–36.

Rabatel, Alain. 2012b. Positions, positionnements et postures de l'énonciateur. *Travaux neuchâtelois de linguistique* 56. 23–42.

Rabatel, Alain. 2012c. Ironie et sur-énonciation. *Vox Romanica* 71. 42–76.

Rabatel, Alain. 2013a. Humour et sous-énonciation (*vs* ironie et sur-énonciation). *L'information grammaticale* 137. 36–42.

Rabatel, Alain. 2013b. Les relations Locuteur/énonciateur au prisme de la notion de voix. In Lionel Dufaye & Lucie Gournay (éds.), *Benveniste après un demi-siècle. Regards sur l'énonciation aujourd'hui*, 207–225. Paris : Ophrys.

Rabatel, Alain. 2013c. Humour, sous-énonciation. In Maria Dolores Vivero-Garcia (éd.), *Frontières de l'humour*, 89–108. Paris : L'Harmattan.

Rabatel, Alain. 2015a. Analyse pragma-énonciative des points de vue en confrontation dans les hyperboles vives : hyper-assertion et sur-énonciation. *Travaux neuchâtelois de linguistique* 61–62. 91–109.

Rabatel, Alain. 2015b. Des répétitions dans le discours religieux : l'exemple des litanies. *Le Discours et la langue* 7(2). 23–38.

Rabatel, Alain. 2015c. Points de vue en confrontation dans les contrepèteries. In Esme Winter-Froemel & Angelika Zirker (éds.), *Enjeux du jeu des mots. Perspectives linguistiques et littéraires* (= The Dynamics of Wordplay, 2), 31–64. Berlin/Boston : De Gruyter.

Rabatel, Alain. 2015d. La plurisémie dans les syllepses et les antanaclases. *Vox romanica* 74. 124–156.

Rabatel, Alain. 2016. Jeux de mots, créativité verbale et/ou lexicale : des lexies et des formules. In Christine Jacquet-Pfau & Jean-François Sablayrolles (éds.), *La fabrique des mots français*, 233–249. Limoges : Lambert-Lucas.

Rastier, François. 2014. La polysémie existe-t-elle ? Quelques doutes constructifs. *Études romanes de Brno* 35(1). 23–39.

Rastier, François. 2015. *Saussure au futur*. Paris : Les Belles Lettres.

Ritchie, Graeme. 2004. *The Linguistic Analysis of Jokes*. London/New York : Routledge.

Romeborn, Andreas. 2013. *La syllepse. Étude d'une figure de rhétorique dans l'œuvre de Francis Ponge*. Göteborgs Universitet.

Rouayrenc, Catherine. 2006. Syllepse et co(n)texte. In Yannick Chevalier & Philippe Wahl (éds.), *La syllepse. Figure stylistique*, 157–172. Lyon : Presses universitaires de Lyon.

Roulet, Eddy. 1981. Échanges, interventions et actes de langage dans la structure de la conversation. *Études de linguistique appliquée* 44. 7–39.

Schapira, Charlotte. 1999. *Les stéréotypes en français. Proverbes et autres formules*. Gap/Paris : Ophrys.

Searle, John R. 1982. *Sens et expression*. Paris : Éditions de Minuit.

Thaler, Verena. 2016. Varieties of Wordplay. In Sebastian Knospe, Alexander Onysko & Maik Goth (éds.), *Crossing Languages to Play with Words. Multidisciplinary perspectives* (= The Dynamics of Wordplay, 3), 47–62. Berlin/Boston : De Gruyter.

Wahl, Philippe. 2009. Régimes discursifs du « double sens ». Syllepse et calembour. *Champs du signe* 27. 9–44. Repris in *Texto* !

Winter-Froemel, Esme. 2016. Approaching Wordplay. In Sebastian Knospe, Alexander Onysko & Maik Goth (éds.), *Crossing Languages to Play with Words. Multidisciplinary perspectives* (= The Dynamics of Wordplay, 3), 11–46. Berlin/Boston : De Gruyter.

Françoise Hammer
La créativité verbale dans l'espace urbain : l'exemple de l'enseigne commerciale

Résumé : L'analyse empirique vise à décrire les modalités et les manifestations de la créativité verbale actuelle d'enseignes commerciales relevées en France entre 2009 et 2016. Le jeu de mots reposant sur des déviances entre une norme attendue et ses concrétisations imprévues, les mécanismes qui sous-tendent les figures rhétoriques servent de base à une analyse plurisémiotique des messages du mobilier urbain. Après avoir exposé le cadre de l'analyse et délimité le champ de la créativité *visualisée* de l'enseigne commerciale, l'article examine d'abord l'interaction des mécanismes intra- et interlinguistiques et des facteurs socio-culturels impliqués puis décrit l'impact des procédés plurisémiotiques de ce type de message publicitaire. Une comparaison des exemples français et allemands permet ensuite de conforter les résultats de l'analyse. Il en ressort que la créativité verbale de l'enseigne commerciale répond essentiellement à des impératifs d'économie, de transparence et de gradualité qui, d'un point de vue rhétorique, relèvent de la redondance.

Mots clés : codeswitching, co-énonciaton, consensualité, créativité verbale, espace urbain, néologisme, ludicité, plurisémioticité, publicité

1 Introduction

Le secteur publicitaire actuel connaît une transformation profonde « systématisant le registre ludique latent des annonces traditionnelles » écrit Bonhomme (2013). Partant de cette constatation, l'article se propose d'examiner le potentiel ludique et les modalités de la créativité verbale d'une annonce publicitaire spécifique, l'enseigne commerciale qui, malgré son omniprésence dans l'espace urbain, n'a guère jusqu'ici retenu l'attention (Calbris 1982 ; Sautot & Lucci 2001 ; Hammer 2013). L'analyse s'inscrit dans le cadre d'une recherche pragmatique de la créativité langagière. Elle interroge les relations entre la fonction du texte, son contexte d'énonciation, sa présentation visuelle et les modalités ludiques employées.

Les questions posées sont les suivantes : quelles sont les fonctions des jeux de langage de l'enseigne commerciale ? De quelles ressources langagières dispose celle-ci ? Quelle est la contribution du récepteur ? Quel est l'impact des facteurs matériels et situationnels ? L'idée défendue est que le potentiel ludique de l'enseigne repose sur l'utilisation publicitaire d'écarts entre une formulation attendue et ses concrétisations sur les différents plans d'un message plurisémiotique. Après une courte présentation du cadre de l'analyse et du statut de l'enseigne commerciale dans l'espace urbain, l'exposé tente d'approcher les procédés concrets d'une publicité dite *consensuelle* dont l'objectif est de voiler une motivation commerciale par des jeux de langage dont il s'agit de décrire les composantes.

L'analyse porte sur environ cent-cinquante enseignes photographiées au hasard de promenades en France entre 2009 et 2016 auxquelles s'ajoute une cinquantaine d'enseignes allemandes rassemblées en vue d'une confrontation linguistique et socioculturelle. Leur nombre, bien que restreint, devrait faire apparaître certaines modalités prototypiques de la créativité publicitaire et permettre de dégager quelques pistes de recherche.

2 Créativité verbale, jeux de mots et déviances

« The basic effect of wordplay derives from an element of surprise: playing on words achieves the expressive effect only when new and unexpected elements are introduced » (Kabatek 2015 : 215). Cet effet de surprise suppose la (re)connaissance d'une déviance entre la convention langagière et son actualisation. « La convention [elle-même] est une forme d'écart, elle vise comme lui à attirer l'attention sur le message plutôt que sur son sens, elle peut donc être considérée comme un procédé rhétorique, et être rangée parmi les figures. » (Groupe µ 1982 : 42). Dans cette perspective, les jeux de mots constituent des écarts à la convention. Ceci permet d'émettre l'hypothèse qu'ils reposent sur des procédés rhétoriques similaires à celle-ci, et que les déviances, saillances ou, par extension, *figures* de l'enseigne peuvent s'analyser comme des opérations rhétoriques entre une base et sa concrétisation situationnelle. L'exploitation du potentiel d'altérations du texte de base par adjonctions, suppressions, permutations ou autres manipulations est toutefois soumise, en ce qui concerne l'enseigne, à un objectif publicitaire qui veut que la déviance soit immédiatement perçue et retienne l'attention, qu'elle soit comprise ou non. Le choix des déviances privilégiées dépend en priorité, comme veut le montrer l'analyse, de la fonction du message et, partant, de facteurs linguistiques comme du contexte socioculturel et situationnel.

La perception de déviances discursives suppose ainsi une communauté de normes et de savoirs entre un énonciateur et un récepteur susceptibles de mobiliser des connaissances langagières ou encyclopédiques partagées. « [...] Les figures du discours ne peuvent être pleinement réalisées que lorsqu'elles sont co-construites par leurs récepteurs qui en activent les potentialités (pré)construites » (Bonhomme 2014 : 75). Selon le degré de mobilisation du récepteur, Bonhomme (ibid. 77–78) distingue deux types de réception des figures, l'identification et l'interprétation. L'identification ou simple perception d'une déviance est le fait d'une « réception empathique » qui, « fondée sur les sensations et une sorte de communion instantanée [...] n'est souvent qu'une première étape précédant une interprétation plus détaillée [...] » (ibid. 77). L'interprétation par contre répond à une « réception figurale rationalisée », consciente et active qui mobilise les connaissances du récepteur pour trouver « les justifications ainsi que la pertinence énonciative » du texte opacifié (ibid. 78) et en reconstruire la cohérence. Identification et interprétation délimitent la marge de créativité de l'enseigne entre la nécessité d'introduire des déviances immédiatement identifiables qui suffisent au plaisir récréatif du grand public et la recherche de déviances plus inventives qui répondent aux attentes et affinités ludiques de récepteurs plus exigeants. Ceci implique pour l'énonciateur la juxtaposition ou la superposition de déviances choisies en fonction du public visé et, pour le récepteur amateur d'*infotainment*, la recherche interprétative de jeux langagiers plus opaques, co-occurents et multiples. « Si le premier temps de la rhétorique consiste pour un auteur à créer des écarts, son deuxième temps consiste pour le lecteur à les réduire » (Groupe μ 1982 : 39).

La formule **Le Monge tout** sur l'enseigne d'un restaurant est ainsi immédiatement identifiée comme transgressant les normes lexicales et orthographiques. Son interprétation, elle, mobilise des connaissances situationnelles, linguistiques ou encyclopédiques qui conduisent selon les récepteurs à trois interprétations co-occurrentielles cohérentes au moins : une allusion paronymique à la rue *Monge* où se situe l'établissement, un jeu paronymique sur le verbe *manger* et l'évocation d'un restaurant où l'on *mange (de) tout* et/ou sur la désignation d'une sorte de haricot dit *mange-tout*. L'enseigne doit son impact publicitaire et la densité de ses effets récréatifs à la co-occurrence d'interprétations multiples visant toutes à rétablir une relation de cohérence entre un intitulé et un texte-source, existant ou supposé. Avant d'analyser les concrétisations de la créativité verbale de l'enseigne, il convient d'en préciser le contexte fonctionnel et situationnel.

3 L'enseigne commerciale

3.1 Les fonctions du texte

L'espace urbain est balisé par une multitude de messages à fonction informative, prescriptive ou publicitaire dont le but est d'aménager les interactions sociales. L'enseigne commerciale fait partie de ce mobilier. Apposée à la façade d'un établissement, elle ajoute à sa dénomination un texte d'identification dont la configuration doit, pour la France, être en conformité avec l'article L-581-03 du code de l'environnement français. L'enseigne traditionnelle remplit une fonction essentiellement informative ; elle identifie un établissement commercial dans l'espace urbain par une dénomination univoque. Ces enseignes majoritairement stéréotypées, reproduisent des labels topographiques comme *Bistrot de l'Octroi* ou *Hôtel de la gare*, dénominatifs : *Chez Marie*, *La croix blanche*, ou fidélisateurs : *fournisseur de* ou *maison fondée en*. Pour s'en démarquer, l'enseigne actuelle, en particulier dans le secteur de la mode, des services de luxe et de la restauration, cherche à innover par des dénominations inattendues, originales et faciles à mémoriser (Winter-Froemel & Zirker 2015 : 5) qui singularisent l'établissement concerné. Conformément à l'acronyme du marketing AIDA, attribué à E. St. Elmo Lewis, son objectif est d'attirer l'*Attention*, de retenir l'*Intérêt*, d'éveiller un *Désir* et de conduire à une *Action* commerciale. L'incitation commerciale de l'enseigne n'est pas directe, son but primaire est de capter l'attention immédiate du client potentiel et d'établir avec lui un contact consensuel et récréatif. On entend par consensuel une forme de publicité transparente fondée sur des déviances 'Abweichungen' (Dittgen 1988 : 21–25), des détournements (Jaki 2015 : 251) ou des transgressions immédiatement perceptibles sur la base d'une communauté de savoirs et de valeurs entre l'énonciateur et le destinataire du message. Si les détournements langagiers et les déviances peuvent avoir des fonctions satiriques (Hausmann 1974) ou argumentatives (Hammer 2012), ils ont sur l'enseigne une fonction récréative et identitaire (Stöckl 1997 : 71–77). Leur objectif est de masquer la finalité commerciale du message par des pratiques, en particulier métadiscursives, répondant aux affinités de la communauté pour l'*infotainment*. L'intention est de surprendre le récepteur en lui posant une sorte d'énigme afin d'établir avec lui une interaction récréative. L'enseigne du restaurant végétarien **Poêles de carottes** intrigue ainsi à la première lecture, par une association lexématique opaque, que le mot *poêle* désigne un 'appareil de chauffage' ou une 'poêle à frire'. L'inscription « restaurant végétarien » adjacente permet ensuite de découvrir une partie de l'énigme, à savoir le moule métonymique contenant-contenu sous-jacent puis, pour certains (en mobilisant des connaissances littéraires), un jeu de mot homophonique : la citation incongrue de l'ouvrage de Jules Renard « Poil de carotte ». Celle d'un fleuriste **Au nom de la rose**, qui établit dans une première lecture superficielle un lien onomasiologique entre *fleur* et *rose*, révèle à la deuxième lecture la formule juridique perlocutive *au nom de* puis une allusion au roman de Umberto Eco « Au nom de la rose ».

On désignera par récréativité l'effet produit sur le récepteur par l'emploi de procédés à fonction ludique. La récréativité de l'enseigne commerciale résulte de la superposition de jeux de langage de transparence graduelle dont l'interprétation (ou co-énonciation) implique, comme le montrent les exemples précités, les savoirs (extra)linguistiques d'une communauté dont elle resserre les liens identitaires (Wabner 2003 : 26–27 ; Winter-Froemel & Zirker 2010 : 76–86).

3.2 L'enseigne dans l'espace urbain

L'enseigne est un objet fonctionnel du mobilier urbain, défini à la fois par sa localisation spatiale et sa concrétisation matérielle. Comme pour toute signalisation visuelle (cf. Bühler 1999 [1934] : 154 ; Auer 2010 : 272–298), la signification pragmatique de l'enseigne commerciale dépend de sa localisation. Une enseigne renversée ou déplacée perd toute signification pragmatique. La présentation graphique de l'enseigne, comme communication verbale visualisée (Holly 2013), revêt d'autre part une fonction déterminante.

> Die Schrift auf Schildern, Plakaten und anderen öffentlichen Zeichen ist eine spezifische Form von Sprache, die den gängigen Stereotypen von Schriftlichkeit widerspricht, weil sie ding- bzw. ortsfest ist und funktional wie auch formal anderen Regelmäßigkeiten folgt als die meist betrachtete Schrift der Texte auf transportablen Trägern. (Auer 2010 : 271–273)[1]

Ces facteurs matériels déterminent l'espace ludique de l'enseigne.

3.3 Le champ opérationnel de l'enseigne

Ne disposant que d'un espace restreint, un bandeau en façade ou un panneau accroché au mur, le texte de l'enseigne est une communication à l'étroit (Hammer

---

[1] 'Le graphisme des panneaux, affiches et autres textes publics est une forme de langage spécifique qui ne correspond pas aux stéréotypes habituels de la scripturalité, parce qu'elle est déterminée par sa condition matérielle et situationnelle et suit sur le plan fonctionnel et formel d'autres règles que la majorité de celles des textes de médias mobiles' (traduction FH).

2013 ; Siever 2011), une construction elliptique intraphrastique a-verbale, un syntagme nominal ou un mot-phrase. Elle constitue un énoncé autonome sans autre relation intertextuelle que la désignation éventuellement co-occurrente du commerce qu'elle représente. Contrairement au titre de journal (Sabban 1998) ou à la caricature (Hammer 2012), l'effet récréatif de l'enseigne commerciale doit donc être généré par le message lui-même et sa confrontation référentielle à l'espace spatial et/ou cognitif du récepteur. La reconnaissance de la formule « le chien est l'ami de l'homme » sous-jacente à l'enseigne **BEL AMI** tient à l'emplacement de celle-ci sur un établissement de toilettage pour chiens. La découverte incongrue de l'allusion à la nouvelle de Maupassant du même nom interfère ensuite avec la première interprétation dont elle double l'effet récréatif.

Les contraintes matérielles et fonctionnelles de l'enseigne impliquent le recours à des jeux de langage à la fois économiques, demandant un minimum d'espace, transparents afin que l'écart par rapport au texte-source (ou figure) soit identifiable à la première lecture et réclamant dans les meilleurs cas l'interprétation graduelle de lectures successives. L'artifice de la créativité de l'enseigne consiste à tirer profit de ces contraintes.

4 La créativité intralinguistique

Aux exigences d'économie et de transparence, l'enseigne répond sur le plan de la langue par un usage privilégié de modifications minimales du signifiant : détournements citatifs (Jaki 2015 : 245–271) et modifications lexématiques.

4.1 Détournements

Les détournements citatifs d'entités du savoir partagé (Sabban 1998 : 117–131) procèdent à la dé- ou resémantisation d'expressions figées par un transfert dans de nouveaux contextes :

(1a)	Le moulin de la galette	nom d'un cabaret parisien	crêperie
(1b)	Au pied de mon arbre	chanson de Brassens	paysagiste
(1c)	L'Orient-Express	train célèbre (Paris–Istanbul)	restauration rapide orientale

Des détournements plus complexes peuvent inclure, pour densifier l'effet récréatif, des jeux paronymiques ou homonymiques, le plus souvent en relation onomasiologique avec le commerce désigné, comme sur des enseignes de fleuristes :

(2a)	La vie en rose	phrasème *voir la vie en rose*	ne considérer que les bons côtés de la vie
(2b)	À fleur de pot	homophonie de *pot* et *peau*, allusion à *avoir les nerfs à fleur de peau*	être d'une grande sensibilité
(2c)	Atout fleurs	substitution de *fleurs* à *cœurs*	jeu de cartes : annonce *atout cœurs*

Le télescopage d'entités phraséologiques est employé dans un objectif similaire. L'enseigne **Entre chien et chats** d'un salon de toilettage pour animaux domestiques repose sur l'association des collocations *entre chien et loup* 'à la tombée du jour' et *être comme chien et chat* 'ne pas s'entendre' qui n'entretiennent aucun rapport avec le commerce désigné mais aboutissent à un nouveau phrasème. L'effet récréatif du détournement tient au maintien de la perception de l'expression métadiscursive transposée derrière son actualisation déviante, et au jeu de lecture alternative entre le fond et la forme.

4.2 Modifications

4.2.1 Modifications lexématiques

Les modifications lexématiques portent sur la relation signifiant-signifié. D'ordre paronymique, homophonique ou homonymique, elles sont économiques et transparentes (Hausmann 1974 : 61–62 ; Winter-Froemel 2009 : 1429–1443 ; Jaki 2015 : 252–253). Elles forment dans le corpus un groupe préférentiel. Quelques exemples :

(3a)	État de siège	homonymie : *siège* (meuble) et *siège* (encerclement militaire)	réparateur de meubles
(3b)	Coup d'éclat	homonymie : *faire scandale* et *un peu de brillant*	salon de coiffure
(3c)	Le livre penseur	paronymie : *livre* (penseur) et *libre* (penseur)	librairie
(3d)	Mec plus ultra	paronymie : *mec* 'homme' en argot et *nec* (plus ultra) 'rien' (de mieux)	salon de beauté masculin
(3e)	Pomme de pain	homonymie : *pain* et *pin*	boulangerie

4.2.2 Métanalyses

Les modifications de la chaîne syntagmatique, métanalyses (ou fausses coupes), mettent à profit des décalages entre le texte orthographié et le message verbal sous-jacent qu'une lecture orale fait redécouvrir. Quelques exemples :

(4a)	La crêpe rit	*la crêperie*	crêperie
(4b)	Les Friands disent	*les friandises*	restaurant
(4c)	Les vents d'anges	*les vendanges*	bar à vin
(4d)	L'Ex Pression	*l'expression*	bar à bière
(4e)	Le verre y table	*le véritable*	restaurant
(4f)	Cote et lunettes	*côté lunettes*	opticien localisé sur la côte
(4g)	Chai et rasade	*Shéhérazade*	bar à vin

Le décryptage des métanalyses demande une plus grande disponibilité ludique de la part du récepteur que les jeux lexématiques, aucun lien n'existant nécessairement entre le texte verbal reconstitué et sa référence. *Chai* ('cave à vin') et *rasade* ('gorgée') ont un rapport onomasiologique direct avec l'établissement mentionné (un bar à vin), mais moins évident avec la solution de l'énigme verbale, dont l'absence de rapport avec le type de l'établissement double l'effet récréatif.

4.2.3 Mots-valises

Les mots-valises ou 'blendings' (Renner 2015 : 119–133 ; Ronneberg-Sibold 2012 : 115–145) appréciés par la caricature (Hausmann 1974 : 63–70) pour leurs raccourcis argumentatifs sont peu nombreux dans le corpus, le jeu langagier pouvant être plus difficile à interpréter de manière univoque. L'enseigne **Azuromantique** d'une librairie-brocante admet ainsi plusieurs découpages : en *azur* et *romantique*, en *azur*, *roman* et *antique* ou en *azur*, *Rome* et *antique*. Celle du pressing **Le netéclair**, demande l'inversion et la remotivation du binôme *clair et net*, 'évident' ou la recherche de la signification de *net éclair*.

4.2.4 Troncations et recompositions

Les troncations et recompositions intralinguistiques, généralement marquées graphiquement par une apostrophe ou un autre signe graphique, sont peu utilisées dans le corpus. La troncation de *création* ou de *créateur* en *créa*, plusieurs fois rencontrée, donne *créa'fleur* ('créateur en matière de fleurs') chez un fleuriste et *créa'tif* ('créateur en matière de tifs'), homophone de *créatif* ('inventif'). L'emploi suffixal de l'anglais *art* apparaît sur quelques enseignes comme **jardin'art** ou encore **cleb'art** (toilettage pour chien), *clebs* signifiant 'chien' en argot. Ces modifications économiques présentent l'avantage sur le plan publicitaire de pouvoir atteindre un vaste public, l'écart entre la figure de base et la figure modifiée étant immédiatement identifiable et facile à mémoriser.

5 La créativité interlinguistique

Codeswitchings et néologismes bi- ou multilingues constituent une autre source d'innovation appréciée pour singulariser un établissement. L'anglais devance de loin dans le corpus les emprunts à d'autres langues étrangères ou régionales. Les codeswitchings, faciles à identifier, peuvent, comme les métanalyses, inclure des variations lexématiques inter- ou intralinguistiques.

5.1 Néologismes

L'enseigne de sous-vêtements masculins, **Some where** joue ainsi sur l'homophonie de *some where* ('quelque part') et de *some wear* ('quelques vêtements'). Une autre enseigne de sous-vêtements masculins : **SWEET HOMME** joue sur l'homophonie apparente de l'anglais *home* ('maison ou foyer') et du français *homme* ('être masculin') et de la collocation *sweet home*, le symbole graphique du masculin visualisant le jeu de mots. Les néologismes bi- ou multilingues du corpus sont des compositions, des dérivations suffixales ou pseudo-suffixales, souvent fantaisistes, à partir d'un vocabulaire existant (*house, pizza, mania, -at(t)a* et *-issimo*) ou s'en rapprochant, qui doivent conférer à l'établissement un air de modernité :

(5a)	Pizz'house	Pizza + house	pizzeria
(5b)	Le Pizzburg	Pizza + (Ham)burg(er)	pizzeria
(5c)	Big Mat	big + mat(ériaux)	matériaux en gros
(5d)	clavissimo	clav(ier) + issimo	accordeur de piano
(5e)	foodissimo	food + issimo	restauration rapide
(5f)	FASHIONATTA	fashion + at(t)a	vêtements féminins
(5g)	SACMANIA	sac + mania	maroquinerie, bagagerie

Des emprunts sporadiques aux langues régionales ont pour but de créer ou de renforcer des liens de proximité. Des lexèmes bretons tels que *ker* et *ty*, synonymes sur l'enseigne commerciale de 'maison, établissement', ou *breiz(h)* ('Bretagne') apparaissent ainsi en Bretagne dans des dénominations comme **Ty Pizza** ou **Ker Pizz** ou sur l'enseigne d'une mercerie « Ty trouve tout » (avec un jeu de mot interlinguistique : *t'y trouves tout*). **Croust'breizh**, *croûte de Bretagne*, est la dénomination d'une boulangerie et **Hortibreizh** le sigle d'une société d'horticulture. L'intégration dissonante d'un lexème exogène offre une modalité d'extension du potentiel ludique et l'assurance de sa perception.

5.2 L'exemple de l'anglais *hair* et de l'argot *tif*

L'emploi de l'anglais *hair* ('chevelure') et de son correspondant argotique français *tif*, particulièrement fréquents sur les enseignes de coiffeurs, illustre les possibilités offertes par les switchings. Le terme *hair* n'est pas employé en français mais généralement compris. Son homophonie avec les suffixes *-aire* (*primaire*) et *-ère* (*première*), les lexèmes *air* ('atmosphère', 'allure', 'mélodie') ainsi que *ère* ('période historique') ou la prononciation de la lettre *r* donne lieu à de nombreux jeux de mots sur la base d'un décalage entre le texte visualisé et le message signifié. Quelques exemples :

(6a)	L'hair du large	*l'air du large*
(6b)	Changez d'hair	*changez d'air / changez d'ère*
(6c)	Histoire d'hair	*histoire d'ère*
(6d)	L'hair modern	*l'ère moderne*
(6e)	Planet'hair	*planétaire*
(6f)	sup'hair coupe	*super coupe*

La combinaison de switchings avec des orthographies irrégulières ou l'adjonction de chiffres aboutit à des énoncés en forme de rébus :

(7a)	Entre 2 hairs	*entre deux airs*
(7b)	L'Emmy SF'Hair	*hémisphère*
(7c)	Miss T'hair	*mystère*
(7d)	Imagin'r	*imaginaire*

Le switching, comme la métanalyse, permet de brouiller les relations entre le texte orthographié et le contenu verbal. Le principe repose sur un écart, une incongruité sémantique entre le message verbal reconstitué et sa référence situationnelle : un salon de coiffure. Le vocable étranger crée l'effet de surprise, facilite par une (ortho)graphie irrégulière la reconnaissance du message verbal et explicite l'absence référentielle, doublant ainsi le jeu langagier.

L'argot *tif* ('cheveu'), phonétiquement proche des terminaisons adjectivales en *-tif*, utilise le même principe sur un plan diastratique, le jeu de mots étant généralement signalé, pour une identification rapide, par une marque graphique, majuscules ou apostrophe :

(8a) infini'tif   *infinitif*
(8b) Diminu'tif   *diminutif*
(8c) TIF' Fanny   *Tiffany* (prénom féminin)
(8d) tif'n   *tifaine* (prénom féminin)

L'association de switchings comme celle de *hair* et *tif* sur l'enseigne **faudra tif hair** ('faudra t'y faire') d'un coiffeur montre à l'évidence la multiplicité des combinaisons possibles. La métanalyse intra- et interlinguistique joue ainsi sur un écart entre le message visuel (orthographié) et verbal (oralisé), d'une part et entre le message verbal et sa référence extralinguistique d'autre part. Ainsi, la visualisation fait partie intégrante du registre ludique de l'enseigne et doit être prise en compte pour l'analyse.

6 La créativité plurisémiotique

Le caractère visuel spécifique de l'enseigne intervient dans les jeux langagiers sur un plan interne, celui de l'organisation graphique et picturale du message, et sur un plan externe, celui de sa localisation dans le mobilier de l'espace urbain.

6.1 Graphisme

Le graphisme visualise, surmarque un jeu langagier ou permet, associé au verbal, de créer d'autres effets récréatifs. Le choix des caractères typographiques, leurs dimensions ou leurs couleurs assure, en interférence avec les procédés verbaux, la perception immédiate d'un jeu de mots, qu'il surmarque. L'écriture tremblée du mot *ivre* sur l'enseigne du bar **Le bateau ivre** explicite immédiatement l'effet de la boisson, même si l'allusion littéraire à Rimbaud n'est pas reconnue. Les caractères noirs de *porto* entre des caractères blancs sur l'enseigne **oportonity** d'un glacier de Porto crée à la fois un jeu paronymique sur *opportunity* et une incitation plaisante à saisir l'opportunité d'acheter du porto à Porto.

Les transgressions (ortho)graphiques mettent à profit des décalages entre le code écrit et le message verbal, elles introduisent une opacification première de l'énoncé, en particulier par l'intégration d'éléments exogènes (Janich 2010 : 250–251) dont l'interprétation dépend de l'implication du récepteur.

(9a)	KIABI	*qui habi(lle)*	magasin de mode
(9b)	OH 4 vents	*aux quatre vents*	bar
(9c)	La tond2Z en or	*la tondeuse en or*	coiffeur
(9d)	MILLE N HAIR	*millénaire* (cf. fig. 2a)	coiffeur

Les transgressions (ortho)graphiques syntagmatiques densifient les effets récréatifs en offrant au récepteur le choix d'interprétations plurielles. L'enseigne du magasin de vêtements féminins **Elles' M** peut ainsi s'interpréter comme : *elles aiment, elles m'aiment* ou *elles-mêmes*, celle du bar **TH' O bistrot** comme : *Théo bistro, thé au bistro* ou *t'es au bistro*. La contribution interprétative du récepteur peut faire appel à des connaissances linguistes et/ou culturelles. L'enseigne d'un magasin de souvenirs bretons **Saint KADO**, qui joue sur le graphisme inattendu des homophones *cadeau* et *Cado* (nom d'un saint local), et *Saint-Cado* (nom d'un village voisin), sera perçue grâce à des connaissances géographiques ou culturelles et peut-être comprise comme une allusion humoristique à un emploi dépréciatif de *saint*. La graphie contribue à un élargissement considérable du champ opérationnel pour des jeux plurisémiotiques fondés sur la concrétisation visuelle inattendue et incohérente d'un message verbal sous-entendu.

6.2 Picturalité

Les éléments picturaux remplissent sur l'enseigne une fonction illustrative et/ou interprétative. La picturalité illustrative tend à assurer une meilleure mémorisation du message orthographié par l'adjonction de signes ou de symboles qui surmarquent le sens concret du texte écrit qui, lui, peut voiler à des fins récréatives un sens figuré et jouer ainsi sur l'opposition entre sens concret et sens abstrait.

Fig. 1a : Librairie À Livre Ouvert   **Fig. 1b :** Hôtel du château

Deux phares sur l'enseigne du restaurant **Phare Ouest** illustrent ainsi le sens concret d'un message à première lecture univoque mais qui, à la réflexion, évoque, par homophonie avec l'anglais *far west*, l'Ouest de la France avec le sens de 'au bout de monde'. L'apport pictural peut servir, en illustrant le sens concret, à opacifier un métadiscours sous-jacent, reconstructible selon les connaissances culturelles du récepteur. La picturalité dite interprétative, à l'inverse, visualise le mode de résolution d'une formule métadiscursive. Un livre ouvert en forme de cœur sur la vitrine d'un libraire sous l'enseigne **À Livre Ouvert** (fig. 1a) explicite la collocation *à cœur ouvert* ('généreusement'). La personnification d'une mirabelle sur l'enseigne d'une confiserie nommée **L'amie Rabelle** visualise la métanalyse.

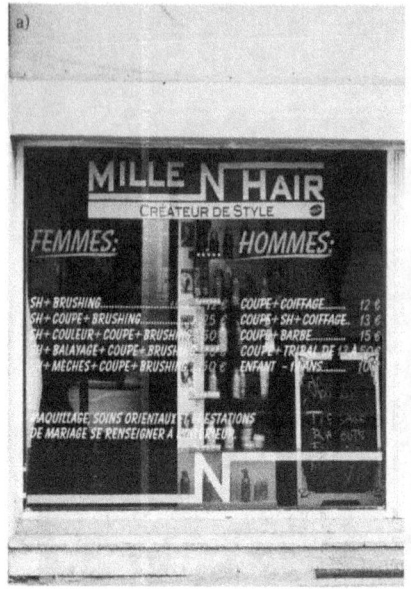 

Fig. 2a : Salon de coiffure MilleNhair   **Fig. 2b** : Librairie Le Liseron

Les éléments picturaux peuvent ainsi contribuer à l'élaboration progressive ou parallèle d'un message pluriel selon les connaissances linguistiques et encyclopédiques du récepteur (Stöckl 2004 : 252–300). L'enseigne **SURFIN PIZZA** (voir Hammer 2013 : 24–26) pourrait signaler avec une déviance morpho-syntaxique et métonymique une *pizza surfine*, mais l'enseigne représente aussi une planche de *surf* : elle fait donc aussi allusion au *surfing*, et peut se comprendre comme 'pizzeria des surfers' ou, par switching, comme une incitation à y entrer au plus vite – *surf-in*. À l'opacité linguistique s'ajoute la présence humoristique sur la planche d'une bretonne en coiffe et jupe courte (évocation associative de la localisation de l'enseigne) avec en main une part de pizza, ce qui laisse au récepteur la liberté d'autres interprétations selon son imagination.

L'enseigne d'une librairie pour enfants **Le Liseron** présente de même une interférence intralangagière entre un néologisme morphologique *liseron*, formé sur une forme verbale de *lire* et la terminaison suffixale *-on* ('petit') – désignant 'un jeune lecteur' –, et la dénomination homophonique d'une plante volubile, *le liseron*. La représentation d'une lampe en forme de fleur de liseron au-dessus de la tête d'un enfant qui lit (fig. 2b) explicite le jeu de mots. La fleur de *liseron* d'où naît la lumière peut évoquer aussi selon les récepteurs l'influence de la lecture sur l'éveil de la pensée ou le souvenir des abat-jours des tables de nuit d'autrefois.

Les composantes visuelles assurent une densification des effets récréatifs du texte. Le succès publicitaire de l'enseigne tient à la multiplicité des interprétations offertes pour rétablir la cohérence du message opacifié. Sur l'enseigne d'un restaurant (fig. 3a) la combinaison des lettres *LE*, suivies d'un poivron rouge et de trois cercles blancs, semble symboliser le chiffre *mille* qui, suivi du mot PATES, peut évoquer par paronymie de *pâtes* et de *pattes*, le lexème incongruent *mille-pattes*, tandis que les points verts, blancs et rouges à l'intérieur des cercles blancs, allusion au drapeau italien, signalent par métonymie une cuisine italienne : un « *pasta bar* ».

Fig. 3a : Pasta bar Le 1000 PATES   **Fig. 3b :** Magasin de vêtements Herman

6.3 Contexte situationnel

Objet du mobilier urbain, l'enseigne commerciale dispose d'un autre atout, celui de pouvoir recourir, indépendamment de toute altération verbale, à des facteurs situationnels. L'effet récréatif de l'enseigne du restaurant **La Vie de Château** ('vie de luxe et d'abondance') tient autant à la recontextualisation de la collocation qu'à sa localisation sous la dénomination **HOTEL DU CHATEAU** (fig. 1b), le jeu de mots langagier se doublant d'une association locale. Il en est de même pour les restaurants **l'Imparfait** et **Le Plus-Que-Parfait**, situés en vis-à-vis. La recontextualisation situationnelle de la dénomination des temps verbaux évoque pour le public une joute commerciale humoristique et un jeu de mots sur *parfait*. La référence situationnelle peut s'étendre au cadre de vie du public afin d'instaurer entre énonciateur et récepteur des liens de *connivence*. Le double sens de l'enseigne **Au long court** ('du long au court') d'un coiffeur évoque automatiquement la collocation *au long cours* ('long voyage en mer') dans une région maritime. L'enseigne **Azuromantique** ('librairie brocante de la Côte d'Azur') prend un caractère ludique sur la côte d'Azur. La récréativité conviée par les facteurs situationnels dépend dans une large mesure de l'implication du récepteur. Elle résulte cependant comme les précédentes d'un décalage entre deux plans de la communication, le plan langagier et le plan référentiel.

7 Quelques exemples du côté de l'allemand

Si les enseignes allemandes paraissent moins rechercher l'innovation que les françaises (Knospe 2015 : 161), les mécanismes qu'elles emploient semblent assez proches, compte tenu des différences des systèmes linguistiques en matière de composition et de dérivation. Les enseignes allemandes ont recours, comme les françaises, à des réinsertions citatives, modifications lexématiques, codeswitchings, néologismes et interférences entre visuel et verbal, donc à des déviances entre la norme et sa concrétisation.

Laib und Leben, enseigne d'un salon de thé, est une modification du phrasème *Leib und Leben* ('corps et âme') qui joue sur l'homophonie de *Leib* ('corps') et *Laib* ('miche de pain').

L'enseigne **Tragware** d'un magasin de vêtements est un néologisme paronymique substituant le *w* au *b* de l'adjectif *tragbar*, 'qui se porte' (formé du verbe *tragen*, 'porter', et du suffixe *-bar* équivalent approximatif du français *-able* ou *-ible*) et de *Ware* signifiant 'marchandise'.

L'intitulé **StraFFtat** d'un institut cosmétique utilise la paronymie partielle du substantif *Strafe* ('punition, condamnation') et de l'adjectif *straff*, ici 'lisse', *Straftat* désigne un 'acte criminel', le néologisme *StraFFtat* un 'traitement anti-rides', le mot *Tat* désignant 'un acte, une action'.

L'appellation **herMAN** d'un magasin de vêtements pour hommes (fig. 3b), peut se lire comme l'association impérative de la particule *her* ('par ici') et de *MAN*, 'homme' en anglais (ou de l'allemand *Mann* 'homme'), ou l'association de *her*, homophone du substantif *Herr*, terme d'adresse pour un homme, et de *MAN* ('homme'), la formule herMAN jouant encore sur une homophonie avec le prénom masculin *Hermann* opacifiée par une typographie déviante.

Les codeswitchings, néologismes et mots valises bi- ou plurilingues aux lectures multiples sont également présents (Knospe 2015 : 161–180). Un magasin soldeur de vêtements de luxe porte le nom **Hot' Wollée**, transcription homophonique du français *haute volée* ('distingué') pouvant évoquer en parallèle l'anglais *hot* et l'allemand *Wolle* ('laine'). Une restauration rapide se nomme **Soupito**, un nom formé sur *Soupe* et le suffixe diminutif *–ito*, et paronyme en même temps du latin *subito* ('immédiatement').

Les domaines-sources de la créativité divergent cependant. Le lexème *hair* ne fournit pas de jeux de mots en série et son correspondant allemand *Haar* n'a été rencontré que sur quelques enseignes : **Haarmonie** sur *Harmonie*, **Engelshaar** ('cheveux d'ange'), nom de 'pâtes très fines' ou de 'cheveux de glace', **Haargenau** ('de la taille d'un cheveu, exact, précis') ou **Haarscharf** 'avec précision'. Deux enseignes utilisent l'effet paronymique de l'allemand *Kamm* ('peigne') et de l'anglais *come* ('venir') : „**KAMM" to me** et **Kamm'in** surmarquées par une paire de ciseaux et une réclame de produits de coiffure.

La particule gaélique de la chaîne de restauration rapide *McDonald's*, absente dans le corpus français, donne lieu, sous la forme *Mc* ou *Mac* ou *Mäc* (pour en reproduire la prononciation), à des néologismes parfois bilingues où elle prend généralement le sens de 'bon marché' :

(10a)	MC MEDI	Medizin (= médecine)	pharmacie à bas prix
(10b)	McPaper	Paper (= papier)	Papeterie
(10c)	Mäc-Geiz	Geiz (= avarice)	magasin soldeur
(10d)	Mc Clean	Clean (= propre)	toilettes publiques

En dépit de différences dans le choix des invariants, l'examen du corpus allemand confirme les observations relatives au corpus français. Les jeux linguistiques de l'enseigne reposent sur l'exploitation ludique de déviances intra- et intersémiotiques entre un invariant et ses concrétisations textuelles.

8 Réflexions conclusives

La richesse du potentiel ludique de l'enseigne commerciale tient à son caractère plurisémiotique. Si une typologisation des jeux langagiers de l'enseigne s'avère difficile vu le petit nombre d'exemples étudiés et la multiplicité des déviances possibles, l'examen empirique met cependant en évidence le rôle majeur de procédés répondant à trois exigences : économie, transparence et gradualité. Les manipulations linguistiques de l'enseigne opèrent sur le signifiant des modifications minimales, immédiatement identifiables puis susceptibles d'interprétations successives plus ou moins complexes.

Ces procédés aux concrétisations multiples reposent majoritairement sur la mise en relation implicite d'une expression linguistique actualisée et d'un invariant implicite, norme discursive, prédiscours ou savoir partagé de la communauté. Ce type de relation « [...] se fonde sur le maintien d'une partie commune [...] qui permet d'identifier l'invariant, grâce à une évaluation des compatibilités entre la base et l'élément figuré. » (Groupe μ 1992 : 264) Le principe générique de la créativité langagière de l'enseigne commerciale consiste à jouer sur le fond et la forme des différents plans sémiotiques du message. D'un point de vue rhétorique, il relève de la répétition ou de la redondance définie comme « la superposition de plusieurs règles sur une même unité de l'énoncé » (Groupe μ 1992 : 265). La redondance répond aux objectifs publicitaires du texte qui cherche à établir par la réutilisation et les modifications de figures connues des liens de connivence récréative avec des clients éventuels.

Situé à la fois dans l'espace et dans le temps, l'intitulé de l'enseigne commerciale est soumis aux fluctuations de l'évolution sociale et culturelle. Une description de son « registre ludique » tirerait profit d'une extension de l'analyse linguistique au réseau communicationnel où il s'inscrit, par exemple dans le cadre d'une étude des surfaces publicitaires et de leur répartition spatiale à l'aide de banques de données visuelles (Mühlan-Meyer & Lützenkirchen 2017 : 79–98).

9 Références bibliographiques

Auer, Peter. 2010. Sprachliche Landschaften. Strukturierung des öffentlichen Raums durch die geschriebene Sprache. In Arnulf Deppermann & Angelika Linke (eds.), *Sprache intermedial. Stimme und Schrift, Bild und Ton*, 272–298. Berlin : De Gruyter.

Bonhomme, Marc. 2013. Vers une reconfiguration des discours publicitaires. *Semen* 36 [en ligne]. https://journals.openedition.org/semen/9599 (consulté le 25/06/2018).

Bonhomme, Marc. 2014. *Pragmatique des figures du discours*. Paris : Champion.

Bühler, Karl. 1999 [1934]. *Sprachtheorie*. Stuttgart : Lucius & Lucius.

Calbris, Geneviève. 1982. Structures des titres et enseignes. *Le français dans le monde* 166. 26–36.

Dittgen, Andrea Maria. 1988. *Regeln für Abweichungen – funktionale sprachspielerische Abweichungen in Zeitungsüberschriften, Werbeschlagzeilen, Werbeslogans, Wandsprüchen und Titeln*. Frankfurt a.M. et al. : Lang.

Groupe μ. 1982 [1970]. *Rhétorique générale*. Paris : Éditions Le Seuil.

Groupe μ. 1992. *Traité du signe visuel*. Paris : Éditions Le Seuil.

Hammer, Françoise. 2012. Argumentation und Rekreativität der Pressezeichnung. Eine empirische Analyse der Karikaturen von Plantu in *Le Monde*. In Christian Grösslinger, Gudrun Held & Hartmut Stöckl (eds.), *Pressetextsorten jenseits der ‚News': Medienlinguistische Perspektiven auf journalistische Kreativität*, 53–65. Frankfurt a.M. : Lang.

Hammer, Françoise. 2013. L'enseigne commerciale et la publicité *à l'étroit*. In Ramona Schröpf (éd.), *Medien als Mittel urbaner Kommunikation. Kontrastive Perspektiven französisch-deutsch*, 11–29. Frankfurt a.M. : Lang.

Hausmann, Franz Josef. 1974. *Studien zu einer Linguistik des Wortspiels*. Tübingen : Niemeyer.

Holly, Werner. 2013. Textualität – Visualität. *Zeitschrift für germanistische Linguistik* 41. 1–7.

Jaki, Sylvia. 2015. Détournement phraséologique et jeu de mots : le cas des substitutions lexicales dans la presse écrite. In Esme Winter-Froemel & Angelika Zirker (éds.), *Enjeux du jeu de mots. Perspectives linguistiques et littéraires* (= The Dynamics of Wordplay, 2), 245–271. Berlin/Boston : De Gruyter.

Janich, Nina. 2010. *Werbesprache*. Tübingen : Narr.

Kabatek, Johannes. 2015. Wordplay and Discourse Traditions. In Angelika Zirker & Esme Winter-Froemel (éds.), *Wordplay and Metalinguistic / Metadiscursive Reflection : Authors, Contexts, Techniques, and Meta-Reflection* (= The Dynamics of Wordplay, 1), 218–228. Berlin/Boston : De Gruyter.

Knospe, Sebastian. 2015. A cognitive Model for Bilingual Puns. In Angelika Zirker & Esme Winter-Froemel (éds.), *Wordplay and Metalinguistic / Metadiscursive Reflection : Authors, Contexts, Techniques, and Meta-Reflection* (= The Dynamics of Wordplay, 3), 161–193. Berlin/Boston : De Gruyter.

Mühlan-Meyer, Tirza & Frank Lützenkirchen. 2017. Visuelle Mehrsprachigkeit in der Metropole Ruhr. Eine Projektpräsentation: Aufbau und Funktionen der Bilddatenbank Metropolenzeichen. *Zeitschrift für Angewandte Linguistik* 66. 79–98.

Renner, Vincent. 2015. Lexical Blending as Wordplay. In Angelika Zirker & Esme Winter-Froemel (éds.), *Wordplay and Metalinguistic / Metadiscursive Reflection : Authors, Contexts, Techniques, and Meta-Reflection* (= The Dynamics of Wordplay, 1), 119–133. Berlin/Boston : De Gruyter.

Ronneberg-Sibold, Elke. 2012. Blending between Grammar and Universal Cognitive Principles: Evidence from German, Farsi, and Chinese. In Vincent Renner, François Maniez & Pierre J. L. Arnaud (éds.), *Cross-Disciplinary Perspectives on Lexical Blending*, 115–143. Berlin : De Gruyter.

Sabban, Annette. 1998. *Okkasionelle Variationen sprachlicher Schematismen. Eine Analyse französischer und deutscher Presse- und Werbetexte*. Tübingen : Narr.

Sautot, Jean-Pierre & Vincent Lucci. 2001. Lire l'espace urbain, le paradoxe des enseignes commerciales. *Langage et Société* 96. 29–44.

Siever, Torsten. 2011. *Texte i. d. Enge: sprachökonomische Reduktion in stark raumbegrenzten Textsorten*. Frankfurt a.M. : Lang.

Stöckl, Hartmut. 1997. *Werbung in Wort und Bild*. Frankfurt a. M. : Lang.

Stöckl, Hartmut. 2004. *Die Sprache im Bild – Das Bild in der Sprache*. Berlin/New York : De Gruyter.

Wabner, Mathias. 2003. Kreativer Umgang mit Sprache in der Werbung. Eine Analyse der Anzeigen- und Plakatwerbung von McDonalds. *Networx* 32. http://www.medienspra-che.net/networx/networx-32.pdf, ISSN:1619-1021.

Winter-Froemel, Esme. 2009. Wortspiel. In Gert Ueding (éd.), *Historisches Wörterbuch der Rhetorik* 9, 1429–1443. Tübingen : Niemeyer.

Winter-Froemel, Esme & Angelika Zirker. 2010. Ambiguität in der Sprecher-Hörer-Interaktion. Linguistische und Literaturwissenschaftliche Perspektiven. *Zeitschrift für Literaturwissenschaft und Linguistik* 158. 76–98.

Winter-Froemel, Esme & Angelika Zirker. 2015. Jeux de mots, enjeux et interfaces dans l'interaction locuteur-auditeur : réflexions introductives. In Angelika Zirker & Esme Winter-Froemel (éds.), *Wordplay and Metalinguistic / Metadiscursive Reflection : Authors, Contexts, Techniques, and Meta-Reflection* (= The Dynamics of Wordplay, 2), 1–27. Berlin/Boston : De Gruyter.

Photos © Gerald Hammer

Résumés et mots clés en anglais

Marc Bonhomme: Between creativity and motivation. Wordplay in Rabelais
(Entre créativité et motivation. Les jeux de mots chez Rabelais)

This article deals with the study of wordplays in one of the most famous French writers of the Renaissance: François Rabelais. Firstly, we explain the problems posed by the examination of the playful activity of this author. These are mainly due to the diversity of its manifestations and to its chronological gap with its modern reception. We then analyze the main fields affected by wordplays in the work of Rabelais. These cover the manipulation of signifiers (sound arabesques, homophonic games, tongue twisters), the ambiguisation of meanings through puns offering a great typological variety, the development of burlesque or comical neologisms, and the production of fancy vocabularies in imaginary language codes. Our aim is to consider such playful practices in two opposite, but inseparable views. On the one hand, we show that they are based on creativity that sometimes systematizes rhetorical devices (such as alliterations and antanaclasis), sometimes explores or even exceeds some limits of language, in particular with the creation of monstrous compounds. On the other hand, we see how these playful practices have a high motivation that regulates them and facilitates their interpretation, while revealing the discursive control of their author. This motivation takes several forms (phonetic, semantic, narrative...) that can be combined. Finally, far from being simple language exercises, the wordplays of Rabelais appear as indicators of his playful aesthetics and as active principles of his humanist engagement, especially when they are integrated in parodic contexts.

Keywords: arbitrariness, creativity, homophonic game, gibberish, jargon, monstrous compound, motivation, parody, pastiche, portmanteau word, proper name, pun, sound arabesque, tongue twister

Bettina Full: Wordplay and form in medieval poetry – William IX, duke of Aquitaine and the *Fatrasies of Arras* (Jeu de mots et forme dans la poésie médiévale – Guillaume IX d'Aquitaine et les *Fatrasies d'Arras*)

Medieval poetry emerged from a culture that possessed highly sophisticated knowledge about language. By way of the artistic and reflexive use of words poets thwarted the theological verdict according to which humans were not considered to be endowed with the power of creation. Through wordplay and form – in the sense of the larger structure constituted by metrics, number of syllables, rhyme scheme, and syntax in which words are placed – they either produced a void, a nothingness from which a genuine *creatio* became conceivable or they created a space suited to contain the copiousness of the everyday as the very material for the imagination. In the early stages of vernacular poetry, William IX, duke of Aquitaine sketches an effigy of the author in the very architecture of the *canso*, affirming the intrinsic right of the *ingenium humanum*. Situated in the urban cultural context of Arras, the *fatrasies*, by contrast, employ grammatical rules to transform fragments of reality into miniature imaginary worlds. In establishing correlations between wordplay and form, this paper argues, these poems undertake semiotic and anthropological speculations.

Keywords: allegory, ambiguity, architecture, Chimaera, fatrasie, fixed forms, grammar, invention, nothingness, rhyme, sign, the everyday, trobar

Françoise Hammer: Verbal creativity in the urban space: the case of trading signs (La créativité verbale dans l'espace urbain : l'exemple de l'enseigne commerciale)

This paper studies the means used by an actual forms of verbal creativity in the urban landscape based on a sample of shop signs gathered in France between 2009 and 2016. As wordplay results from the tension between an expected formulation as the norm and its violations, the assumption that such rhetorical figures are driven by certain underlying mechanisms is used in the study for a plurisemiotic examination of the creativity found on commercial signs. After presenting the linguistic framework of the investigation, the article describes the particularities of commercial signs as plurisemiotic messages. In an empirical analysis the article explores first the linguistic and socio-cultural aspects of wordplay and then the interplay between verbal and other semiotic components. A short comparison with examples taken from German company signs confirms the results based on French signs. It appears that creativity pointed out on company signs depends essentially on factors of economy, transparency and gradation, which from a rhetorical point of view are mechanisms that belong to the phenomenon of redundancy.

Keywords: verbal creativity, wordplay, advertising, common agreement, urban space, semiotics, codeswitching, neologisms, hearer participation

Jean-François Jeandillou: Gangue maternelle and tangage châtié: a literature for young people which incurs the ludic risk of dyslexia (Gangue maternelle et tangage châtié : une littérature de jeunesse au risque ludique de la dyslexie)

Given the fact that every instance of wordplay makes use of fundamental properties of the linguistic system itself, on the phonic, morphological, semantic or graphical level, we examine in the present paper wordplays in the work of Pierre Élie Ferrier, known as Pef, whose young adult literature has been a great success for nearly forty years. Numerous metaplasms (via metagrams, prosthesis or epenthesis, apheresis or syncope) are combined with always immediately comprehensible portmanteau words, which ensure both deviant (in terms of educational norms) and optimal readability. The paper then focuses on the textualization of the process, on the way in which it is narrated or dialogue is created, and on the relation between paronomasis and dysgraphy. The images, which page after page accompany this amazing ludic abundance, help the reader understand why the 'twisted words' (mots tordus), once illustrated, are impossible to translate. The paper concludes that untransferable idiosyncrasy is an absolute form of linguistic creativity.

Keywords: Homography, homophony, young people's literature, locution, metagram, metaplasm, mot-valise, neologism, paronomasia, Pef

Vanessa Loubet-Poëtte: Orthography rules and Oulipo's constraints: fool's games? (Règles de l'orthographe et contraintes de l'Oulipo : jeux de dupes ?)

Oulipo's word games are often seen as pleasant entertainment or as feats pulled off by masterminds, by brilliant authors and genial mathematicians. Frequently used to achieve didactic goals because they abide by strict and specific rules which guide the reader or writer, they however require more than elementary French, namely a wide knowledge of the system, of its regularities and difficulties. This is where the real activity takes place for those who enjoy these lexical pleasures of exploring and exploiting the linguistic, semiotic, semantic and poetic structures. Indeed, several rules considered in our work result in a remotivation of the spelling when they involve looking at the words literally, scrutinizing all the letters for their phonetic, graphic and etymological values at the same time. These rules are of more than negligible interest in a renewed didactic approach to French language teaching, which would help us move away from the tedious debate on the consequences of a spelling reform and would always involve a reflexive and ingenious attitude from the learner. Moreover, for several reasons (some relating to the way the literary group works),

Oulipian word games encourage social skills that avoid any superficiality or showiness. The game may desecrate the norm, but it does not disable it. Quite the contrary. Placed back to back, the orthographic laws and Oulipian rules play a kind of fool's game where creativity is the winner.

Keywords: orthography, Oulipo, rules, writing, speaking, didactics, system, wordplays, language, enjoyment

Astrid Poier-Bernhard: Creativity and potentiality of the wordplay. Oulipian practice and concepts (Créativité et potentialités du jeu de mots. Pratiques et concepts oulipiens)

In this paper, we will discuss the notion of creativity and the practice of wordplay in the context of Oulipian poetics. Even though literary constraints can stimulate creativity, it must be pointed out that Oulipo is less interested in the development of creativity as a personal faculty than in the creation of productive structures. « Potentiality » as the objective of the collective Oulipian project, the so called « kekchose et le rien » – « something and nothing » – is, according to Jacques Jouet, the real source of the potential; for this reason, numerous Oulipian writings deal with the creation of the universe or take the text of Genesis as a point of departure. A playful text by Olivier Salon imagining the time (or non-time) before the creation of the world will serve as an example to show that wordplay can assume the same role as formal constraints – the role of a textual generator, combining the play on the significant with the basic idea of the text. By underlining that wordplay – in contrast to constraint – is always orientated toward an aesthetic effect and contributes to an 'explicit ludic dimension', we will finally reflect upon the aesthetic effects of wordplay. We will relate wordplay to the "six memos for the next millennium" which Italo Calvino formulated for the literature of the 21st century.

Keywords: constraint, creativity, potentiality, ludic dimension, methodic dimension, aesthetics of wordplay

Alain Rabatel: Verbal creativity in riddles: cumulative points of view, non-serious assertions and under-enunciation (La créativité verbale dans les devinettes : points de vue cumulatifs, assertions non sérieuses et sous-énonciation)

The paper examines the phenomena of verbal creativity in highly plurisemic utterances – riddles – that contain syllepsis and antanaclasis in absentia. It argues that unexpected conflictual points of view based on double meanings entail additional interpretation work which is linked to a form of verbal creativity that highlights the intrinsic complexity of the objects of discourse involved. In order to prove this hypothesis, the paper first analyses the ongoing process within these figures as well as in puns ("jeux de mots" = JDM) that emerge in riddles introduced by the question: "What is X.'s wildest dream"? First, this type of riddle is described (1). Secondly, it underlines the dynamics of the game of points of view (POV) on which the game of double implicit and explicit meanings relies (2). Thirdly, it examines puns in antanaclasis in absentia, based on the notions of fixation, delexicalization and motivation (3), as well as syllepsis and antanaclasis in absentia that play with unexpected isotopies (4). Fourthly, it describes the mechanisms of interpretation activated in syllepsis and antanaclasis, specifically in antanaclasis in absentia, that respond more to a cumulative logic rather than to a substitutive one, thus revealing the extent of the game with words and all sorts of mundane or linguistic stereotypy (5). Finally, the paper studies the enunciative posture of all these figures in non-serious assertions of "What is X.'s wildest dream" jokes which transform the enunciator of this type of antanaclasis or syllepsis into a sub-enunciator. However, this posture is related to the non-serious context of these jokes as, in a more serious context, the most common posture is that of co-enunciation, which is more appropriate for describing the choice of an enunciation based on a double meaning (6). Thus, the paper emphasizes different dimensions of verbal creativity in relation to the notions of delexicalization and remotivation, which are studied in the third part, to complicity, involving the creation of expectations one would ordinarily assume, only for these expectations to be violated, in the fourth part; finally, it is based on an interpretative logic that is contrary to the dichotomic approaches of signification, which is examined in the fifth part.

Keywords: riddle, syllepsis, antanaclasis in absentia, double meaning, cumulative and substitutive points of view, nonserious assertions, enunciative postures (co-enunciation, over-enunciation, under-enunciation), verbal creativity, *blague en comble*

Pierre-Yves Testenoire: Wordplays, phonic plays and anagrams in Saussure's linguistic thought (Jeu de mots, jeu phonique et anagramme dans la réflexion linguistique de Saussure)

In this paper, we discuss the function of wordplays in Saussure's linguistic thought. First, we bring to light how important Saussure deemed the speaking subjects' consciousness in order to describe linguistic facts. We then study how, in his writings in general linguistics, he tackled, associative relations based on the signifier, on the one hand, and phenomena of popular etymology and of homophony, on the other hand. In the second part of the paper we examine the search for anagrams which Saussure defined as « phonic plays on words ». We investigate how Saussure dealt with the attested wordplays encountered in poetic texts. Contrasting these two kinds of texts (writings in general linguistics and anagram notebooks) from the perspective of wordplay study enables us to specify the place of motivation in Saussure's theory.

Keywords: Saussure, wordplay, anagram, homophony, popular etymology

Camille Vorger: Puns and lexical creativity in slam poetry. A multilingual approach (Méli-mélodit des mots dans le slam. Une étude multilingue)

Our study examines the spaces of sharing and wordplay that operate in slam poetry as a form of scenic poetry. On stage, all words and puns are permitted in order to win the audience over. This search for expressiveness results in multifaceted creativity: what are the preferred forms and matrices in this con¬text? Are some of them translingual, inherent to the performance? To address the translingual scope of certain types of wordplay, our analysis is based on francophone slam (SandenKR, Grand Corps Malade and Ivy), and on two exolingual examples: one Spanish (Dani Orviz) and the other one German (Bas Böttcher).

Keywords: poetry, performance, phraseme, multilingual, prosody, rhythm

Esme Winter-Froemel: Discourse traditions and variations of play: the dynamics of blagues en comble in Romance (Traditions discursives et variantes du jeu : la dynamique des blagues en comble dans les langues romanes)

This paper aims to explore the potential, the dynamics and the limits of verbal creativity based on an analysis of « blagues en comble », which represent a specific subtype of joke that can be illustrated by the following French example: « Quel est le comble du juge? – C'est de manger un avocat » ('What is the judge's wildest dream? – To eat / defeat an avocado / an advocate'). I will try to determine the fundamental characteristics which define these short texts in order to identify convergences and divergences between the realisations of this subtype of joke in four Romance languages (French, Italian, Spanish and Portuguese). The analyses will be based on the concept of discourse tradition as elaborated by Koch (1997), which permits us to describe the conventional features of the jokes at the pragmatic level and at the levels of form and content. The comparison of the realisations of the jokes in the four languages as well as the deviations and transgressions observed reveal that we are dealing here with a discourse tradition which is constantly evolving. In this way, the present paper contributes to underlining the importance of the historical dimension of linguistic objects and shows us an area of tension between freedom and creativity on the one hand, and traditions and conventions on the other. This tension leads to a permanent dynamics which implies that the discourse tradition of the blagues en comble is characterised by a constant renegotiation by the speakers.

Keywords: discourse tradition, *blague en comble*, joke, riddle, variant, dynamics, Romance languages, pragmatics, deviation, transgression

Liste des contributeurs/contributrices et éditrices

Marc Bonhomme (Université de Berne)
Marc Bonhomme est professeur émérite de linguistique française à l'Université de Berne. Il est notamment l'auteur des *Figures clefs du discours* (Paris, Le Seuil, 1998), du *Discours métonymique* (Berne, Peter Lang, 2006), de *L'Argumentation publicitaire* [avec Jean-Michel Adam] (Paris, Armand Colin, 2012) et de *Pragmatique des figures du discours* (Paris, Champion, 2014). Il a récemment codirigé, avec Anne-Marie Paillet et Philippe Wahl, l'ouvrage collectif *Métaphore et argumentation* (Louvain-la-Neuve, Academia, 2017). Il a aussi publié de nombreux articles dans les domaines de la rhétorique, de l'histoire de la langue française et de l'analyse du discours.

Bettina Full (Université de Bochum)
Bettina Full a publié notamment les livres suivants : *Karikatur und Poiesis. Die Ästhetik Charles Baudelaires* (Heidelberg, Winter, 2005), *Passio und Bild. Ästhetische Erfahrung in der italienischen Lyrik des Mittelalters und der Renaissance* (Paderborn, Fink, 2015). Ses recherches récentes portent sur les rapports entre littérature et philosophie du langage, sur la médialité du livre dans la littérature française et italienne du Moyen Âge et de la Renaissance et sur la réception de l'Antiquité. Elle enseigne à l'Université de Bochum.

Françoise Hammer (Université de Karlsruhe, KIT)
Après des études de langues et de linguistique à Rennes et à Kiel conclues par un doctorat de linguistique, Françoise Hammer a enseigné en Allemagne aux Universités de Heidelberg, Munich, Mannheim, Landau et Karlsruhe. Ses travaux de recherche portent essentiellement sur la linguistique contrastive : la traduction, la linguistique du texte et des médias, les marqueurs discursifs et la phraséologie. Maintenant en retraite, elle poursuit son travail selon ses préférences, en partie en collaboration avec des groupes de recherche en France et en Allemagne. Elle s'intéresse actuellement aux relations entre l'expression visuelle et verbale.

Jean-François Jeandillou (Université Paris-Nanterre)
Professeur de Sciences du langage à l'Université Paris-Nanterre et membre de l'UMR CNRS 7114 Modyco, Jean-François Jeandillou a notamment publié une *Esthétique de la mystification* (Paris, Minuit, 1994), une anthologie critique des *Supercheries littéraires* (Genève, Droz, 2001) et un recueil *Effets de textes* (Limoges, Lambert-Lucas, 2008). Il a édité, chez Droz, plusieurs ouvrages de Charles Nodier (*Questions de littérature légale,* 2001 ; *Notions élémentaires de linguistique,* 2003 ; *Dictionnaire des onomatopées,* 2008), et s'est soucié d'autres types de jeux de mots, chez Allais, Queneau, Martel, Brassens, Perec, etc.

Michelle Lecolle (Université de Lorraine)
Michelle Lecolle est maitre de conférences HDR en Sciences du langage à l'Université de Lorraine-Metz (Crem / Centre de Recherches sur les médiations). Ses recherches portent sur la rhétorique et la sémantique nominale en discours, sur les noms collectifs et les noms propres de groupes, sur l'ambiguïté et la néologie sémantique, ainsi que sur le sentiment linguistique. Elle a notamment publié dans ces domaines : « Dénomination de groupes sociaux : approche

sémantique et discursive d'une catégorie de noms propres », *Quatrième Congrès mondial de linguistique française* (Berlin : SHS Web of Conferences, 2014) ; « Jeux de mots et motivation : une approche du sentiment linguistique », *The Dynamics of Wordplay*, 2 (Berlin/Boston, De Gruyter, 2015) ; *The Dynamics of Wordplay*, 3, (Berlin/Boston, De Gruyter, 2016) ; ouvrage à paraître en 2018 : *Noms collectifs humains en français : enjeux sémantiques, lexicaux et discursifs*.

Vanessa Loubet-Poëtte
Vanessa Loubet-Poëtte est enseignante au lycée Jean Dupuy (Tarbes) et docteure en linguistique française, spécialiste de sémiologie du texte et de l'image. Membre associée du laboratoire ALTER (UPPA) et intervenante en didactique du Français, elle co-dirige *Les Cahiers de Didactiques des Lettres*. Parmi ses travaux en linguistique, on citera « 'Et de quoi vit-on ? je vous le demande. De l'air du temps bien sûr', une étude du temps dans *Zazie dans le métro* », *Lettres volées*, juin 2013 (en ligne : http://www.lettresvolees.fr/queneau/documents/Temporalite.pdf). Ses recherches récentes portent sur les enjeux didactiques des contraintes de l'Oulipo, dans « L'orthographe à la lettre avec les Oulipiens », *Enseigner la langue, Du bon usage des règles du jeu, Les Cahiers de Didactique des Lettres*, n°3, mars 2017 (en ligne). Elle a co-organisé une journée d'étude sur Paul Fournel (Pau, 2016) et s'est intéressée au thème du goût et à la représentation du corps du lecteur dans son œuvre (article à paraître, L'Harmattan, 2018).

Astrid Poier-Bernhard (Karl-Franzens-Universität Graz)
Depuis son habilitation en 2010, portant sur la littérature à contrainte contemporaine en France et en Italie, Astrid Poier-Bernhard est professeure de littératures romanes à l'Institut des Études Romanes de Graz. Dans sa thèse de doctorat, un second livre et de nombreux articles, elle s'est consacrée à l'œuvre de Romain Gary (*Romain Gary – Das brennende Ich. Literaturtheoretische Implikationen eines Pseudonymenspiels*. Tübingen, Niemeyer, 1996 ; *Romain Gary im Spiegel der Literaturkritik*. Frankfurt a.M./Wien, Lang, 1999). Depuis 1998 une grande partie de ses travaux de recherche se réfèrent à l'Oulipo et la littérature potentielle. Ce sujet constitue aussi le thème principal d'un essai littéraire dans le genre du pastiche, *Viel Spaß mit Haas !* (Wien, Sonderzahl, 2003) et du livre (académique) *Texte nach Bauplan. Studien zur zeitgenössischen ludisch-methodischen Literatur in Frankreich und Italien* (Heidelberg, Winter, 2012). En 2013 elle a été cooptée par le groupe Oplepo (Opificio di letteratura potenziale).

Alain Rabatel (Université de Lyon 1)
Alain Rabatel est Professeur de Sciences du Langage à l'Université de Lyon 1, spécialiste d'énonciation, de linguistique textuelle et d'analyse des discours (littéraires, médiatiques, religieux) ou encore d'interactions didactiques. Il est l'auteur de nombreuses publications (http://www.icar.cnrs.fr/membres/arabatel). Alain Rabatel s'est d'abord fait connaître pour ses travaux sur les points de vue, l'empathie, la polyphonie et le dialogisme dans les récits. Il s'est ensuite intéressé aux liens entre argumentation indirecte, effacement énonciatif et points de vue. Il travaille aussi sur les figures et les jeux de mots à partir des notions de points de vue en confrontation, de responsabilité et de prise en charge énonciatives, dégageant diverses postures de co-, sur- et sous-énonciation, à la charnière des problématiques cognitive, énonciative et interactionnelle.

Pierre-Yves Testenoire (Sorbonne Université)
Pierre-Yves Testenoire est maître de conférences à Sorbonne Université. Il mène des recherches dans le cadre du laboratoire Histoire des Théories Linguistiques (CNRS) sur l'histoire des idées linguistiques à l'époque contemporaine, et travaille spécifiquement sur l'histoire de la pensée saussurienne, sur les liens entre linguistique et poétique ainsi que sur les théories de l'écriture. Il est l'auteur de Ferdinand de Saussure à la recherche des anagrammes et de la première édition des cahiers d'anagrammes, Anagrammes homériques (Lambert-Lucas, 2013).

Camille Vorger (Université de Lausanne)
Docteure ès linguistique et didactique, doublement qualifiée comme Maître de conférences en 7ème et 9ème sections CNR, Camille Vorger est Maître d'Enseignement et de Recherche à l'Université de Lausanne et membre du LIDILEM. Ses recherches portent sur la poétique du slam, les performances poétiques, la chanson, et les diverses formes de créativité qui s'y manifestent. Elle a publié plusieurs ouvrages et articles sur ces sujets, dont : (2016) *Slam. Une poétique. De Grand Corps Malade à Boutchou*, Paris, Les Belles Lettres, Presses Universitaires de Valenciennes ; (2016) *Les Voies contemporaines de l'oralité* (dir.), Études de lettres, Université de Lausanne, 2016/3 ; (2016) *Jeux de slam* (avec D. Abry et K. Bouchoueva), Presses Universitaires de Grenoble ; (2016) « La néologie en chantant. Quand la chanson ouvre la voie aux néologismes », in *La Fabrique des mots français* (actes du colloque de Cerisy), Jacquet-Pfau C. et Sablayrolles J.-F. (éds), Limoges, Lambert-Lucas; (2014) « Les pérégrinations du mot *slam* : du slam américain au slam français » (avec Sean Reynolds), in *Cahiers de lexicologie*, n°104, Classiques Garnier, 2014-1.

Esme Winter-Froemel (Université de Trèves)
Esme Winter-Froemel est professeure de linguistique romane à l'Université de Trèves. Ses recherches portent sur le changement linguistique, la linguistique de contact, la sémantique lexicale et l'ambiguïté. Dans ses travaux récents, elle s'intéresse en particulier aux changements sémantiques et pragmatiques qui accompagnent les emprunts linguistiques ainsi qu'au rôle de l'ambiguïté et des traditions discursives dans les processus de changement linguistique. Un autre thème central de sa recherche est représenté par les jeux de mots. Depuis 2013, elle dirige le réseau scientifique « La dynamique du jeu de mots : contact linguistique, innovation linguistique, interaction locuteur-auditeur » financé par la Fondation allemande pour la recherche (DFG). Elle est membre de l'école doctorale « Ambiguïté – production et perception » (Graduiertenkolleg 1808, Université de Tübingen).

Index

absurde 17, 30, 59, 197, 199, 210, 231, 239
Allais, Alphonse 106, 200
allégorie, allégorique 5, 15, 23, 45, 58, 168
allemand 7, 27, 76s., 181s., 266s.
allitération 43, 48s., 151, 172, 174, 180, 182
amalgame 7, 56, 144, 173ss., 182s.
– amalgamation lexicale 173, 176, 183
ambiguïté, ambigu 8, 13, 16, 18, 23, 43, 48, 51, 56s., 100, 150, 153, 172, 197, 208, 210, 214, 216s., 220, 241s.
anagramme 5, 43, 69, 82ss., 93, 98, 100, 119
anaphonie 70, 90, 98, 100
antanaclase 43, 52, 68, 227ss., 232, 235, 237, 243ss., 247s.
antithèse 20
à-peu-près 4, 6, 52, 97, 100, 107, 199, 231, 238
aphérèse 97, 100, 112
arabesque
– arabesque ludique 46
– arabesque sonore 5, 43, 46ss.
arbitraire 4, 43, 51, 54, 61, 66, 91, 97, 123, 177
– arbitraire relatif 70, 91
argot 153, 257, 259ss.
Artur, José 200
assertion feinte *Voir* assertion non sérieuse
assertion non sérieuse 8, 227, 229, 232, 240, 244s., 247s.

baragouin 4s., 43, 65s.
Bas Böttcher 163s., 166s., 179ss., 187
Baudelaire, Charles 174, 184
Bénabou, Marcel 110, 114, 117, 126, 131, 143, 146, 155s., 159s.
blague 1, 7s., 170, 189, 191, 196ss., 222, 228, 242
– blague en comble 7s., 189ss., 196ss., 211ss., 221s., 227
Breton, André 146
burlesque 43, 59, 66, 103

calembour 5s., 43, 51s., 54ss., 67s., 75, 87, 99, 103, 168, 170, 180, 185, 199, 231, 239, 250
Calvino, Italo 4, 10, 135, 143, 148s., 156s., 159ss.
carnaval
– carnavalesque 5, 29, 44, 58, 63
– carnavalisation 248
catalan 190
Cerquiglini, Bernard 121
charabia 65
chimère 13, 25ss., 31, 55, 59
citation 107, 255
– détournement citatif 256
codeswitching 8, 184, 251, 259ss., 264, 266s.
colludique 164s., 167s., 170, 173, 178, 183
– fonction colludique 180
composé monstrueux 43, 59s., 67
connivence 181, 196, 209, 248, 266, 268
– conniventiel 164, 180
– jeu de connivence 227s.
constructio 22
contiguïté 215, 217, 220
contrainte 2, 5ss., 28, 37, 59, 66, 119, 121, 123, 127, 129s., 135ss., 143, 146ss., 155ss., 160ss., 172, 192, 256
contrepet 43, 98
convention langagière *Voir* norme
cratylisme 4, 46, 61, 91, 115, 139
– jeu cratylien 116
création 13s., 20, 32, 109, 111, 118, 127, 131, 135, 137, 141, 146, 150ss.
– « structure créante » 135
– création créante 135, 140ss.
– création créée 141
Création 7, 14, 16, 20

Dani Orviz 163s., 179, 182s., 186s.
Dante Alighieri (Dante) 1, 22, 37, 137
défigement 8, 97, 105, 227s., 232, 235ss., 247s.
Desnos, Robert 106
déviance 97, 102, 251ss., 264, 266s.

déviation 8, 189, 196, 202, 204s., 208, 210, 216, 218ss.
devinette 43, 113, 189, 198ss., 204, 227ss., 232s., 236ss., 241s., 245, 247s.
dialogicité 198
dialogique, dialogisme 3, 125s., 169
Dieu 14, 16, 18, 20, 35, 37, 47, 53s., 141, 150ss.
double sens 8, 53, 198, 227, 234s., 240s., 244, 250, 266

écart 8, 118, 252s., 256, 259, 261
énigme 19, 21
enseignement
– enseignement de l'orthographe 113, 115, 118
– enseignement de la langue 109, 111, 119
épenthèse 97, 100, 123
épilinguistique 75
– activité épilinguistique 5, 70, 75, 81
équivoque 5, 16, 51, 53, 56, 99, 106, 120, 167, 170, 174, 244
Érasme 44, 63
espace urbain 8, 251s., 254s., 261, 269
espagnol 7, 189ss., 193, 197, 200, 202ss., 210s., 214ss., 219ss., 226
esthétique 5, 43s., 51, 128, 155s., 165, 174, 176, 178
– esthétique du potentiel 135
étymologie 5s., 16, 31, 57, 60ss., 109, 112s., 122
– connexion étymologique 114
– étymologie extravagante 61
– étymologie fantaisiste 61s.
– étymologie fictive 61
– étymologie loufoque 62
étymologie populaire 6, 69s., 72, 75ss., 95
Eustathe de Thessalonique 87s.

fabuleux 17, 30, 33
fantaisie 13, 31, 59, 106, 237
– fantaisie verbale 58, 60, 66s.
fatrasie 5, 13, 27ss., 31ss., 36ss., 40
fausse coupe 104, 258
figure étymologique, *figura etymologica* 87, 89, 165
figure sonore 15, 167

figure vocale 70, 78ss.
fonction
– fonction argumentative 254
– fonction désignative 58
– fonction identitaire 254
– fonction informative 45
– fonction ludique 255
– fonction mimétique 60
– fonction narrative 47
– fonction phatique 177
– fonction poétique 4
– fonction référentielle 15, 45
Fournel, Paul 113, 120s., 126, 128, 131, 137, 160
français 7, 44, 53, 57, 64s., 80, 99, 109ss., 114, 118, 164, 172, 182, 189ss., 195, 197, 199, 202ss., 216ss., 220ss., 225
– français académique 104
Freud, Sigmund 69s., 75, 94

Gainsbourg, Serge 125s., 131
galiar 18
gay saber 17s., 26, 37
Genèse 7, 14, 135, 148s., 154s.
geste, gestualité 7, 167, 176, 181
– mimogestualité 164, 167
Grand Corps Malade 163s., 166, 168ss., 185
Grangaud, Michelle 113s., 127, 132, 146, 160
graphie, graphisme 97, 101, 104, 109s., 115, 117, 121, 126, 255, 258, 261s.
– néographie 174
grec 53, 75, 80, 82, 84
grotesque 44, 55, 59
– figure grotesque 46
Guillaume IX d'Aquitaine 5, 13, 16, 18s., 22, 40

hébreu 45, 154s.
herméneutique 18, 130
– code herméneutique 45
– herméneutique médiévale 23
– jeu herméneutique 23
Homère 83s., 86, 88ss., 93, 96
– *Iliade* 85, 87
– *Odyssée* 87ss.
homographie, homographique 97, 99s., 113, 237

homonymie, homonymique 3, 32, 52, 56, 72, 79, 81, 99, 184, 208, 214, 228, 237s., 256s.
homophonie, homophonique 5ss., 69s., 75, 78s., 81, 92, 97, 99, 104, 113, 122, 124, 128s., 144, 154, 164s., 167, 170ss., 175s., 211, 220, 237, 243, 248, 257, 259s., 263, 266
hybride, hybridité 60, 64
– créature hybride 25
– être hybride 17
hyperbole 48, 60, 65, 210, 229, 231ss., 245

implicite 5, 8, 139, 198, 227s., 233s., 239s., 246
integumentum 21ss., 31, 36, 38
isotopie, isotopique 48s., 54ss., 103, 153, 176, 230, 238s., 241s.
italien 7, 189, 191, 195, 197, 200, 202ss., 209, 211, 213ss., 222, 225
Ivy 163s., 173, 175ss., 185s.

jargon 43, 63ss., 119
Jarry, Alfred 103, 141, 160
jeu homophonique 43, 48s., 152
jeu phonique 5s., 33, 46, 69, 71, 82, 86s., 90
Jouet, Jacques 126s., 132, 135, 138s., 146, 148, 160

langue vernaculaire 18
lapsus 49, 69
latin 17ss., 31, 34, 50, 53, 57, 59, 63ss., 77, 80, 82
latinisme 64
Le Lionnais, François 110, 124, 128, 130, 140, 144, 160
Le Tellier, Hervé 126s., 129, 133, 135s., 140s., 160
Leiris, Michel 107, 115
littérature à contrainte 6
– AVION 112, 114, 127, 132
– CHICAGO 112ss., 120
– CORNICHON 112ss., 121
– OBLIQUE 112ss.
– SURDÉFINITION 112ss.
littérature de jeunesse 6, 97

littérature potentielle 131, 135s., 138, 141, 144, 155s., 158ss., 162
locution 56, 75, 97, 105, 165s., 168, 214, 236s., 247
loufoque, loufoquerie 106, 232, 234, 238, 240, 246ss.
ludique
– étymologie ludique 61
– néologie ludique 5, 57
– onomastique ludique 61

Marot, Clément 51, 55
métagramme 97, 100
métalinguistique 75
– activité métalinguistique 81
– jeu métalinguistique 116
– réflexion métalinguistique 122
métanalyse 258s., 261, 263
métaplasme 97, 99, 101
métathèse 169
Molinet, Jean 51
Monk, Ian 156, 160
motet vernaculaire *Voir* poésie vernaculaire
motivation 4s., 43, 46ss., 54ss., 57ss., 61ss., 69, 88, 90s., 98, 101, 103, 112, 115, 177, 213, 215, 228, 237
motivation référentielle 47, 59
mot-valise 8, 43, 58ss., 97, 173ss., 177, 182, 184, 258
multimodalité 2, 173, 181, 183

narratif 43, 55s., 62, 67
néant 13, 17, 19s., 22s., 26, 36s., 151
négation 20ss., 36
néo-français 127, 146
néologie, néologique 3, 49, 57s., 61, 67, 101, 172, 176, 238, 248
néologisme 3, 14s., 43, 57s., 60, 66, 97, 137, 150, 174ss., 184, 251, 259, 264, 266s.
– création lexicale 112, 120, 129
nom propre 4, 23, 43, 45, 57, 61ss., 66, 68s., 75, 84, 88, 90, 95s., 120s., 127s., 151, 212
– toponyme 61s., 121, 128
non-sens 17, 27, 30, 33

norme 3, 6, 44, 60, 100, 109, 111, 117, 122, 125ss., 191, 193s., 229, 233, 236, 244, 247, 251, 253, 266, 268
- norme académique 111
- norme orthographique 116, 118, 124, 129
- norme scolaire 97, 99

occitan 17s.
onomatopée 46, 48, 90, 128s., 180, 182
- matrice onomatopéique 182s.
ontologie, ontologique 14ss., 19, 24, 26, 244
oral 30, 46, 109, 121s., 124, 166ss., 172, 174ss., 179, 182, 258
- oralisation 105, 261
orthoépie *Voir* norme
orthographe 6, 99, 109ss., 120ss., 124ss., 132s., 253, 258, 260ss.
- réforme de l'orthographe 109, 119, 130, 133
Oulipo 6s., 109ss., 113, 117ss., 130ss., 135ss., 143ss., 148s., 155ss., 158ss.

palindrome 144, 148, 166
- structure palindromique 150
paradoxe 2, 19s., 22, 111, 116, 152, 176, 247
paréchèse 87s.
parodie, parodique 19, 31, 33, 35, 43, 58s., 61s., 67s.
- fonction parodique 5
paronomase 3, 7, 75, 86s., 97ss., 108, 164ss., 172
paronymie, paronymique 73, 77, 98, 166, 172, 208, 214, 216s., 236, 253, 256s., 262, 265ss.
pastiche 43, 63s.
peccata linguae 13, 16
Pef 97, 99, 105ss.
Perec, Georges 4, 10, 106, 108, 116s., 119, 122ss., 128, 130ss., 135, 137, 139, 141ss., 152, 160
performatif 19s., 25
Pétrarque 137
Philippe de Rémi 27, 31
phraséologie
- détournement phraséologique 7, 167, 173s., 178
- matrice phraséologique 163, 167, 183
picturalité 261ss.

plaisir 4, 45, 103, 109, 114, 121, 137, 139, 144, 146, 153, 157s., 233, 242, 248, 253
plurisémie 227s., 232ss., 236, 238s., 243ss., 250
poésie vernaculaire 5, 13ss., 18, 35
point de vue 8, 90, 227s., 233ss., 238, 240ss., 244s., 247s.
- point de vue cumulatif 8, 227, 240, 243ss.
- point de vue substitutif 240, 244s.
polysémie, polysémique 3, 23, 51, 53, 81, 99, 103s., 128, 190, 197, 214, 228, 237, 242s., 248
Ponge, Francis 103, 115, 241, 250
portugais 7, 189, 191, 193, 200, 203ss., 209, 216ss., 221s., 226
posture énonciative 44, 227, 229, 244s.
potentialité 46, 135ss., 141s., 148, 158, 253
potentiel 1, 7, 15, 135ss., 140, 145s., 157
- potentiel combinatoire 157
- potentiel créatif 14, 23, 191s.
- potentiel innovateur 15
- potentiel ludique 175, 248, 251s., 260, 267
- potentiel sémantique 149, 154
- potentiel translingue 164, 179
- texte potentiel 7, 142
préconstruit 73, 230, 234, 238, 253
Prévert, Jacques 125s.
prosodie 46s., 85, 163, 172, 174, 181
prosthèse 97, 100
Proust, Marcel 199s., 224

Queneau, Raymond 106, 108, 110s., 124, 127, 130ss., 135s., 138, 142ss., 148, 159ss., 200

Rabelais, François 5, 43ss.
récréation 155, 158
récréativité 253ss., 261s., 265s., 268
- fonction récréative 254
référent, référentiel 4, 22, 97, 100, 128, 209, 212, 219, 244
- système référentiel 16
- univers référentiel 60
remotivation 8, 75ss., 91, 109, 111, 116, 166, 168s., 176, 214, 216s., 220, 227s., 238, 248, 258
Renard, Jules 200

répétition 3, 7, 47, 49, 66, 147, 150, 153, 171s., 174, 196, 202, 268
resémantisation *Voir* remotivation
Rimbaud, Arthur 141, 154, 262
rime 13, 17, 22, 27ss., 31s., 129, 151, 166, 171
Ronsard, Pierre de 44, 61
Roubaud, Jacques 114, 121, 124, 128, 133, 137ss., 143ss., 157, 160s.
Roussel, Raymond 103, 149, 161
rythme 20, 22, 49, 147s., 163s., 171ss., 179, 181, 183

Salon, Olivier 135, 149ss., 157, 161
SanDenKR 163ss., 185
sanscrit 82
satire 50, 56, 58, 64, 67, 169
– fonction satirique 5, 254
Saussure, Ferdinand de 69ss., 244
Saussure, Raymond de 69, 92
schéma numérologique 15
science des mots 5, 13, 15, 17, 23
scripturalité 255
sigle 128, 260
signifiant 4ss., 15, 34, 43, 46, 49ss., 56, 59, 66, 69, 72s., 77, 92, 97s., 100s., 135, 137, 157, 177, 180, 229, 232, 243s., 246, 256s., 259, 266, 268
signifié 4, 43, 46, 49, 51, 54, 59, 66, 73, 84, 88, 97s., 100, 157, 232, 243s., 246, 257, 260

sonnet 142s., 147s., 152, 161, 194s.
Spinelli, Aldo 156, 161
stéréotype, stéréotypique, stéréotypé 2, 8, 212, 219, 229s., 232ss., 237s., 240, 242s., 248, 250, 254s.
structure créante 7
substitution 3, 100, 103, 119, 227, 229, 241ss., 257
syllepse 227ss., 232, 234, 237ss., 241s., 244s., 247s., 250
syncope 97, 100, 112

Tardieu, Jean 106, 108
tradition 33, 51, 62, 65, 86ss., 91, 114s., 125, 129, 142
tradition discursive 7, 192ss., 202, 218, 222
transgression 1, 8, 44, 99, 148, 189, 191s., 196, 202, 205, 208, 216, 218, 221, 253s., 262
tricherie 18
trobar clus 18, 24
troubadour 17s., 22ss., 26, 34, 36, 165
Tzara, Tristan 86

variante 7, 122, 189, 191, 195, 202ss., 210, 222
Villon, François 86, 169, 184s.
virelangue 5, 43, 49s., 106

www.ingramcontent.com/pod-product-compliance
Lightning Source LLC
Chambersburg PA
CBHW061934220426
43662CB00012B/1908